国际贸易

（第三版）

项义军　张金萍　编著

经济科学出版社

图书在版编目（CIP）数据

国际贸易/项义军，张金萍编著.—3版.—北京：
经济科学出版社，2013.1（2014.1重印）
ISBN 978-7-5141-2886-4

Ⅰ.①国… Ⅱ.①项… ②张… Ⅲ.①国际贸易
Ⅳ.①F74

中国版本图书馆CIP数据核字（2012）第318223号

责任编辑：凌　敏　吕亚亮
责任校对：郑淑艳
责任印制：李　鹏

国际贸易（第三版）
项义军　张金萍　编著
经济科学出版社出版、发行　新华书店经销
社址：北京市海淀区阜成路甲28号　邮编：100142
教材分社电话：88191343　发行部电话：88191537
网址：www.esp.com.cn
电子邮件：lingmin@esp.com.cn
北京密兴印刷有限公司印装
787×1092　16开　22.5印张　540000字
2013年1月第3版　2014年1月第2次印刷
ISBN 978-7-5141-2886-4　　定价：45.00元
（图书出现印装问题，本社负责调换。电话：88191502）

第三版前言

自2004年8月《国际贸易》出版发行以来，被全国很多高校作为经济类和管理类各专业国际贸易课程的指定教材。2007年，该教材获得黑龙江省经济学界第一届社会科学优秀科研成果一等奖。2010年根据教材在使用过程中教师和学生的反馈意见，对原版教材的结构、内容均做了较大的调整，反映了国际贸易理论、政策和实务的最新发展。在第二版教材基础上，根据国际贸易环境新变化、中国对外贸易最新进展，以及高校国际贸易课程教学需要，更新、补充了相关数据和资料，增加了便于学生学习和教师授课的辅助内容。

1. 根据国际商会新修订的《国际贸易术语解释通则®2010》，调整第五章“国际贸易术语”中的相关内容，并与《国际贸易术语解释通则2000》进行对比分析；将其他章节中涉及贸易术语的内容也做了相应调整。

2. 第四章第一节“区域经济一体化”中根据中国近2年参与区域经济一体化的最新进展，增加了中国正在建设和谈判的区域经济一体化组织的相关内容；压缩了第七章第一节“运输条件”中“运输方式”的内容。

3. 将第三章第二节和第三节中有关贸易救济的商品倾销与反倾销、出口补贴与反补贴的内容抽出，扩展为第四节“公平贸易救济措施”；根据近几年发达国家限制进口措施的新变化，增加了“社会壁垒”等非关税壁垒措施。

4. 相关章节的动态数据资料更新到2011年，部分数据更新到2012年上半年；附录在原有14个贸易单证示样基础上增加了8个贸易单证示样。

5. 根据教学需要，每章前增加了“学习目标”和“导入案例”；每章后增加了“本章小结”；将第二版每章后的“案例分析”改为“复习思考题”，在案例分析题的基础上，增加了单项选择题和判断题，使学生能够扎实掌握基础知识，提高对专业理论与知识的理解能力和运用能力。

6. 根据学生学习的需要，在每章中增加了“知识拓展”内容，一方面反映了国际贸易领域的新知识、新问题，另一方面拓展学生的知识层面和领域；为了更准确和清晰地表述相关知识和理论，增加和调整了相关章节的图表和内容编排方式。

本书由项义军和张金萍编著，全书共十二章，编著分工如下：张金萍（第一章至第四章），项义军（第五章至第十二章及贸易单据）。全书由项义军总纂定稿。在编著过程中，编者参考了国内外有关的著作，谨此致谢。由于编著者的水平所限，疏漏和错误在所难免，恳请同行专家与读者不吝指正。

编著者

2013年1月

第二版前言

《国际贸易》自2004年出版发行以来，被全国很多高校作为经济类、管理类专业国际贸易课程的指定教材。2007年，该教材获得黑龙江省经济学界第一届社会科学优秀科研成果一等奖。该教材出版6年来，国际贸易环境发生了变化，同时原版教材在教学实践中也存在一些需要调整的内容。为此，借经济科学出版社再版的机会，对原版教材的结构、内容均做了较大的调整，以反映国际贸易理论、政策和实务的最新发展，更符合高校国际贸易课程教学的需要。

1. 删去了原教材中的有关章节，并对教材结构重新编排。如：删去了原教材中的第五章发展经济学国际贸易理论、第十九章国际服务贸易和技术贸易、第四章的第七节、第九章的第一节和第二节。根据国际贸易业务的内在逻辑关系及授课需要将原教材十九章压缩成十二章。对保留下来的各章节顺序也重新进行了调整。

2. 在原有教材内容基础上，增加了最新数据，充实和修改了相关内容。例如，在国际贸易概述部分，相关数据调整为目前能够获取的最新的2008年或2009年的数据，增加了国际贸易额（量）与对外贸易额（量）等相关内容的计算公式和例题。新版教材中对国际贸易理论的大部分内容进行了修改，包括理论内容、评价以及说明这些理论的方法与案例等；在国际贸易政策部分，增加了WTO争端解决机制、我国参与区域经济一体化情况等内容；在贸易实务部分，将原教材中的有关《UCP 500》的内容调整为《UCP 600》内容，为突出国际贸易的实践性增加了国际货物买卖操作一章。

3. 根据教学需要，每章后增加了案例分析。每章后增加的案例均为最新发生的或经典的国际贸易事件，使学生在专业理论与业务学习后，能够运用所学的知识分析现实中发生的国际贸易事件，提高对专业理论与知识的理解能力和运用能力。

根据高校国际贸易课程教学的需要，再版教材中的国际贸易理论与政策部分内容更系统，条理更清晰；国际贸易实务部分则进一步突出实用性与操作性。

本书由项义军担任主编，张金萍担任副主编。全书共十二章，编写分工如下：张金萍（第一章至第四章），项义军（第五章至第十二章及贸易单据）。全书由项义军总纂定稿。在编著过程中，编者参考了国内外有关的著作，谨此致谢。由于编者的水平所限，疏漏和错误在所难免，恳请同行专家与读者不吝指正。

编者

2010年9月

第一版前言

改革开放二十余年来，中国经济发展迅速，在世界经济舞台上扮演着愈来愈重要的角色。随着中国加入世界贸易组织，中国经济将进一步国际化，与国际经济融为一体。中国的企业要想在激烈的国际市场竞争中立于不败之地，就必须转向集约化、集团化、国际化经营，积极参与国际分工和国际竞争。为了适应这一形势和满足教学及其他需要，编者在总结多年教学实践经验的基础上，结合国际贸易理论和外经贸业务的最新发展，编写了这本教材。

本教材全面系统地介绍了国际贸易的基本理论、基本政策和国际贸易的操作程序与规则，内容分为理论篇、政策篇和实务篇三个部分。在理论、政策的阐述上侧重知识性与框架性，注意吸收国际贸易领域研究的最新成果；在实务方面突出实用性与操作性，并注重与中国对外贸易实践相结合。

本教材适于用作高等院校经济类、管理类专业国际贸易课程的教学用书，也可作为外经贸人员业务培训或自学参考书。

本教材在编著过程中，参考了国内外有关的著作，谨此致谢。由于编者的水平所限，疏漏和错误在所难免，恳请同行专家与读者不吝指正。

本教材由项义军担任主编，张金萍、关兵、霍荣担任副主编。全书共十九章，编写分工如下：项义军（第一章、第二章、第三章、第六章、第七章、第十一章、第十四章、第十五章）；张金萍（第十二章、第十六章）；关兵（第八章、第十八章）、霍荣（第十七章）、胡元礼（第九章、第十章）；刘文涛（第四章、第五章）；吕佳（第十三章）、王钰（第十九章）。全书由项义军总纂定稿。

编者

2004 年 8 月

目 录

第一章 国际贸易概述

学习目标

- 了解国际贸易产生原因及发展历程；
- 掌握国际贸易的基本概念；
- 熟悉国际贸易分类。

导入案例

为达到宣扬明朝国威和扩展海外贸易的政治目的和经济目的，1405年7月11日，郑和奉明成祖朱棣的旨意，率领2.7万人从太仓刘家港出发，出使海外诸国，截至1433年，在持续28年时间里郑和七次下西洋，先后到达太平洋、印度洋和非洲东海岸的30多个国家和地区。1492年8月3日，意大利人哥伦布在西班牙王室资助下，率领三艘卡拉维船和88人从巴罗士港起航，向西航行，希望到达东方的中国、日本和印度。1492年10月12日哥伦布到达北美巴哈马群，开辟了欧洲与美洲之间的新贸易航线。之后，1498年5月葡萄牙人达·伽马在葡萄牙王室资助下到达印度。1519~1521年，葡萄牙人麦哲伦率265人在西班牙王室资助下完成环球航行。

15世纪初的郑和航海之举远远超过15世纪末至16世纪初的葡萄牙、西班牙等国的航海活动，堪称是“大航海时代”的先驱，也是唯一的东方人。他更早于狄亚士57年远赴非洲。在世界航海史上，郑和开辟了贯通太平洋西部与印度洋等大洋的直达航线。但与西欧人航海结果不同的是，郑和下西洋对明清经济发展的促进作用微乎其微，而东方的商品和航海贸易的利润为西欧资本主义的原始积累创造了良好的条件，加速了西欧封建制度解体和资本主义发展。

请分析：(1) 为什么郑和下西洋和以哥伦布为首的西欧人的航海活动产生的经济结果不同？(2) 为什么郑和下西洋对明清经济发展的促进作用微乎其微？

国际贸易内容十分丰富，在具体介绍国际贸易理论、政策与实务之前，需要先了解国际贸易最基础的知识。本章主要介绍国际贸易产生原因与发展历程，运用比较方法分析几组国际贸易基本概念的区别，并按照不同的标准对国际贸易进行分类。

第一节 国际贸易的产生与发展

一、国际贸易的产生

国际贸易属于历史范畴，是人类社会发展到一定历史阶段的产物。国际贸易的产生必须具备两个条件：一是社会生产力的发展；二是国家的形成。因此，从根本上说，社会生产力的发展和社会分工的扩大是国际贸易产生和发展的基础。

原始社会初期，人类处于自然分工状态，生产力水平极度低下，人们共同劳动所获得的产品仅能维持生存，没有剩余产品，也就没有交换，没有私有制、阶级和国家，更不可能有国际贸易。

人类历史上的第一次社会大分工，即畜牧业和农业的分离，促进了原始社会生产力的发展，产品开始有了剩余，在氏族或部落之间用剩余产品进行偶然的物物交换。

人类历史上的第二次社会大分工使手工业从农业中分离出来成为独立的部门，产生了直接以交换为目的的商品生产，和以货币为媒介的商品流通。随着社会分工、商品流通和货币形态的进一步发展，产生了专门从事商品交换的商人。

第三次社会大分工使商品生产和商品流通进一步扩大，随着商品交换的日益频繁和交换的地域范围不断扩大，出现了专门从事商品交换的商人阶层。

人类社会的三次大分工，促进了社会生产力的发展和剩余产品的增加，同时也促进了私有制的发展和奴隶制的形成。在原始社会末期和奴隶社会初期，随着阶级和国家的出现，商品交换超越国界，便产生了国际贸易。

二、国际贸易的发展

（一）资本主义前的国际贸易

1. 奴隶社会的国际贸易。在奴隶社会，自然经济占主导地位，其特点是自给自足，生产的目的是为了满足直接消费。奴隶社会虽然出现了手工业和商品生产，但由于生产技术水平不高，交通运输工具简陋，使商品生产在整个社会生产中微不足道，能够进入流通中的商品数量极少。在当时，奴隶主拥有财富的重要标志是其占有多少奴隶，因此，奴隶社会国际贸易中的主要商品是奴隶。此外，粮食、酒和其他专供奴隶主阶级享用的奢侈品，如宝石、装饰品、各种织物和香料等也是当时国际贸易的重要商品。奴隶社会时期参与国际贸易的国家主要集中在地中海沿岸和黑海沿岸的腓尼基、希腊、罗马等国，雅典是当时较大的贸易中心。中国在夏商时代进入奴隶社会，贸易集中在黄河流域沿岸各国。尽管奴隶社会的国际贸易在各国经济中不占重要地位，但它对促进当时生产的进步，推动奴隶社会的发展也起了一定的作用。

2. 封建社会的国际贸易。封建社会时期的国际贸易比奴隶社会时期有较大的发展。在封建社会早期，封建地租采取劳役和实物的形式，进入流通领域的商品并不多。到了中期，随着商品生产的发展，封建地租转变为货币地租形式，商品经济得到进一步发展。在封建社会晚期，随着城市手工业发展，资本主义因素已孕育产生，商品经济和对外贸易都有了较快发展。

在封建社会，奴隶贸易在国际贸易中基本消失，除了奢侈品以外，参加国际贸易的主要商品还有日用手工业品，如棉织品、地毯、瓷器、谷物和酒等。这些商品主要是供国王、君主、教堂、封建地主和部分富裕的城市居民享用。

封建社会的国际贸易范围明显扩大，亚洲各国之间的贸易由近海逐渐扩展到远洋。早在西汉时期，中国就开辟了从长安经中亚通往西亚和欧洲的陆路商路——丝绸之路，把中国的丝绸、茶叶等商品输往西方各国，换回良马、种子、药材和饰品等。到了唐朝，除了陆路贸易外，还开辟了通往波斯湾及朝鲜和日本等地的海上贸易。在宋、元时期，由于造船技术的进步，海上贸易进一步发展。在明朝永乐年间，郑和曾率商船队 7 次下“西洋”，经东南亚、印度洋到达非洲东岸，先后访问 30 多个国家，用中国的丝绸、瓷器、茶叶、铜铁器等同所到的国家进行贸易，换回各国的香料、珠宝、象牙和药材等。

在欧洲封建社会的早期阶段，国际贸易主要集中在地中海东部。在东罗马帝国时期，君士坦丁堡是当时最大的国际贸易中心。公元 7 世纪至 8 世纪，阿拉伯人控制了地中海的贸易，通过贩运非洲的象牙、中国的丝绸、远东的香料和宝石，成为欧、亚、非三大洲的贸易中间商。11 世纪以后，随着意大利北部和波罗的海沿岸城市的兴起，国际贸易的范围逐步扩大到整个地中海及北海、波罗的海和黑海的沿岸地区。当时南欧的贸易中心是意大利的威尼斯、热那亚等城市，北欧的贸易中心是汉撒同盟的汉堡等城市。

综上所述，资本主义社会以前的国际贸易还处在国际贸易的萌芽阶段。随着社会生产力的提高，以及社会分工和商品生产的发展，国际贸易不断扩大。但是，由于受到生产方式和交通条件的限制，商品生产和流通的主要目的是为了满足剥削阶级奢侈生活的需要，贸易主要局限于各洲之内和欧亚大陆之间。国际贸易在奴隶社会和封建社会经济中都不占有重要的地位，贸易的范围和商品品种都有很大的局限性，贸易活动也不经常发生。

（二）资本主义时期的国际贸易

随着 15 世纪末美洲的发现和新航线的开辟，英国、法国、荷兰、西班牙、葡萄牙等西欧国家纷纷向亚洲、非洲、拉丁美洲扩张，建立殖民地，掠夺殖民地廉价原料，然后运往欧洲高价卖出，使贸易商品的种类和数量大大增加，而且奴隶贸易也成为当时贸易的重要内容。在暴力掠夺殖民地和贩卖黑奴的过程中，西方殖民者完成了资本的原始积累，为资本主义经济积累了大量的货币，也为工业革命创造了条件。因此，真正具有世界意义的国际贸易是随着机器大工业的建立，资本主义生产方式的确立而产生的。

1. 资本主义生产方式准备时期的国际贸易。资本主义生产方式准备时期是指 15 世纪末新大陆的发现与新航线的开辟至 18 世纪中叶第一次工业革命发生之前。15 世纪末期至 16 世纪初，意大利航海家克里斯托弗·哥伦布（1451 ~ 1506 年）在西班牙王室的资助下向西航行，发现新大陆；葡萄牙著名航海家瓦斯科·达·伽马（1460 ~ 1524 年）从欧洲经非洲好望角到达亚洲的印度，开辟了新航线；葡萄牙航海家斐南多·麦哲伦（1480 ~ 1521 年）在西班牙王室资助下完成第一次环球航行。这些地理大发现对西欧的经济发展和国际贸易产生了十分深远的影响。大批欧洲人前往非洲和美洲进行掠夺性贸易，运回大量金银财富，甚至还开始买卖黑人的罪恶勾当，同时还将这些地区沦为本国的殖民地。在这一时期，西班牙、荷兰、英国之间长期战火不断，目的就是为了争夺殖民地和国际贸易控制权。虽然资本主义生产方式准备时期的国际贸易同奴隶社会和封建社会相比有了很大发展，但是由于资本主义机器大工业尚未建立，交通工具还不完善，国际贸易的规模、范围和商品品种均受到一定限制。

2. 资本主义自由竞争时期的国际贸易。资本主义自由竞争时期是指从18世纪60年代英国发生工业革命到1873年世界性经济危机爆发这一段时期。在此期间，欧洲国家先后发生了工业革命和资产阶级革命，建立了资本主义的大机器工业，生产力水平迅速提高，这为国际贸易的发展奠定了物质基础。另外，交通运输和通信工具的进步为国际贸易的发展提供了可能的条件，参与国际贸易的国家遍及全球，国际贸易成为世界贸易。这一时期国际贸易具有以下特点：

（1）国际贸易的增长速度空前。在1720～1800年的80年间，国际贸易量只增长了1倍，然而19世纪的前70年中，世界贸易量增长了10倍。

（2）国际贸易商品结构有了很大的变化。18世纪末以前的大宗商品，如香料、丝绸、茶叶等，在国际贸易商品构成中所占的比重开始下降，纺织品的贸易量迅速增加，煤炭、钢铁和机器的贸易增长较快，粮食成为国际贸易中市场份额不断扩大的大宗商品。

（3）国际贸易方式发生了变化。国际定期集市的作用在下降，现场看货交易逐渐发展为样品展览会和商品交易所。1848年美国芝加哥出现了第一个谷物交易所，1862年伦敦成立了有色金属交易所。

（4）国际贸易的组织形式发生了变化。19世纪以前，为争夺殖民地贸易的独占权，英、法等国纷纷建立了由政府特许的海外贸易垄断公司。随着贸易规模的扩大，拥有特权的海外贸易垄断公司逐渐让位给在法律上承担有限责任的股份公司。另外，这一时期经营对外贸易的组织日趋专业化，出现了专业的对外贸易运输公司和保险公司等。

（5）国与国之间开始注重贸易协调。为了调整各国彼此间的贸易、移民和享受待遇问题，这一时期各国之间缔结了一系列国际贸易条约与协定，并且把签订贸易条约与协定作为获取竞争优势与特权的工具。

3. 资本主义垄断时期的国际贸易。19世纪70年代，自由竞争的资本主义向垄断资本主义过渡，到20世纪初，垄断最终代替了自由竞争。垄断组织不仅垄断了国内生产和贸易，而且控制了国际贸易。国际贸易成为垄断组织追求利润最大化的一种手段。受垄断的影响，这一时期国际贸易主要具有以下三个特点：

（1）垄断严重地影响和制约了国际贸易的发展。这主要表现在：垄断组织把商品输出和资本输出结为一体，与殖民地附属国之间通过垄断价格进行不等价交换，对殖民地附属国进行剥削和奴役；为了垄断世界市场，各国垄断资本结成国际垄断同盟，从经济上瓜分世界，划分势力范围。

（2）国际贸易量虽在扩大，但与自由竞争时期比，增长速度放慢了。如1840～1870年国际贸易量增长3.4倍，而1870～1900年国际贸易量只增长了1.7倍。自由竞争时期国际贸易的增长速度超过了世界生产的增长速度，但1870年后，国际贸易的增长速度却落后于世界生产的增长速度。

（3）各主要资本主义国家在国际贸易中的地位发生了很大的变化。在自由竞争时期，英国是国际贸易中心，但进入垄断时期后，其垄断地位开始动摇并呈下降趋势，美国和德国在世界贸易中的地位不断上升，尤其是在重工业制品的国际市场上，美国和德国已跃居英国之上。

（三）第二次世界大战后的国际贸易

第二次世界大战是国际贸易环境变迁的重要分水岭。从全球范围来看，国际贸易在总体上其范围和规模不断扩大，国际贸易越来越成为各国经济发展的重要因素和国民经济的重要组成部分。

1. 第二次世界大战后的国际贸易发展阶段。“二战”后国际贸易发展过程可分为以下三个阶段：

（1）1973 年以前的23 年间，国际贸易年均增长10.3%，是历史上增长最快的时期。这一阶段国际贸易快速增长的主要原因是“二战”后世界经济的迅速增长、国际分工的进一步扩大和深化、跨国公司的迅速发展、国际贸易自由化、国际经济一体化以及国际货币制度的建立等。

（2）1973 年以后，国际贸易增长速度明显减缓。其原因首先是世界经济的低速增长，西方经济陷入“滞胀”的困境；其次是石油危机的爆发；最后是货币制度危机的爆发。

（3）20 世纪 80 年代中期以来，在技术创新的推动下，国际贸易再次进入高速增长期。尽管 2001 年受美国新经济泡沫破灭的影响，国际贸易出现小幅收缩，但 2000 ~ 2007 年世界出口额依然保持了年均 6% 的增长。自 2008 年以来，由于受金融危机影响，国际贸易增长率波动较大。2009 年国际贸易增长率大幅下跌 10.7%，创下了“二战”以来的最大跌幅。伴随着全球经济增长复苏，2010 年国际贸易增长率大幅回升至 12.8%，这是自 1980 年以来最高的年度增长率。但由于世界经济复苏放缓，2011 年国际贸易增长率仅为 5.0%。

2. 第二次世界大战后的国际贸易特征。“二战”后，国际贸易领域出现了不同以前的特征，主要表现在以下几个方面：

（1）商品贸易增长速度加快，这是“二战”后国际商品贸易发展的最大特点。从 1950 年到 2000 年的 50 年中，全世界的商品出口总值从约 610 亿美元增加到 61 328 亿美元，增长了将近 100 倍。即使扣除通货膨胀因素，实际商品出口值也增长了 15 倍多，远远超过了工业革命后乃至历史上任何一个时期国际贸易增长速度。而且，国际贸易实际价值的增长速度（年平均增长 6% 左右）超过了同期世界实际 GDP 增长速度（年平均增长 3.8% 左右）。这意味着国际贸易在各国 GDP 中的比重在不断上升，国际贸易在现代经济中的地位越来越重要。

（2）贸易结构发生了重大变化。“二战”后，国际贸易结构最明显的变化是工业制成品在国际贸易中的比重超过了初级产品。“二战”前，初级产品贸易约占全部贸易的 2/3，到 1953 年工业制成品的比重略微大于初级产品，以后制成品贸易的发展一直快于初级产品，其比重不断提高，到 21 世纪初，制成品出口已占世界出口总量 3/4 以上。

（3）服务贸易和技术贸易迅速增长。随着科学技术革命的发展，“二战”后第三产业获得了迅速发展，国际服务贸易和技术贸易的增长速度均超过了货物贸易的增长速度。以服务贸易为例，1980 年，国际服务贸易额仅为 7 675 亿美元，到 2011 年，国际服务贸易额已达 8 059 亿美元，是 1980 年的 10.5 倍多；2005 ~ 2011 年国际服务贸易年均增长率达到 9%。

（4）国际贸易区域集团化趋势不断加强。“二战”后，陆续出现了一些区域经济一体化组织，如欧洲经济共同体、欧洲自由贸易联盟、拉美一体化协会、东南亚国家联盟、北美自由贸易区等。进入 20 世纪 90 年代，国际贸易区域集团化已成为一股不可阻挡的潮流。这些区域性的贸易集团以减少贸易壁垒、推进贸易自由化为宗旨，极大地推动了国际贸易的发展。

(5) 国际贸易方式由单一型向多元化、复合型转化。“二战”后，随着国际贸易的发展，出现了许多新的贸易方式，如包销、代理、寄售、拍卖、展卖、招标与投标、商品交易所、合资经营、加工贸易、租赁贸易、补偿贸易、许可证贸易等。

(6) 国际贸易向无纸化方向发展。在传统的国际贸易中，大量的贸易信息是通过纸介质单证的传递实现的，随着信息技术的发展，以“电子数据交换”（Electronic Date Interchange，EDI）代替纸介质单证来传递国际贸易信息已成为国际贸易的发展趋势。EDI 是指商业伙伴按协议或国际规范，按照一定的标准对经济信息进行格式化处理，并通过计算机通讯网络，把这些格式化的数据在他们的电子计算机之间进行交换和自动处理。EDI 是 20 世纪 80 年代初经济发达国家出现的一种通过电子计算机联网来处理业务文件和单证的先进技术，它的应用极大地改变了传统的国际贸易手段和方式，不仅使国际贸易的操作方式发生了根本性的改变，而且也影响了企业的行为和效率，对市场结构乃至国际经济的运行等都产生了根本性的影响，因而被认为是影响深远的结构性商业革命。

(7) 国际贸易协调机制趋于规范化，而贸易保护主义更加隐蔽化。随着国际贸易的发展，贸易中遇到的问题及其解决越来越要求有章可循，从关贸总协定发起的八轮谈判到今天世界贸易组织（WTO）的贸易规则，国际贸易的协调机制越来越趋于规范化、国际化。目前，WTO 的规则和制度已成为 WTO 成员国共同承诺和遵守的贸易规则，同时，在 WTO 的协调管理下，贸易手段也日趋规范化。正因为贸易规则和制度越来越规范化，使得国际贸易保护主义必须更加隐蔽才能不违反国际惯例。20 世纪 90 年代兴起的技术性贸易壁垒及环境贸易壁垒就是典型的贸易保护主义隐蔽化的表现。

第二节　国际贸易的基本概念

一、国际贸易与对外贸易

国际贸易（International Trade）又称世界贸易（World Trade），是指国家（或地区）之间进行的货物、服务和技术的交换活动，是各国之间分工的表现形式，反映了世界各国在经济上的相互依赖。

对外贸易（Foreign Trade）是指一个国家（或地区）同其他国家（或地区）进行的货物、服务和技术的交换活动。有些海岛国家如英国、日本常称为“海外贸易”（Overseas Trade）。由于对外贸易由进口和出口两部分构成，人们也称为进出口贸易（Import and Export Trade）。

国际贸易与对外贸易既有联系又有区别。二者在本质上是相同的，都是一个国家（或地区）与另一个国家（或地区）的货物、服务和技术的交换活动。二者的区别主要体现在以下两个方面：(1) 角度不同。以一个国家（或地区）为主体的交换活动是对外贸易；以整个世界为主体的交换活动是国际贸易。因此，国际贸易与对外贸易是一般与个别的关系。(2) 运动规律不同。国际贸易作为一个客观存在的整体，有它自己独特的矛盾和运动规律，有些国际范围内的综合性问题仅仅从个别国家或地区的角度出发是无法深入进行研究的，因此，对外贸易的研究代替不了国际贸易的研究。

二、国际贸易额（量）与对外贸易额（量）

国际贸易额（Value of International Trade）是指一定时期内（通常为一年）用某种货币和现行世界市场价格计算的世界各国与地区的进口总额或出口总额，也称国际贸易值。由于一国（或地区）的出口是另一国（或地区）的进口，因此，国际贸易额仅指世界各国的出口总额或进口总额。同时，美元是世界上使用最广泛的货币，国际贸易额通常用美元来统计。据 WTO 统计，2011 年国际贸易总额（出口额）已达 18.2 万亿美元。世界各国一般用 FOB 价格计算出口额，而用 CIF 价格计算进口额。由于 CIF 价格中包括运费和保险费，所以世界进口总额总是大于出口总额。为了准确地表示世界贸易规模，国际上通常将各国的出口总额作为国际贸易额，即：

$$\text{国际贸易额或国际贸易值} = \sum \text{各国出口贸易额}$$

对外贸易额（Value of Foreign Trade）是指一国（或地区）一定时期内用某种货币和现行市场价格计算的世界各国与地区的出口贸易额和进口贸易额的总和，也称为对外贸易值。对外贸易额是反映一个国家对外货物贸易规模的重要指标之一。联合国编制和发表的世界各国对外货物贸易额是以美元表示的，它反映在各国海关统计中。对外贸易额可以表示为：

$$\text{对外贸易额或对外贸易值} = \text{进口总额} + \text{出口总额}$$

一国的出口额与进口额之差，称为对外贸易差额（Balance of Foreign），差额的大小是衡量一国对外贸易状况的重要指标。若出口额大于进口额，称为出超，即贸易顺差（Favorable Balance Trade），表明一国外汇有净收入，外汇储备增加，该国货物国际竞争力强，在国际市场上处于有利的地位；若进口额大于出口额，称为入超，即贸易逆差（Unfavorable Balance Trade），表明一国的外汇储备减少，该国货物在国际市场上的竞争力弱，在国际市场上处于不利的地位。例如，2011 年中国对外贸易总额为 36 420.6 亿美元，比 2010 年同期增长 22.5%，刷新年度历史纪录。其中，出口 18 986 亿美元，进口 17 434.6 亿美元，全年贸易顺差 1 551.4 亿美元。

国际贸易量（Quantum of International Trade）是以一定时期的不变价格为标准计算的各个时期的国际贸易额，即用以固定年份为基期计算的出口价格指数除以当时出口额的方法，得出相当于按不变价格计算的出口额。用这种方法计算出来的国际贸易额剔除了价格变动的影响，称为国际贸易量。计算公式为：

$$\text{国际贸易量} = \frac{\text{国际贸易额}}{\text{出口价格指数}}$$

$$\text{价格指数} = \frac{\text{报告期价格}}{\text{基期价格}} \times 100$$

对外贸易量（Quantum of Foreign Trade）是指一国一定时期进口贸易量和出口贸易量的总和。计算公式为：

$$\text{对外贸易量} = \frac{\text{进口贸易额}}{\text{进口价格指数}} + \frac{\text{出口贸易额}}{\text{出口价格指数}}$$

引入国际贸易量和对外贸易量这两个概念，是因为商品价格经常变动，用货币表示贸易额往往不能真实地反映国际贸易及一国对外贸易的实际规模，而用贸易量来表示就可以避免这一个缺陷。此外，贸易量指标不仅可以比较确切地反映贸易的实际规模，而且便于把不同时期的贸易额进行比较。

例如，假定2002年国际贸易出口额5.2万亿美元，2012年国际贸易出口额为15.8万亿美元，设2002年出口价格指数为100，2012年为150，试比较2012年国际贸易出口额和国际贸易出口量与2002年国际贸易出口额的增长变化情况。

$$\frac{2012\text{年出口额}}{2002\text{年出口额}}=\frac{15.8}{5.2}\approx 3.0$$

$$\frac{2012\text{年出口贸易量}}{2002\text{年出口量}}=\frac{15.8/150}{5.2/100}=\frac{0.1053}{0.052}\approx 2.0$$

由此可见，按贸易额计算，2012年国际贸易出口额是2002年国际贸易出口额的3倍，增加了200%；按贸易量计算，剔除价格上涨因素，2012年国际贸易出口量是2002年国际贸易出口量的2倍，仅增加了100%。由于计算贸易量可以得出较为准确地反映贸易实际规模变动的情况，所以许多国家和国际组织都采用这种方法计算贸易量。联合国等机构的统计资料往往同时采用国际贸易额和国际贸易量两种数字，以供对照参考。

三、国际贸易与对外贸易商品结构

国际贸易商品结构（Composition of International Trade）是指一定时期各大类货物在整个国际贸易中的构成比例，即各大类货物贸易额与世界出口贸易总额之比，用比重表示。国际贸易商品结构可以反映出整个世界经济的发展水平、产业结构状况和科技发展水平等。

研究国际贸易商品结构通常是看初级产品和工业制成品两大类分别占世界出口贸易总额的比重。在国际贸易中通常将货物分为初级产品和工业制成品两大类。初级产品是指没有经过加工或经过简单加工的农、林、牧、渔和矿产品；工业制成品是指经过机器完全加工的产品。世界各国对这两大类产品的划分标准有一定差别，为了便于统计和分析，联合国秘书处于1950年公布了《联合国国际贸易商品标准分类》（Standard International Trade Classification，SITC）。在这个标准分类中，把国际货物贸易分为10大类（见表1-1）。在国际贸易统计中，一般把0~4类商品称为初级产品，把5~8类商品称为制成品。

对外贸易商品结构（Composition of Foreign Trade）是指一定时期内各类货物或某种货物在一国对外贸易中所占的比重或地位，即各类货物进出口贸易额与该国进出口贸易总额之比，以份额表示。一个国家对外贸易商品结构主要是由该国的经济发展水平、产业结构状况、自然资源和贸易政策等因素决定。一般来说，发达国家对外贸易商品结构是以进口初级产品和出口工业制成品为主；而发展中国家的对外贸易商品结构则是以出口初级产品的进口工业制成品为主。表1-1是中国2011年1~12月进出口商品构成表。

这里需要注意的是，各类货物价格的变动也是影响国际贸易商品结构和对外贸易结构的因素。

表 1-1　　2011 年 1~12 月中国进出口商品构成　　单位：亿美元

商品构成（按 SITC 分类）	出口		进口	
	金额	增减（%）	金额	增减（%）
总　值	18 986.00	20.34	17 434.58	24.88
一、初级产品	1 005.52	23.05	6 043.76	39.72
0 类 食品及活动物（供食用）	504.97	22.71	287.65	33.38
1 类 饮料及烟类	22.76	19.41	36.85	51.71
2 类 非食用原料（燃料除外）	149.78	29.10	2 852.55	35.12
3 类 矿物燃料、润滑油及有关原料	322.76	20.88	2 755.60	46.03
4 类 动植物油、脂及蜡	5.26	47.75	111.11	27.13
二、工业制品	17 980.48	20.17	11 390.82	18.37
5 类 化学成品及有关产品	1 147.87	31.05	1 811.44	21.06
6 类 按原料分类的制成品	3 196.00	28.28	1 503.28	14.66
7 类 机械及运输设备	9 019.12	15.58	6 303.88	14.71
8 类 杂项制品	4 594.10	21.64	1 277.09	12.49
9 类 未分类的商品	23.39	59.33	495.13	168.55

资料来源：中国对外贸易形势报告（2012 年春季）。

四、国际贸易与对外贸易地理方向

国际贸易地理方向（Direction of International Trade）又称为国际贸易地区分布（International Trade by Regions），是指一定时期内世界各大洲、各国或各经济集团在国际贸易中所占的地位，通常用它们的出口额或进口额占世界出口总额或进口总额的比重来表示，也可以计算各国的进出口总额在国际贸易总额（世界进出口总额）中的比重来表示。由于政治经济发展不平衡，各大洲、各国及各经济集团在国际贸易中的地位有很大差别。以 2011 年为例，世界货物贸易总额为 18.217 万亿美元，同比增长 19%，中国、美国、德国为前三大出口国，占全球出口比重分别为 10.4%、8.1% 和 8.1%。美国、中国、德国为前三大进口国，占全球进口比重分别为 12.3%、9.5% 和 6.8%。若不考虑欧盟内部贸易，欧盟为世界最大出口方和进口方，占全球出口和进口比重分别为 14.9% 和 16.2%。

对外贸易地理方向（Direction of Foreign Trade）又称为对外贸易地区分布（Foreign Trade by Regions），是指一定时期内世界各国、各地区或经济集团在一国、地区或经济集团对外贸易中所占的地位，通常以它们对该国、地区或经济集团的进口额或出口额占该国、地区或经济集团进口总额或出口总额的比重来表示。对外贸易地理方向指明了一国、地区或经济集团出口商品去向和进口商品来源，从而反映一国、地区或经济集团与其他国家、地区或经济集团之间的经济贸易联系程度。从横向可以看出哪些国家或贸易集团是本国的主要贸易伙伴；从纵向可以看出一个国家同其主要贸易伙伴间贸易关系消长的变化。一国对外贸易值如果只是集中在个别国家或地区，表示该国经济对个别国家或地区的依赖程度比较大，市场风险较大。如果一国的对外贸易值比较均匀地分散在各国或地区，则表明该国对外贸易的市场风险较小。

表1-2反映了2011年1~12月中国十大贸易伙伴进出口商品总值、占进出口比重及累计比2010年增减情况。

表1-2　　2011年1~12月中国十大贸易伙伴进出口总值　　单位：亿美元

国家（地区）	进出口总值	占进出口比重（%）	累计比2010年增减（%）
欧盟	5 672.13	15.57	18.3
美国	4 466.47	12.26	15.9
东盟	3 628.54	9.96	23.9
日本	3 428.89	9.42	15.1
中国香港	2 835.24	7.79	23.0
韩国	2 456.33	6.75	18.6
中国台湾	1 600.32	4.39	10.1
澳大利亚	1 166.33	3.20	32.0
巴西	842.02	2.31	34.5
印度	739.18	2.03	19.7
合计	26 835.45	73.68	—

资料来源：中华人民共和国海关总署网站。

由于对外贸易是一国与别国之间发生的商品交换，因此，把对外贸易按商品分类和按国家分类结合起来分析研究，即把商品结构与地理方向的研究结合起来具有重要意义，可以查明一国出口中不同类别商品的去向和进口中不同类别商品的来源。

五、对外贸易依存度

对外贸易依存度（Ratio of Dependence on Foreign Trade）也称为对外贸易系数，是指一国一定时期对外贸易额（进出口总额）在该国国内生产总值（GDP）或国民生产总值（GNP）中所占的比重。反映一国国民经济对外贸易的依赖程度，是衡量该国经济对国际市场依赖程度高低的重要指标之一。由于对外贸易分为出口和进口两部分，相应地对外贸易依存度又可以分为出口依存度和进口依存度，即进口额、出口额分别与GDP或GNP的比值，其计算公式为：

$$
\begin{aligned}
\text{对外贸易依存度} &= \text{出口依存度} + \text{进口依存度} \\
&= \sum X_i/GDP + \sum M_i/GDP \\
&= (\sum X_i + \sum M_i)/GDP
\end{aligned}
$$

式中：$\sum X_i$ 表示一定时期一国的出口总额；$\sum M_i$ 表示一定时期一国的进口总额；GDP表示一定时期一国的国内生产总值。

由于进口值不是该国在一定时期内新创造的价值，它使对外贸易依存度表现得较高，因此，在实际工作中人们往往更重视出口依存度，它比对外贸易依存度更强调对经济发展的带动作用。

目前，世界各国和地区的对外贸易依存度均呈上升趋势，这是因为各国和地区的经济发展相互影响、相互依赖日益加强，即国民经济国际化进程加快。但是，对外贸易依存度这个指标并不是越高越好，该指标的提高一方面反映了融入世界经济的程度提高，但另一方面也反映了一国国民经济对国际市场的依赖程度提高，受世界经济影响的风险也在加大。

六、贸易条件

贸易条件（Terms of Trade）有两种含义，一种用实物形态表示，另一种用价格形态表示。

实物形态的贸易条件是指出口交换进口的条件，表示出口一单位商品能够换回多少单位进口商品。其计算公式为：

$$贸易条件 = 进口数量(Q_m)/出口数量(Q_x)$$

若等量出口能换回的进口量增加了，或等量进口只要用比先前少的出口去换取，就表明贸易条件改善了；反之，则表明贸易条件恶化了。

价格形态的贸易条件是指出口商品价格与进口商品价格之比，通常用一定时期所有出口商品平均价格指数与所有进口商品平均价格指数之比计算，也称进出口交换比价。其计算公式为：

$$贸易条件指数(N) = 出口商品平均价格指数(P_x)/进口商品平均价格指数(P_m)$$

通常把价格形态的贸易条件当做衡量一国对外贸易经济效益好坏的综合性指标。如果一国贸易条件指数大于1，表明该国贸易条件相对于基期而言改善了；反之，则表明该国贸易条件相对于基期恶化了。必须注意的是，贸易条件改善或恶化只是就当期与基期相比较而言。

一般来说，在贸易条件恶化的情况下，出口越多越不利。但是孤立地考察贸易条件并不能很好地计量一国福利或贸易利益的变动。例如，在出口价格下降而进口价格相对不变的情况下，只有当生产出口商品的劳动生产率没有提高的情况下，才能判断出贸易对本国福利的不利影响。如果某国找到一种成本低的生产某产品的方法，该国供给出口的该产品增多，降低了该产品价格和该国的贸易条件，但不能认为该国从贸易中获得的利益减少了，因为该国可以从出口成本降低中获得更多的利益。

七、国际分工与世界市场

国际分工（International Division of Labor）是指世界上各国之间的劳动分工，它是一国内部的社会分工发展到一定阶段，国民经济内部分工超越国家界限的结果。国际贸易的产生和发展离不开国际分工，国际分工是国际贸易的基础；国际分工的发展影响国际贸易商品结构，影响国际贸易的地区分布和地理方向，影响国际贸易的利益分配。

国际分工是一个历史的范畴，它是生产力发展到一定历史阶段的产物。国际分工的发生和发展，主要取决于两个条件：一是社会经济条件，主要包括生产力的发展水平、科学技术的发明与运用、国内市场的大小、人口的多寡及社会经济结构的差异等；二是自然条件，主要包括地理位置、国土面积及气候、土壤、资源禀赋状况等，其中社会经济条件是国际分工产生和发展的主要制约因素。

世界市场（World Market）是各国进行商品和劳务交换的场所和领域，它既包括世界各国各自的国内市场，又包括世界各国之间的国际市场。国际分工、国际贸易和世界市场是同步发展的，世界市场随着国际分工和国际贸易的发展而发展，国际分工的萌芽、形成、发展和深化的不同发展阶段也正是世界市场的萌芽、形成、发展和深化阶段。由于全球社会经济联系的日益加强，各种类型国家的经济日益国际化，它们对世界市场的依赖性不断增长，统一的世界市场对所有国家的经济进步起着越来越重要的作用。

第三节　国际贸易的分类

国际贸易范围广泛，种类繁多。本节从不同角度，依据不同标准，从六个方面对国际贸易进行分类。

一、按货物移动方向区分

（一）出口贸易

出口贸易（Export Trade）又称为输出贸易，它是指将本国生产和加工的商品输往国外市场销售。这里必须注意的是，作为出口贸易的商品必须是外销的商品，某些商品虽然运出国境，但不属于外销的商品则不能算做出口贸易。例如，运往境外供使领馆、驻外机构使用的物品，或旅客携带个人物品到境外等，均不列入出口贸易。

（二）进口贸易

进口贸易（Import Trade）是指将外国生产和加工的商品输入本国市场销售。同样，输入境内的商品必须是属于内销的商品才能列入进口贸易。例如，外国使领馆运进供自用的物品，或旅客带入供自用的物品等，均不列入进口贸易。

（三）复出口贸易与复进口贸易

复出口贸易（Re-export Trade）也叫做再出口贸易，它是指一国从他国进口的商品没有经过加工又输往国外销售。如进口货物的退货、转口贸易等。

复进口贸易（Re-import Trade）是指出口国外的商品未经加工又重新输入国内。复进口通常是由于出口商品质量不合格被退货，未售寄售商品的退回，或由于政府干预造成国内外市场价格差异等非正常原因造成的。

（四）过境贸易

过境贸易（Transit Trade）又称通过贸易，从甲国出口到乙国的货物经由丙国的国境运送时，对丙国来说，这笔贸易就是过境贸易。在过境贸易中，过境国家并没有取得货物的所有权，因此，过境商品一般不列入过境国家的进出口统计中。一般来说，过境贸易不仅不会对过境国经济产生不利的影响，反而可以通过重新包装、分类、提供仓储和运输等活动获得相应的收入，世界上多数国家都会鼓励发展过境贸易。

二、按商品形式与内容区分

（一）货物贸易

货物贸易（Goods Trade）是指以具有物质形态的商品为买卖对象的贸易，即国际贸易中的有形贸易。货物贸易的进出口必须通过海关，并反映在海关的贸易统计上，它是一国国际收支中最主要的项目。

（二）服务贸易

根据世界贸易组织《服务贸易总协定》对服务贸易（Service Trade）的界定，服务贸易有四种表现形式：

1. 跨境提供（Cros-Border Supply）。跨境提供是指从一方境内向任一其他方提供跨境服务，这里跨境的是服务，一般不涉及资金及人员的过境流动。典型形式是国际电信服务、信息咨询和卫星影视服务等。

2. 境外消费（Consumer Abroad）。服务的消费者为自然人，临时入境到东道国境内接受服务而形成的贸易，典型形式是旅游服务、教育培训和健康服务等。

3. 自然人移动（Movement of Personnel）。服务的提供者为自然人，临时入境到东道国境内提供服务而形成的贸易。常见的形式有建筑设计与工程承包，以及所带动的管理人员流动。

4. 商业存在（The Commercial Presence）。服务的提供者为经济实体或法人，入境到东道国境内设立机构提供服务，并取得收入的贸易形式。常见的有在境外设立金融服务分支机构、律师或会计师事务所、维修服务站等。这种类型的服务贸易一般要涉及市场准入和直接投资。

世界贸易组织《服务贸易总协定》将服务业分为12个部门：商业、通信、建筑、销售、教育、环境、金融、卫生、旅游、娱乐、运输和其他。

（三）技术贸易

技术贸易（Technology Trade）是不同国家间的以纯技术的使用权为主要交易标的的商业行为。它由技术出口和技术引进这两方面组成。

技术贸易与货物贸易有明显的区别，主要体现在以下几个方面：

1. 交易标的性质不同。货物贸易的标的是有形的物质商品，易计量、论质和定价；而技术贸易的标的是无形的知识，其计量、论质和定价的标准很复杂。

2. 交易双方当事人不同。一方面，货物贸易双方当事人一般不是同行，而技术贸易双方当事人则一般都是同行。因为只有双方是同行，引进方才会对转让方的技术感兴趣，引进方才有能力使用这种技术。另一方面，货物贸易中的卖方始终是以销售为目的，而技术贸易中的卖方（转让方）一般并不是为了转让而是为了自己使用才去开发技术的，只是在某些特定情况下才转让技术。

3. 交货过程不同。货物贸易的交货是实物移交，其过程较简单。技术贸易的“交货”是传授技术知识、经验和技艺的复杂而又漫长的过程。

4. 所涉及的问题和法律不同。技术贸易涉及的问题多、复杂且特殊。如技术贸易涉及工业产权保护、技术风险、技术定价、限制与反限制、保密、权利和技术保证、支持办法等问题。另外，技术贸易中涉及的国内法律和国际法律、公约也比货物贸易多。因而，从事技术贸易远比从事货物贸易难度大。

5. 政府干预程度不同。政府对技术贸易的干预程度大于对货物贸易的干预程度。由于技术出口实际上是一种技术水平、制造能力和发展能力的出口，所以为了国家安全和经济利益上的考虑，国家对技术出口审查较严。由于在技术贸易中，技术转让方往往在技术上占优势，为了防止其凭借这种优势迫使引进方接受不合理的交易条件，也为了国内经济、社会、科技发展政策上的考虑，国家对技术引进也予以严格的管理。

服务贸易与技术贸易也被称为无形贸易，一般不经过海关，也不显示在海关的贸易统计上，但也是一国国际收支中的重要组成部分。

三、按交易对象区分

（一）直接贸易

直接贸易（Direct Trade）是指商品生产国与商品消费国不通过第三国商人作为中介人而直接买卖商品的行为。在直接贸易中，贸易双方直接洽谈和结算，交易的货物既可直接从生产国运到消费国，也可经由第三国国境转运到消费国。因此，过境贸易是直接贸易。

（二）间接贸易

间接贸易（Indirect Trade）是商品生产国与商品消费国通过第三国而间接买卖商品的行为。交易的货物既可从出口国经第三国转运到进口国，也可从出口国直接运到进口国。间接贸易对第三国来说是转口贸易。

（三）转口贸易

转口贸易（Transit Trade）也称为中转贸易。由于政治、地理等方面的原因，有时商品生产国与消费国不能直接进行交易，而只能通过第三国，这时第三国从事的贸易称为转口贸易。转口贸易的经营方式可以分为两种：一是把商品从生产国输入转口国，然后再由该国销往商品的消费国；二是转口商只参与商品的交易过程，商品直接从生产国运往消费国。从事转口贸易大多是地理位置优越、运输便利、贸易限制较少的国家和地区，如英国、德国、荷兰、新加坡和中国香港等都是转口贸易发达的国家和地区。目前，在香港的出口总值中转口贸易额占将近一半，香港是世界上最大的转口商埠。

综上所述，直接贸易与间接贸易的区别是货物所有权转移是否经过第三国，而与运输方式无关。在生产国和消费国间进行的间接贸易，对于第三国来说，则是转口贸易。

转口贸易与过境贸易都涉及第三国，二者的区别主要体现在以下几个方面：（1）转口贸易有第三国的商人参与商品交易过程，过境贸易没有第三国的商人参与；（2）转口贸易以营利为目的（即要有一个正常的商业加价），而过境贸易通常只收取少量的手续费，如印花税等；（3）转口贸易属于间接贸易，而过境贸易属于直接贸易；（4）转口贸易额列入转口国家的贸易统计中，而过境贸易额则不列入一国的贸易统计中；（5）转口贸易中的货物不一定经由第三国运送，而过境贸易必须经由第三国运送。

四、按货物的运输方式区分

（一）陆路贸易

陆路贸易（Trade by Roadway）是指采用陆路运输方式运送货物的贸易，运输工具主要是汽车、火车等。陆地相邻国家的贸易通常采用陆路运送货物的方式，如中国与俄罗斯，美国与加拿大间一部分贸易就是通过陆路贸易实现的。目前陆路贸易占世界贸易总量的15%～20%。

（二）海路贸易

海路贸易（Trade by Seaway）是指采用海上运输方式运送货物的贸易，运输工具是各种船舶。由于海运具有运量大、运费低等优点，国际贸易货物运输总量的75%以上是通过海路贸易完成的。

（三）空运贸易

空运贸易（Trade by Airway）是指采用航空运输方式运送货物的贸易。航空运输运费较高，一般适用于体积小、重量轻、时效性强的货物，如贵重物品、药品、精密元件和鲜活食品。空运贸易只占世界贸易总量的3%～4%。

（四）邮政贸易

邮政贸易（Trade by Mail Order）是指采用邮政包裹的方式寄送货物的贸易。邮政贸易适用于急需的样品传递和数量不多的个人购买等。邮购的速度比空运慢，但费用较之便宜。

（五）管道运输贸易

管道运输贸易（Trade by Pipe Transport）是指采用管道运送货物的贸易。管道运输贸易适用于运输量大的石油、天然气等液体或气体产品。

（六）多式联运贸易

多式联运贸易（Trade by Multimodal Transport）是指海、陆、空各种运输方式结合运送货物的行为。

五、按贸易额的统计标准区分

（一）总贸易

总贸易（General Trade）是以国境为标准对进出口商品进行的贸易统计。离开国境的商品总额为总出口额，进入国境的商品总额为总进口额，总贸易额在数量上等于总出口额与总进口额之和。日本、英国、加拿大、澳大利亚等国采用这种标准统计贸易额。

（二）专门贸易

专门贸易（Special Trade）是以关境为标准对进出口进行的贸易统计。离开关境的商品总额为专门出口额，进入关境的商品总额为专门进口额，专门贸易在数量上等于专门出口额与专门进口额之和。美国、意大利、德国、瑞士等国采用这种标准统计贸易额。

六、按债务的清偿工具区分

（一）现汇贸易

现汇贸易（Spot Exchange Trade）又称为自由结汇贸易，是指在国际商品买卖中以货币作为偿付工具的贸易方式。这里作为支付工具的必须是在国际金融市场上能够自由兑换的货币。现阶段能作为清偿工具的货币主要有美元、英镑、欧元、日元等所谓的硬通货。

（二）易货贸易

易货贸易（Barter Trade）又称为换货贸易，是指以经过计价的货物作为偿付工具的贸易方式。易货贸易起因于某些国家外汇不足或贸易参加国双方的货币不能自由兑换，它的特点是把进出口直接联系起来，双方有进有出，进出口基本平衡或定期进行综合平衡。

知识拓展

关境与国境

关境与国境是两个不同的概念。关境（Custom Territory），亦称海关境域或关税境域，是指实施同一海关法规和关税制度的境域，即国家（地区）行使海关主权的执法空间。国境（National Territory）是指一个国家行使主权的领土范围，包括陆地、领水、领空和领海。

一般情况，关境与国境的关系分为三种：（1）关境等于国境。一般而言，一国的关境与其国境的范围是一致的。“二战”后，关税同盟和自由贸易区、自由港和保税区大量出现，国境等于关境的原则被突破，国家的政治国境和经济关境有时不完全一致。（2）关境大于国境。当几个国家结成关税同盟（如欧盟），实施统一的海关法规和关税制度，货物在成员国国境进出不征收关税，此时关境大于其成员国的各自国境。由于关税同盟的关境包括了几个缔约国的领土，这些领土被称为“关境以内的外国领土”。（3）关境小于国境。设有自由贸易区、自由港、保税区的国家，虽然这些区域在国境内，但从征收关税看，这些地区被称为“关境以外的本国领土”，此时关境小于国境。

中国现行关境适用于《中华人民共和国海关法》的相关规定，关境范围是除享有单独关境地位的地区以外的中华人民共和国全部领域，包括领陆、领空和领土完整海，是立体的空间，即中国关境不包括香港、澳门和台澎金马三个实行单独海关制度的单独关境地区。可见，中国关境小于国境。

本章小结

国际贸易是人类历史发展到一定阶段的必然产物。社会分工的扩大、生产力的发展以及国家的出现奠定国际贸易产生与发展的基础，当商品交换超越国界时，便产生了国际贸易。资本主义自由竞争时期以前的国际贸易主要表现为区域性贸易，贸易地理范围有限，可交换商品种类不多。18 世纪 60 年代以后，随着工业革命和资产阶级革命确立的资本主义生产方式，促进了生产力的迅速提高，国际贸易真正成为世界贸易。

国际贸易和一国对外贸易可以用以下五组指标反映：国际贸易额（量）与对外贸易额（量）、国际贸易与对外贸易商品结构、国际贸易与对外贸易地理方向、对外贸易依存度、贸易条件。

国际贸易范围广泛，种类繁多，可以从不同角度进行分类。按货物移动方向可分为出口贸易、进口贸易、复出口贸易与复进口贸易、过境贸易；按商品形式与内容可分为货物贸易、服务贸易和技术贸易；按交易对象可分为直接贸易、间接贸易和转口贸易；按货物的运输方式可分为陆路贸易、海路贸易、空运贸易、邮政贸易、管道运输贸易和多式联运贸易；按贸易额的统计标准可分为总贸易和专门贸易；按债务的清偿工具可分为现汇贸易和易货贸易。

复习思考题

一、单项选择题

1. 甲国出口到乙国的货物经由丙国国境运送时，对丙国来说是（　　）。

A. 直接贸易　　B. 转口贸易　　C. 过境贸易　　D. 间接贸易

2. 下列不属于专门贸易的是（　　）。

A. 进入海关保税工厂的进口货物

B. 为国内消费而直接进口的货物

C. 为国内消费而从海关保税工厂提出的货物

D. 从自由贸易区进口的货物

3. 以 2010 年为基期，2011 年某国进口价格指数为 120，出口价格指数为 144，则 2011 年相对于 2010 年该国贸易条件会（　　）。

A. 不变　　B. 恶化

C. 改善　　D. 与价格指数无关

二、判断题

1. 在资本主义垄断时期，国际贸易成为世界贸易。（　　）

2. 技术贸易的进出口必须通过海关，并反映在海关的贸易统计上。（　　）

3. 世界各国一般用 FOB 价格计算出口额，用 CIF 价格计算进口额，因此世界进口总额总是小于出口总额。（　　）

三、计算题

已知某国国内生产总值为 40 000 亿美元，货物出口贸易额为 1 600 亿美元，货物进口额为 1 400 亿美元，请计算该国的对外贸易依存度。

四、案例分析题

2005～2011 年世界主要经济体对外贸易依存度

单位:%

国别 \ 年份	2005	2006	2007	2008	2009	2010	2011
美国	21.3	22.4	23.0	24.4	18.7	20.2	24.5
日本	24.4	28.1	30.5	31.5	22.3	27.1	28.6
中国	63.9	67.0	66.2	57.1	45.0	51.7	52.1
德国	62.7	69.6	72.3	73.1	61.3	70.6	75.3
印度	30.0	32.3	30.9	38.7	30.8	37.7	39.7
巴西	22.2	21.9	21.9	23.6	18.2	19.4	19.6

资料来源：根据世界银行公布的世界各国 GDP 和 WTO 公布的世界各国进出口数据计算得出；2005～2009 年中国对外贸易依存度直接来自国家统计局数据。

请分析：(1) 从经济安全角度来看，中国对外贸易依存度是否过高？(2) 2008 年以来中国对外贸易依存度下降的主要原因是什么？

第二章　国际贸易理论

学习目标

- 了解国际贸易理论的发展脉络，以及主要贸易理论的产生历史背景；
- 掌握主要自由贸易理论关于贸易产生原因、贸易利益来源及贸易利益分配的核心观点，以及相互之间的区别与联系；
- 掌握主要保护贸易理论提出的依据及核心观点；
- 客观评价每个贸易理论的科学性与局限性；
- 学会运用相关贸易理论解释现实中各种贸易现象的合理性。

导入案例

一直以来，美国是仅次于泰国、越南的世界上第三大大米出口国，2010 年三国大米出口量分别占世界总出口量的 30%、20% 和 9%。2011 ~2012 年度美国大米产量为 1.881 亿英担，按美国人口普查局公布的最新数据，2012 年 1 月美国人口 3.13 亿计算，人均大米产量约为 0.6010 英担。1 英担约等于 50.8 公斤，即美国人均大米产量约为 30.5 公斤。

国际谷物理事会（IGC）2012 年 7 月预测，2012 ~2013 财年，全球大米产量预计 4.67 亿吨，中国、印度、泰国和越南是主要大米生产国。据美国农业部预测，2012 ~2013 年度中国大米生产量将达到 1.41 亿吨，中国每年消费大米约 1.35 亿吨左右，是世界上最大的大米生产国和消费国。虽然中国每年都进口外国大米，但数量很有限，一直是大米自给有余的国家。根据美国农业部的预测，中国大米净出口的局面将在 2012 年打破，可能成为大米净进口国。根据中美关于大米进口的磋商，美国大米最早将于 2012 年秋季出口中国；印度也通过与中国政府的协商，在 2012 年“扫清”了向中国出口大米的障碍；中国传统上主要从泰国进口大米，2012 年将扩大从越南、巴基斯坦等国进口大米。

请分析：(1) 根据赫克歇尔－俄林定理，美国是否应该出口大米？(2) 中国大米进口量增加会给国内大米产业带来什么影响？

国际贸易理论（International Trade Theory）按性质可分为自由贸易理论（Free Trade Theory）和保护贸易理论（Trade Protection Theory）。自由贸易理论主要分析国际贸易发生的原因或基础、国际贸易利益的来源或分配等问题。自由贸易理论认为自由贸易可以使世界资源得到合理配置，增进各国财富。根据理论产生历史背景不同，自由贸易理论可分为古典国际贸易理论（Classical International Trade Theory）、新古典国际贸易理论（Neo-classical International Trade Theory）和新国际贸易理论（New International Trade Theory）三部分。保护贸易理论主要研究贸易保护原因或依据、贸易保护的政策与措施等。按照理论提出时间的先后顺序，主要包括幼稚工业理论（Infant Industry Theory）、超保护贸易理论（Super-protective-trade Theory）和战略性贸易政策理论（Strategic Trade Policy Theory）。由于历史和社会的局限，每个理论都未能全面和科学地阐述国际贸易发生和发展的客观必然性。但是，这些理论也含有不少合理的内核。因此，在研究国际贸易理论时，有必要做客观、辩证的分析。

第一节　古典国际贸易理论

一、亚当·斯密的绝对优势理论

（一）绝对优势理论的提出

进入18世纪以后，技术进步和对利润的追逐推动市场机制的形成，人们从客观上认识到重商主义（Mercantilism）贸易差额论（Trade Balance Theory）的局限性。最先对重商主义提出质疑的是英国学者大卫·休谟（David Hume，1711～1776）。休谟认为通过贸易差额来积累金银货币的做法会导致一国货币供给增加，进而提高国内产品价格和工资水平，降低贸易顺差国产品竞争力，因此，一个国家不能无限期地连续保持贸易顺差。休谟的分析说明重商主义学派的经济政策最多只能带来短期的经济优势。

对重商主义学派批判更加深入和彻底的是亚当·斯密（Adam Smith，1723～1790）。亚当·斯密是英国产业革命时期的著名经济学家，是英国古典政治经济学的主要奠基人之一。经济学作为一门系统化的科学可以说是始于1776年亚当·斯密发表了《国民财富的性质和原因的研究》（Inquiry into the Nature and Causes of the Wealth of Nations），简称《国富论》（The Wealth of Nation）。在这本书中，亚当·斯密批判了重商主义，创立了“自由放任”的自由经济思想；解释了国际贸易的成因，提出了主张自由贸易的绝对优势理论（Absolute Advantage Theory）。

（二）绝对优势理论的基本假设

1. 世界上只有两个国家，它们生产的全部产品只有两种；
2. 劳动是唯一投入要素且具有同质性（劳动生产率相同）；
3. 劳动边际报酬不变，生产是在单位成本不变的情况下进行的；
4. 运输费用和其他交易费用为零；
5. 劳动在国内不同产业间可以自由流动，但在国与国间则不能自由流动；
6. 生产要素市场和产品市场是完全竞争市场；
7. 进出口贸易值相等，不考虑货币在国家间的流动；
8. 贸易是按物物交换方式进行的；
9. 不存在技术进步和经济发展；
10. 国家间实行自由贸易，不存在政府对贸易的干预或管制。

（三）绝对优势理论的基本内容

亚当·斯密认为两国间贸易是基于绝对优势（Absolute Advantage），他在肯定了国际贸易发生的直接原因是同种产品不同国家生产成本不同的前提下，进一步解释了为什么不同国家的生产成本会存在差异。他认为投入要素的生产率是决定生产成本的主要因素。这种生产率的基础是自然优势（Natural Advantage）和后天学习取得的优势（Acquired Advantage）。前者与气候、土壤和矿产资源有关，而后者则包括特殊的技能和技术。一个国家如果在一种产品生产上拥有某种自然优势或习得优势，它将能够以较低的成本生产这种产品，并且变得比其他国家越来越具有竞争力。即当一国相对另一国在某种产品生产上有更高效率（具有绝对优势），在另一种产品生产上效率更低（具有绝对劣势）时，两国都应该专门生产自己具有绝对优势的产品，然后通过国际贸易，用自己有绝对优势的产品的一部分来交换其有绝对劣势的产品。这样将会使各国的资源得到最有效的利用，将会大大提高劳动生产率和增加物质财富，而这种增长通过国际贸易在各国之间进行分配，使各国都能从中获利。

例如，限于气候条件，加拿大种植小麦效率更高，不适于种植香蕉，而尼加拉瓜适于种植香蕉，不适于种植小麦。因此，加拿大在小麦产量上相对尼加拉瓜有绝对优势，而在香蕉生产上有绝对劣势。尼加拉瓜则反之。在这种情况下，如果两国都生产自己占绝对优势的产品，然后通过贸易获得另一种产品，则两国都会获利。即加拿大专门生产小麦，并用一部分小麦换取尼加拉瓜生产的香蕉，则小麦和香蕉的总产量都会增加，消费也更多，两国都会获利。

（四）绝对优势理论的数学分析

为说明绝对优势理论，斯密建立了 $2\times1\times2$ 的简单数学模型，即两个国家用一种生产要素生产两种产品。假设英国和法国生产铜和大米，每单位产品两国投入的劳动量不同，如表2－1所示。

1. 分工前的情况。英国生产1单位铜需要100个劳动日，比法国少100个劳动日，而生产1单位大米需要200个劳动日，比法国多100个劳动日。由此可见，英国生产铜具有绝对优势，应该分工生产铜；法国生产大米具有绝对优势，应该分工生产大米。

表2－1　　分工前的情况

国　　家	铜（天/单位）	大米（天/单位）
英国	100	200
法国	200	100

2. 分工后的情况。分工后资源（劳动）得到最有效的利用，两种产品的产出会有很大的增加。如表2－2所示，分工生产后，投入的总劳动没变，但两种产品的产量都增加了。英国分工生产铜，即把生产大米的劳动也用来生产铜，共生产3单位铜；同理，法国分工生产大米，共生产3单位大米，分工后两种产品的产量各增加了1单位。

表2－2　　分工后的情况

国　　家	铜	大米
英国	(100＋200)/100＝3单位	
法国		(100＋200)/100＝3单位

3. 交换后的情况。两国间 1 单位铜可以换 1 单位大米，因为都花费了 100 个劳动日（价值相同）。这种交换比例对两国都是有利的，因为在英国国内 1 单位铜只能换 0.5 单位大米，而在法国国内，1 单位大米只能换 0.5 单位铜。从表 2－3 中可以看出，分工生产交换后，英国得 2 单位铜和 1 单位大米，比分工前多得 1 单位铜，法国得 2 单位大米和 1 单位铜，比分工前多得 1 单位大米。可见，分工交换后两国利益都增加了。

表 2－3　　交换后的情况

国　家	铜	大米
英国	3－1＝2 单位	1 单位
法国	1 单位	3－1＝2 单位

（五）绝对优势理论的评价

1. 绝对优势理论的科学性。（1）提示了国际分工和专业化生产能使资源得到更有效的利用，从而提高劳动生产率的规律；（2）提示了国际贸易发生的原因和贸易所得的来源；（3）反映了当时英国工业资产阶级通过扩大对外贸易进行经济扩张的要求，为资本主义的发展扫清了障碍，也为商品经济走向世界奠定了理论基础。

2. 绝对优势理论的局限性。经济不发达国家生产的各种产品可能成本都高，即都处于绝对劣势，而发达国家生产各种产品的成本可能都低，即都处于绝对优势，在这种情况下，国际贸易是否对双方都有利？绝对优势理论只说明在生产上各具绝对优势地位的国家参加国际分工和国际贸易能获得利益，这只是国际贸易实践中的一种特殊情况，并不具有普遍意义。

二、大卫·李嘉图的比较优势理论

（一）比较优势理论产生的历史背景

18 世纪末，工业革命逐渐展开，新兴工业资产阶级要求扩大对外贸易，以便从海外获得所需廉价原料，并为其产品寻找更大的海外市场。而重商主义制度下建立的经济特许和垄断制度已暴露出效率低下和严重浪费等弊端，阻碍了新兴工业资产阶级发展对外贸易。

1815 年，英国政府为维护土地贵族阶级利益而修订于 1672 年制定的限制谷物进口的法律，新的《谷物法》（Corn Laws）规定国内谷物价格低于每夸脱 80 先令时，禁止从国外进口谷物，以保持国内市场高价。《谷物法》颁布后这个限价不断提高，这对地主贵族有利，却严重损害了工业资产阶级的利益。于是，英国工业资产阶级和土地贵族阶级围绕《谷物法》的存废展开了激烈的斗争，工业资产阶级迫切需要从理论上论证谷物自由贸易的优越性。然而，亚当·斯密的绝对优势理论暗含一个假设前提：贸易双方至少有一种低成本的产品。如果一国不存在具有成本优势的产品，还会发生国际贸易吗？双方还能分享贸易利益吗？自由贸易政策能实施吗？为从理论上回答这些问题，大卫·李嘉图（David Ricardo，1772～1823）在绝对优势理论的基础上提出了比较优势理论（Theory of Comparative Advantage）。他认为英国在纺织品生产上占有的优势比在粮食生产上更大，英国应专门生产纺织品，并出口换取本国所需的粮食。

（二）比较优势理论的基本内容

大卫·李嘉图是英国古典政治经济学的杰出代表和集大成者，他继承和发展了亚当·斯密的绝对优势理论，在1817年出版的《政治经济学及赋税原理》（The Principles of Economy and Taxation）一书中阐述了比较优势理论。

李嘉图与斯密一样主张自由贸易，认为每个人在追求个人利益的同时会自然而然地有利于整个社会。李嘉图并不是重复斯密关于自由贸易的好处，他从资源最有效配置或使用角度来评论自由贸易与专业分工的必要性，用“比较优势”概念来分析国际贸易基础，从而提出更加系统的比较优势理论。他认为，即使一国在两种产品生产上较另一国均处于劣势（即无绝对优势），仍有可能进行互利贸易。一个国家可以专门生产、出口其绝对劣势相对小一些的产品（这是其有比较优势的产品），同时进口其绝对劣势相对大的产品（这是其有比较劣势的产品），两国社会福利都会增加。

比较优势理论的前提假设与绝对优势理论类似，这里不再重复。

（三）比较优势理论的数学分析

在说明比较优势理论时，李嘉图建立了2×1×2的简单数学模型，即两个国家用一种生产要素生产两种产品。假设英国、葡萄牙两国同时生产酒和呢绒，两种产品单位产出消耗的劳动量如表2-4所示。

表2-4　　根据比较优势进行分工与交换的利益

		英国	葡萄牙	产出或消费量合计
分工前	呢绒	100人/单位	90人/单位	2单位
	酒	120人/单位	80人/单位	2单位
分工后	呢绒	(100+120)/100=2.2单位		2.2单位
	酒		(80+90)/80=2.125单位	2.125单位
交换后	呢绒	2.2-1=1.2单位	1单位	2.2单位
	酒	1单位	2.125-1=1.125单位	2.125单位

按照斯密的绝对优势理论，在表2-4情况下英国、葡萄牙两国之间不会发生贸易。但是，李嘉图通过计算英国、葡萄牙两国生产两种产品所耗费的劳动量的相对数量，证明在这种情况下两国仍然能进行对双方有利的贸易。在英国，用本国生产的1单位呢绒和酒所耗费的劳动量分别与葡萄牙生产1单位呢绒和酒所耗费的劳动量相比较，得出英国生产两种产品的相对劳动生产率；在葡萄牙，用本国生产的1单位呢绒和酒所耗费的劳动量分别与英国生产1单位呢绒和酒所耗费的劳动量相比较，得出葡萄牙生产两种产品的相对劳动生产率，如表2-5所示。

表 2－5　　英国与葡萄牙生产两种产品的相对劳动生产率

国　家	呢绒	酒
英国	100/90≈110%	120/80 = 150%
葡萄牙	90/100 = 90%	80/120≈67%

从表 2－5 中可以看出，葡萄牙生产呢绒的劳动成本是英国的 90%，生产酒的劳动成本是英国的 67%。所以，虽然葡萄牙生产两种产品的劳动效率都比英国高，但高的程度不同，生产酒的劳动效率比生产呢绒的劳动效率更高一些。即葡萄牙生产这两种产品都具有绝对优势，但两相比较，在酒的生产方面更有优势（即具有比较优势）。英国生产呢绒的劳动成本是葡萄牙的 1.1 倍，生产酒的劳动成本是葡萄牙的 1.5 倍。所以，虽然英国生产两种产品的劳动效率都比葡萄牙低，但低的程度不同，生产呢绒的劳动效率比生产酒的劳动效率高一些。即英国生产两种产品都具有绝对劣势，但两相比较，在呢绒上的绝对劣势相对小一些（即具有比较优势）。

在不改变劳动投入量的前提下，两国根据比较优势进行完全分工，英国专业生产呢绒，葡萄牙专业生产酒。从表 2－4 中可以看出，两种产品生产水平都高于未进行国际分工以前的水平，即国际分工后呢绒的产出增加了 0.2 单位，酒的产出增加了 0.125 单位。

假定呢绒与酒国际交换比例为 1∶1，如表 2－4 所示，英国得 1.2 单位呢绒和 1 单位酒，多得 0.2 单位的呢绒；葡萄牙得 1 单位呢绒和 1.125 单位酒，多得了 0.125 单位的酒。即英国与葡萄牙根据比较优势进行完全分工后，两种产品的产量增加，通过国际贸易各自国内的消费总量增加。

（四）比较优势理论的例外

按照李嘉图的比较优势理论，各国参与国际贸易的前提之一是必须能找到具有比较优势和比较劣势的产品，如果进行贸易的两国之间不存在具有比较优势和比较劣势的产品，两国之间不会发生贸易。表 2－6 中的数字是甲、乙两国生产单位 X 和 Y 两种产品投入的劳动量。

表 2－6　　比较优势理论的例外

国　家	产品 X	产品 Y
甲国	1	2
乙国	2	4

从表 2－7 可以看出，甲国与乙国两种产品的劳动生产率相同，两国不存在具有比较优势和比较劣势的产品，因此，甲乙两国不会发生互惠贸易。

表 2－7　　比较优势与比较劣势分析

国　家	产品 X 的相对劳动生产率	产品 Y 的相对劳动生产率
甲国相对乙国的劳动生产率	1/2 = 50%	2/4 = 50%
乙国相对甲国的劳动生产率	2/1 = 200%	4/2 = 200%

（五）比较优势理论的评价

比较优势理论弥补了绝对优势理论的缺陷，揭示了比较利益的存在是国际互利贸易发生的基础，被称为西方国际贸易理论的基石之一。

1. 比较优势理论的科学性。

（1）比较优势理论建立在劳动价值论基础上，比较劳动成本差异。

（2）比较优势理论从实证经济学的角度证明，无论生产力水平高还是生产力水平低的国家，按照比较优势参加国际分工和国际贸易都可以得到实际利益，世界福利总水平也会得到提高。

2. 比较优势理论的局限性。

（1）理论成立的前提假设过于苛刻，理论的适用程度受限制。

（2）仅以劳动价值来确定比较优势，认为劳动是唯一生产要素且同质，这与现实不符。

（3）按照比较优势理论，国际贸易应大量发生在比较优势差别较大的发达国家与发展中国家之间。但实际情况与之相反，当今国际贸易大量发生在比较优势差别较小的发达国家之间。

（4）按照比较优势理论，各个国家均应实行自由贸易，但在实际中，各国都存在不同程度的贸易保护。

（5）李嘉图认为国内产品交换的基本原理（等价交换原则）在国际贸易中并不适用，即国际贸易可以不遵循等价交换原则，这违背了他自己坚持的劳动价值论。

（6）根据比较优势理论越落后的国家按照比较优势参加国际贸易越会受益，没有看到国际贸易具有不等价交换和价值转移的性质。

知识拓展

动态比较优势

1955 年，日本经济学家筱原三代平从动态的、长期的观点出发，把生产要素的供求关系、政府政策、各种可利用资源的引进、开放等因素综合到贸易理论中，从而将传统的比较优势理论动态化。他认为每个国家的经济发展过程都是一个动态过程，在这一过程中包括生产要素禀赋在内的一切经济因素都会发生变化，而生产要素变化的程度和速度在各个国家和地区之间会有很大差异，由此引起一国经济在世界经济中相对地位发生变化。对后进国家来说，如果某些产业的产品在生产要素禀赋变化的基础上由比较劣势转化为比较优势，将极大地改变其在国际分工中的地位，从而获得动态的比较利益。因此，他强调一国应借助各种手段实现产业结构升级和比较优势转换。筱原三代平的主要观点包括：（1）一国在经济发展过程中的比较优势或劣势是可以变化的，经济的发展不仅取决于资源的丰裕程度，在很大程度上还取决于政府的支持；（2）一国的国际贸易优势应与合理的产业结构保持一致；（3）动态比较优势的形成要借助国家的干预力量，政府应以增强国际竞争力为目的，扶植和促进国内重点产业的发展。动态比较优势理论的核心思想在于强调后起国的幼稚产业经过扶持，可以由劣势转化为优势，即形成动态比较优势。动态比较优势理论成为战后日本产业结构理论研究的起点，为日本的“贸易立国”思想提供了理论依据。

三、约翰·穆勒的相互需求理论

李嘉图的比较优势理论是从供给角度来研究国际贸易发生的原因，忽视了需求因素对国际贸易的影响。同时，比较优势理论认为国际贸易条件取决于两国两种产品的相对成本，即国际贸易条件处在两国国内交换比率之间，但却没有进一步说明两国之间如何确定贸易条件（Terms of Trade）和分配贸易利益。1848 年，英国古典经济学家约翰·斯图亚特·穆勒（John Stuart Mill，1806～1873）在其代表著作《政治经济学原理》（Principles of Political Economy）里提出了相互需求理论，用相互需求强度解释自由贸易条件下均衡国际贸易条件的决定和贸易利益的分配问题，对比较优势理论做了重要的补充和发展。

（一）国际互利交换比例范围的确定

假设在物物交换下投入等量的劳动和资本，英国和美国分别生产棉布和小麦的数量如表 2－8 所示。从表中可以看出，在英国国内，1 码棉布可换到 1.5 公斤小麦，棉布与小麦的交换比例是 1∶1.5；在美国国内，1 码布可换到 2 公斤小麦，棉布与小麦的交换比例是 1∶2。

表 2－8　英美两国投入等量劳动和资本产出的棉布和小麦数量

国　家	棉布（码）	小麦（公斤）
英国	1	1.5
美国	1	2

根据表 2－8 中的数据分析，当棉布与小麦的国际交换比例为 1∶1.5 时，对美国有利，对英国不利，英国退出交易；当棉布与小麦的国际交换比例为 1∶1.6 时，对双方均有利，两国会进行互利贸易；当棉布与小麦的国际交换比例为 1∶2 时，对英国有利，对美国不利，美国退出交易。

从以上分析可以看出，英美两国互利贸易是有范围限制的。当两国棉布和小麦交换比例达到上限（1∶2）或达到下限（1∶1.5）时，必有一方蒙受损失，从而退出交易。因此，两国之间棉布和小麦的交换比例只能在两国国内交换比例上下限范围内变动，即贸易双方获得的总贸易利益大小取决于两国国内交换比例之间范围的大小。但在总贸易利益既定情况下，两国如何分配贸易利益？

（二）均衡交换比例的确定与国际贸易利益分配

1. 均衡交换比例的确定。约翰·穆勒假设英国和德国生产和交换毛呢和麻布。当英国需要 1 700(100×17)码麻布，德国需要 1 000(100×10)码毛呢，英国愿以 10 码毛呢换取德国 17 码麻布，德国愿以 17 码麻布换取英国 10 码毛呢时，双方需求正好等于对方供给，双方会按 10∶17 的交换比率交换毛呢和麻布。

如果英国将麻布的需求量降低为 1 360 码，从而只出口 800 码毛呢，而德国对毛呢的需求量没有发生变化，仍为 1 000 码时，德国只好提高毛呢的采购价格（即用多于 17 码的麻布换取 10 码毛呢）来购买尚未获得的 200 码毛呢。

假如毛呢和麻布新的交换比率为 10 : 18，此时英国因麻布价格便宜会增加对它的需求量（假定提高到 1 620 码），德国则因毛呢价格上涨减少对毛呢的需求量（假定降低到 900 码）。于是双方的需求再一次与对方的供给相等，双方将按新的 10 : 18 继续进行贸易。

从以上分析可以看出，具体贸易条件取决于两国对两种产品的供给与需求，当一国产品的出口量恰好等于另一国对该产品的进口量，而本国进口另一种产品的数量等于另一国该产品的出口量时，国际市场上两种产品的相对价格就是均衡贸易条件，两国贸易达到均衡。约翰·穆勒称其为“相互需求方程式”（Equation of Reciprocal Demand）或“国际价值法则”（Law of International Value）。

2. 国际贸易利益分配。通过对表 2 - 8 的案例分析可知，当棉布与小麦的国际交换比例为 1 : 1.6 时，英国多得 0.1 公斤小麦，美国节省 0.4 公斤小麦。如果折算成棉布，则美国多得 0.25 码棉布。此时，英国倾向于减少贸易量，棉布供应量减少，而美国对棉布需求量不变，则棉布价格趋于上升，交换比例向有利于英国的方向变化。当棉布与小麦的国际交换比例为 1 : 1.9 时，英国多得 0.4 公斤小麦，美国节省 0.1 公斤小麦。如折算成棉布，则美国多得 0.0526 码棉布。此时，美国倾向于减少贸易量，小麦供应量减少，而英国对小麦的需求量不变，则小麦的价格趋于上升，交换比例向有利于美国的方向变化。

综上所述，国际交换比例越接近本国国内交换比例，对本国越不利，分得的贸易利益越少。相反，国际交换比例越接近对方国内交换比例，对本国越有利，分得的贸易利益越多。即双方在贸易利益分配中占有多大份额取决于两国国内交换比例上下限范围内的具体国际交换比例。

（三）相互需求原理

根据上述分析，约翰·穆勒提出相互需求原理（Principles of Reciprocal Demand），即一方出售产品就是购买对方产品的手段，一方供给同时也形成对对方产品需求，供给和需求就是相互需求。因此，国际交换比率是在两国国内交换比率范围内，由相互需求对方产品的相对强度决定的，即对其他国家产品需求相对强烈的国家，它的产品交换对方产品的能力就会降低，必须用更多的本国产品交换对方国家的产品。反之亦然。

（四）相互需求理论的评价

1. 相互需求理论的科学性。穆勒的相互需求理论对李嘉图的比较优势理论做了重要补充和发展：（1）提出了国际贸易为双方带来利益的范围问题；（2）用相互需求强度说明了贸易双方在利益分配中各占多少的问题。

2. 相互需求理论的局限性。（1）抛弃了劳动价值论，认为本国产品价值决定于它的生产成本，而外国产品价值由国际交换比例决定；（2）以两国贸易平衡作为贸易条件决定的前提，但两国贸易平衡并不容易实现；（3）该理论只能解释经济规模相当，且相互需求对国际市场价格有显著影响的两个国家之间的贸易利益分配问题。如果两国经济规模相差悬殊，小国的相对需求强度远远小于大国的相对需求强度，按照相互需求理论，大国的国内交换比例就成为国际市场的贸易条件，相对来说，小国获得的贸易利益反而会更大一些，这与实际情况并不相符。

四、马歇尔对相互需求理论的几何分析

阿弗雷德·马歇尔（Alfred Marshall，1842～1924）是英国资产阶级经济学家，新古典经济学派的创始人。在1890年出版的《经济学原理》（Principles of Economics）中，马歇尔创立了“均衡价值理论”，提出了一整套经济新概念和崭新的研究方法，被各国经济学家沿用至今。因此，经济学理论界将马歇尔尊称为近现代经济学的鼻祖。马歇尔赞同约翰·穆勒的理论，认为穆勒的相互需求理论就是供求平衡分析，并用几何方法对其做了进一步论证，提出了著名的提供曲线图。

（一）互利贸易条件及贸易利益分配

按照穆勒的相互需求理论，两国产品交换形成了一个国际交换比例，这就是互利交换比例，它处在对交易双方均有利的两国产品交换比例所规定的上下限之间。在表2－8中，英美两国间棉布交换小麦的互利交换比例的范围为1∶1.5～1∶2。马歇尔用几何图解的方式来说明两国间互利交换比例的范围，如图2－1所示。

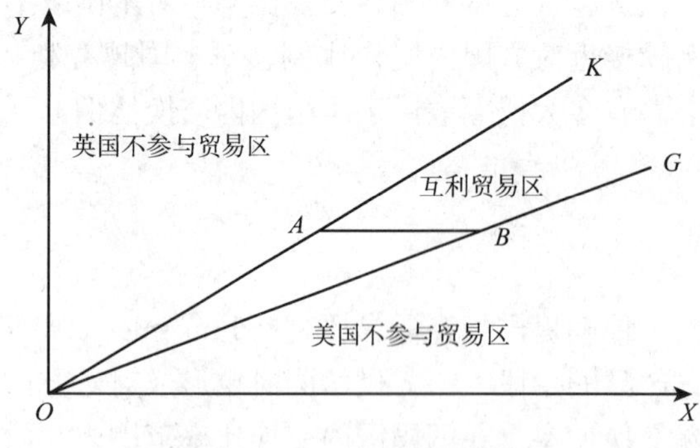

图2－1　互利贸易区的确定

在图2－1中，X表示小麦数量，Y表示棉布数量，两国国内交换比例用从原点引出的射线的斜率来表示，由原点O引出的OK射线的斜率为1∶1.5，表示英国国内棉布交换小麦的交换比例。从原点O引出的OG射线的斜率为1∶2，表示美国国内棉布交换小麦的交换比例。射线OK与Y轴之间是英国不参与贸易区；射线OG与X轴之间是美国不参与贸易区，射线OK与OG之间是两国互利贸易区。从原点引出与AB线段相交，但与A、B两点不重的任一条射线的斜率，都是互利交换比例。交换比例越接近A点，对英国越不利，而对美国越有利。相反，交换比例越接近B点，对美国越不利，而对英国越有利。

（二）提供曲线与贸易均衡条件

穆勒用相互需求方程式说明国际交换比例的决定，而马歇尔则用提供曲线（Offer Curve）予以解释。提供曲线又称为相互需求曲线（Reciprocal Demand Curve），在两国、两产品模型中，提供曲线由两条供给曲线组成，表示一个国家贸易条件，说明在不同相对价格水平上，一国在某一进口量上所愿意提供的出口量的轨迹。两国提供曲线的交点决定的价格就是国际产品交换价格，如图2－2所示。

在图2－2中，X表示美国小麦的供给数量，Y表示英国棉布的供给数量；OK和OG是

两条提供曲线，分别表示英国和美国的国内交换比例，两条曲线的方向不同；E 为交易均衡点，即一国愿意出口的某产品数量正好等于另一国愿意进口的某产品数量；OG 上每一点到 Y 轴距离表示美国愿意出口的小麦数量，到 X 轴距离表示美国愿意进口的棉布数量；OK 上每一点到 X 轴距离表示英国愿意出口的棉布数量，到 Y 轴距离表示英国愿意进口的小麦数量；OG 曲线向上弯曲，表示希望用一定数量的小麦可以换到更多的棉布；OK 曲线向下弯曲，表示一定数量的棉布可以换到更多的小麦。

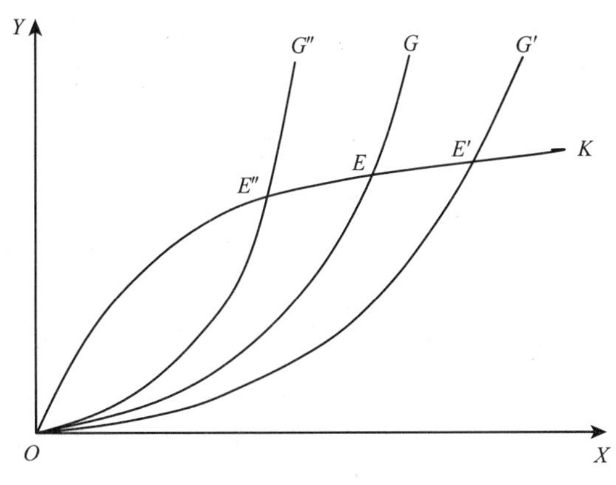

图 2－2　提供曲线图

根据穆勒的相互需求理论，在供给不变的情况下，如果一国需求发生变化，在原有的贸易条件下该需求无法得到满足，该产品相对价格上升会刺激出口国扩大生产和出口，新的贸易条件更有利于该产品的出口国，国际贸易再次达到均衡。在图 2－2 中，如果美国对英国棉布需求增加，而英国对美国小麦需求不变，这种需求强度变化使美国要用比以前更多的小麦去交换英国棉布。这时，美国提供曲线向下移动，移至曲线 OG'位置，变动后的美国提供曲线与英国提供曲线的交点为 E'，E'表示新的均衡交换比例。通过 E'点的射线斜率小于通过 E 点的射线斜率，说明美国愿为交换一定数量棉布而提供比以前更多的小麦。显然，这个均衡交换比例对美国不利，而对英国有利。

如果美国对英国棉布需求减少，而英国对美国小麦需求不变，这种需求强度变化使美国要用比以前更少的小麦去交换英国棉布。这时，美国提供曲线向上移动，移至曲线 OG''位置，变动后的美国提供曲线与英国提供曲线交点为 E''，E''表示新的均衡交换比例。通过 E''点的射线斜率大于通过 E 点的射线斜率，说明美国为交换一定数量棉布而只愿提供比以前更少的小麦，这一均衡交换比例对英国不利，而对美国有利。

第二节　新古典国际贸易理论

19 世纪末 20 世纪初，以瓦尔拉斯、马歇尔为代表的新古典经济学逐渐形成，为国际贸易研究开辟了新的领域，提供了新的分析工具。在新古典经济学的框架下，许多微观经济学的理论被应用于国际商品贸易和要素流动的分析中，形成了新古典国际贸易理论。在建立新古典国际贸易理论体系方面的主要贡献者有瑞典经济学家埃利·菲·赫克歇尔（Eli F. Heckscher，1879～1959）、戈特哈德·贝蒂·俄林（Bertil Gotthard Ohlin，1899～1979）和保罗·萨缪尔森（Paul A. Samuelson，1915～2009）。本节主要介绍赫克歇尔－俄林定理

(Heckscher-Ohlin Theorem)、要素价格均等化定理（Factor Price Equalization Theorem）及对赫克歇尔－俄林定理的验证，说明在自由贸易背景下，各国要素禀赋差异（Differences of Factor Endowment）对国际贸易的影响、国际贸易对各国间及一国内要素价格的影响，以及对赫克歇尔－俄林定理实证研究的结果。

一、赫克歇尔－俄林定理

（一）赫克歇尔－俄林定理的提出

李嘉图认为各国劳动生产率差异是比较优势产生的原因，而比较优势是国际分工和国际贸易产生的基础。但在新古典经济学家看来，仅用劳动生产率差异去解释比较优势，从而说明国际贸易产生的原因是片面的，他们试图用机会成本差异去说明决定比较优势和国际贸易的基础。虽然机会成本有助于更全面地分析国际贸易，但并没有说明机会成本差异形成的原因，在现实世界中，各国间的劳动生产率差异只能部分地解释贸易产生的原因，贸易还反映了各国之间要素禀赋的差异。

在比较优势理论创立100年后，瑞典经济学家赫克歇尔和俄林以比较优势理论为基础，提出了要素禀赋理论（Factor Endowment Theory），从要素禀赋角度解释了比较优势差异导致国际分工和国际贸易的原因。

1919年，赫克歇尔发表了题为《国际贸易对收入分配的影响》（The Impact of International Trade on Income Distribution）的论文，他认为产生比较优势差异有两个前提条件：一是两国要素不同；二是不同产品生产过程中使用的要素比例不一样。这篇文章发表后没有引起人们的注意。作为赫克歇尔的学生，另一位瑞典经济学家俄林在这篇文章的基础上做了进一步的研究。俄林对其理论的阐述最早见于1924年发表的博士论文《贸易理论》中，而后他在1933年出版的《地区间贸易与国际贸易》（Interregional and International Trade）一书中更全面地论证了要素禀赋差异所生产的国际贸易和国际贸易对收入分配的影响。该书被认为是新古典国际贸易理论的最重要的著作。由于理论的核心思想是赫克歇尔提出的，为纪念其贡献，把这一理论称为赫克歇尔－俄林定理（H－O定理）。由于俄林在国际贸易方面的贡献，他与詹姆斯·爱德华·米德（James Edward Mead，1907～1995）分享了1977年度诺贝尔经济学奖。为分析要素差异在国际贸易中所起的作用，本节假定各国间的要素差异是产生国际贸易的唯一原因。

（二）赫克歇尔－俄林定理的假设条件

要素禀赋理论是建立在一些基本假设基础上的，为了便于分析和理解这一理论，我们给出以下假设条件：

1. 世界上只有两个国家（A国与B国），生产两种产品（X与Y），使用两种生产要素（劳动L与资本K），即2×2×2模型。这一假设条件主要是为了使理论分析简化和使用几何图示的便利，当这一假设被放松后，理论模型的基本结论不会发生根本性的变化。

2. 两国在生产中使用相同的技术，但不同产品的生产函数不同。这一假设条件排除了各国之间的技术差异，以便从要素禀赋差异角度去考察比较优势的形成和国际贸易的发生。

3. 两国需求偏好相同。这意味着两国有位置和形状相同的一簇社会无差异曲线（Com-

munity Indifference Curves），我们可以不用考虑需求因素对国际贸易的影响。

4. 两种产品生产规模报酬不变的。它意味着随着两种产品生产过程中资本和劳动投入的增加，产量将与要素的投入同比例增加。

5. 两种产品与两种要素市场都是完全竞争的。这意味着所有产品的生产者和消费者、所有生产要素的供给者和需求者都是市场价格的接受者。在完全竞争的市场中，产品价格等于生产成本，劳动和资本等生产要素的价格取决于其边际生产力。

6. 在一国内要素可以自由流动，但要素不能在国际间自由流动。这一假设可以使劳动和资本能够自由地从收益较低的部门流向收益较高的部门，因此，国内各部门同种生产要素的价格必定相等；而两国之间生产要素的价格差异在没有国际贸易的情况下可以持续下去。

7. 没有运输成本，没有关税或影响国际贸易自由进行的其他壁垒。这一假设条件保证了在国际贸易发生后，两国的专业化程度能达到正好使两国产品价格，继而使两国生产要素价格实现均等的水平。

8. 两国生产要素均得到了充分利用，且要素总量不变。这意味着任何一国要扩大一种产品生产就必须从另外一个产业部门吸收生产要素，并造成该产业产量的相对和绝对下降。

9. 两国贸易是平衡的。这要求贸易国的进口价值与出口价值相等。

10. X 和 Y 两种产品的生产要素密集度（Factor Intensity）不同，X 为劳动密集型产品（Labor-intensive Product），Y 为资本密集型产品（Capital-intensive Product）。这说明虽然国际贸易会改变两国生产要素的价格，进而导致两种产品生产中要素投入比例的变化，但不会改变两种产品的要素密集类型。

11. 实行不完全分工。两国根据各自的比较利益生产各自的优势产品，但不实行完全的国际分工。

（三）赫克歇尔－俄林定理的内容

1. 赫克歇尔－俄林定理的基本观点。赫克歇尔－俄林定理逻辑上比较严谨，它从产品价格的国际绝对差异开始，一个环节一个环节地逐层分析，最终得出生产要素禀赋即生产要素供给的差异是国际贸易产生的基础。

（1）产品价格国际绝对差异是国际贸易发生的直接原因。产品价格国际绝对差异是指同种产品在不同国家用同种货币表示的价格不同。当两国间的价格差额大于各项交易费用时，在自由贸易情况下，产品从价格低的国家出口到价格高的国家。

（2）产品生产成本不同是国际贸易产生的必要条件。产品价格国际绝对差异是由两国生产与经营同种产品的成本差异造成的。

（3）产品成本不同是由要素价格不同决定的。俄林假设各国生产时投入的各种生产要素的比例是相同的，即生产函数相同，但各国生产要素的价格不同，各国产品价格等于生产要素价格乘以生产函数，所以各国的产品价格比例是不同的。

假设美国和英国生产小麦和布匹，投入两种生产要素（土地和劳动）。两国的要素价格、生产函数以及小麦和布匹的国内价格如下所示。由于美国小麦与布匹价格比例为 1∶3，而英国为 3∶2，所以两国生产要素价格不同决定两种产品成本不同。

（A）要素价格不同

美国（美元）		英国（英镑）	
土地	劳动	土地	劳动
1.00	2.00	4.00	1.00

(B) 生产函数相同

小麦 5 1 5 1 $f(x, y) = 5x + y$

布匹 1 10 1 10 $f(x, y) = x + 10y$

(C) 商品成本不同

美国 $\begin{cases} 小麦：1.00 \times 5 + 2.00 \times 1 = 7.00 \\ 布匹：1.00 \times 1 + 2.00 \times 10 = 21.00 \end{cases}$ 小麦：布 = 7 : 21 = 1 : 3

英国 $\begin{cases} 小麦：4.00 \times 5 + 1.00 \times 1 = 21.00 \\ 布匹：4.00 \times 1 + 1.00 \times 10 = 14.00 \end{cases}$ 小麦：布 = 21 : 14 = 3 : 2

(4) 要素价格不同是由要素供给不同决定的。在各国要素需求一定的情况下，由于各国要素供给不同，造成各种要素价格不同。供给丰富的要素价格便宜，供给稀缺的要素价格昂贵。

综上所述，赫克歇尔－俄林定理的内在逻辑关系可以表述为：两国要素禀赋不同→两国要素供给不同→两国要素价格不同→两国生产成本不同→两国商品价格不同→两国间国际贸易产生。

根据赫克歇尔－俄林定理，一国比较优势由其要素丰裕度决定，并以此确定一国进出口产品结构。一国出口的是本国丰富的要素所生产的产品；进口的是本国稀缺的要素所生产的产品。即劳动相对丰裕的国家应专业化生产并出口劳动密集型产品、进口资本密集型产品；资本相对丰裕的国家应专业化生产并出口资本密集型产品、进口劳动密集型产品。

2. 赫克歇尔－俄林定理的一般均衡框架。在赫克歇尔－俄林定理基础上，构筑了一般均衡分析的框架，如图 2－3 所示。该图清晰地表明所有经济力量是如何共同确定最终产品价格的。

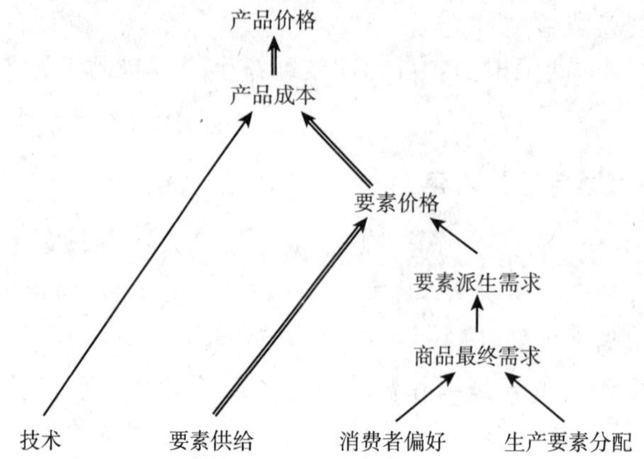

图 2－3 赫克歇尔－俄林定理的一般均衡框架

从图 2－3 中可以看到，生产要素所有者的收入分配和消费偏好共同决定了对最终产品的需求，对产品的最终需求决定了生产要素的派生需求，生产过程中对要素的供给和需求共同决定了要素价格，要素价格和生产技术水平共同决定了产品成本，而产品成品决定了产品价格。因此，各国同种产品价格之间的差异决定了比较优势和贸易模式。赫克歇尔－俄林定理假设各国需求偏好相同，收入分配也相同，这使得各国对最终产品需求相同，对生产要素需求相同，再加上技术相同，所以只有要素供给不同才是要素价格不同乃至产品价格不同的唯一原因，在图 2－3 中用双线表示。

(四) 赫克歇尔－俄林定理的评价

1. 赫克歇尔－俄林定理的科学性。(1) 从一国经济要素优势角度解释国际贸易发生的原因，从实际优势出发确定贸易模式，比古典贸易理论更贴近事实，反映实际情况；（2）提出两国要素禀赋差异是产生比较优势的原因，从而扩展了传统的比较优势理论；（3）该定理的政策含义就是"靠山吃山，靠水吃水"的思想，按照该定理决定一国的贸易模式能够发挥比较优势，有利于一国经济的发展。

2. 赫克歇尔－俄林定理的缺陷。（1）该定理仅从一国要素禀赋出发分析一国的贸易模式，只强调了要素禀赋的静态结果，忽略了技术进步的影响和一国政策对静态要素的影响。当已有的要素通过技术进步和政府政策得到改善和调整之后，一国应该重新选择贸易模式。例如，引进外资政策可以改善资本要素；合理的教育制度可以改善劳动者素质等。（2）过分突出供给差异，忽略了产品需求方面对国际贸易的影响。（3）不符合目前发达国家间贸易迅速发展的实际情况。根据赫克歇尔－俄林定理，大部分国际贸易应该发生在生产要素禀赋不同和需求格局相异的工业发达国家和初级产品生产国之间。但是当今国际贸易的一个突出特征就是大量贸易发生在要素禀赋相似、需求格局相近的工业发达国家之间。（4）根据赫克歇尔－俄林定理，自由贸易对发达国家和发展中国家都有利，但跨国公司通过操纵公司内部出口和进口的调拨价格，使国际贸易成果从发展中国家转移到发达国家，从而破坏了赫克歇尔－俄林定理基础。

知识拓展

国际贸易与国际分工

从历史的角度看，国际贸易形成的条件有三个，即国际分工、私有制和国家。国际分工是一个历史范畴，是社会分工发展到一定历史阶段，一国内部分工超越国界而形成的国家之间的分工，是国际贸易的一般基础。一国对外贸易商品结构是衡量一国参与国际分工程度的重要指标。

无论是古典自由贸易理论，还是新古典自由贸易理论，都阐述了通过国际分工获取贸易利益的观点。亚当·斯密最早分析了国际分工与国际贸易的关系，特别论述了劳动分工对提高劳动生产率的重要作用。他认为国际贸易的基础是地区分工，国际贸易对参加贸易的各国都是有利的。大卫·李嘉图认为国际分工的原则是："两优取其最优，两劣取其次劣"，从而论证了各国通过发挥各自的比较优势，进行自由贸易，可以增加各自的财富。俄林认为各国要素禀赋客观上存在差异，通过国际分工，发挥各自的要素禀赋优势，可以增进各国福利。

国际分工一般有两个前提：一是自然前提（主要指自然资源禀赋、地理环境和气候条件）；二是社会前提（主要指生产和分工发展程度、文化水平和经济结构）。自然前提是一切活动的基础，是国际分工产生和发展的基础，完全脱离自然前提的国际分工是难以形成的。但是，不能过分强调自然前提对于国际分工的作用，自然前提只为国际分工提供了可能性，利润才是推动国际分工向前发展的根本动力。此外，随着生产力的发展，自然条件对国际分工的作用正在逐渐减弱，而现代科技既可以生产自然产品的替代品，也可以改善原有自然条件。因此，在社会前提和自然前提之间，社会前提在国际分工中居于主导力量。

二、要素价格均等化定理

赫克歇尔－俄林定理是说明国际贸易发生原因的理论，但它同样可以说明国际贸易的后果。俄林认为，即使生产要素不具备国际流动条件，只要产品自由贸易得到充分发展，就能减少各国间生产要素分布不均的缺陷，它不仅可以逐渐消除不同国家或地区之间产品价格差异，而且可能消除生产要素价格差异，即消除各国间同种生产要素价格差异和一国内不同要素价格差异。要素价格均等化定理主要说明国际贸易通过产品的国际流动对于要素价格的影响。

要素价格均等化可以从两方面分析：（1）国际要素价格均等化过程，即赫克歇尔－俄林－萨缪尔森定理（Heckscher-Ohlin-Samuelson Theorem，H－O－S 定理），主要考察了国际贸易对某种要素价格国际差异的影响；（2）国内要素价格均等化过程，即斯托尔帕－萨缪尔森定理（Stolper-Samuelson Theorem），主要考察国际贸易对一国国内不同要素间价格差异的影响，即国际贸易对一国收入分配的影响。

（一）赫克歇尔－俄林－萨缪尔森定理

1948 年，美国经济学家萨缪尔森在赫克歇尔－俄林定理基础上，论证了自由贸易将导致要素价格均等化，提出了要素价格均等化定理，又称为赫克歇尔－俄林－萨缪尔森定理。这一定理可以表述为：即便生产要素不具备国际流动条件，只要产品自由贸易得到充分发展，那么各国同质生产要素的相对价格会趋于相等。在这个过程中，两国丰富要素价格不断上升，稀缺要素价格不断下降，两种要素价格朝着差异缩小的目标变化，即国际贸易使两国同质生产要素获得相同的相对和绝对收入。

假定 X 产品是劳动密集型产品，Y 产品是资本密集型产品。贸易前，A 国劳动多，资本短缺，即工资率低而利率高，应该生产出口 X 产品，进口 Y 产品；B 国情况则相反。随着两国贸易开展，A 国 X 产品生产增加，Y 产品生产减少，B 国则相反。生产变化导致要素需求变化，A 国对劳动要素需求增加，在劳动供给一定的情况下，原来丰裕的劳动变得稀缺，导致工资率上涨；同时，由于进口资本密集型产品 Y，对国内 Y 产品需求减少，从而对资本需求下降，在资本供给一定的情况下，原来稀缺的资本变得相对丰富，导致利率下降。B 国情况恰好与 A 国相反。双方贸易的最终结果是两国间劳动和资本的价格趋于相等。

国际要素价格均等化的直接结果有两个：（1）使世界范围内的生产要素得到更有效的利用，增加产品数量，使各国均得到利益；（2）使世界各国同种生产要素所有者获得的收入趋于均等。

（二）斯托尔帕－萨缪尔森定理

沃尔夫冈·斯托尔帕（Wolfgang Friedrich Stolper，1912～2002）和保罗·萨缪尔森在 1941 年发表的一篇文章中提出了斯托尔帕－萨缪尔森定理：某一产品相对价格上升，将提高这种产品密集使用的生产要素的价格；同时将降低其他产品密集使用的生产要素的价格。这一定理说明了产品价格的变化将影响要素价格的变化，也表明了产品价格的变动和收入分配的关系。

前面已经说明了国际贸易使两国供给丰富、而价格便宜的要素价格上升，使供给短缺、而价格昂贵的要素价格下降。这里假设 A 国劳动丰富，国际贸易使 A 国劳动价格即工资率上升，劳动者收入增加；A 国资本短缺，国际贸易使 A 国资本价格即利率下降，资本所有者收入下降。而 B 国正相反。因此，自由贸易会造成一国相对丰裕要素所有者实际收入提高，而相对稀缺要素所有者的实际收入下降，这意味着国际贸易尽管会提高一国整体福利水平，但由于要素所有者收入分配格局会产生变化，因此，这一福利水平的增长并不是所有人都可以同水平地分享，这也是有人反对自由贸易的原因。

国内要素价格均等化的直接结果有三个：（1）使生产要素能够得到更有效的利用，因增加产品数量而获得利益；（2）改变不同要素所有者集团在整个国民收入中的分配比例；（3）由于要素价格变动，使国内产品相对价格（成本构成）发生变动，因而使比较成本优势发生变动。因为两国产品价格不同决定双方贸易的比较成本优势，而要素价格是构成产品价格的重要因素，要素价格的变动使产品价格发生变动，从而使比较成本优势发生改变。

例如，澳大利亚地广人稀，土地资源丰富且价格低廉，因此，该国发挥要素供给优势，出口农产品，进口工业品，由于出口农产品数量增加，对土地要素的派生需求也随之上升，提高了地租水平。同时，进口工业品数量增加减少了对国内工业品的需求，对资本要素的需求随之下降，因而使资本利率下降。由于这两种要素价格出现了反向相对变动，可以在土地中增加资本投入，开始集约化生产，土地和资本要素的组合趋于合理，因而使产量增加，土地和资本的利用率得以提高。

（三）要素价格均等化定理的评价

1. 要素价格均等化定理的意义。（1）赫克歇尔 - 俄林 - 萨缪尔森定理证明了在各国要素价格存在差异，以及生产要素不能通过国际间自由流动来直接实现最佳配置的情况下，国际贸易可替代要素国际流动，“间接”实现世界范围内资源的最佳配置；（2）斯托尔帕 - 萨缪尔森定理说明了贸易利益在一国内部的分配问题，即说明国际贸易如何影响贸易国的收入分配格局。

2. 要素价格均等化定理的局限性。要素价格均等化定理的局限性主要在于假设条件过于苛刻，这导致按照这一理论得出的结论与实际不符。例如，根据要素价格均等化定理，美日等发达国家资本丰富，劳动短缺，国际贸易会使这些国家的资本所有者收入增加，使劳动者收入下降。与此类似，一些发展中国家劳动丰富，资本短缺，国际贸易会使这类国家的劳动者收入增加，资本所有者收入下降。那么，随着国际贸易扩大，发达国家与发展中国家的工资水平将趋于一致。但在现实世界中，二者的工资水平没有任何趋同的表现。同时，我们也没有看到国际贸易对国内收入分配的明确影响。这是因为现实世界与要素价格均等化定理的假定条件存在相当大的差距。因此，应该说，国际贸易减少了同质要素报酬的国际差异，而不是完全消除了这种差异。

三、赫克歇尔 - 俄林定理的验证

赫克歇尔 - 俄林定理自诞生以来一直被西方经济学者推崇为最正宗的、可以普遍接受的国际贸易理论。但是，在 20 世纪 50 年代初期，一位美国经济学家对此提出了质疑和挑战。

（一）里昂惕夫之谜的由来

瓦西里·里昂惕夫（Wassily W. Lenontief，1906～1999）是1930年移居美国的著名俄裔经济学家，1932年开始在哈佛大学任教，因创立投入－产出经济学于1973年获得诺贝尔经济学奖。1953年，里昂惕夫采用投入－产出分析法考察美国的贸易结构和进出口产品主要生产要素比例关系。他当时的初衷是想通过验证工作，为赫克歇尔－俄林定理的正确性和实用性提供佐证。验证工作是利用美国1947年的贸易数据进行的，涉及的产业达200多种。通过计算每一百万美元进口替代品和出口产品中所使用的劳动和资本数量，得出美国出口产品和进口替代品的资本/劳动比率。由于当时美国是世界上资本最富裕的国家，里昂惕夫期望能得出美国出口资本密集型产品，进口劳动密集型产品的结论。

里昂惕夫的检验结果令人震惊。从表2－9中可以看出，1947年美国进口替代品的资本/年人工比率是18 180美元，而出口产品的资本/年人工比率是14 010美元，进口相对于出口的资本/年人工比率为1.30，即美国进口替代品的资本密集程度比美国出口产品的资本密集程度高出大约30%。这意味着，美国进口的是资本密集型产品，出口的反而是劳动密集型产品，这与赫克歇尔－俄林定理的预测完全相反，这就是著名的里昂惕夫之谜（Leontief Paradox）。

表2－9　　美国每百万美元出口产品和进口替代品的劳动和资本需求

	出口产品	进口替代品	进口/出口
里昂惕夫（1947年投入需求，1947年贸易）			
资本	2 550 780美元	3 091 339美元	
劳动力（年人工）	182	170	
资本/年人工	14 010美元	18 180美元	1.30
里昂惕夫（1947年投入需求，1951年贸易）			
资本	2 256 800美元	2 303 400美元	
劳动力（年人工）	174	168	
资本/年人工	12 977美元	13 726美元	1.06
资本/年人工（不包括自然资源）			0.88
鲍得温（1958年投入需求，1962年贸易）			
资本	1 876 000美元	2 132 000美元	
劳动力（年人工）	131	119	
资本/年人工	14 200美元	18 000美元	1.27
资本/年人工（不包括自然资源）			1.04
资本/年人工（除去自然资源，包括人力资源）			0.92

资料来源：W. Leontiel（1953）. Domestic Production and Foreign Trade：The American Capital Position Reexamined.

这里需要注意的是，由于美国进口外国产品的数据不全，里昂惕夫估算的是美国进口替代品（Import Substitutes）的资本/劳动比率，而不是美国进口产品的资本/劳动比率，由于美国资本比其他国家便宜，因此其进口替代品的资本密集度高于实际进口产品的资本密集度。所谓进口替代品是指美国自己可以制造，同时也从国外进口的产品。

（二）对里昂惕夫之谜的解释

里昂惕夫之谜的出现使赫克歇尔－俄林定理处于一种很尴尬的境地：一方面，它内在的严密逻辑很难找出破绽；另一方面，经验数据又确实与理论不符。问题究竟出在哪里？这吸引许多经济学家试图从不同方面来解释这一令人困惑的现象。归纳起来可以分为两类：(1) 认为赫克歇尔－俄林定理本身有缺陷；(2) 认为里昂惕夫的验证本身有问题。解释里昂惕夫之谜的理论很多，限于篇幅这里仅就几个有代表性的解释进行简要说明。

1. 赫克歇尔－俄林定理缺陷论。一部分经济学家从赫克歇尔－俄林定理的局限性入手，试图解释里昂惕夫之谜出现的原因。

(1) 要素密集度逆转理论（Factor Intensity Reversal Theory）。赫克歇尔－俄林定理认为要素密集度是不可逆转的，这与实际不符，从而造成该理论的不足。实际研究表明，随着劳动的相对价格上涨，有可能使某一产业部门以资本替代劳动的速度快于另一个产业部门，或者反之。另外，一种给定的产品在同一时期的不同国家，其要素密集型也可能不同。

例如，在资本相对丰裕的美国用资本密集作业方式（机械化作业）种植小麦，在劳动力相对丰裕的贸易对手国用劳动密集作业方式（手工作业）种植小麦。这样，美国进口小麦时，小麦在国内的生产属于资本密集型，而在贸易对手国的生产属于劳动密集型。因此，以美国国内的生产作为标准，美国进口的小麦是资本密集型产品，而以其贸易对手国的生产为标准时，则美国进口的是劳动密集型产品。

(2) 需求逆转理论（Demand Reversal Theory）。需求逆转是指当一国对于某一产品拥有生产上的比较优势，但由于其国民在消费上又特别偏好该产品，就会使原来依据赫克歇尔－俄林定理所决定的进出口方向发生改变，即发生需求逆转。

在赫克歇尔－俄林定理中，由于假设两国需求偏好相同，所以国家间的贸易结构只取决于要素禀赋差异，与需求无关。但在现实中，决定国际贸易的既有供给因素，也有需求因素，贸易各国的消费者偏好也有很大差异。如果两国消费者都对本国拥有比较优势的产品具有强烈的偏好，以至于本国优势产品不能满足本国消费，需要进口时，它们的贸易模式就会与赫克歇尔－俄林定理的推测完全相反。例如，对美国经济的研究表明，该国对资本密集型产品的需求超过对劳动密集型产品的需求，因此，美国进口资本密集型产品超过出口密集型产品，这种需求正好颠倒了美国在出口资本密集型产品方面的比较优势。

2. 里昂惕夫验证缺陷论。虽然赫克歇尔－俄林定理自身的局限性是导致理论与实证不符的重要原因，但更多的经济学家将研究的重点放在了里昂惕夫验证工作上。

(1) 选用数据缺乏代表性。有些经济学家指出，里昂惕夫在验证时选用的数据缺乏代表性。因为 1947 年距离第二次世界大战太近，战后重建还没有完成。里昂惕夫根据这些经济学家提出的意见，在 1956 年重新做了检验，这次用的是 1947 年美国经济的投入产出表和 1951 年的贸易数据（1951 年被认为是战后各国重建全面完成的一年），验证结果是进口替代品比出口产品的资本/劳动比率降为 1.06（见表 2－9）。美国经济学家鲍得温（R. E. Baldwin）根据各位经济学家的意见，重新做了里昂惕夫的验证工作，使用 1958 年的投入需求和 1962 年的贸易数据，得出进口/出口的资本/劳动比率为 1.27（见表 2－9）。两位经济学家的验证工作均部分但不是完全地解释了理论与实证之间的矛盾。

(2) 自然资源稀缺理论（Natural Resource Scarcity Theory）。1959 年，美国经济学家雅罗斯拉夫·瓦内克（Jaroslav Vanek，1930～）提出了以自然资源的稀缺解释里昂惕夫悖论的观点，他认为里昂惕夫使用的是两要素（劳动、资本）模型，忽略了其他要素如自然资源（土地、矿藏、森林）的影响。一种产品如果是自然资源密集型，在两要素模型中将其划分为资本密集型或劳动密集型，显然是不正确的。如果美国对许多自然资源的进口依赖性很强，而这些资源在美国是稀缺的，同时，这些产品不是资本密集型产品，却被划分为资本密集型产品，这样就扩大了进口产品的资本密集度。里昂惕夫在1956年做的检验工作中除去自然资源产业后，进口替代品比出口产品的资本/劳动比率降为0.88（见表2-9），消除了理论与实证之间的矛盾。但鲍得温的验证在除去自然资源产业后，进口替代品比出口产品的资本/劳动比率降至1.04（见表2-9），仍然没有消除理论与实证之间的矛盾。

（3）贸易壁垒理论（Trade Barriers Theory）。关税可以减少进口，刺激国内进口替代品的生产。美国经济学家鲍得温试图从美国关税结构保护国内劳动密集型产业，从而在进口产品中增加了资本密集型产品比重，减少劳动密集型产品比重来加以解释。根据鲍德温的计算，如果美国的进口不受限制，则其进口产品的资本/劳动比率将比实际进口所计算的比率低5%。这对解释里昂惕夫之谜有一些帮助。

（4）人力资本理论（Human Capital Theory）。人力资本是指劳动者受到教育、培训、保健等方面的投资而获得的知识和技能的积累。里昂惕夫验证中所定义的资本仅仅包含实物资本（如机器、设备、厂房等），忽略了人力资本。美国经济学家舒尔茨（T. W. Schultz，1979年获得诺贝尔经济学奖）和贝克（G. S. Beker）的研究表明，美国劳动密集产品并非普通的劳动力密集，美国工人身上蕴涵大量资本因素，具有较高的技术熟练程度和高效率。工人较高的技术熟练程度来自于对工人技术培训的高投资，如果把投入到劳动力身上的投资加到美国资本存量中去，美国出口产品的资本/劳动比率可能更高些。鲍得温的验证在除去自然资源产业后，再加上人力资源后，进口替代品比出口产品的资本/劳动比率降至0.92（见表2-9），理论与实证的矛盾再一次消除。而美国经济学家肯恩（P. B. Kennen）在1965年的研究中，实际估计了美国出口和进口产品中人力资本的含量，并把其加在实物资本上，然后重新计算美国进口替代品和出口产品的资本/劳动比率，使用1947年数据，不排除需要大量自然资源的产品（与里昂惕夫最初的研究条件相同），肯恩成功地解释和消除了里昂惕夫之谜。

除了上面提到的里昂惕夫、鲍得温、肯恩的验证工作外，还有许多学者基于不同国家的数据对赫克歇尔-俄林定理进行检验。如建元正弘（Tatemoto）和市村真一（Ichimura）对日本所做的检验（1959）、斯托尔波（W. Stolper）对原民主德国做的检验（1961）基本遵循了里昂惕夫的方法，而且得出了支持赫克歇尔-俄林定理的结论。而另一些检验，如沃尔（Wahl）对加拿大做的检验（1961），巴哈尔德瓦（B. Haradwaj）对印度做的检验（1962）则出现了与赫克歇尔-俄林定理预测相反的结论。

对里昂惕夫之谜的解释虽然没有形成系统的理论观点，但它对传统贸易理论提出了严峻的挑战，引发了对国际贸易主流思想的反思。因此，探索里昂惕夫之谜产生原因的过程本身又成为“二战”后国际贸易理论发展的契机和推动力。

知识拓展

投入-产出经济学

投入-产出经济学（Input-output Economics）是研究投入-产出理论与方法的一门经济学科。投入-产出经济学的思想渊源可追溯到法国重农学派的创始人魁奈（Francois Qesnay，1694~1774）的著作《经济表》，而数理经济学派里昂·瓦尔拉斯（Lèon Walras，

1834～1910）和帕累托（Vilfredo Pareto，1848～1923）的一般均衡理论和数学方法在经济学的应用构成了投入－产出经济学的基础。

投入－产出经济学的核心是投入－产出分析法，该方法首先由美国哈佛大学教授里昂惕夫在1936年提出的。简单地说，投入－产出分析法是根据国民经济各部门相互之间的产品交易数量编制一个棋盘式投入－产出表。表中各横行反映某一部门的产品在其他部门的分配，各纵列反映某一部门在生产消费过程中从其他部门得到的产品投入。根据投入－产出表计算投入系数（也称为技术系数），即各个部门每单位产出所需由其他部门投入的产品数量，并编制投入系数表。这些系数可以用来建立一个线性方程组，通过矩阵代数的求逆原理计算最终需求的变动对各部门生产的影响，或进行其他方面的分析研究。一个投入－产出表既可以综合反映整个国民经济的全貌，也可以反映一个生产部门，甚至一个大的生产企业的情况。正是由于投入－产出分析法既能用以分析全面均衡关系，也能用以分析局部均衡关系；既适用于研究宏观经济问题，也适用于研究微观经济问题，这种方法在世界各国迅速传播并广泛运用，并被联合国规定为国民经济核算体系中的一个重要组成部分。

第三节　新国际贸易理论

根据古典和新古典国际贸易理论可以推论，国际贸易应大量发生在发达国家与发展中国家之间。但第二次世界大战后，发达国家之间的贸易远远超过发达国家与发展中国家之间的贸易，同时，制成品产业内部贸易比重持续上升，传统的产业间贸易（Inter-industry Trade）模式逐渐被产业内贸易（Intra-industry Trade）模式取代。这些现象与传统贸易理论相悖，需要新的贸易理论加以解释。

针对第二次世界大战后国际贸易领域出现的新现象，西方经济学家提出了许多新的观点和理论，丰富和发展了传统国际贸易理论，其中有代表性的理论包括：技术差距理论、产品生命周期理论、需求偏好相似理论、产业内贸易理论等。

一、技术差距理论

（一）技术差距理论的提出

技术差距理论（Technological Gap Theory）又称为创新与模仿理论（Innovation and Imitation Theory），是由美国经济学家米歇尔·波斯纳（Michael V. Posner）于1961年在《国际贸易与技术变化》（International Trade and Technological Change）一文中提出的。该理论从不同国家间在技术进步、技术创新、技术传播三个方面存在技术差距的角度解释国际贸易产生的原因。

在影响经济发展的各种因素中，技术是最活跃的因素，科学技术的发展已经成为生产率提高的重要决定因素。波斯纳认为技术是一种独立生产要素，技术创新国（Innovation Country）具有较强的开发新产品和新工艺的能力，有可能暂时享有生产和出口某类高技术产品的比较优势。模仿国（Imitation Country）对新技术产品的需求会先于模仿产品的诞生，由于供给与需求的时间差，便存在贸易的机会和可能。一段时间后，模仿国利用本国廉价劳动力模仿生产并出口该产品，甚至出口到技术创新国。技术创新国又开始生产和出口更新的产品，外国生产者又进行模仿。

（二）技术差距理论的主要内容

1. 技术差距理论模型。假设世界上只有两个国家，以时间因素的变化为横轴，纵轴表示一国的生产量或出口量，建立技术差距的理论模型（如图 2－4 所示）。图 2－4 的上半部分表示创新国随着时间推移的生产与出口情况，图 2－4 的下半部分表示模仿国随着时间推移的进口和生产情况。T_0T_3为模仿滞后（Imitation Lag），即模仿国模仿创新国家的新技术产品需要一段时间，因为该时滞的存在，技术差距才能使创新国家在模仿期间内具有技术及其项下产品的生产垄断优势。根据创新国与模仿国随时间变化而带来的生产、出口和进口的特点，将横轴分为四个阶段。其中，T_oT_1为需求滞后（Demand Lag），即创新国创造出一种产品后，模仿国的消费者尚未注意或不了解，而不能取代原有老产品的时间间隔；T_1T_2为反应滞后（Reaction Lag），即模仿国开始对技术创新产品产生需求后，从仅能靠从技术创新国进口该产品到该国生产商开始模仿生产该产品的时间间隔；T_2T_3为掌握滞后（Mastery Lag），即模仿国生产商开始模仿生产技术创新产品到熟练掌握该技术的时间间隔。T_3以后，模仿国开始低成本、大规模生产并出口该产品。

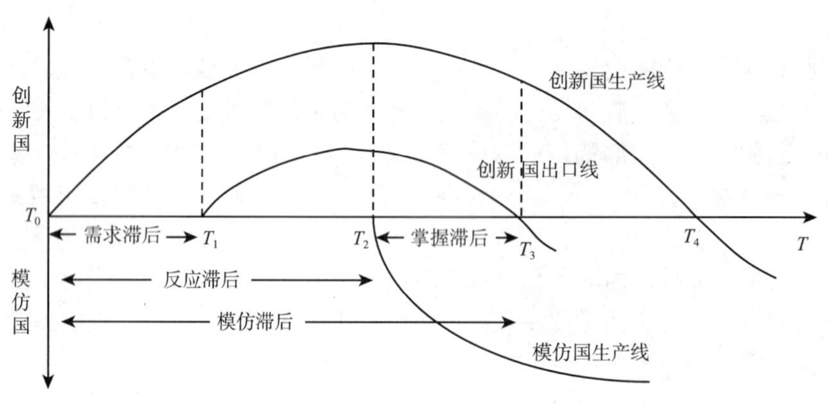

图 2－4　技术差距理论模型

2. 技术差距的形成主要取决于各国的研究开发因素状况。例如，美国拥有大量科学技术人才、熟练工人和经营管理人员，是研究开发要素丰富的国家，该国领先进行技术更新，并能够迅速使新产品投放市场，因而在技术、知识密集型产品生产方面具有比较优势。

3. 技术差距的表现形式。技术差距的表现形式主要有两种：（1）比较优势差距，即由技术差距引起的生产效率方面的差距；（2）模仿差距，即由技术差距导致新产品开发方面的差距。例如，作为科技最发达的国家，美国出口大量的高新技术产品。但是，当外国生产者获得新技术后，他们就能凭借其较低的劳动力成本最终占领外国市场，甚至是美国市场。与此同时，美国厂商会获得更新的产品和生产工艺，由于新技术差距的存在，使美国仍能向国外出口这些新产品。

4. 影响技术差距的因素。如前所述，技术差距包括三个阶段，即需求滞后、反应滞后和掌握滞后，影响每个阶段时间长短的因素有很大差异。其中，需求滞后的长短取决于模仿国消费者的收入因素、对新产品的认知，以及创新国生产者的生产方式等；反应滞后取决于模仿国厂商的企业家精神和冒险精神，产业是否具有规模经济，以及模仿国的产品价格、市场容量、关税水平等；掌握滞后则取决于模仿国生产者取得技术的渠道和消化技术的能力等。

5. 技术差距与贸易利益。从图2-4中可以看出，创新国与模仿国的贸易区在T_1T_3区域内，“需求差距”和“反应差距”的长短决定国际贸易利益。需求差距越短而反应差距越长，技术创新国所获得的贸易利益越大；反之，创新国的贸易利益越小。

（三）技术差距理论的评价

1. 理论的科学性。（1）技术差距理论从动态角度解释贸易发生的原因，比较符合国际贸易实际；（2）技术差距理论证明，即使在要素禀赋和需求偏好相似的国家间，技术领先也会形成比较优势，从而产生国际贸易。

2. 理论的局限性。（1）技术差距理论不能确定技术差距的大小，没有给出技术差距产生和随着时间推移而消失的原因；（2）技术差距理论只说明了国际间垂直的技术转移，即技术先进国家与落后国家间的技术差距，没有解释技术大致相同国家间的技术转移，即国际间水平技术转移的情况。

二、产品生命周期理论

（一）产品生命周期理论的提出

1966年，美国哈佛大学著名经济学教授雷蒙德·维农（Raymond Vernon，1913~1998）吸收了技术差距理论的研究成果，在其《产品生命周期中的国际投资和国际贸易》（International Investment and International Trade in the Product Lifecycle）一文中首先提出了产品生命周期理论（Product Life Cycle Theory），随后，刘易斯·威尔士（Louis Wells）和赫希哲（Hirsch）又对这一理论进行了发展与完善。该理论认为在产品生命周期的不同阶段，技术、生产要素的使用、生产成本、价格、进出口状况等各方面都呈现不同的特点，从动态角度对贸易格局的变化进行考察，是对技术差距模型的总结和扩展。

根据产品生命周期理论模型，当一种新产品刚刚诞生时，其生产往往需要高素质的劳动力。当这种产品成熟并广为大众接受时，它就变得标准化了，就可以用大规模生产技术和素质较低的劳动力进行生产了。因此，该产品的比较优势从最早引入的发达国家转移到劳动力相对便宜的不发达国家。这一过程一般都伴随着发达国家向劳动力便宜的发展中国家的直接投资。

（二）产品生命周期理论的内容

产品生命周期理论认为，一种产品的生产需要研究与开发投入、资本和劳动力投入、原材料投入等。随着技术变化，在产品生命周期不同阶段，各种投入在成本中的相对重要性也将发生变化，各国在该产品不同阶段是否拥有比较优势取决于各种投入在成本中的相对重要性。维农假设国际市场由创新国、模仿国和发展中国家组成，提出了国际贸易产品生命周期的三阶段模型，如图2-5所示。

第一阶段是创新阶段（Innovation Phase），即图2-5中的T_1T_3。创新国在T_0开始生产新产品，但在T_1之前创新国的生产只能供国内消费。在T_1以后，创新国的生产超过了国内消费，开始出口该种产品，而模仿国在点 T_1 时开始进口以满足国内需求。由于这一阶段的技术尚处于发明创新阶段，需要投入大量的研究与开发费用和技术力量，一般只能在科技力量雄厚和资本充裕的发达国家进行。这一阶段的产品是技术密集型。

第二阶段是成熟阶段（Mature Phase），即图 2－5 中的 T_3T_5。这一阶段的技术已定型，并被普遍采用，企业为扩大生产和销售进行大量资本投入，产品由技术密集型转化为资本密集型，资本和熟练工人充裕的模仿国开始拥有该产品生产上的比较优势，并逐渐取代创新国成为主要生产和出口国。

第三阶段是标准化阶段（Standardization Phase），即图 2－5 中的 T_5 以后。在这一阶段，一方面，许多技术已经被设计到机器或生产装配线中，生产过程已经标准化，操作简单；另一方面，生产该产品的机器本身也因成为标准化产品而变得比较便宜。因此，技术和资本逐渐失去重要性，劳动力成本成为决定生产是否有比较优势的主要因素，产品由资本密集型转为劳动密集型，劳动力丰裕的发展中国家具有比较优势。

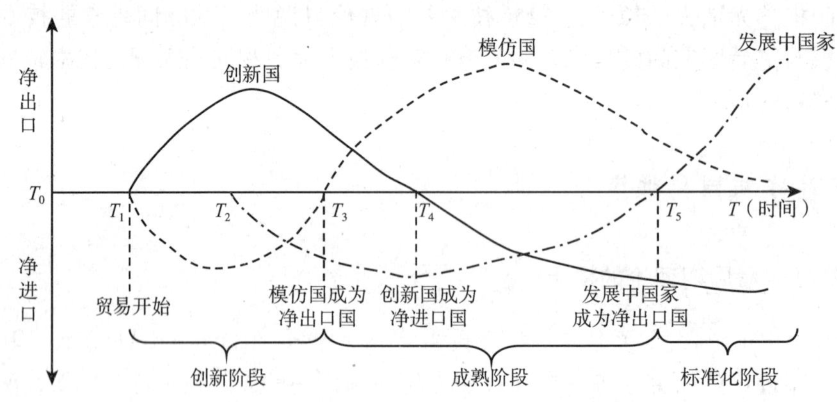

图 2－5　国际贸易产品生命周期模型

（三）产品生命周期理论的评价

1. 产品生命周期理论是技术差距理论的延伸，它解释了国际产业转移现象，考察了当周期发生变化时，比较优势是怎样从一个国家转移到另一个国家，这使得比较优势理论、要素禀赋理论动态化。同时，该理论将管理、科技、外部经济因素等引入贸易模型，比传统理论进了一步。

2. 产品生命周期理论隐含着一种产品在生命周期不同阶段要素构成比例不同，不同类型国家应根据自身具有的生产不同阶段产品的优势参与国际分工，这对于落后国家在国际分工中确定自己的地位具有指导意义。同时还要注意改变本国要素优势以应付新的挑战，因为当产品生命周期阶段发生改变时，比较优势就从一类国家转移到另一类国家。

3. 现实经济中存在各种不确定性因素，各国面临的产业发展方向和环境不同，产品生命周期循环并非支配所有产品的一条铁律，有些产品不一定适用。

总之，技术差距模型和产品周期模型是要素禀赋理论在技术急剧发展情况下的扩充，而不是替代。技术差距模型强调的是模仿过程中时间滞后性，而产品生命周期模型强调的是产品标准化过程。根据这些理论，工业化程度最高的国家应当出口含有新的和更先进技术的非标准化产品，进口含有旧的和已普遍应用技术的标准化产品，落后国家的进出口模式正好相反。

三、需求偏好相似理论

传统贸易理论基本上都是从生产和供给角度来解释国际贸易产生的动因，但实际上，国际市场产品流向是由供给和需求两个方面因素决定的。虽然本章第一节中的相互需求理论用需求强度差异解释了国际贸易利益分配问题，但没有说明各国间需求相似与差异对国际贸易产品流向的影响。

（一）需求偏好相似理论的提出

需求偏好相似理论（Demand Preference Similarity Theory）是瑞典经济学家斯塔芬·伯恩斯坦·林德（Staffan Burenstan Linder，1931～2000）在其1961年出版的《论贸易与转变》（An Essay on Trade and Transformation）一书中提出的。该理论从需求角度探讨了国际贸易发生的原因，因而又称为重叠需求理论（The Overlapping Demand Theory）。

根据要素禀赋理论可以推论，大量贸易应该发生在要素禀赋差别较大的工业发达国家与发展中国家之间。而现实是，目前工业发达国家之间的贸易量大约占世界总出口量的3/4。理论与实际的巨大反差，促使林德另辟蹊径研究这种贸易格局的成因。林德认为，产品价格由供求两方面决定，同样生产条件下，产品相对价格会因需求不同而不同。因此，要素禀赋理论只适用于分析自然资源密集产品（Natural Resource-Intensity Product）的贸易成因，不能用来分析制成品之间的贸易，由此提出用来分析制成品之间贸易的需求偏好相似理论。

（二）需求偏好相似理论的内容

1. 产品出口以国内需求为基础。林德认为，工业生产扩大初期是以满足国内需求为目的，一旦国内市场大到可使工业具有规模经济，且国内价值低于国际价值时，这些工业制成品就可能出口。

2. 产品流向、贸易量取决于两国需求偏好相似程度。林德认为两个国家对工业品的需求偏好越相似，它们之间贸易可能性越大。反之亦然。

3. 一国平均收入水平决定一国需求偏好。一国收入水平提高和收入分配状况会影响需求偏好。（1）收入水平提高对需求的影响。首先，收入水平提高影响需求量的变化，即可用多收入的那部分购买更多的同一种产品；其次，收入水平提高影响需求质的变化，即用更好的产品替代原来使用的产品；最后，收入水平提高可能会出现新的需求。（2）收入分配状况对需求变化倾向的影响。当贫穷国家与富裕国家进行贸易时，贫穷国家的分配越是不平均，贫穷国家中的高收入者和富裕国家中的较低收入者越可能需要同一种产品。因此，不平均的收入分配会扩大两国之间进出口货物的范围。

综上所述，得出以下结论：（1）一国平均收入水平决定一国消费结构，而一国消费结构决定了潜在出口产品；（2）两国平均收入水平越接近，两国需求偏好越相似，两国间的贸易范围越大；（3）若两国中一国具有生产某种产品的比较优势，而另一国对这种产品没有需求，则两国不会发生贸易。

（三）需求偏好相似理论的评价

1. 需求偏好相似理论的科学性。（1）从需求角度分析工业国家产业间贸易和产业内贸易，在一定程度上丰富了国际贸易理论。林德强调各国国内需求的不同及重叠需求结构是国际贸易基础和贸易模式的重要决定因素，这种观点和研究方法对后来的学者有很大的影响。（2）需求偏好相似理论与贸易事实基本吻合。例如，20 世纪 60 ~ 70 年代，制成品贸易在美国、加拿大、日本和欧洲国家间迅速发展，这些国家同时进口和出口同类产品。此外，一些经济学家对该理论进行的实证检验也印证了理论的正确性。例如，1987 年，詹瑞（Jerry）和瑟斯比（Marie Thursby）在排除贸易伙伴国的地理位置、文化相似性等影响贸易的诸多因素后，研究了 13 个欧洲发达国家、加拿大、日本、美国和南非的制成品贸易，结果基本支持需求偏好相似理论的结论。

2. 需求偏好相似理论的局限性。（1）仅仅笼统地强调贸易双方同时出口和进口制成品的原因是需求偏好相似，但一国不可能在同类产品上同时具有比较优势和比较劣势，而产业内贸易又的确发生了，林德没有进一步解释产生这种现象的原因；（2）将收入水平与消费偏好完全对应起来不一定准确，有些需求偏好与收入水平无关；（3）过分强调人均收入在决定消费结构中的作用，实际上，气候、地形、社会习俗、宗教、民族、消费嗜好等也是影响消费结构的重要因素；（4）在实际贸易中存在一国出口的产品并不是国内大量需求的产品，甚至是国内不需求的产品；（5）无法解释现实中存在的需求偏好差异较大的国家之间（富国与穷国之间）的贸易现象。

四、产业内贸易理论

（一）产业内贸易理论的提出

20 世纪 60 年代，巴拉萨（Béla Balassa，1928 ~ 1991）和格鲁贝尔（Herbert G. Grubel，1934 ~ ）等人对欧洲经济共同体内部贸易的研究发现，欧洲共同体内部的贸易格局和专业化分工并不是按照传统的国际贸易理论模式展开的，大量的区域内部贸易是同一产业部门内部的同种类产品的相互交换。研究数字表明，欧洲共同体成员国之间在 1957 ~ 1967 年间的贸易增长有 71% 是产业内贸易，这与要素禀赋理论不相符，因为西欧国家之间的要素禀赋和技术水平差别不大，同一产业部门产品的要素密集程度差别也不大。1975 年，格鲁贝尔和劳埃德（P. J. Lloyd）在其代表作《产业内贸易：差别化产品国际贸易的理论与度量》一书中，首先开始了开创性的理论探索，实证分析主要工业化国家的贸易，为产业内贸易提供了有力的证据。70 年代末 80 年代初，阿维纳什·迪克西特（Avinash K. Dxilt）、约瑟夫·斯蒂格利茨（Joseph E. Stiglitz）、格鲁贝尔、保罗·克鲁格曼（Paul Krugman）、埃尔赫南·赫尔普曼（Elhanan Helpman）等人为产业内贸易提供了一系列理论解释，引入了规模经济理论（Scale Economy Theory）、不完全竞争理论（Imperfect Competition Theory）等，这些理论和经验验证使产业内贸易理论（Intra-industry Trade Theory）成为国际贸易理论新进展的重要分支。

分析产业内贸易依赖两个假设：规模经济和不完全竞争。由于存在规模经济，没有哪个国家能够单独生产所有产品，即使两国可能都生产制成品，但也不会是相同的产品。因此，分析存在规模经济的贸易行为必须运用不完全竞争模型。由于国际贸易能够创造出比任何一个国内市场都要大的一体化市场，这使得那些具有规模经济的产业能够突破本国市场规模限制，在一个扩大的一体化市场中进行产品销售，从而带动该产业进行大规模专业化生产，而消费者需求的多样性又促进了国际贸易量的扩大。

（二）产业内贸易与产业间贸易的区别

产业内贸易理论认为，当代国际贸易可以分为产业间贸易（Inter-industry Trade）和产业内贸易（Intra-industry Trade）两大类。其中，产业间贸易是不同产业间产品的贸易；产业内贸易是指同一产业内的产品在两国间互相进口和出口的贸易活动，即两个要素禀赋相同或相似的国家交换两种要素密集度相同或相似的产品。二者的区别主要体现在以下四个方面：

1. 专业化分工与生产基础不同。产业内贸易以产业内专业化（Intra-industry Specialization）分工和生产为基础，贸易伙伴没有实现整个产业专业化，而是针对产业中某类产品进行更狭窄的专业化。与产业间专业化（Inter-industry Specialization）分工和生产不同的是，产业内专业化生产与贸易不会导致一国某产业萎缩，只会影响贸易双方贸易品的范围。

2. 贸易内容不同。产业内贸易是产业内同类产品的相互交换，而产业间贸易是产业间非同类产品的交换。

3. 贸易流向不同。产业内贸易的产品流向具有双向性，即同一产业产品可以同时进行进出口贸易。如美国和一些西欧国家既是机动车辆的出口国，同时也是机动车辆的进口国。产业间贸易的产品流向一般来说是单向的。

4. 交易产品的特性不同。产业内贸易产品必须具有两个条件：一是在消费上能够相互替代；二是在生产中需要相似的生产要素投入。同时，产业内贸易产品还要具有多样化的特点，这些产品中既有劳动密集型产品，也有资本密集型产品；既有标准技术产品，也有高新技术产品。

（三）产业内贸易形成的原因

1. 运输、信息、管理手段的现代化，使以往只能在一国之内进行的产业内分工和协作有可能跨越国界形成产业内国际分工。

2. 生产的标准化、柔性制造系统的出现和发展，使得工厂生产的自动化设备不仅使用于发达国家的大型工业项目，而且还可以使用于发展中国家的中小型项目，从而使技术和设备向发展中国家和地区的转移有了可能。

3. 科技革命的发展使产业内贸易的主要产品（新产品和制成品）的世界市场容量迅速扩大、产品数量和种类大大增加。

4. 发达工业国家的农业自给率不断上升，使得传统农业国和工业国之间初级产品和制成品的产业间贸易日益减弱，制成品的产业内贸易越来越为人们所重视。

5. 发达国家产业结构中的新兴产业和衰退产业的差异日趋明显，由此带来的产业结构调整和变革为产业内贸易发展提供了广阔的前景。

（四）影响产业内贸易的因素

1. 从供给要素上看，当两国在要素禀赋上差别较小时，应以改进技术和管理来提高产品差别性，向消费者提供具有差别性的产品。

2. 从产品特征上看，需求收入弹性越高的产品，开展产业内贸易越容易。因为需求收入弹性较高的产品往往表现出更多的差别性。

3. 从需求角度看，两国人均收入较高时有利于扩大产业内贸易。因为随着人均收入增长，较高人均收入层的消费者需求会变得更加复杂、更加多样化，从而对差别性产品需求旺盛；另外，两国人均收入差异较小，也容易扩大产业内贸易。因为需求结构随收入水平相近而相似。

4. 从技术更新角度看，技术更新较高的产业容易开展产业内贸易。因为在技术更新率较高的产业内会形成大量的差别性产品，并因为技术优势的保持而形成持久的技术差距，技术差距往往是产业内贸易的基础。

5. 从地理区位上看，两国地理区位近，有利于扩大产业内贸易。因为两国间的距离越近，运输成本越低。

（五）产业内贸易的形式

产业内贸易既可以发生在同质产品（Homogenous Goods）之间，也可以发生在异质产品（Differentiated Goods）之间。

1. 同质产品的产业内贸易。同质产品指在价格、效用和品质上完全相同的产品，产品间可以完全相互替代。由于存在成本等原因，现实中会出现一个国家对某产品既出口又进口的现象。

（1）不同国家间大宗产品的交叉型产业内贸易。水泥、木材、玻璃和石油的贸易是这种大宗货物产业内贸易的典型。由于这类产品大多自身重量较大，如果运输成本在总成本中占较大的比重，那么这类产品的需求国便会从离最终使用者最近处的国外生产地购入，而不会在国内远距离运输。例如，中国是世界上第一大水泥生产国，水泥生产基地主要在东北地区，但华南地区也大量使用，如果将东北生产的水泥长途运送到华南，运输成本很高且要占用大量的运力。因此，中国可以将东北生产的水泥向韩国、俄罗斯出口，而华南可以从泰国进口水泥。从整体上来看，这样做是比较经济的。

（2）经济合作或因经济技术合作因素而产生的产业内贸易。这种产业内贸易常发生在银行业、保险业等领域。例如，我国金融领域对外开放会吸引外国银行在华投资，经营金融业务；同时，我国银行业也会在世界其他国家或地区投资建立分行，从事当地的金融业务。

（3）转口贸易形成的统计意义上的产业内贸易。转口贸易是指进口国并不是最终的消费者，而是将进口产品进行再出口（或者经过一定的加工后再出口）。这时在转口国的国际收支中，同类产品将同时反映在进口项目与出口项目中。

（4）政府干预产生的价格扭曲而引发的产业内贸易。例如，为占领其他国家市场，政府支持本国企业实施倾销行为，同一产品本国价格高而外国价格低，这样很可能导致已经出口的本国产品再进口，或外国同种产品由于本国价格高向本国出口。

（5）季节性产品贸易。有些产品的生产和消费具有季节性，在本国生产该产品的季节出口，在本国不生产该产品的季节进口，以保持供求平衡。

（6）跨国公司的内部贸易。跨国公司为更有效地配置资源，降低成本，会在跨国公司内调拨零部件、半成品。由于同种产品的成品与中间产品和零部件大多归入国际收支表中的同组产品进行记录，因而便会形成产业内贸易。即使不是跨国公司的跨国生产，只要形成国际生产合作，上述情况也会发生。例如，中国在出口波音飞机尾翼的同时，又进口波音飞机的整机。而欧洲空中客车飞机是在不同的欧盟成员国内分工生产和组装，零部件、整机的进出口明显地体现为产业内贸易过程。

2. 异质产品的产业内贸易。异质产品是指产品存在差别。产品的异质性被认为是产业内贸易发生的根本原因。这种异质在产品中体现为水平异质、垂直异质和技术异质三种情况。

（1）水平异质。水平异质产品是指产品属性相同，但存在着实质或心理上认为的特性差别。例如，制作衣服的原料有毛、棉、麻、丝、合成纤维等，而人们对服装原料偏好不同，便会出现一些国家进口自己偏好但本国稀缺的原料生产的服装，而出口自己丰富原料生产的服装，进而产生产业内贸易。

（2）垂直异质。垂直异质是指产品质量方面的差异。例如，不同国家不同收入阶层对汽车的质量要求有很大差异，为代步则廉价耐用便是质量要求；为显示身份则高档豪华是首选。

（3）技术异质。技术异质是指用新技术制造的新产品带来的差异，处于不同产品生命周期阶段的同类产品（如不同档次的家用电器、更新换代的药品）往往在不同类型国家进行生产，继而产生产业内贸易。例如，中国既是世界上IT产品（如键盘、鼠标等）的生产和出口国，同时又是IT产品（如芯片、高档液晶显示器等）的进口国。

综上所述，对于异质产品的产业内贸易，从供给方面看存在规模经济，从需求方面看存在需求偏好重叠，从经济环境看存在不完全竞争的条件。

（六）产业内贸易理论的评价

从古典贸易理论到新古典贸易理论探讨的都是产业间的贸易现象，这些理论强调优势差异决定贸易，产业内贸易理论强调规模经济、不完全竞争形成贸易，两种理论是不同阶段人们对国际贸易的不同认识。

1. 产业内贸易理论的分析更符合实际。产业内贸易理论是对传统贸易理论的批判，其假定市场不完全竞争和存在规模经济，比较符合当今国际经济的一般情况。此外，产业内贸易理论不仅从供给方面，而且从需求角度考虑国际贸易行为，比较贴近实际。

2. 产业内贸易理论强调贸易的基础是规模经济，而在现实中，具有规模经济的产业部门大多是制成品生产部门，它们又大多在收入相对较高的发达国家，因此，发达国家在产业内贸易中具有优势，而发展中国家由于产业较少具有规模经济的特点，在国际贸易中处于劣势。

第四节　国际贸易保护理论

与自由贸易理论相对立的保护贸易理论最早起源于经济落后，特别是工业落后的国家。重商主义的贸易保护理论及政策偏重于掠取金银，财政思想重于经济思想，即以关税保护限制商品输入，以减免税鼓励商品输出。而重商主义之后的保护贸易理论与政策则以协助国内工业发展为目的。有代表性的贸易保护理论主要包括幼稚工业理论、超保护贸易理论和战略性贸易政策理论等。

一、幼稚工业理论

幼稚工业（Infant Industry）是指经济落后国家中处于成长阶段，尚未发育成熟但具有潜在优势的工业。幼稚工业概念最早是美国政治家亚历山大·汉密尔顿（Alexander Humiltan，1757～1804）在1791年提出的，但真正引起人们注意则是德国经济学家弗里德里希·李斯特（Friedrich List，1789～1846）在其1841年出版的《政治经济学的国民体系》（The National System of Political Economy）一书中的有关论述。

18世纪中叶至19世纪中叶自由贸易学说盛行时期，真正能实行自由贸易的仅仅是工业革命较早的英国，那些经济发展较为落后的国家为抵制英国等先进工业国家威胁而采取贸易保护政策。其中，具有代表性的国家是美国和德国，为保护贸易政策提供理论依据的也来自这两个国家，即美国的汉密尔顿和德国的李斯特。

（一）汉密尔顿的保护关税理论

1. 汉密尔顿保护关税理论（Protective Tariff Theory）提出的背景。1776年美国虽宣布独立，这只是政治上的独立，其在经济上仍然依赖于英国。为了摆脱在经济上对英国的依赖，保持政治独立，作为美国第一任财政部部长的亚历山大·汉密尔顿于1791年12月向国会提交的《关于制造业的报告》（Report on Manufactures）中，阐述了保护和发展本国制造业对美国政治和经济独立的必要性和重要性，对外主张实行保护贸易政策，对内主张政府加强对经济的干预。

2. 汉密尔顿保护关税理论的主要观点。汉密尔顿认为，一个国家如果没有制造业的发展，就很难保持其独立地位。美国制造业起步晚、基础薄弱、技术落后、生产成本高，根本无法同英、法等国廉价的产品进行自由竞争，因此，美国应实行保护关税制度，使新建立起来的工业得以生存、发展和壮大。

3. 汉密尔顿保护关税理论的政策主张。（1）向私营工业发放政府信用贷款，为企业提供发展资金；（2）实行保护关税制度，保护国内新兴工业；（3）限制重要原料出口，免税进口极为紧缺的原料；（4）为必需品工业发放津贴，为各类工业发放奖励金；（5）限制改良机器输出；（6）建立联邦检查制度，保证和提高制造品质量。

4. 汉密尔顿保护关税理论的评价。汉密尔顿的保护关税理论反映了经济不发达国家独立自主发展民族经济的正当要求和愿望，是落后国家进行经济自卫，并通过发展经济与先进国家进行抗衡的理论武器，标志着与自由贸易理论相对立的保护贸易理论基本形成。同时，汉密尔顿的政策主张符合当时美国的实际需要，其所主张的贸易保护政策目前仍然是世界各国管理对外贸易的一种重要手段。

（二）李斯特的保护幼稚工业理论

李斯特是19世纪德国最著名的经济学家，他发展了汉密尔顿的保护关税理论，建立了一套以生产力理论（Productive Forces Theory）为基础，以保护关税（Protective Tariff）为核心，为后进国家服务的保护幼稚工业理论（Infant Industry Protection Theory）。

1. 李斯特保护幼稚工业理论提出的背景。19世纪初，与英国和法国相比，德国还是一个政治上分裂，经济上落后的农业国。在国际贸易中处于不利地位。当时在德国内部关于实行何种贸易政策分为两派：一部分人以亚当·斯密的绝对优势理论和大卫·李嘉图的比较优势理论为依据，主张实行自由贸易政策；另一部分人则主张实行保护关税制度，这一主张反映了德国工业资产阶级的愿望，但缺乏强有力的理论基础。李斯特的保护幼稚工业理论就是在这样的背景下提出的。

2. 李斯特保护幼稚工业理论的主要内容。李斯特是在与古典自由贸易理论学派的论战中提出保护幼稚工业理论的。

（1）结合具体国情选择贸易政策。李斯特认为自由贸易理论以所谓增进全人类的利益为出发点，是一种超国家、超民族的世界主义的经济理论，它完全忽视了国家和民族利益的存在。李斯特从演进的角度，把国家经济发展分为五个阶段：原始未开化时期、畜牧业时期、农业时期、农工时期和农工商时期。他认为在不同发展阶段应实行不同的对外贸易政策：处于农业时期的国家应实行自由贸易政策，自由输出农产品和输入工业品，这样，一方面促进农业发展，另一方面也可以培育本国的工业基础；处于农工时期的国家应实行保护贸易政策，对本国具有发展潜力的工业采取保护措施，避免外国竞争；处于农工商时期的国家的工商业十分发达，具有对外自由竞争的能力，应实行自由贸易政策。因此，不能单纯地谈论自由贸易与保护贸易孰优孰劣，应结合具体国情认真分析。李斯特认为当时英国处于农工商时期，自由贸易政策有利于英国经济发展，而德国处于农工时期，应该实行保护贸易政策。

（2）发展生产力是制定贸易政策的出发点。李斯特认为古典学派只考虑交换价值（即通过对外贸易增进财富），而没有考虑国家的政治利益、长远利益以及国家生产力。他否定了英国古典学派的价值理论对于经济落后国家的适用性。李斯特认为，财富本身和财富的生产力有很大区别。财富本身固然重要，但发展生产力更为重要。因此，一国实行什么样的贸易政策，首先应考虑国内生产力的发展，而不是从交换中获取财富多少。李斯特认为向别的国家购买廉价商品表面上看起来是合算一些，但是这样做的结果，该国的生产力就不能获得发展，将处于落后和从属于外国的地位。如果实行保护贸易政策，在短期内会造成本国福利损失，但未来生产力的发展带来的利益能够弥补这种损失，使本国工业得以发展。因此，这种暂时的牺牲是必要的、值得的。

（3）通过国家干预保护幼稚工业。古典学派认为“私人利益与国家利益总是一致，国家不应对经济包括对外贸易进行干预”。李斯特认为追求私人利益不一定必然促进整个社会利益增加。古典学派把私人利益与国家利益混为一谈，用以提倡自由贸易，反对任何贸易限制，从经济强国的角度来看是正确的，是符合它自身利益的。但是如果把自由竞争原则强加到落后国家身上，只能对落后国家经济带来损害，并使其永远处于落后地位，成为世界经济发展的瓶颈。因此，李斯特认为当企业追求私人利益不利于促进社会利益增加时，政府应采取相关措施干预经济，保护幼稚工业发展。

3. 李斯特保护幼稚工业理论的政策主张。

（1）保护目的：促进和保护国内生产力发展。

（2）保护对象：处于发展初期阶段，又面临外国强大竞争的有发展前途的工业。

（3）保护手段：建立起保护性且有条件、有时间限制的关税制度。李斯特主张逐步提高关税税率，以避免突然征收过高关税割断与各国的商业联系，对国内市场造成冲击。同时，国家应随着工业发展水平的提高而逐步降低关税。

（4）保护程度：对奢侈消费品只需要征收很低的保护关税，这类产品进口总值不大，征税过高反而刺激走私；生活必需品对国民经济发展有重大意义，需要通过高关税给予充分保护；对于国内不能生产的各种复杂机器的进口应当免税或征收很低的关税，对这类产品的过分限制会影响国内工业的发展速度。

（5）保护期限：当被保护工业成本降低到进口同类产品价格时，不再保护，最长不超过30年。

李斯特认为农业、原料、科技的自由贸易将有利于生产力发展，只有那些刚从农业阶段进入工业阶段，但距离工业成熟尚远的国家，才有必要对农业进行保护。

4. 李斯特保护幼稚工业理论的评价。（1）李斯特保护幼稚工业理论的提出确立了保护贸易理论在国际贸易理论体系中的地位，标志着国际贸易理论两大学派——自由贸易学派和保护贸易学派完全形成。（2）李斯特保护幼稚工业理论的许多观点为经济落后国家制定对外贸易保护政策提供了理论依据。（3）李斯特提出的一些政策主张是积极的，并具有一定的可操作性，对落后国家制定对外贸易政策有借鉴意义。（4）李斯特用民族主义代替古典学派的世界主义，认为不同国家贸易中存在利益冲突。同时，他不仅着眼于国际分工的静态利益，而且从动态角度分析对外贸易对一国产业结构动态调整的影响。（5）李斯特保护幼稚工业理论也存在许多缺陷。对影响生产力发展的各种因素的分析不清晰，不能揭示生产力和经济发展的根本原因；他以经济部门作为划分经济发展阶段的基础也不恰当，歪曲了社会经济发展的真实过程。

（三）确定幼稚工业的标准

众多研究者对于幼稚工业应该给予一定程度的保护没有争议，但对于确定幼稚工业的标准却有不同意见，按提出时间先后主要有以下四个标准：

1. 穆勒标准（Mill's Test）。穆勒标准是由英国经济学家约翰·穆勒提出的，强调被保护工业未来的成本优势。当某一工业规模较小，生产成本高于国际市场价格时，无法与国外同类工业进行竞争，如果政府对这类工业提供一定的保护，使其充分实现规模经济，降低生产成本，最终能够参与国际市场竞争并获得利润，那么该工业就可以作为幼稚工业加以保护。

2. 巴斯塔布尔标准（Bastable's Test）。巴斯塔布尔标准是由英国经济学家巴斯塔布尔（C. Bastalbe）提出。他认为判断一个工业是否属于幼稚工业，不能仅仅看它将来是否具有竞争优势，还要将保护成本与该工业未来预期利润的贴现值加以比较，只有其未来预期利润的贴现值大于保护成本，对其保护才是必要的。

巴斯塔布尔标准与穆勒标准都强调工业内部规模经济，但巴斯塔布尔标准更科学，他引入现值概念，运用动态的成本—收益分析法确定幼稚工业。

3. 坎普标准（Kemp's Test）。坎普标准是由美国经济学家默瑞·坎普（Murray M. Kemp）提出的。这一标准在穆—巴标准基础上，强调外部规模经济与幼稚工业保护的关系。坎普认为，在内部规模经济情况下，即使某一工业符合穆—巴标准，也不一定需要政府保护，因为对于投资者来说，决定是否投资的标准不是当前的，而是未来的预期收益，如果预期收益的贴现值能够补偿投资成本，那么即使暂时出现亏损，他也会继续进行投资，该工业会自行发展下去，政府不需要保护。但在外部规模经济情况下，由于私人收益与社会收益的偏离，会导致私人缺乏投资动力，导致新兴工业不能继续发展。因此，如果某一工业能够产生外部经济效应，即使该工业不符合穆—巴标准，但只要它在实施保护之后能够产生显著的外部经济效应，保护也是必要的。

4. 小岛清标准（Kojima' Test）。小岛清标准是由日本经济学家小岛清（Kiyoshi Kojima，1920～2010）提出的。他认为穆勒、巴斯塔布尔、坎普等人只是根据个别企业或工业的利弊得失来寻求确定幼稚工业的标准，这种方法是不正确的，应根据要素禀赋和比较优势的动态变化来选择一国经济发展中应给予保护的幼稚工业。只要是有利于国民经济发展，即使不符合前三个标准也值得保护的。

小岛清对如何确定有利于国民经济发展的幼稚工业提出以下标准：（1）保护幼稚工业要有利于潜在资源利用。（2）对幼稚工业保护要有利于国民经济结构的动态变化。当一国资本积累率超过劳动力增加率时，社会资本－劳动比率就会发生改变，因此，如果资本密集型工业是幼稚工业，对其保护有利于国民经济结构转变。（3）保护幼稚工业要有利于要素利用率的提高。如果新兴工业经过保护能迅速实现技术进步，使单位产品的要素消耗大大降低，或者取得显著规模经济优势，都会提高要素利用率。

（四）幼稚工业理论存在的问题

虽然美国、德国和日本三个当前最大的市场经济国家都是在贸易壁垒的保护下开始工业化进程的，但是许多经济学家也指出了幼稚工业理论存在的问题。

1. 很难准确选择被保护对象。根据幼稚工业理论，只有那些具有潜力的工业才是保护对象，但在现实中，很难确定哪个工业具有潜在的比较优势，导致许多受到保护的工业并没有真正成长起来，保护很有可能抑制了竞争，保护了落后。经验表明，一旦给予某些工业保护就很难取消。美国经济学家陶西格在19世纪末考察了当时受到关税保护的美国新兴铁器制造业，结果发现该行业的生产方式在20年内没有变化，市场份额也没有扩大，保护并没有使这一幼稚工业长大。近几年对发展中国家受保护“幼稚工业”的实证研究表明，受保护工业生产成本下降速度并不比不受保护的工业快，而保护代价则相当于由此而节约的外汇支出的2倍。

2. 过早进入未来具有比较优势的工业可能会造成资源浪费。如果一个国家正处于资本积累中，劳动力比较充裕，则劳动密集型工业具有比较优势，此时不能将资本密集型工业作为主导产业，否则会带来事倍功半的效果，造成相对稀缺资源的浪费。如果一个国家完成了资本积累，则发展资本密集型工业具有比较优势。

3. 政府干预的前提是存在某种市场失灵。当私人利益与社会利益相偏离，私人市场不能以应有的速度发展幼稚工业时称为存在某种市场失灵，此时政府应保护幼稚工业。这里所说的市场失灵主要表现在两个方面：（1）资本市场不完全，即没有金融机构使传统部门的储蓄投资新成长部门，这样，长期收益较高的工业由于最初低利润形成投资障碍；（2）存在无偿占用，即首先进入新工业的公司必须承担为适应具体环境而进行技术改造或开辟新市场的“起步”成本，后来公司可以无偿占用先驱公司所带来的利益，而先驱公司却不能获得足以补偿“起步成本”的收益。当存在市场失灵时，最优政策是建立更完善的资本市场或补偿先驱公司的无形贡献，但这在短期内很难做到，此时，次优的政策往往成为政府制定政策的首选，即通过采取相关措施保护幼稚工业，鼓励企业进入新工业领域。保护幼稚工业的观点显然在市场体系不完善、资本市场还不能发挥作用的发展中国家比在工业发达国家更适用。

4. 推迟接受和普及先进技术和知识会造成潜在损失。采用关税等贸易政策来阻止国外产品进入，可以有效地促进本国幼稚工业发展，但当被保护的幼稚工业需要先进技术支撑时，这种保护可能会推迟企业和消费者接受和普及先进技术和知识，进而造成潜在的损失。20世纪80年代，中国为保护国内“幼稚”的计算机产业，对计算机进口实行管制，这样做虽然保护了计算机产业，但牺牲了整个社会普及先进技术和提高工作效率的机会，其损失难以估计。

5. 存在比关税更好的保护幼稚工业的工具。如果必须对幼稚工业给予保护，最好的形式是对该工业给予相应的生产补贴，因为解决国内价格扭曲的最佳原则是采用单纯的国内政策，而不是采取扭曲相对价格和国内消费（即对进口产品征收关税）的贸易政策。

二、超保护贸易理论

（一）超保护贸易理论的提出

约翰·梅纳德·凯恩斯（John Maynard Keynes，1883~1946）是英国资产阶级自由化经济学家，现代西方宏观经济学的主要创始人。1936年出版的《就业、利息和货币通论》（The General Theory of Employment，Interest and Money）被称为西方经济学“圣经”，其学说被誉为“凯恩斯主义”（Keynesian）。

1929~1933年的经济大危机是古典与新古典自由经济学家所始料不及的，经济危机使资本主义国家出现了长期的经济衰退。面对这一局面，凯恩斯不得不承认资本主义自由经济并不能完美地自我调节，不能自由放任地带来经济复兴与繁荣，这使他改变了立场。超保护贸易理论（Super-protective Trade Theory）就是在这样的历史背景下诞生的。

（二）凯恩斯关于贸易保护的主要观点

1. “国际收支自动调节机制”影响一国国民收入和就业水平。古典学派只用“国际收支自动调节机制”证明了贸易顺差和逆差最终均衡的过程，忽略了这一机制在调节国际收支过程中对一国国民收入和就业水平可能引起的有利或不利的影响。例如，当一国出现贸易顺差时，本币升值，外币贬值，以本币表示的外国商品价格下降，以外币表示的本国商品价格上升，这样有利于进口，不利于出口，最终会消除顺差，国际收支趋于平衡或转向逆差。但在国际贸易顺差消除过程中必然导致一部分出口企业经济效益下降，甚至破产，不仅国民收入会下降，就业率也会降低。

2. 贸易顺差和逆差与一国经济盛衰有很大关系。在金本位制下，当一国出现贸易逆差时，黄金外流、物价下跌、国内经济活动收缩；当一国出现贸易顺差时，黄金流入、物价上涨、利息率下降，这有利于刺激投资，国内经济趋于繁荣。

3. 主张国家干预对外贸易。凯恩斯认为一国出口可以增加本国有效需求，而进口将缩减本国有效需求，因此，政府应采取有效措施使本国保持贸易顺差。即用提高关税税率，扩大课税范围，设置各种非关税壁垒等保护主义措施，禁止或限制外国商品进口；采取补贴、退税、低息贷款、出口信贷担保等手段鼓励和支持本国产品出口。

（三）对外贸易乘数理论

凯恩斯从理论上论证了贸易差额对一国就业和国民收入的作用，但没有说明如何衡量这种作用的大小。对外贸易乘数理论（Foreign Trade Multiplier Theory）是凯恩斯的投资乘数理论（Investment Multiplier Theory）在对外贸易方面的应用，由英国经济学家马克·卢普、哈罗德等提出，后经其他凯恩斯主义学派学者补充完善，用于分析对外贸易对一国宏观经济运行的影响。

1. 对外贸易乘数理论的主要观点。对外贸易乘数是指国民收入的变动额与引起国民收入变动的贸易收支变动额之比。当一国出口产品时，出口产业部门收入增加，引起出口产业部门的消费增加，进而引起其他产业部门收入增加，就业增多，如此反复下去，国民收入增加量为出口增加量的若干倍。相反，当一国进口产品时，国内相关产业部门收入减少，引起国内消费与储蓄减少，国民收入减少是进口增加量若干倍。因此，出口和国内投资一样，有增加国民收入的作用，进口与国内储蓄一样，有减少国民收入的作用。即贸易顺差能增加就业量，提高国民收入，就业与国民收入增加量为贸易顺差的若干倍。贸易逆差则相反。

2. 对外贸易乘数理论的表达式。假设 C_1 表示生产消费；I 表示投资；G 表示政府支出；X 表示出口；C_2 表示生活消费；S 表示储蓄；T 表示税收；M 表示进口。在开放经济条件下，保持国民收入均衡的条件是：

$$C_1+I+G+X=C_2+S+T+M$$

令 $T=G$，则有：
$$I+X=S+M$$

设 $\mathrm{d}I$ 为投资增量，$\mathrm{d}X$ 为出口增量，$\mathrm{d}S$ 为储蓄增量，$\mathrm{d}M$ 为进口增量，上式两边求微分，得：$\mathrm{d}I+\mathrm{d}X=\mathrm{d}S+\mathrm{d}M$

变形后，得：
$$\mathrm{d}I+\mathrm{d}X=(\mathrm{d}S/\mathrm{d}Y+\mathrm{d}M/\mathrm{d}Y)/\mathrm{d}Y$$
$$\mathrm{d}Y=[1/(\mathrm{d}S/\mathrm{d}Y+\mathrm{d}M/\mathrm{d}Y)](\mathrm{d}I+\mathrm{d}X)$$

令 $\mathrm{d}I=\mathrm{d}S=0$，则有：
$$\mathrm{d}Y=[1/(\mathrm{d}M/\mathrm{d}Y)]\mathrm{d}X$$

$1/(\mathrm{d}M/\mathrm{d}Y)$ 就是贸易乘数，它是边际进口倾向的倒数，这说明进口增加的越多，对外贸易乘数越小，从而增加出口对提高国民收入的作用越小；反之，进口越少，出口越多，国民收入的增加就越多。

3. 对外贸易乘数理论的政策含义。依据对外贸易乘数理论，一国出口收入应更多地购买国内产品，如果出口收入中较大部分用于进口，则对经济的促进作用较小；反之则较大。因此，当需求倾向不变时，出口收入应尽量少用于进口，这样可以扩大对经济的刺激作用。

（四）超保护贸易理论的特点

超保护贸易理论是对特定历史时期解决特殊问题所采取的措施或手段的论证。由于它在保护对象、目标和手段上都超出了一般意义上的贸易保护理论，因此被称为超保护贸易理论。相对于幼稚工业理论，超保护贸易理论具有以下特点：（1）保护对象从幼稚产业转为衰退的垄断产业，从一般的工业资产阶级转到垄断资产阶级；（2）保护目标从培植本国企业的国际竞争力转向巩固和加强在国内外市场上有垄断力的企业的垄断能力；（3）保护性质从防御性地限制进口转向对国外市场的进攻性的扩张；（4）保护手段从一般的关税壁垒扩大到各种非关税壁垒。

（五）超保护贸易理论的评价

“二战”后许多国家根据“超保护贸易理论”制定本国经济政策都实现了较快的经济增长。但与此同时，根据这一理论制定的经济政策在实行过程中伴随着通货膨胀，到 20 世纪

70 年代，这些国家陆续出现了通货膨胀和大量失业并存的“滞胀”局面，这是超保护贸易理论及凯恩斯经济学自身无法解决的问题，凯恩斯主义理论和政策逐步被新自由主义、货币主义和供给学派所代替。

知识拓展

萨伊定律与凯恩斯革命

萨依定律

萨依定律（Say's Law）得名自 19 世纪的法国经济学家让·巴蒂斯特·萨依（Jean-Baptiste Say，1767～1832），不过萨依并不是最早提出该定律的人，真正提出相关概念的是英国经济学家和历史学家詹姆斯·穆勒（James Mill，1773～1836）。萨伊定律主要内容包括三点：（1）产品生产本身能创造自己的需求；（2）由于市场经济的自我调节作用，不可能产生遍及国民经济所有部门的普遍性生产过剩，而只能在国民经济的个别部门出现供求失衡的现象，而且即使这样也是暂时的；（3）货币仅仅是流通的媒介，商品的买和卖不会脱节。根据萨伊定律，在一个完全自由的市场经济中，供给会创造自己的需求，社会的总需求始终等于总供给，不会出现生产过剩和就业不足的危机。因此，萨伊鼓励生产，不鼓励消费和贸易保护。萨伊定律在目前仍然有适用性。

凯恩斯革命

1929～1933 年发生了世界性经济大危机，而传统经济学却无法解释生产过剩的现象。1936 年，约翰·梅纳德·凯恩斯在出版的《就业、利息和货币通论》一书中创立了一整套崭新的经济学理论体系，给传统经济学理论画上一道休止符。凯恩斯认为经济危机和失业是由“有效需求”不足引起的，有效需求包括消费需求和投资需求。凯恩斯用边际消费倾向递减、资本边际效率递减、流动性偏好的“三大心理规律”来解释“有效需求不足”的原因。他主张通过政府干预经济的方式来扩大总需求，进而带动经济总量的增长，其中，在对外贸易方面，政府应采取措施使本国保持贸易顺差，这样可以弥补国内市场需求不足。这种与以往经济学家们不同的观点被称为是一场革命，史称“凯恩斯革命”（Keynesian Revolution）。

综上所述，萨依定律和凯恩斯革命的实质性差异是供给与需求的重要性不同。萨依定律重视生产，认为市场经济可以自我调节，不会出现生产过剩和就业不足；而凯恩斯认为资本主义自由经济并不能完美地自我调节，政府必须通过干预经济实现一国总供给与总需求的均衡，以避免出现经济危机。

三、战略性贸易政策理论

（一）战略性贸易政策理论的提出

20 世纪 70 年代初之后，发达国家经济增长速度普遍放慢，美国工资水平上涨缓慢导致实际购买力下降，欧洲失业率不断上升，日本在 90 年代初也开始经历了长期的经济增长停滞，如何改善经济发展现状成为这些发达国家共同面临的问题。80 年代中期，一种新的要求国家干预，通过对战略产业扶持以刺激经济增长的理论，即战略性贸易政策理论（Strategic Trade Policy Theory）出台。这一理论最初由美籍印度裔经济学家阿维纳什·迪克西特提出，其后由加拿大不列颠哥伦比亚大学商学院教授詹姆斯·布朗德（James Brander）、巴巴拉·斯潘塞（Barbara Spencer）和美国著名经济学家保罗·罗宾·克鲁格曼（Paul R. Krugman，1953 ~）等人进一步补充和完善。

传统国际贸易理论认为，在完全竞争市场条件下，自由竞争和自由贸易可以最优配置资源，提高社会整体福利，因此，保护贸易的国家干预是一种经济扭曲行为。但战略性贸易政策理论提出者认为实际国际贸易中不完全竞争和规模经济普遍存在，国际市场竞争演变为少数企业之间围绕市场份额进行的博弈。在这种情况下，政府干预具有合理性，政府运用相应的贸易政策有助于提高社会总体福利。

战略性贸易政策是指一国政府在不完全竞争（主要是寡头垄断市场）和规模经济条件下，凭借生产、出口补贴或保护国内市场等措施和手段，扶持本国战略性产业成长，获取规模经济效益，增强在国际市场上的竞争能力，夺取他国市场的份额。

（二）战略性贸易政策理论的主要内容

战略性贸易政策理论主要包括两部分内容：战略性出口政策和以进口保护促进出口战略，这两个政策均假设市场结构是双寡头垄断。

1. 战略性出口政策：出口补贴。战略性出口政策是由詹姆斯·布朗德和巴巴拉·斯潘塞于 1983 年提出。他们根据产业组织理论和博弈论研究成果，探讨在不完全竞争和规模经济条件下，政府的出口补贴政策对一国产业发展和贸易发展的影响，建立了战略性贸易政策理论的基本框架。

我们以美国波音公司（Boeing）与欧盟空中客车公司（Airbus）之间的竞争性博弈为例子来分析战略性出口政策。假定两家公司在生产某种新型客机方面具有相近的技术能力，这种客机的生产具有规模经济效应。再假定两家公司都只有两种选择：生产或不生产。在市场容量有限情况下，如果两家公司都生产，则无法实现规模经济，其结果都会亏损 500 万美元；如果两家公司都不生产，虽然都不会亏损，但也没有利润；只有在一家单独生产的情况下，生产的那家企业才会有足够的市场需求而获得垄断利润 1 亿美元。两家公司生产和盈亏情况如表 2 - 10 所示。

表 2 - 10　　无政府补贴时两家公司的生产决策与盈亏情况矩阵　　单位：百万美元

波音公司	空中客车公司	
	生产	不生产
生产	（ -5， -5）	（100，0）
不生产	（0，100）	（0，0）

在表 2 - 10 中，矩阵中的四个单元表示波音公司和空中客车公司采取不同的战略组合。每个单元中括号里的第一个数字表示波音公司的利润，第二个数字表示空中客车公司的利润。假定在没有政府干预的情况下，波音公司先于空中客车公司生产并占领了该产品市场，此时均衡的结果是矩阵右上角的（100，0），即波音公司独占市场并获利 1 亿美元。在这种

情况下，空中客车公司不会进入市场竞争，因为两家企业同时生产的结果是两败俱伤，都将面对500万美元的亏损。

假如欧盟希望通过积极干预来改变波音公司垄断市场的局面，对空中客车公司补贴1 000万美元，这一补贴改变了两家企业博弈的初始条件和最终结果，新的盈亏矩阵如表2－11所示。如果只有空中客车公司一家生产，利润为1.1亿美元；如果两家企业都生产，空中客车公司盈利500万美元（1 000万美元补贴减去500万美元的亏损），波音公司亏损500万美元。

表2－11　欧盟给予空中客车公司补贴时的生产决策与盈亏情况矩阵　单位：百万美元

波音公司	空中客车公司	
	生产	不生产
生产	(－5，5)	(100，0)
不生产	(0，110)	(0，0)

空中客车公司在享受欧盟给予的出口补贴支持后，只要生产就有利润，因此该公司肯定会投入生产。而波音公司面临两种选择：（1）生产，亏损500万美元；（2）不生产，无亏损也无利润。两相比较，波音公司只能退出市场，此时市场均衡的结果为矩阵左下角的（0，110）。

从以上分析可以看出，欧盟的1 000万美元的出口补贴给空中客车公司带来了1.1亿美元的利润，并使欧盟国民收入净增加。其中，1亿美元是从波音公司转移过来的垄断利润，这就是欧盟政府实施战略性出口补贴政策的结果。当然，这种政策不可避免地会损害到他国的利益。

寡头垄断市场结构存在的垄断利润为政府实施战略性贸易政策提供了依据。但是，战略性贸易政策的成功必须以利润转移部分超过政府补贴金额为前提。在现实中，由于信息不完全和市场的不确定，通常很难实际预测政府实施战略性贸易政策的效应（即获得表2－11中的数据），即使一个小变化也可能会彻底改变博弈结果。

上例中，如果波音公司由于拥有某项技术专利能盈利500万美元，在两家同时生产且没有政府出口补贴情况下，初始的盈亏矩阵变为表2－12的情况。现在即使空中客车公司有欧盟的出口补贴，波音公司也会选择生产，因为它依靠技术优势也能获取利润。而在无政府出口补贴支持情况下，空中客车公司的最佳选择就是退出市场，这时市场均衡的结果是矩阵右上角的（100，0）。此时，如果欧盟仍然向空中客车公司提供1 000万美元的出口补贴，就会出现表2－13所示的盈亏矩阵。

表2－12　政府无补贴、波音公司有技术专利时的生产决策与盈亏情况矩阵　单位：百万美元

波音公司	空中客车公司	
	生产	不生产
生产	(5，－5)	(100，0)
不生产	(0，100)	(0，0)

表 2-13　波音公司有专利而空中客车公司有补贴时的生产决策与盈亏情况矩阵　单位：百万美元

波音公司	空中客车公司	
	生产	不生产
生产	(5, 5)	(100, 0)
不生产	(0, 110)	(0, 0)

在表 2-13 中，对两家公司来说，生产比不生产好，市场均衡的结果是矩阵左上角的(5, 5)，即两家公司瓜分市场。拥有技术优势的波音公司在无任何补贴情况下也能获取利润，因此它会选择留在市场上。空中客车公司虽然得到 1 000 万美元的补贴，却只获得 500 万美元的利润。因此，欧盟的补贴不仅没有阻止波音公司进入市场，而且从国家整体来看是净福利减少。如果空中客车公司继续生产，就会年复一年地需要政府补贴，在这种情况下，战略性贸易政策的有效性将打折扣。

2. 以进口保护促进出口战略。以进口保护促进出口（Import Protection as Export Promotion）战略是保罗·罗宾·克鲁格曼于 1984 年提出的。克鲁格曼认为，在寡头垄断市场和规模经济递增条件下，如果对本国市场实施保护，可以使国内企业获得优于国外竞争对手的规模经济，从而转化为更低的边际成本，而一旦在边际成本的竞争中具有优势，就可以增强其在国内外市场的竞争能力，实施对国外市场的扩张，最终达到以进口保护促进出口的目的。

战略性贸易政策理论与幼稚工业理论在一定意义上有异曲同工之妙，但两者又有本质的区别。战略性贸易政策理论是基于寡头垄断市场条件下的贸易保护主张，幼稚工业理论是自主竞争条件下的贸易保护主张；战略性贸易政策理论所保护的是具有规模效益递增特点的战略性产业，而幼稚工业理论保护的是具有潜在优势的幼稚工业。

（三）战略性贸易政策理论的评价

战略性贸易理论认为政府通过干预对外贸易，扶持战略性产业的发展，是一国在不完全竞争和规模经济条件下获得资源次优配置的最佳选择。从目前这一政策实施结果来看，既体现了政策的科学性，也暴露出政策的局限性。

1. 战略性贸易政策理论的科学性。（1）战略性贸易政策理论假设前提之一是市场不完全竞争和存在规模经济，这比较吻合实际情况，在一定程度上说明政府干预对外贸易具有合理性，也给理论研究和政策制定开拓了更为广阔的空间；（2）战略性贸易政策理论论证了在不完全竞争和存在规模经济条件下，政府直接干预可以转移他国利润，以提高本国福利水平，为国家进一步干预对外贸易活动提供了理论依据；（3）战略贸易理论在实践中确实可以起到扶持相应产业发展的作用。例如，日本在 20 世纪 70～80 年代，通过政府扶持，成功地将半导体产业的国际市场控制权从美国手中夺过来。

2. 战略性贸易政策理论的局限性。（1）战略性贸易政策的成功运用是以竞争对手不实施贸易报复为前提的。但在寡头垄断市场结构下，利润转移是很容易被对手察觉的，对手也会采取同样的政策进行报复，从而引发补贴战或关税战，最终导致双方利益都受到损害。（2）战略性贸易政策在增加本国厂商福利的同时，减少了本国消费者的福利，因此，这一政策不一定能提高本国的社会福利。（3）由于存在信息不充分和市场的不确定，很难准确选择将来能提供大量外部经济的战略性产业。同时，如果大部分国家同时实行这一政策，他们努力效果会相互抵消。（4）战略性贸易政策理论主张对战略性产业进行保护，这会为国内各类产业寻求政府保护提供新的借口，助长贸易保护主义。（5）战略性贸易政策在运用中还会受到多边规则的约束。在 WTO 多边框架下，各国按照规定的时间表降低关税水平，通过最优关税获取额外利益的可能受到了限制；出口直接补贴被明令禁止，一些间接补贴也被列入“可申诉”范围；采取国内外差别定价的方法也被视为“倾销”而加以抵制。

本章小结

古典国际贸易理论是以古典政治经济学为基础，它是在批判重商主义贸易差额理论基础上提出的自由贸易理论。其中，亚当·斯密提出的绝对优势理论是第一个自由贸易理论，大卫·李嘉图提出的比较优势理论发展了绝对优势理论，二者将国际贸易发生的原因归结为劳动生产率的差异，从市场供给角度考虑决定国际贸易发生的原因；约翰·穆勒另辟蹊径从需求角度解释贸易发生的原因及贸易利益分配的依据，阿弗雷德·马歇尔用提供曲线重新解释了约翰·穆勒的相互需求理论，使之更直观和易于理解。

要素禀赋理论是以新古典经济学为基础，被称为新古典国际贸易理论。该理论认为生产要素禀赋的差异是各国比较优势乃至国际贸易产生的重要原因。根据要素禀赋理论，在国际贸易中，一国的比较优势是由其要素丰裕度决定的。一国出口本国丰富要素生产的产品；进口本国稀缺要素生产的产品。要素价格均等化定理作为要素禀赋理论的推论，说明国际贸易通过产品国际流动对于要素价格的影响。里昂惕夫等经济学家对要素禀赋理论进行了检验，所得结论与要素禀赋理论的结论相反，后续经济学家对“里昂惕夫之谜”的解释促进了第二次世界大战后国际贸易理论的新发展。

技术差距论、产品生命周期理论、需求偏好相似理论和产业内贸易理论是在放松要素禀赋理论的一些假设条件前提下，解释了大量经济生活中要素禀赋理论不能解释的贸易行为。其中，产品生命周期理论与技术差距论是要素禀赋理论的动态扩展，探讨了比较优势的动态演变；需求偏好相似理论从消费者行为角度解释国际贸易起因；产业内贸易理论解释的是基于市场不完全竞争和规模经济而形成的贸易现象。

幼稚工业理论起源于汉密尔顿的保护关税理论和李斯特的生产力理论，是经济落后国家发展本国工业的主要理论依据。超保护贸易理论和战略性贸易政策理论是经济强国提出的贸易保护理论。其中，超保护贸易理论是凯恩斯主义者根据凯恩斯的贸易保护观点，并借用他的投资乘数理论而提出的贸易保护理论；战略性贸易政策理论主张在不完全竞争市场中，政府通过扶持具有规模经济的战略性产业，使其具有市场竞争力，进而带动国家经济的发展。

复习思考题

一、简答题

1. 请画出本章分析的所有自由贸易理论之间的逻辑关系，并说明这些理论认为国际贸易发生的原因是什么？

2. 简要说明保护幼稚工业理论、超保护贸易理论和战略性贸易政策理论的区别。

二、计算分析题

1. 美国小麦 4 公斤/天，布 2 码/天，英国小麦 1 公斤/天，布 2 码/天。请回答：（1）两国各具有绝对优势和绝对劣势的产品是什么？（2）两国各具有比较优势和比较劣势的产品什么？

2. 根据下表中 A 国和 B 国劳动与资本要素禀赋情况，分析 A 国与 B 国出口产品类型。

A 国和 B 国劳动与资本要素禀赋

要素禀赋	A 国	B 国
劳动	10	20
资本	40	30

三、案例分析题

韩国在遭遇 1998 年亚洲金融风暴袭击后，重新认识文化产业对韩国经济发展的重要性，于 1998 年正式提出“文化立国”方针，将文化产业作为 21 世纪发展国家经济的战略性支柱产业积极进行培育。在随后的几年时间里，陆续出台了包括制定《文化产业振兴基本法》、成立文化产业振兴院和建立文化产业园区等一系列政策和措施。经过十多年的发展，韩国文化产业已初具规模，已经成为仅次于汽车产业的第二大出口创汇产业，韩国也成为世界五大文化产业强国之一。1997 年，韩国文化出口海外首次盈利 500 万美元，2006 年即达到 3.68 亿美元。2005 ~ 2009 年间，文化产品出口规模连年增长，平均年增长率 18.9%，2009 年达到 26 亿美元。

韩国文化产业主要由网络游戏产业、动漫产业和影视产业三大产业构成。2010 年，韩国游戏市场销售额为 49.5 亿美元，占世界游戏市场（848.18 亿美元）份额为 5.8%，比 2009 年的 2.7% 提高了 2 倍以上，也创下了历史最佳纪录。同年，韩国游戏的对外出口额为 16.61 亿美元，同比增长 29.4%。2011 年游戏出口更是突破了 20 亿美元大关，同比增长 37.6%。目前游戏产业已占韩国文化产品出口一半以上。近年来，在政府的支持下，韩国影视产业获得快速发展。2008 年，韩国电影出口达到 6 700 万美元，增长近 15%，出口额是中国的 7 倍，电视剧出口额近 1 亿美元。2011 年，韩国的影视剧出口和歌手海外公演的收入总额已经达到 7.94 亿美元，创历史最高纪录。

文化产业是一个经济外溢性很强的产业。韩国文化产品出口成功地带动了韩国服饰、化妆品、电子产品、食品等产品的出口，促进了旅游、教育和美丽产业的发展。韩国相关机构通过对 2001 ~ 2011 年向 92 个国家或地区的出口数据的分析得出，韩国文化产业出口每增加

100 美元，就能使韩国产品出口增加 412 美元。

请分析：（1）分析韩国将文化产业作为战略性产业扶持的利弊。（2）韩国文化产业发展政策与措施对中国发展文化产业有什么借鉴意义？

第三章　国际贸易调整政策

学习目标

● 了解国际贸易政策的构成及类型；

● 熟悉主要限制进口的关税和非关税措施；

● 掌握关税的经济效应与福利和非关税壁垒的特点，学会测算关税的有效保护程度；

● 熟悉鼓励出口和管制出口的政策措施；

● 了解 WTO 关于公平贸易救济措施的相关规定，掌握反倾销、反补贴形式和经济效应。

导入案例

入世 10 年来，中国货物进出口总额累计达到 15.73 亿美元，年均增长超过 21.9%，其中，出口规模增长了 4.9 倍，进口规模增长了 4.7 倍，中国已成为世界第一大出口国和第二大进口国。2011 年中国货物进出口总额达 3.64 万亿美元，年增长 22.5%，位居世界第一；服务贸易进出口总额 0.42 万亿美元，世界排名第四。但是，与此相伴随的是，中国出口产品遭遇的反倾销、反补贴、保障措施调查、特保措施调查、反规避、反垄断、美国 337 调查以及技术性贸易壁垒等也越来越多。自 1979 年 8 月 17 日，欧共体对中国出口的糖精钠发起第一起反倾销调查以来，截至 2011 年底，中国已经连续 17 年成为全球遭遇反倾销立案调查最多的国家。2004 年，国外首次对中国发起反补贴调查，截至 2011 年底，中国连续 6 年成为全球遭受反补贴调查最多的国家。据商务部统计，自“入世”至 2010 年底，中国受到贸易救济调查共 692 起，涉及总额约 400 亿美元。美国、欧盟、印度、阿根廷、土耳其、澳大利亚、南非、墨西哥、加拿大、巴西成为对中国发起贸易救济措施调查的前十位国家。

请分析：中国频遭国外贸易救济调查的主要原因是什么？

在国际贸易实践中，贸易各方会根据其不同时期经济发展状况对本国的进出口贸易制定相应的政策，并采取各种措施以影响商品进出口的规模、构成和方向，以追求自身利益的最大化。本章在介绍国际贸易政策的构成与类型的基础上，主要阐述各国为实现自己的对外贸易政策而采取的限制进口的关税与非关税政策措施、鼓励出口和管制出口的政策措施以及公平贸易救济措施。

第一节　国际贸易政策概述

国际贸易政策（International Trade Policy）对一国而言就是对外贸易政策。世界政治、经济与国际关系的变化，本国在国际分工体系中地位的变化，以及本国产品在国际市场上竞争能力的变化，都会引起对外贸易政策的变化。不同国家往往实行不同的对外贸易政策，即使是同一国家，在不同历史时期的对外贸易政策也会有差别。

一、对外贸易政策的目的与构成

对外贸易政策（Foreign Trade Policy）是各国根据本国的政治、经济、军事、科学技术等情况，在一定时期内所制定的指导对外贸易活动的原则、法规、法令和条例等。对外贸易政策是一国经济政策的有机组成部分，是为一国经济发展和对外政策服务的。

（一）对外贸易政策的目的

总的来说，一国对外贸易政策是为本国利益服务的。具体来说，对外贸易政策的目的表现在以下几个方面：

1. 保护本国市场。一国通过征收关税等贸易保护措施，限制外国产品输入，以便把本国市场留给本国生产的产品，保护本国的产业发展，特别是保护缺乏竞争力的本国幼稚工业的发展。

2. 扩大本国产品的出口市场和国际竞争力。一国通过对厂商提供出口补贴、出口信贷、出口信用担保等贸易措施，帮助企业拓展国际市场和提高本国产品在国际市场上的竞争能力。

3. 积累资本或资金。一国通过对外贸易政策扩大出口或限制进口，是增加外汇收入或节约外汇的重要途径。

4. 开展国际经济技术合作，促进本国经济发展。

5. 维护本国政治经济的安全与稳定。

（二）对外贸易政策的构成

一国对外贸易政策大体上由以下三个部分构成：

1. 对外贸易总政策（General Policy of Foreign Trade）。对外贸易总政策是从整体国民经济出发，在一个较长的时期内实行的政策。它是一国根据其国内贸易和对外贸易的发展情况，制定的指导对外贸易发展的总原则。

2. 进出口商品政策（Import and Export Commodity Policy）。进出口商品政策是根据对外贸易总政策及进出口商品的生产、销售等情况，分别制定的商品出口政策和商品进口政策。例如一国某一时期有意识地扶植某些出口部门，或暂时限制某些种类商品的输入等。

3. 国别贸易政策（Country Trade Policy）。国别贸易政策是一国根据对外贸易总政策及与其他国家的政治、经济、外交、贸易关系等情况，分别制定不同的国家和地区政策。

在现实经济生活中，对外贸易政策的这三个方面并不是彼此独立的，而是相互交织在一起的。如进出口商品政策、国别贸易政策总是离不开对外贸易总政策的指导，对外贸易总政策又往往要通过具体的进出口商品政策和国别贸易政策来体现。

（三）对外贸易政策的制定与执行

1. 对外贸易政策的制定。对外贸易政策属于上层建筑，它要反映经济发展及社会生活各个方面的要求，同时还要适应世界经济变化的总体趋势。因此，在制定对外贸易政策时必须考虑国内外各种因素。从实践上看，一国在制定对外贸易政策时要考虑以下因素：（1）本国的经济发展战略；（2）本国的经济结构与竞争优势；（3）本国商品在国际市场上的竞争能力；（4）本国物价水平、就业状况；（5）本国外交政策及国际政治经济环境；（6）本国与其他国家的国际经济合作状况；（7）本国在国际经济、贸易协定中享受的权利与应尽的义务；（8）各国政府领导人、政策决策者的经济思想。

总的来说，积极参与国际分工，把获取贸易分工利益的代价降低到最低限度，是各国制定对外贸易政策的出发点。实践中，各国制定对外贸易政策大多从本国利益出发。但如果每个国家都只从自己的利益出发制定和实施贸易政策，国际贸易就会陷入无序和混乱状态，各国贸易分工的基础将会受到破坏，一项对他国绝对不利的贸易政策不可能长期地起到对本国绝对有利的作用，因为这样的贸易政策必然会遭到其贸易伙伴的报复。由此看来，一国外贸政策的制定固然要从本国和本民族的利益出发，但也要考虑到他国的利益，只有这样才能使互利性的贸易得以长远发展。

2. 对外贸易政策的执行。对外贸易政策的执行是指由谁执行和如何执行。一般来说，各国制定的对外贸易政策主要通过以下方式执行：

（1）海关对进出口贸易实施管理。海关（Customs）是各国（地区）对进出口商品进行监督、管理的国家行政机关。海关监督管理的对象包括进出口货物、货币、金银、证券、行李物品和运输工具等。海关监督管理的内容包括征收关税、查禁走私、临时保管通关货物及统计进出口商品等。

（2）国家广泛设立各种机构，负责促进出口和管理进口。

（3）政府出面参与各种国际贸易相关国际机构与组织，进行国际贸易相关方面的协调与谈判。

二、对外贸易政策的类型与演变

（一）对外贸易政策的类型

从历史上看，主要有两种基本对立的对外贸易政策：一是自由贸易政策；二是保护贸易政策。不同国家利益集团之间以及一个国家内部的不同利益集团之间，经常围绕这两种对外贸易政策展开激烈的斗争，本书第二章中介绍的国际贸易理论就是在这种争论中产生的。

1. 自由贸易政策（Free Trade Policy）。自由贸易政策是指反对国家对对外贸易进行干预，主张在贸易活动中开展自由竞争。其具体要求是：取消对进出口贸易的限制和障碍，取消对本国出口商品的各种特权和优待，使商品自由进出口，在国内外市场上自由竞争。自由贸易政策有利于运用比较优势原理深化各国间的国际分工，加速生产要素在国际间流动和优化配置，有助于世界各国的产业结构调整和规模效益的形成，促进劳动生产率的提高。一国实行自由贸易政策并不意味着完全的自由，西方发达国家在标榜自由贸易的时候，总是或明或暗地对某些产业进行保护。

2. 保护贸易政策（Trade Protection Policy）。保护贸易政策是指主张国家对对外贸易进行干预。保护贸易政策的具体要求是：广泛利用各种限制进口措施保护本国市场免受外国商品的竞争，并对本国出口商品给予优待和补贴，以鼓励商品出口。一国实行保护贸易政策并不意味着完全封闭、不与别国开展贸易，只是对某些商品的保护程度高一些，在保护国内生产者的同时维持同世界市场的联系。

（二）对外贸易政策的演变

对外贸易政策随着不同时代生产力发展水平及国际政治经济形势的变化而不断变化。

1. 资本主义生产方式准备时期（15 世纪末至 18 世纪）。这一时期是西欧封建制度瓦解，资本主义生产方式逐渐形成的时期，西欧各国实行的是重商主义的强制性贸易保护政策（Mandatory Trade Protection Policy）。重商主义是资本主义萌芽时期代表商业资产阶级利益的经济思想和政策体系。作为盛极一时的理论思潮，重商主义并没有形成完整的理论体系，各派观点也不一致，但用静态眼光看待世界这一点是共同的。他们认为国际贸易是零和游戏，一国所失必为他国所得，保护本国商人的利益是基础；国家强大的标志是财富的积累，货币（黄金、白银等贵金属）是财富的唯一形态，积累货币就是积累财富；一国货币的来源就是贵金属的纯流入，即贸易顺差，而要实现贸易顺差就必须进行贸易管制。因此，重商主义的对外贸易政策是一种严格的贸易保护政策。当时的英国是实行这种政策最彻底的国家。

2. 资本主义自由竞争时期（18 世纪中叶 ~ 19 世纪中叶）。这一时期资本主义经济基础已经形成，资本主义生产方式占据了统治地位，产业革命在世界范围的进行使国际市场上的商品供应量增加，世界经济进入商业资本国际化的阶段。这一时期对国际贸易政策的基调是自由贸易，但由于各国工业发展水平不同，一些经济起步较晚的国家实行了保护贸易政策。

最早完成工业革命的英国和航海业发达的荷兰是这一时期全面实行自由贸易政策的国家。英国在产业革命后，工业迅速发展，确立并巩固了“世界工厂”的地位，其产品具有强大的国际竞争力；另外，英国需要以工业制成品的出口换取原料和粮食的进口。为此，英国资产阶级迫切要求本国政府及外国放松对对外贸易的管制，在世界市场上实行无限制的自由竞争和自由贸易政策，废除重商主义的外贸政策和措施。这一时期英国实行自由贸易政策的实践主要表现为：

（1）废除《谷物法》，实现农产品自由贸易。1846 年英国国会通过废除《谷物法》的议案，为英国农产品及原料的自由进口或低关税进口扫清了法律障碍。

（2）逐步降低关税税率，减少纳税商品项目数。1825 年英国开始简化税法，废止旧税率，建立新税率。进口纳税商品项目由 1841 年的 1 163 种减少为 1862 年的 44 种，且税率大大降低。

（3）废除《航海法》。《航海法》是英国限制外国航运业竞争和垄断殖民地航运业的法律，从 1824 年起被逐步废除。它的废除意味着英国的外贸运输和沿海贸易全部向外国开放。

（4）取消特权公司。1831 年和 1834 年英国先后废止了东印度公司对印度和中国享有的贸易垄断权。

（5）与外国签订贸易条约。1860 年，英国与法国签订了以自由贸易精神为基础，列有最惠国待遇条款的“英法条约”，即“科伯登条约”。此后，英国与许多国家签订了与此类似的贸易条约，促进了英国与其他国家的正常贸易往来。

与英国形成鲜明对比的是，以美国和德国为代表的后进资本主义国家先后实行了保护贸易政策。其基本原因在于这些国家工业发展水平不高，经济实力和产品竞争能力都无法与英国抗衡，需要采取强有力的政策措施，保护本国的幼稚工业免受竞争力极强的英国产品的冲击。

3. 资本主义垄断时期的前期（19 世纪 70 年代末到第二次世界大战期间）。这一时期垄断代替了自由竞争，成为一切社会经济生活的基础。此时，各国普遍完成了产业革命，工业得到迅速发展，世界市场的竞争日趋激烈。尤其是 1929 ~ 1933 年的世界性经济危机，使市场矛盾进一步尖锐化。于是，各国垄断资产阶级为了垄断国内市场和争夺国外市场，纷纷实行侵略性保护贸易政策（Aggressive Trade Protection Policy）。这一时期资本主义世界出现了两次保护主义浪潮：

第一次是 19 世纪的最后 25 年。在 19 世纪 70 年代和 80 年代，除英国、荷兰外，工业发达的欧洲各国都加强了关税保护，修改税制，提高关税。90 年代，美国也开始提高关税。

第二次是形成于 1929 年到 1933 年资本主义经济危机时期。因为危机严重，市场争夺激烈，导致侵略性的保护关税政策发展到空前规模。主要表现是：许多国家都提高了关税税率，实行外汇管制和数量限制等进口限制手段；垄断组织加紧利用国家机器实施“奖出限入”的政策和措施。如 1930 年美国首先提高关税，实施“赫莱 - 斯摩特法案”，1914 年美国进口关税平均税率为 37.6%，到 1931 年却高达 53.2%；一度主张自由贸易的英国也从 1931 年开始逐渐放弃自由贸易政策，转而实行保护关税政策。此后，有 45 个国家相继提高了关税，爆发了世界性的关税战（Tarriff War）。

这一时期的侵略性保护贸易政策与自由竞争时期的保护贸易政策相比有着明显的区别：（1）保护的目的不是培养和增强自由竞争的能力，而是巩固和加强对国内外市场的垄断能力；（2）保护的对象不仅是幼稚工业，而要更多地保护国内高度发达或出现衰落的垄断工业；（3）保护的手段趋于多样化，不仅仅是高关税，还有其他各种“奖出限入”的非关税措施；（4）保护政策不是防御性地限制进口，而是在垄断国内市场的基础上采取进攻性扩大出口战略。

4. 第二次世界大战后到 20 世纪 70 年代中期的贸易自由化时期。“二战”后，世界政治经济力量重新分化组合，美国的实力空前提高，强大的经济实力使其需要也有能力冲破当时发达国家所流行的高关税政策。日本和西欧战后经济的恢复和发展，也愿意彼此放松贸易壁垒，扩大出口。此外，国际分工进一步深化，推动了生产国际化和资本国际化，跨国公司迅速兴起，迫切需要一个自由贸易环境以推动商品和资本流动。于是，这一时期发达资本主义国家的对外贸易政策先后出现了自由化倾向，到 70 年代初达到高峰。

“二战”后贸易自由化的主要表现是削减关税，降低或拆除非关税壁垒。例如，在关税与贸易总协定的主持下，从 1947 年到 20 世纪 70 年代初期，举行过七次多边贸易谈判，各关税缔约国的平均最惠国待遇税率从 50% 左右下降到 5% 左右。

“二战”后贸易自由化的主要特点是：（1）美国是贸易自由化的积极推行者，贸易自由化的经济基础雄厚；（2）主要反映了垄断资本的利益；（3）主要是通过多边贸易条约与协定在世界范围内实现贸易自由化；（4）贸易自由化发展不平衡，这主要表现在发达国家的贸易自由化超过发展中国家，区域性经济集团内部成员间的贸易自由化超过成员与非成员间的贸易自由化，工业制成品的贸易自由化超过农产品贸易自由化，机械设备的贸易自由化超过工业消费品贸易自由化。

5. 20 世纪 70 年代中期的新贸易保护主义时期。这一时期国际贸易领域中自由化倾向逐渐减弱并趋于停顿，呈现出贸易保护主义加强的趋势，相对于自由竞争时期的贸易保护主义，这一时期被称作新贸易保护主义时期（New Trade Protectionism）。

严重的经济衰退和结构性的经济危机是新贸易保护主义产生的根本原因。1973～1975年、1980～1982 年资本主义世界连续爆发了两次严重的世界性经济衰退和结构性的经济危机。一方面，周期性危机和结构性危机交织在一起，导致发达国家经济增长缓慢，国内市场萧条，生产和市场的矛盾尖锐；另一方面，劳动生产率和国民经济的缓慢增长带来了大量失业。为了增加就业，各主要资本主义国家都在千方百计地扩大自己的出口市场，并纷纷对钢铁、汽车、纺织品、合成纤维等处于衰退过程中的传统制造部门实行贸易保护，以避免更多的失业。另外，发达国家经济与对外贸易发展的不平衡、新兴工业化国家兴起对发达国家构成的竞争威胁、关税与贸易总协定的作用有限及其不完善也是这一时期贸易保护主义重新抬头的原因。

新贸易保护主义重新加强的主要表现是：

（1）贸易保护措施的重点从关税措施转向非关税措施。由于关税措施受到关贸总协定的制约，各国在关税上主要是按照有效保护率设置阶梯关税和征收“反补贴税”和“反倾销税”来实行进口限制。各国对于限制进口则更多地采用非关税措施，涌现出大量的非关税措施。例如，20 世纪 70 年代末至 80 年代末的十年间，非关税措施从 800 多种增加到 2 500 多种。

（2）被保护的产品项目不断增加。被保护的产品从传统产品、农产品转向高级工业品和劳务部门。从产品类别上分，主要有四大类：纺织品、服装和鞋类；某些钢铁产品；运输工具（主要是汽车）；电子产品。

（3）“奖出限入”措施的重点从限制进口转向鼓励出口。“二战”后，随着国际分工的加深和自由贸易的发展，西方各国对国外市场的依赖性日益增强，采取限制进口的措施往往受到其他国家的谴责和报复。在这种情况下，许多国家把“奖出限入”的重点从限制进口转向鼓励出口方面。

（4）从国家贸易壁垒转向区域贸易壁垒。区域性贸易集团的建立本身就带有排他性，在对内加强贸易自由化的同时，势必排挤、打击集团外的竞争者。区域化贸易集团的这种作用使得世界各国不得不寻找一些国家组织起来进行抗衡。这种现象随着经济一体化的发展，将会成为国际贸易中限制与反限制、自由贸易与保护贸易的主要特征。

6. 20 世纪 80 年代中后期的管理贸易政策。管理贸易政策出现于 20 世纪 70 年代，盛行于 80 年代中后期，是一种介于自由贸易和保护贸易之间，属于有组织的自由贸易。它以协调国家经济利益为中心、以政府干预贸易环境为主导、以磋商谈判为手段，对本国进出口贸易和全球贸易关系进行干预、协调和管理的贸易制度。

管理贸易政策的特点是将国际贸易政策纳入法制管理的轨道。在国内，以立法的形式制定对外贸易政策，使贸易管理法制化、制度化；在国际上，则以世界性的贸易组织为基础，通过双边与多边谈判，建立一整套法律体系，协调各国的贸易关系，解决国际贸易矛盾与冲突。管理贸易政策的实质是在寻求整体利益平衡的前提下，在兼顾贸易伙伴经济利益的同时，追求本国利益的最大化。

第二节　限制进口的关税与非关税措施

国际贸易调整政策（Adjustment Policies of International Trade）可分为限制进口（Import Restrains）、鼓励出口（Encouraging Export）和管制出口（Export Control）三个层面，本节主要介绍限制进口的关税措施和非关税措施。

一、限制进口的关税措施

关税（Tariff）是最古老的贸易政策形式，并且一直作为政府收入的重要来源。据史书记载，最早产生关税的区域是欧洲大陆和中国大陆。在欧洲，关税在古希腊时代就已出现，公元前500多年，地中海、爱琴海及黑海一带是欧洲的贸易中心，这一带的部落联盟及其各地的领主纷纷设立关卡，对来往的外地商人征收入关关税。例如，雅典对进出其港口的货物征收1%~5%的税收。在中国，早在周朝就设立关卡，对出入关卡的货物征税。在唐、宋、元、明、清时代，专门设立机构征收关税。在现代社会，由于各国政府更愿意运用非关税措施来保护本国工业，因此，关税的重要性已日益下降。

（一）关税的概念

关税是指一国政府从自身经济利益出发，依据本国海关法和海关税则，对通过关境（Customs Frontier）的进出口商品所征收的税赋。关税作为国家税收的一种，具有强制性、无偿性和固定性的特点。

关税在进出口商品通过关境时由进出口商支付。由于在正常情况下，关税负担作为成本可以转移到进出口商品价格上而由消费者负担，因此，关税是一种间接税。关税是通过海关执行的。海关是设在关境上的国家行政管理机关，是贯彻执行本国有关进出口政策、法令和规章制度的重要机构。

（二）关税的作用

对进出口货物征收关税的作用体现在以下三个方面：

1. 收入作用。这是征收关税的最初目的。征收关税是增加政府财政收入的一种途径，这种关税也称为财政关税。在经济不太发达的时期，关税在政府的财政收入中占有相当大的比例，随着经济的发展，其所占比例相对下降。以美国为例，1805年美国联邦政府的财政收入中，关税收入约占90%~95%；以后随着经济发展，美国财政收入改为以直接税为主，关税在财政收入中的作用逐渐减弱，目前关税仅占其财政收入的2%~3%。然而发展中国家由于经济不发达，直接税源有限，关税收入仍然是国家财政收入的一个重要来源。

2. 保护作用。政府对进口商品征收关税可以达到削弱进口商品竞争力，保护国内市场和限制甚至禁止进口的目的，这种关税也称为保护关税。

3. 调节作用。关税调节作用具体表现是：利用税率的高低影响企业的利润，进而有意识地引导某一类商品的生产，改变产业结构；利用税率的高低影响物价，维持各类商品之间的价格结构；利用税率的高低影响进出口贸易，维持进出口贸易平衡。

（三）关税的种类

关税的种类很多，按照不同的标准可划分为以下几类：

1. 按征收对象划分，关税可分为进口税、出口税和过境税三种。

（1）进口税（Import Duty）。进口税是指进口国海关根据海关税则对本国进口商品向进口商征收的关税。这种税在外国商品直接进入关境时征收，或者外国商品由自由港、自由贸易区或海关保税仓库等提出，运往进口国的国内市场销售，在办理海关手续时征收。目前各国征收的关税主要是进口税，因为征收进口税可以提高进口商品的价格，削弱进口商品的竞争力，从而达到限制进口的目的。

进口税通常可分为最惠国税和普通税两种。最惠国税适用于与该国签订最惠国待遇原则贸易协议的国家或地区所进口的商品；普通税适用于与该国没有签订这种贸易协议的国家或地区所进口的商品。最惠国税率比普通税率低，两种税率差幅往往很大。“二战”后，大多数国家都加入关税与贸易总协议或者签订双边的贸易条约或协议，相互提供最惠国待遇。因此，正常进口税通常指最惠国税。

“二战”后，大多数国家为了保护国内市场，促进本国工业发展，都对工业制成品的进口征收较高的关税，对半制成品或中间投入品的进口税率较低些，而对原材料的进口税率最低甚至免税。

（2）出口税（Export Duty）。出口税是指出口国海关对本国的出口商品向出口商征收的关税。目前，大多数国家对绝大多数出口商品都不征收出口税，因为征收出口税会提高本国出口商品在国际市场上的销售价格，不利于扩大出口。目前，征收出口税的国家主要是发展中国家，其征收出口税的目的主要有两个：一是为了增加财政收入；二是为了保证本国生产或本国市场的供给。

（3）过境税（Transit Duty）。过境税是指一国对通过其关境的外国商品所征收的关税。过境税盛行于交通运输还不发达的资本主义发展初期。后来，由于交通运输业的发展，各国在货运方面展开了激烈的竞争，同时，过境货物对本国生产和市场没有什么影响，因此，19世纪后半期许多国家都相继废除了过境税。目前，大多数国家在外国商品通过其领土时都只征收少量的准许费、印花费、登记费和统计费等。

2. 按征收目的划分，关税可分为财政关税、保护关税和调节关税。

（1）财政关税（Revenue Duty）。财政关税是为了增加国家的财政收入而征收的关税。对于进口商品征收财政关税时必须具备一定的条件，如征税的进口货物必须是国内不能生产或无代用品而必须从国外输入的商品；征税的进口货物在国内必须有大量的消费；关税税率要适中或较低，因为税率太高，会阻碍进口，达不到增加财政收入的目的。财政关税多为经济发展水平较低的国家采用。

（2）保护关税（Protective Duty）。保护关税是为了保护国内某些产业，促进这些产业发展而征收的关税。保护关税税率一般都很高，因为税率越高越能达到保护的目的。

（3）调节关税（Adjustment Duty）。调节关税是指以调整国际收支或产业结构为主要目的而征收的关税。

3. 按商品来源国的差别待遇划分，关税可分为进口附加税、差价税、特惠税和普惠税。

（1）进口附加税（Import Surtax）。进口附加税是指进口国海关对进口商品征收正常进口税外，再额外加征的进口税。进口附加税是限制商品进口的一种临时措施。征收进口附加税的目的主要有：应付国际收支危机，维持进出口平衡；防止外国商品低价倾销；对某个国家实行歧视或报复等。

进口附加税是限制商品进口的重要手段，在特定时期有特定的作用。例如，1971 年 8 月 15 日，美国为了应付国际收支危机，实行新经济政策，宣布对外国商品一律征收 10% 的进口附加税，以限制商品进口。除了这种对所有进口商品都征收附加税的情况外，许多国家有时还针对个别国家和个别商品征收进口附加税，这种进口附加税主要有反倾销税和反补贴税两种。

（2）差价税（Variable Levy）。差价税又称差额税，是指当某种本国生产的商品国内价格高于同类进口商品价格时，为了削弱进口商品的竞争能力，保护国内生产和国内市场，按国内外价格之间的差额征收的关税。征收差价税的目的是使该种进口商品的税后价格保持在一个预定的价格标准上，以维持进口国内该种商品的市场价格。差价税没有固定的税率和税额，它是随着国内外价格差额的变动而变动，因此，是一种滑动关税（Sliding Duty）。

差价税的典型案例是欧盟对进口农畜产品的做法。欧盟为了保护其农畜产品免受非成员国低价农产品竞争，而对进口的农产品征收差价税。欧盟首先在共同市场内部按生产效率最低而价格最高的内地中心市场的价格为准，制定统一的指针价格；其次从指针价格中扣除从进境地运到内地中心市场的运费、保险费、杂费和销售费用后，得到门槛价格（Threshold Price），或称闸门价格；最后，若外国农产品抵达欧盟的 CIF 价格低于门槛价格，则按其间差额确定差价税率。实行差价税后，进口农产品的价格被抬至欧盟内部的最高价格，从而丧失了价格竞争优势，欧盟借此有力地保护了其农业生产。

（3）特惠税（Preferential Duty）。特惠税又称优惠税，是指某个国家或地区对进口的全部商品或部分商品给予特别优惠的低关税或免税待遇。特惠税有的是互惠的，有的是非互惠的。

在“二战”以前，特惠税主要在宗主国与殖民地附属国之间实行，目的在于保护宗主国在殖民地附属国市场上的优势。最有名的特惠税是 1932 年英联邦国家在渥太华会议上建立的英联邦特惠税。1973 年英国加入西欧经济共同市场后，逐步实行欧共体对外关税，英联邦特惠税从 1974 年 1 月到 1977 年 1 月逐步取消。

“二战”后影响较大的特惠税是《洛美协定》（Lome Convention）国家之间的特惠税。它是西欧经济共同体向参加协议的非洲、加勒比海和太平洋地区的发展中国家单方面提供的特惠税。《洛美协定》的内容主要包括：①西欧经济共同体国家在免税、不限量的条件下，接受这些发展中国家的全部工业品和 96% 的农产品进入西欧经济共同体，而不要求“互惠”；②西欧经济共同体对这些国家 96% 以外的一些农产品，如牛肉、甜酒和香蕉等的进口每年给予一定数量的免税进口配额，超过配额的进口才征收关税；③在原产地规定中，确定了“充分累积”制度，即来源于这些发展中国家或西欧经济共同体的产品，如在这些发展中国家中的任一国家内进一步制作或加工时，将被看做原产品。这项规定使这些国家以这种方式制作与加工的产品，仍享有特惠税的待遇。第一期《洛美协定》是非加太地区 49 个国家和欧共同体 9 国在 1975 年 2 月于多哥首都签订的，1976 年 4 月 1 日正式生效，为期 5 年，后经 3 次修改和续签。2000 年 2 月 3 日，非加太集团 77 个成员国和欧盟 15 国就第五期《洛美协定》达成协议，并于同年 6 月在科托努正式签署，称《科托努协定》（Cotonou Agreement），《洛美协定》就此宣告结束。《科托努协定》自 2003 年 4 月 1 日起正式生效，其有效期为20年，每5年修订一次。

（4）普惠税（GSP Duty）。1968年第二届联合国贸易与发展会议通过了建立普遍优惠制（Generalized System Preference，GSP）的决议，发达国家承诺对从发展中国家或地区进口的工业制成品、半制成品以及部分农产品给予普遍的、非歧视的和非互惠的优惠关税待遇。这种按普遍优惠制征收的比最惠国待遇还优惠得多的关税就是普惠税。实行普遍优惠制的主要目的是促进发展中国家的工业化和经济增长，扩大发展中国家的商品出口，增加外汇收入，以改善其国际收支。

普遍优惠制有三个原则，即普遍性、非歧视性和非互惠性原则。普遍性是指发达国家对所有发展中国家出口的制成品、半制成品和部分农产品给予普遍的关税优惠待遇；非歧视性是指应使所有发展中国家都无歧视、无例外地享受普惠制待遇；非互惠性即非对等性，是指发达国家应单方面给予发展中国家特殊的关税减让，而不要求发展中国家对发达国家给予对等待遇。

普遍优惠制是发展中国家在联合国贸易与发展会议上长期斗争的成果。目前，全世界已有190多个发展中国家和地区享受普惠制待遇，给惠国达32个。实行普惠制的国家，在提供普惠税待遇时，都做了种种限制性的规定，在已有的17个普惠制方案中，主要的限制性规定如下：

① 对受惠国家或地区的规定。普惠制原则上应对所有发展中国家或地区都无歧视、无例外地提供优惠待遇，但给惠国从各自的政治利益出发，对受惠国或地区进行限制。如美国公布的受惠国名单中，不包括发展中的社会主义国家和石油输出国组织的成员国。

② 对受惠商品范围的规定。普惠制应对受惠国或地区的制成品、半制成品和部分农产品普遍实行关税减免。实际上许多给惠国在公布的受惠商品名单中，一些敏感商品，如纺织品、鞋类等都排除在受惠商品之外。

③ 对受惠商品减税幅度的规定。受惠商品减税幅度取决于最惠国税率与普惠制税率之间的差额，并且减免幅度与受惠商品的敏感度密切相关。一般来说，农产品减免幅度小，工业品减免幅度大。例如，日本对受惠的农产品实行优惠关税，而对受惠的工业品除其中的“选择性产品”给予最惠国税率50%的优惠外，其余全部免税。

④ 对给惠国保护措施的规定。给惠国一般都规定保护措施，以保护本国某些产品的生产和销售。保护措施一般有三种：一是免责条款（Escape Clause），即当给惠国商品的进口量增加到对其本国同类产品或有竞争关系的产品生产者造成或即将造成严重损失时，给惠国保留完全取消或部分取消关税优惠待遇的权利；二是预定限额（Prior Limitation），即对受惠商品预先规定限额，超过限额的进口按规定征收最惠国税率；三是竞争需要标准（Competitive Need Criteria），即对来自受惠国的某些进口商品，如超过当年规定的进口额度，则取消下年该种商品的关税优惠待遇。

⑤ 对原产地的规定。为了确保普惠制待遇只给予发展中国家和地区生产和制造的产品，各给惠国制定了详细和严格的原产地规则（Rule of Origin）。原产地规则是衡量受惠国出口商品能否享受给惠国给予减免关税待遇的标准。

知识拓展

原产地规则

为了实施关税的优惠或差别待遇、数量限制或与贸易有关的其他措施，海关必须根据原产地规则的标准来确定进口货物的原产国，给以相应的海关待遇。货物的原产地被形象地称为商品的“经济国籍”。所谓原产地规则，是指一国根据国家法令或国际协定确定的原则制定并实施的，以确定生产或制造货物的国家或地区的具体规定。

原产地规则的主要内容包括：原产地标准、直接运输规则和书面证明书。其中最重要的是原产地标准。原产地标准是指只有完全由受惠国生产或制造的产品，或者进口原料或部件在受惠国经过实质性改变而成为另一种不同性质的产品，才能作为受惠国的原产品享受普惠制待遇。直接运输规则是指受惠国的原产品必须从出口受惠国直接运至进口给惠国。当然，由于地理原因和运输需要，各给惠国也允许货物经过出口的受惠国以外的第三国领土，以及在过境国家或地区转换运输工具或暂存货栈，条件是货物一直处于过境的监管之下，不得投入当地市场销售和交付当地使用。书面证明书是指受惠国必须向给惠国提供由出口受惠国政府的签证机构签发的普惠制原产地证书，作为享受普惠制减免关税优惠待遇的有效凭证。

为了建立一个公正、透明、简化、一致的原产地规则，关贸总协定（GATT）与海关合作理事会（Customs CO-operation Council）曾做过长期不懈的努力。早在1947年，关贸总协定中的第九条就对“原产地标记”问题作了规定，以便进口产品的国别统计。海关合作理事会于1973年在日本京都制定了《1973年简化和协调海关手续的国际公约》（俗称《京都公约》），其中心内容是海关手续问题，也包括了原产地规则。在1986~1993年的GATT“乌拉圭回合”的多边贸易谈判中，经各有关方面的共同努力，通过了《原产地规则协议》（Agreement on Rules of Origin）。1995年成立的世界贸易组织（WTO）在其货物贸易理事会（The Council for Trade in Coodε）中专门下设了原产地规则委员会，旨在加强原产地规则的国际协调。

（四）关税的征收依据

一国的海关税则就是征收关税的依据，是国家关税政策的具体体现。海关税则（Customs Tariff）又称关税税则，它是一国对进出口商品计征关税的规章和对进出口的应税和免税商品加以分类的一览表。关税税则一般包括两个部分：一部分是海关计征关税的规章条例及说明；另一部分是关税税率表。其中关税税率表主要包括：税则号列、商品分类目录、税率（Rate of Duty）三部分。

1. 商品分类目录（Tariff Schedule）。海关税则中对各种不同进出口商品进行分类、组合、排列，将种类繁多的商品归纳成类、章、组和税日的分类体系，称为海关税则商品分类目录。为了避免各国因海关税则中的商品分类不同而引发矛盾，从技术上为国际贸易提供方便，统一货物分类目录开始出现并不断完善。其中，影响较大的有两个：一是《布鲁塞尔税则目录》（Brussels Tariff Nomenclature，BTN）。二是《商品名称及编码协调制度》（简称

《协调制度》)(Harmonized System, H. S.)。这一目录于1988年1月1日正式实施,每四年修订一次,中国于1992年起正式使用。截至2012年,世界上有160多个国家和地区以《协调制度》为基础制定本国海关税则。全球贸易总量90%以上的货物都是以H. S. 分类的。

2. 海关税则的种类(Description of Goods)。海关税则主要可分为单式税则(Single Tariff)和复式税则(Complex Tariff)。单式税则又称一栏税则,是指一个税目只有一个税率,即对来自任何国家的商品均以同一税率征税。目前,只有少数发展中国家如委内瑞拉、巴拿马、冈比亚等仍实行单式税则。复式税则又称多栏税则,是指同一税目下设有两个或两个以上的税率,即对来自不同国家的进口商品按不同的税率征税,实行差别待遇。其中,普通税率(或称一般税率)是最高税率,特惠税率是最低税率,在两者之间,还有最惠国税率、协议税率、普惠制税率等。目前,世界上绝大多数国家采用复式税则。复式税则有两栏、三栏、四栏不等,中国目前采用两栏税则。

(五)关税的征收方法

关税的征收方法又称征税标准,主要有从量税、从价税、混合税和选择税。

1. 从量税(Specific Duty)。从量税是按商品的重量、数量、容量、长度和面积等计量单位为标准计征的关税。征收从量税大部分以商品的重量为单位,但各国对应纳税商品重量的计算方法存在差异。从量税的计算公式为:

$$从量税额 = 商品数量 \times 单位从量税额$$

从量征税比较简单,"二战"前为西方国家所普遍采用,但战后由于各国普遍存在通货膨胀,从量税不能起到增加财政收入和保护国内市场的作用。同时,价值高和价值低的商品都从量征税,显然是不合理的,因此,各国逐步改用从价税的方法来征收关税。

2. 从价税(Ad. Val Duty)。从价税是以商品价格作为征税标准而征收的关税,其税率是商品价格的百分率。从价税的计算公式为:

$$从价税额 = 商品价格 \times 从价税率$$

在征收从价税时,较为复杂的问题是确定进口商品的完税价格(Dutiable Value)。完税价格是经海关审定作为计征关税的货物价格。目前,各国采用的完税价格不尽一致,大体上分为三种:一是以CIF价(成本加保险费、运费价)为征税标准;二是以FOB价(装运港船上交货价)为征税标准;三是以法定价格为征税标准。

一般来说,从价税有以下优点:(1)征收比较简单,对于同种商品可以不必因其品质的不同再详细分类;(2)税率明确,便于各国间进行比较;(3)从价税额随商品价格的高低而增减,比较符合税收公平的原则;(4)在税率不变时,税额随商品价格上涨而增加,既可增加财政收入,又可以起到保护关税的作用。

3. 混合税(Mixed Duty)。混合税又称复合税(Compound Duty),它是对某种商品采用从量税和从价税同时征收的一种方法。混合税的计算公式为:

$$混合税额 = 从量税额 + 从价税额$$

混合税可分为两种:一种是以从量税为主加征从价税;另一种是以从价税为主加征从量税。

4. 选择税(Alternative Duty)。选择税是对某种商品同时订有从量税和从价税两种税率,在征收时选择其中税额较高的一种征税的征税方法。有时为了鼓励某种商品进口,也有选择其中税额低者征收。

（六）关税的经济效应与福利分析

从经济角度看，征收关税会引起进口商品国际价格和国内价格的变动，从而影响进出口国的生产、贸易和消费行为的调整，引起资源重新配置和一国福利水平变化。以下将采用局部均衡分析方法，分别对贸易小国和大国征收进口关税的经济效应和福利进行分析。

1. 关税经济效应与福利效应分析的工具。局部均衡分析（Partial Equilibrium Analysis）是指在其他条件不变的前提下，只对某一种商品在两个国家之间贸易的情况进行分析。在进行关税局部均衡分析时，我们要用到微观经济学中的一些工具，即消费者剩余（Consumer's Surplus）、生产者剩余（Producer's Surplus），以及由国内供给曲线与需求曲线推导出来的进口需求曲线（Demand for Imports Curve）和出口供给曲线（Supply for Exports Curve）。

2. 小国征收进口关税的经济效应分析。经济意义上的小国是指该国的需求规模在国际贸易中占的比重非常小，不足以影响该产品的世界市场价格，是世界市场价格的接受者。在进口关税分析中，征收进口关税的小国的进口商品价格上升幅度等于全部关税额。关税的经济效应主要体现在以下七个方面：

（1）生产效应（Production Effect）。关税的生产效应也称替代效应（Substitution Effect）或保护效应（Protection Effect），即征收进口关税引起国内生产者经济利益增加。生产者经济利益增加首先表现为国内生产量的增加。由于征收关税引起国内价格上涨，国内生产者会通过增加产量来扩大利益。在图 3－1 中，征税前，对应于国际市场价格 P_W，国内生产为 S_1，征税后，国内价格上升至 P_t，由于价格提高，国内生产增加到 S_2。这说明征收关税后国内生产增加，替代了部分国外生产，这是关税政策工具进行保护的结果。其次，国内生产者获得经济利益还表现为生产者剩余增加。在图 3－1 中，生产者剩余增加了 a 的面积。

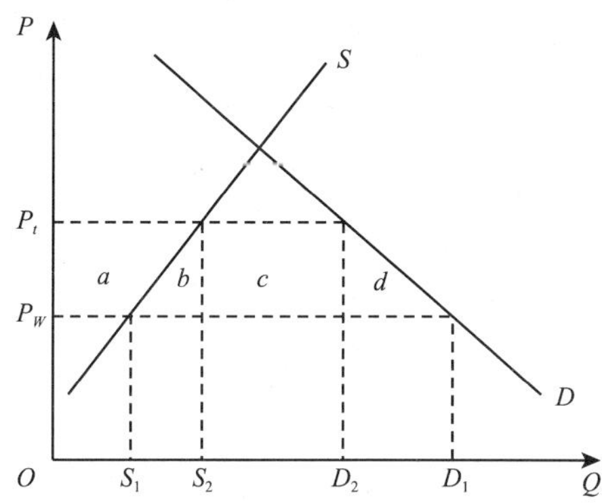

图 3－1　小国征收进口关税的经济效应分析

这里需要注意的是，当一国对某商品征收进口关税时，会导致该商品市场价格扭曲，进而导致生产资源在保护产品和未被保护产品之间重新配置，有可能带来受到保护的产品产量增加，未受到保护的产品产量下降。

（2）消费效应（Consumption Effect）。关税的消费效应是指征收进口关税引起消费者经济利益损失。消费者经济利益损失首先表现为征收进口关税后国内消费量减少。在图 3－1 中，国内消费量从征税前的 D_1 减少到 D_2。其次，消费者经济利益损失还表现在消费者剩余减少。在图 3－1 中，消费者剩余相对于征税前减少了（$a+b+c+d$）的面积。

（3）收入效应（Revenue Effect）。关税的收入效应是指政府由于征收关税而引起的国家财政收入的变化。在图3－1中，关税的收入变化等于单位商品税额与进口量的乘积，即c表示的面积。

（4）贸易效应（Trade Effect）。在图3－1中，征税前，该国进口量为S_1D_1，征税后，由于国内市场价格提高，国内需求量缩减，而国内供给量增加，进口数量减少到S_2D_2。

（5）竞争效应（Competitive Effect）。关税具有反竞争效应（Anti-competitive Effect），当政府采取关税保护政策而使国外产品无法进入参与竞争时，该国市场竞争程度会明显地下降。

（6）收入分配效应（Income-distribution Effect）。俄林认为自由贸易可使本国密集使用的生产要素的价格趋于提高，稀缺要素的收入趋于下降。但斯托尔珀和萨缪尔森发现，关税使得稀缺要素变得更加稀缺，使丰富要素变得更加丰富，这就是与俄林理论相反的收入分配效应，即$S-S$定理。

（7）就业效应（Employment Effect）与国际收支效应（Balance of Payments Effect）。关税的就业效应是指关税保护可以使受到保护的那个产业的收入与产出增加，从而导致就业增加。关税的国际收支效应是指一国征收关税后，产品进口减少，国际收支经常项目会得到改善。关税的就业效应和国际收支效应虽然为保护关税政策提供了新的支持，但它的致命弱点是完全忽略了他国反应函数的存在。如果贸易对手国采取关税报复措施，减少的进口将被减少的出口抵消，受保护产业就业的增加被减少出口产业的就业减少抵消。更何况，在解决失业与国际收支失衡这类问题上，货币、财政与汇率等这些宏观经济政策的效果可能远比关税保护政策要好得多。

3. 小国征收进口关税的福利分析。在图3－1中，征收进口关税引起国内价格上涨，使消费者剩余减少了（$a+b+c+d$）的面积，生产者剩余增加了a的面积，政府从征税中获得了财政收入，即c的面积。a和c是关税引起的国内收入重新分配的结果，而b和d是社会福利净损失（Deadweight Loss），或称为关税带来的保护成本（Protection Cost）。其中，b为生产性扭曲损失（Production Distortion Loss），它是指由于S_1S_2数量产品在征税前由国外高效率的生产者生产，而征税后转由低效率的国内生产者提供所造成的资源配置低效率损失；d为消费性扭曲损失（Consumption Distortion Loss），它是指由于关税提高了国内市场价格，使需求量减少了D_2D_1所导致的资源闲置的消费损失。

因此，小国征收进口关税的净福利效应＝生产者福利增加－消费者福利损失＋政府财政收入＝$a-(a+b+c+d)+c=-(b+d)$，即小国征收进口关税会减少社会福利。

4. 大国征收进口关税的福利分析。贸易大国是指一个国家进口的某种产品量很大，以至于其进口与否对该产品的世界价格有很大影响。因此，大国征收进口关税后，不仅会使本国价格上升，而且还会因为进口产品的国内价格上升造成进口需求减少，从而使世界市场价格下降。

在图3－2中有三个价格，P_W为国际价格，P_t为征收进口关税后的价格，P_{t1}为该国利用大国地位压低的世界市场价格。图中有三条供给曲线，S_h为国内供给曲线，S_{h+f}为总供给曲线，S_{h+f+t}为征收进口关税后的供给曲线。征收进口关税前该国消费量为Q_1，国内供给为Q_2，外国厂商供给为Q_2Q_1。征收进口关税后消费量降为Q_3，国内生产增加到Q_4，国内进口减少到Q_4Q_3。

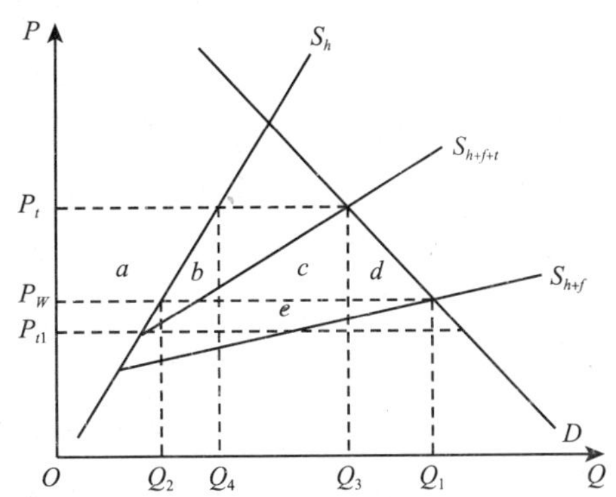

图 3－2　大国征收进口关税局部均衡的图形分析

如图 3－2 所示，该国在征收进口关税后消费者剩余下降了（$a+b+c+d$）面积，其中，a 转为生产者剩余，即生产者剩余增加；c 转为政府关税收入的一部分；（$b+d$）为征收进口关税后的净损失。由于征收进口关税后 $P_W>P_{t1}$，该国贸易条件改善，而由外国出口商承担了部分关税，即图中的 e 为政府关税收入的另一部分，它来自贸易对手国的出口商。

大国征收进口关税的结果有三种情况：（1）如果征收进口关税后，贸易条件改善大于进口关税保护代价，即 $e>b+d$，则征收进口关税该国福利净增加；（2）如果征收进口关税后，贸易条件改善等于进口关税保护代价，即 $e=b+d$，则征收进口关税该国福利不变；（3）如果征收进口关税后，贸易条件改善小于进口关税保护代价，即 $e<b+d$，则征收进口关税该国有净损失。

（七）关税的保护程度

关税的保护程度一般是用来衡量或比较一个国家对进口商品课征关税给予本国经济的保护程度。根据对关税保护考察对象的不同，关税保护程度可以用两种方法表示：一是关税水平，是指关税对一国经济整体或某一经济部门的保护程度；二是关税保护率，是指关税对某类商品的保护程度（包括名义保护率和有效保护率）。

1. 关税水平。关税水平是指一个国家的平均进口税率。它有不同的计算方法，但是基本上是使用简单算术平均法和加权平均法。

（1）简单算术平均法。简单算术平均法是单纯根据一国税则中的税率（法定税率）来计算，不管每个税目实际的进口数量，只按税则中的税目数求其税率的平均值。其计算公式是：

$$\text{关税水平}=\frac{\text{税则中所有税目的税率之和}}{\text{税则中的税目数}}\times 100\%$$

由于有很多高税率的税目是禁止性的，实际很少进口；重要的税目和不重要的税目以同样的分量计算，显然是不合理的，因此简单算术平均法很少使用。

（2）加权平均法。加权平均法是用进口商品的数量或价格作为权数进行平均。应用加权平均法计算关税水平可分为全部商品加权平均法、有税商品加权平均法和代表性商品加权平均法三种方法。

全部商品加权平均法是按进口税额占进口商品总值的百分比计算，是一种常用的加权平均计算方法。其计算公式是：

$$关税水平 = \frac{进口税款总额}{进口商品总值} \times 100\%$$

全部商品加权平均法比简单算术平均法合理一些，但也存在一定的缺陷。如果一个国家税则中免税的项目较多，计算出来的关税水平就会偏低，不易看出商品税率高低。

有税商品加权平均法是按进口税额占有税商品进口总值的百分比计算。其计算公式是：

$$关税水平 = \frac{进口税款总额}{有税商品进口总值} \times 100\%$$

代表性商品加权平均法是为了便于更具体的比较，选出一些代表性的商品，根据不同商品类别进行加权平均比较。选用的代表性商品越多，计算越准确。其计算公式是：

$$关税水平 = \frac{有代表性商品进口税款总额}{有代表性商品进口总值} \times 100\%$$

2. 关税保护率。关税保护率可分为名义保护率和有效保护率。

（1）名义保护率（Naminal Protection Rate）。关税名义保护率是指由于实行保护而引起的国内市场价格超过国际市场价格的部分与国际市场价格的百分比。其计算公式是：

$$名义保护率 = \frac{进口商品国内市场价格 - 进口商品国际市场价格}{进口商品国际市场价格} \times 100\%$$

例如，在国际市场上某种轿车的售价每辆 10 000 美元，某进口国的国内市场相同轿车的价格在各种保护措施作用下为每辆 12 000 美元，那么该进口国对该种轿车的名义保护率为：

$$\frac{12\ 000 - 10\ 000}{10\ 000} \times 100\% = 20\%$$

在现实经济中，影响进口商品国内外价格差的因素很多，除关税外，还有各种非关税壁垒措施。在关税理论研究中，为简化计算，通常假定关税是唯一的保护措施。因而，一国海关税则中某一商品的法定税率常常被认为就是该国的关税名义保护率。

（2）有效保护率（Effective Protection Rate）。有效保护率考察的不仅是进口制成品征收关税税率对其价格的影响，还考察本国同类制成品所用进口原材料的关税税率对本国产品竞争力的影响。具体地说，关税有效保护率是指征收关税后，某一单位产品附加价值的增加率，也就是征收关税后，某一单位产品增加值与征收关税以前该产品增加值之比再减 1。计算关税有效保护率的公式为：

$$ERP = \frac{V' - V}{V} \times 100\%$$

式中：ERP 代表关税的有效保护率；V'代表征收关税后单位产品的增加值；V 代表征收关税前单位产品的增加值。

假定在未征收关税时，一件皮夹克的国内价格为 1 000 元人民币，其中 500 元是进口皮革的价格，这时一件皮夹克在国内加工的增加值为：

$$V = 1\ 000 - 500 = 500（元人民币）$$

若皮夹克进口征收 20% 关税，皮革进口免税，则关税的有效保护率为：

$$ERP = (V' - V)/V \times 100\% = [(1\ 000 \times 120\% - 500) - 500]/500 \times 100\% = 40\%$$

若皮夹克和皮革进口都征收20%关税，则关税的有效保护率为：

$$ERP = (V' - V)/V \times 100\% = [(1\ 000 \times 120\% - 500 \times 120\%) - 500]/500 \times 100\% = 20\%$$

若皮夹克进口免税，而皮革进口征收20%关税，则关税的有效保护率为：

$$ERP = (V' - V)/V \times 100\% = [(1\ 000 - 500 \times 120\%) - 500]/500 \times 100\% = -20\%$$

由以上计算可知：当最终产品名义税率大于原材料或中间产品的名义税率时，最终产品的有效保护率大于对其征收的名义税率；当最终产品与原材料或中间产品的名义税率相同时，最终产品的有效保护率等于对其征收的名义税率；当最终产品名义税率小于原材料或中间产品的名义税率时，最终产品的有效保护率小于对其征收的名义税率，甚至会出现负保护。

在现实经济中，一个产业部门产成品的投入要素是多种多样的，因此，有效保护率通常用下列公式计算：

$$ERP = \frac{T - \sum a_i t_i}{1 - \sum a_i}$$

式中：T是对最终产品征收的名义税率；a_i是自由贸易条件下各种进口投入品成本与最终产品价格的比率；t_i是对各种进口投入品征收的名义税率。

名义保护率和有效保护率的区别在于：名义保护率只考虑关税对某种产成品的国内市场价格的影响；有效保护率则着眼于生产过程的增值，考察了整个关税制度对被保护产品在生产过程中的增加值所产生的影响，它不但注意了关税对产成品的价格影响，也注意了投入品（原材料和中间产品）由于征收关税而增加的价格。关税有效保护率理论认为，对生产被保护产品所消耗的投入品课征关税，会提高产成品的成本，减少产成品生产过程的增加值，从而降低对产成品的保护。

区分名义保护率和有效保护率具有十分重要的意义。当最终产品名义税率一定时，对所投入的原材料或中间产品征收的名义税率越低，最终产品的名义税率的保护作用越大；反之，则越小。目前，许多国家采用“工业制成品税率高、半制成品其次，原材料低税或免税”的进口税率结构的目的也正是如此。

二、限制进口的非关税措施

非关税措施（Non-Tariff Measures）是指除关税以外，用来限制进口的一切措施。这种措施可以通过国家法律、法令以及各种行政措施来实现。非关税措施是在世界市场问题尖锐的情况下发展起来的。“二战”后，在《关税与贸易总协定》的主持下，经过几轮的多边贸易谈判，其成员国的平均关税水平已降到很低的程度。同时，实施高关税国家往往会遭到有关国家的报复，结果两败俱伤。由于各国为保护国内企业，缓解国内就业压力等，必须对进口实行一定程度的限制，所以不得不寻找其他办法来达到限制进口的目的。由此，限制进口的非关税措施成为国际贸易的主要障碍。

（一）非关税措施的特点

1. 复杂多样性，适用范围广。从20世纪60年代以来，发达资本主义国家采取的非关税措施日益复杂多样化，根据世界贸易组织统计，目前已达1 100多项。不仅如此，非关税措施的适用范围也日益广泛，限制进口的商品范围不断扩大，既有初级产品、工业制成品，也有服务贸易产品。

2. 具有较大的灵活性和针对性。关税税率的制定必须通过立法程序，一经确定必须严格执行，灵活性差，难以应付一些紧急出现的情况。而非关税措施的制定一般只需经过行政程序，手续简便，灵活性强。同时，非关税措施的制定往往针对某个具体的国家或某种具体的商品，具有较强的针对性。例如，在意大利有一个“空心粉纯度法”，要求空心粉的制作原料必须是硬质小麦，而这种硬质小麦主要产于意大利南部。欧洲其他国家的空心粉大多由混合种类的小麦制成，不符合“空心粉纯度法”，很难进入意大利市场。

3. 具有隐蔽性和歧视性。所谓隐蔽性是指非关税措施不像关税措施那样具有公开性。关税是公开制定的税率，并以法律形式公布于众，依法执行，而非关税措施一般借助于“随意”制定并且不公开的繁琐复杂的技术标准和进口手续，使进口商难以适应，从而达到限制进口的目的。所谓歧视性是指进口国根据与其政治关系不同而采取不同的非关税措施，为被歧视方制定一些限制进口的特殊规定。

4. 具有十分明显的有效性和难以超越性。关税是通过征收高额关税，提高进口商品的成本和价格，削弱其竞争力，间接地达到限制进口的目的。如果采用诸如配额、“自动”出口限制、进口许可证等非关税措施，由于它们一般规定了进口商品的数量或金额，超过限额就禁止进口，这样就将不想进口的商品拒之国门之外。

（二）非关税措施的分类

联合国贸易与发展会议将非关税措施分成三种类型，每种类型分为A、B两组，其中A组为数量限制措施，B组为影响进口商品成本措施（分类情况见表3－1）。

表3－1　　联合国贸易与发展会议对非关税壁垒的分类

1. 为保护国内生产不受外国竞争而采取的商业措施
A组：（1）进口配额
（2）许可证
（3）“自动”出口限制
（4）禁止出口和进口
（5）国营贸易
（6）政府采购
（7）国内混合规定
B组：（8）最低限价和差价税
（9）反倾销税和反补贴税
（10）进口押金制
（11）对与进口商品相同的国内工业生产实行优惠
（12）对与进口商品相同的国内工业生产实行直接或间接补贴
（13）歧视性的国内运费
（14）财政部门对于进口商在信贷方面的限制
2. 除商业政策以外的用于限制进口和鼓励出口的措施
A组：（15）运输工具的限制

续表

（16）对于进口商品所占国内市场份额的限制
B组：（17）包装和标签的规定
（18）安全、健康和技术标准
（19）海关检查制度
（20）海关估价
（21）独特的海关分类
3. 为促进国内替代工业的发展而实行的限制进口措施
（22）政府专营某些商品
（23）政府实行结构性或地区性差别待遇政策
（24）通过国际收支限制进口

目前，关于非关税措施的传统分类方法是将其分为配额、金融控制、政府参与贸易、海关与海关手段及对产品的要求五大类。然而，从非关税措施限制进口的方法来看，不外乎直接限制和间接限制两类。所谓直接限制是指进口国直接规定商品进口的数量或金额，或者通过施加压力迫使出口国自己限制商品出口，如进口配额制、“自动”限制出口、进口许可证制等。所谓间接限制是指进口国利用行政机制，对进口商品制定苛刻的条例和技术标准，从而间接限制进口，如外汇管制、最低限价、海关估价制度、歧视性政府采购政策及有关安全、健康、卫生和技术标准等。

（三）进口配额制

进口配额制（Import Quotas）是指一国政府在一定时期内（通常为一年）对某些“敏感”商品的进口数量或金额加以直接的限制，在规定的期限内，配额以内的货物可以进口，超过配额不准进口，或者征收较高的关税或罚款后才能进口。进口配额制早在1931～1932年就开始实行，当时由于资本主义经济危机，各国外汇短缺，为免遭外来经济侵袭，便采用这种行政性措施直接限制进口。

进口配额制主要有以下两种形式：

1. 绝对配额（Absolute Quotas）。绝对配额是指在一定时期内对某些商品的进口数量或金额规定一个最高上限，达到这个上限后，便不准进口。这种进口配额在实施中又有以下两种方式：

（1）全球配额（Global Quotas）。全球配额是指一国规定在一定时期内对某种商品进口的最高限额，适用于来自任何国家的进口，不作国别分配。政府主管部门根据各国进口商提出申请的先后顺序，或过去某一时期的进口实绩批给一定的额度，直至总配额发放完毕为止。进口国实行这种配额的目的是让各出口国相互竞争，从而选择对其有利的价格和质量的商品进口。

（2）国别配额（County Quotas）。国别配额是指一国规定一定时期某种商品进口的最高限额后，将这些配额按国别或地区进行分配。在某国或某地区的进口数量达到所分配的配额后，即不准进口。为了区分来自不同国家或地区的商品，进口商品时进口商必须提交进口国原产地证明书。实行国别配额，可以更好地贯彻国别贸易政策。国别配额又可分为自主配额（Autonomous Quotas）和协议配额（Agreement Quotas）。前者又称单方面配额，由进口国单方面强制规定在一定时期内从某国或某地区进口某种商品的配额；后者是指由进口国和出口国两国政府或民间团体之间，通过谈判协商所达成的双边或多边协议，规定在一定时期内某种商品的进口配额。

2. 关税配额（Tariff Quotas）。关税配额是对商品进口的绝对数额不加限制，而对在一定时期内在规定数额以内进口的商品给予低税、减税或免税待遇，对超过配额的进口商品则征收较高的关税，或征收附加税或罚款。按征收的目的，关税配额可分为优惠性关税配额和非优惠性关税配额。前者是对关税配额内进口的商品给予较大幅度的关税减让，甚至免税，而超过配额的进口商品即征收原来的最惠国税率；后者是在关税配额内仍征收原来的进口税，但超过配额的进口商品就征收极高的附加税或罚款。此外，按商品进口来源，关税配额还可分为全球性关税配额和国别关税配额。

关税配额与绝对配额的最大不同在于：绝对配额规定一个最高数额，不得超额进口，而关税配额在额度内可以享受优惠关税或免税，超过额度仍可进口，只不过超额部分的待遇不同而已。目前大多数发达国家对于从发展中国家进口的制成品或半制成品，在配额内的给予普惠制待遇，超过配额的以最惠国税率征税。

（四）“自动”出口配额制

“自动”出口配额制（Voluntary Export Quotas）又称“自动”出口限制（Vo1untary Restriction of Export），是指出口国在进口国的要求和压力下，单方面或经双方协商规定某种或某些商品在一定时期内（一般为3年）对该进口国出口的最高数量限额，在限额内出口国自行安排出口，达到限额即停止出口。“自动”出口配额制是20世纪60年代以来非关税措施中很流行的一种形式，几乎所有先进工业发达国家在各种长期贸易项目中都采用了这种形式。例如，在日美纤维战、钢铁战、汽车战中，美国都采取对日本施加压力的方法，迫使日本“自动”限制对美国的出口数量或金额。

“自动”出口配额制主要有两种形式：

1. 非协定的“自动”出口配额。这种配额不受国际协定约束，由出口国在进口国的压力下自行单方面规定出口额度，限制出口的一种形式。这种配额有的是由政府有关机构规定配额并予以公布，出口商必须向有关机构申请配额，领取出口授权书或出口许可证才能输出。有的是由本国大的出口厂商或协会“自动”控制出口。

2. 协定的“自动”出口配额。这是进出口双方通过谈判签订“自限协定”或“有秩序销售协定”，规定一定时期内某些商品的出口配额，出口国根据配额发放出口许可证或实行出口配额签证制，自动限制出口，进口国则根据海关统计进行监督检查。目前，“自动”出口配额大多属于这一种。

“自动”出口配额制与绝对进口配额制在形式上略有不同。绝对进口配额是由进口国直接控制进口配额来限制商品进口，而“自动”出口配额是由出口国直接控制对指定进口国家的出口。但是，就进口国方面来说，“自动”出口配额同绝对进口配额一样，起到了限制商品进口的作用。因而其实质还是进口配额，具有等效进口配额的所有经济效应。所不同的是，出口配额是由出口国控制的，因而出口商就可利用出口配额提价出口，使配额产生的垄断利润流到出口商的手中。一般来说，出口配额只限制数量而不限制金额，这样，外国出口厂商就能以提高产品质量和价格的方法来完成一个时期的配额。因此，从经济福利的观点来看，由出口国进行自动限制出口比进口国实行进口关税和配额，对进口国造成的净福利损失还要大。例如，1981 年美日达成了日本自愿限制向美国出口汽车的协议，1984 年限制出口数量为 185 万辆，根据美国学者的测算，仅这一年，由于日本汽车在美国售价提高，美国总损失 32 亿美元。

（五）进口许可证制

进口许可证制（Import License System）是指商品的进口必须得到国家有关部门批准，领取许可证之后才能进口的一种行政措施。进口许可证常与配额、外汇控制等结合起来运用。

从进口许可证与进口配额的关系上看，进口许可证可分为两种：（1）有定额的进口许可证。有定额的进口许可证是指国家有关机构预先规定有关商品的进口配额，然后在配额限度内根据进口商的申请对每一笔进口货物发给进口商一定数量或金额的进口许可证。进口配额一旦用完，进口国有关当局就不再发放进口许可证。一般来说，进口许可证是由进口国有关当局向提出申请的进口商发放的，但有时也有将这种权限交给出口国自行分配使用的。（2）无定额的进口许可证。无定额的进口许可证是指进口许可证不与进口配额相结合，有关政府机构预先并不公布进口配额，对有关商品进口许可证的颁发，只是在个别考虑的基础上进行。由于它是个别考虑的，没有公开的标准，因而就给正常的贸易造成更大的困难，起到更大的限制进口的作用。

从进口商品的许可程度上看，进口许可证又可分为两种：（1）一般许可证。一般许可证又称自动进口许可证，它对进口国别或地区没有限制，凡列明属于一般许可证的商品，进口商只要填写一般许可证后，即可获准进口。因此属于这种许可证的商品实际上是“自由”进口的商品。（2）特别许可证。特别许可证又称非自动进口许可证，是指进口商必须向政府当局提出申请，经有关当局逐笔审查批准后才能进口。这种进口许可证多数都指定进口国别或地区。

（六）外汇管制

外汇管制（Foreign Exchange Control）是一国政府通过法令对国际结算和外汇买卖实行限制来平衡国际收支和维持本国货币汇价的一种制度。在实行外汇管制时，出口商必须把所得到的外汇收入按官定汇率卖给外汇管制机关，进口商也必须在外汇管制机关按官定汇率申请购买外汇，本国货币出入国境也要受到严格的限制等。

外汇管制一般可分为以下两种：

1. 数量性外汇管制。数量性外汇管制是指国家外汇管理机构对外汇买卖的数量直接进行限制和分配，其目的在于集中外汇收入，控制外汇支出，实行外汇分配，以达到限制进口商品品种、数量和国别的目的。一国实行数量性外汇管制时，往往规定进口商必须获得进口许可证后，方可得到所需的外汇。

2. 成本性外汇管制。成本性外汇管制是指国家外汇管理机构对外汇买卖实行多重汇率制度，利用外汇买卖成本的差异，间接影响不同商品的进出口。多重汇率制度是指一国货币有两个以上的汇率，其目的是利用汇率的差别达到限制或鼓励某些商品进出口。各国实行的多重汇率制不尽相同，但主要原则大致相似。在进口方面，一般对国内需要而又供应不足或不能生产的重要原料、机器设备和生活必需品，适用较为优惠的汇率；对于国内能大量供应或者不很重要的原料和机器设备适用一般的汇率；而对于奢侈品和非生活必需品只适用最不利的汇率。在出口方面，一般对缺乏国际竞争力但又要扩大出口的某些商品，给予较为优惠的汇率；对于其他一般商品的出口则适用一般汇率。

（七）进口押金制

进口押金制（Import Advanced Deposit System）又称进口存款制，是指进口商在进口商品前必须预先按进口金额的一定比率和规定的时间，在指定的银行无息存入一笔现金的制度。这种制度无疑加重了进口商的资金负担，起到了限制进口的目的。例如，意大利从1974年5月到1975年3月曾对400多种商品实行进口押金制度，规定凡属项下商品进口，进口商都必须预先向中央银行交纳相当于货值一半的现款押金，无息冻结半年。据估计，这项措施相当于征收5%以上的进口附加税。

（八）歧视性的政府采购政策

歧视性政府采购政策（Discriminatory Government Procurement Policy）是指政府通过法令，规定政府机构在采购商品时要优先购买本国商品，即通过歧视外国产品，起到限制进口的作用。

美国是世界上最早立法实行政府采购的国家，在1933年经济大萧条时期，美国政府为了刺激国内就业，通过了《美国采购法案》（Buy American Act）。该法案要求，如果美国供应商的价格不是过分高于国外竞争者，联邦机构应从他们那里购买材料和商品。其中，被定为国货的商品中国产零部件的含量不低于50%，且必须是在美国本土制造。该法案对大多数产品的采购都规定了国际化程度要求。该法案直到关贸总协定的“东京回合”，美国签订了政府采购协议后才废除。

政府采购最典型的例子是欧洲的电信设备制造业。欧盟各成员国之间原则上是自由贸易，但是，电信设备的主要买主是电话公司，而这些公司基本上都归政府所有，政府规定这些公司必须从本国厂商购买电信设备，即使其他国家供应商的报价再低也不能从他国购买。

由于政府歧视性采购对贸易的不利影响很大，在1979年结束的关税与贸易总协定东京回合谈判上首次产生了“政府采购协议”。1994年结束的乌拉圭回合谈判又对这一协议进行了修改。但由于这一协议属于多边贸易协议，协议的规定只限于签字国遵守，而签署这项协议的国家很有限，因此，歧视性政府采购作为一种贸易保护政策仍被广泛使用。

（九）最低限价和禁止进口

最低限价（Minimum Price）是指一国政府规定某种进口商品的最低价格，进口货物价格低于规定的最低价格则征收进口附加税或禁止进口。例如，1976年日本对美国钢铁出口量由1974年的470万吨增至800万吨，其在美国钢铁进口国别构成中的比重达55.9%，美国不少钢铁厂因销售不畅而倒闭，钢铁业失业人数达2万余人。为了抵制日本等国的低价钢材的进口，1978年1月，美国政府决定对进口的钢铁及制品实行“启动价格制”。这种启动价格是以当时世界上效率最高的钢铁及制品生产者的生产成本为基础计算出来的最低价格，因此，这种价格也是一种进口最低限价制。欧洲联盟对进口农产品的“门槛价格”事实上也是一种最低限价，它阻碍了国外低价农产品的进口。

禁止进口（Prohibitive Import）是进口限制的极端措施。当一国政府认为一般的限制已不足以解救国内市场受冲击的困境时，便直接颁布法令，公开禁止某些商品进口。例如，欧共体决定自1975年3月15日起，禁止3千克以上的牛肉罐头及牛肉下水罐头从欧共体以外的市场进口。一般而言，在正常的经贸活动中，禁止进口的极端措施不宜贸然采用，因为这极可能引发贸易伙伴国的相应报复，从而酿成愈演愈烈的贸易战，这对双方贸易发展都没有好处。

（十）进出口的国家垄断

进出口的国家垄断（State Monopoly）是指对外贸易中某些商品或全部商品的进出口由国家机关直接经营或授权某些经济组织垄断经营。一般来说，发展中国家为获得政治与经济上的独立，在经济发展的初级阶段，都由国家直接经营所有的进口与出口商品。而发达国家的烟、酒、农产品、武器经常是由国家直接经营，或者由国家授权的垄断组织经营。

（十一）歧视性国内税

歧视性国内税（Discriminatory Internal Taxes）是指进口国通过对进口商品征收与国内商品有差别的国内税，增加进口商品成本来阻碍进口。例如，泰国对香烟征收消费税，国内香烟为60%，进口香烟为80%。由于国内税的制定和执行属于进口国内政，通常不受贸易条约和协定的约束，因此，它是一种比关税更灵活和更易伪装的非关税措施。歧视性的国内税与WTO的国民待遇原则是相违背的，因此往往遭到出口国的反对。

（十二）海关壁垒

海关壁垒（Customs Barriers）是指一国海关通过本身对进出口商品的监督管理职能，利用法律条文的弹性，阻碍商品进口。具体包括：海关估价制度、海关申报表格和单证的要求、商品归类手段和进口商品检查。

有些国家海关通过专断的方法高估进口商品的价格，从而增加进口商品的关税负担。例如，美国在1981年以前曾对许多进口商品采用“美国售价制”来估价，即按进口价与美国国内成本价两者之中较高的一种价格征税。关贸总协定“东京回合”谈判后达成了《海关估价协议》，形成了一套统一的海关估价制度。这一制度规定，海关估价的基础应以进口商品或相同商品的实际价格，而不得以本国商品价格或以武断、虚构的价格作为计征关税的依据。

一些国家为限制进口，设置非常繁琐的清关手续，增加进口阻力。例如，对报关文件和单据要求非常繁杂，填写要求非常高，甚至要求一些特别的文件。

一些国家为了提高进口商品成本而对进口商品重新归类，以适用更高的进口关税率。例如，美国海关曾把日本出口到美国的卡车司机室和底盘这种“零件”重新归为“组装车辆”，使原来只有4%的税率提高到25%。

（十三）技术性贸易壁垒

技术性贸易壁垒（Technical Barriers to Trade）是指商品进口国以维护生产、消费安全以及人民健康为理由，制定并执行具有强制性或非强制性的商品标准、法规以及商品检验的合格性评定要求，从而对贸易形成的障碍。近年来，随着关税水平的普遍降低以及配额、补贴等非关税措施使用受到限制，各国保护贸易的手段逐步转向隐蔽性更强的技术性壁垒，技术性壁垒措施已经成为当前国际贸易中一种重要的非关税措施。

技术性贸易壁垒是一个体系，主要由以下四个方面构成：

1. 技术法规和标准。技术法规和标准是进口国为保证商品的进口质量符合一般的技术要求而做出的规定，主要适用于工业制成品。例如，美国与加拿大规定无“UL”标志的电子电器商品不能在其市场销售。而要获得“UL”标志，必须向美国保险人公会申请，由他们检验、审定合格后方可使用“UL”标志，这会大大增加出口的成本和时间。再如，日本滑雪场对滑雪板有严格的技术标准要求，除了日本生产的滑雪板以外，外国的滑雪板基本都达不到这种标准，因为日本强调他们的雪质特殊，所以必须使用适应日本雪的滑雪板。如果使用不合标准的滑雪板，日本保险公司也不给予保险，出现伤害事故自己负责。

2. 卫生检疫标准。卫生检疫标准是一国进口的动植物及其制品、食品、化妆品等所实施的必要的卫生检疫，以免疾病或病虫害传入本国，主要适用于农副产品及其制品。目前，各国要求卫生检疫的商品越来越多，规定的标准也越来越严。例如，日本规定茶叶农药残存量不得超过10/100万；美国规定陶瓷含铅量不得超过7/100万；英国规定花生黄曲霉素不得超过20/100万等，都是一些非常苛刻的要求。

3. 商品包装和标签规定。许多国家对于在国内市场销售的商品，规定有关包装和标签的条例，而且这些条例或规定内容繁杂、手续麻烦且经常变化，这使国外商品一时难以适应。出口商为了符合这些规定，不得不按规定重新包装和改换标签，费时费工，增加商品的成本，削弱了商品的市场竞争力。例如，欧盟要求从中国进口的景德镇瓷器的包装稻草必须经过摄氏200度高温熏蒸消毒处理；1989年9月11日，美国要求所有来自中国的木质包装和木质铺垫材料必须附有中国出入境检验检疫机关出具的证书，证明木质包装经过热处理、熏蒸处理或防腐处理，达到环保标准，违规货物将整批禁止入境，这使中国1/3以上的对美出口受到影响。

4. 信息技术壁垒（Infamatim Techndogy Barriers）是指进口国利用在信息技术上的优势，通过制定信息技术应用标准、信息技术应用的法规体系及合格评定程序，对国际贸易的信息传递手段提出的要求，从而造成贸易上的障碍，达到贸易保护目的。发达国家在信息技术上处于领先地位，他们通过有目的、有意识地联合起来，试图控制和垄断世界信息资源，以达到继续主导国际贸易的目的。

（十四）环境贸易壁垒

环境贸易壁垒（Environmental Trade Barriers）又称绿色壁垒，产生于20世纪80年代后期，是发达国家及其主导下的国际组织为保护环境、保障人类健康，凭借经济、科技优势，通过立法或指定严格的强制性技术标准，对可能造成生态破坏和环境污染的国际贸易活动加以管制，限制国外（主要是发展中国家）相关商品进口的一种非关税贸易保护措施。

环境贸易壁垒的主要表现形式有绿色关税、绿色市场准入、绿色包装制度、绿色反补贴、环境贸易制裁、绿色环境标志、强制要求ISO4000认证、繁琐的进口检验程序和检验制度，以及要求回收利用等。环境贸易壁垒是新贸易保护主义和环境保护理性结合的产物：一方面，它有利于加强环境管理，保护人类健康和动物植物的安全；另一方面，有些发达国家打着保护环境的幌子构筑非关税壁垒，是贸易保护主义的反映。

例如，欧盟规定，市场上出售的鸡蛋必须在标签上注明是“自由放养的母鸡所生”，还是“笼养的母鸡所生”。对猪的动物福利国际法规规定，猪在运输途中必须保持运输车的清洁，要按时喂食和供水，运输时间超过8小时就要休息24小时；猪在宰杀时应当使用高压电快速击中致命部位，使其在很短时间内失去知觉，以减少宰杀的痛苦，并且必须隔离屠宰，以防被其他猪看到而产生恐惧感。

（十五）社会壁垒

社会壁垒（Social Barriers）是指以劳动者劳动环境和生存权利为借口而采取的贸易保护措施。社会壁垒由各种国际公约的社会条款（包括社会保障、劳动者待遇、劳动权利、劳动技术标准等条款）构成，它与公民权利和政治权利相辅相成。社会条款的提出是为了保护劳动者的权益，但被贸易保护主义者作为削弱或限制发展中国家产品进口的贸易壁垒。在社会壁垒措施中，比较有名的是SA8000标准，该标准是从ISO9000质量管理体系和ISO14000环境管理体系演绎而来的道德规范国际标准。

综上所述，限制进口的非关税措施可分为三类，如图3－3所示。

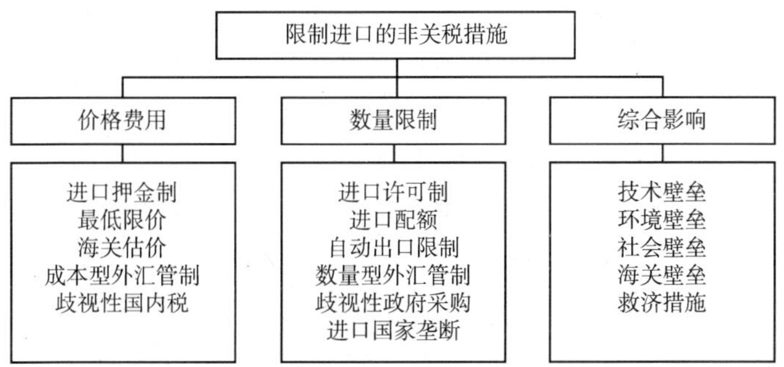

图3－3　限制进口的非关税措施分类

知识拓展

国际贸易新壁垒

国际贸易新壁垒是指以技术壁垒为核心，以保护人类健康和劳动者权利、保护自然环境、减少对动植物的危害为借口，以保护国内市场和削弱竞争对手产品市场竞争力为目的，而设置的阻碍国际商品自由流动的新型非关税壁垒。国际贸易新壁垒与传统贸易壁垒的根本区别在于：传统贸易壁垒大多数是采取边境措施，从商品数量和价格上限制，更多地体现在商业利益上；新贸易壁垒则更多地考虑商品对于人类健康安全以及环境的影响，体现的是社会利益，所采取的措施主要是国内政策和法规，更加难以突破。

除本节正文提到的技术性贸易壁垒、环境贸易壁垒、社会壁垒外，近十年来出现的道德壁垒、物种壁垒、反恐壁垒和舆论壁垒等是限制进口的新型非关税措施的未来发展趋势。

1. 道德壁垒（Moral Barriers）。道德壁垒也称为动物福利壁垒。动物福利是指为了使动物能够健康快乐而采取的一系列行为和措施。目前，许多发达国家已开始对动物福利进行立法，要求保证动物享有不饥饿、生活舒适，避免肉体疼痛、精神恐惧以及享有表达天性等方面的自由权利。道德壁垒具有成本低、操作容易的特点，可能成为未来限制农产品贸易，特别是禽畜产品贸易的主要壁垒。例如，乌克兰几位农场主根据合同向法国出口活猪，经过60多个小时长距离运输后，法国有关部门拒绝这批活猪入境，原因是这些活猪没有按照法国有关动物福利法规在途中得到充分休息。

2. 物种壁垒（Species Barriers）。为了保护物种知识产权，2004年4月日本开始实施

《种苗法修正案》。根据《修正案》的规定，对所有利用日本植物种源生产或改良的农产品征收专利费，个人侵权者会被处以300万日元以下的罚金或3年以下有期徒刑；法人企业侵权者最高处以1亿日元的罚金。因此，《种苗法修正案》实质上是一种主要针对农产品的新贸易壁垒即物种壁垒。该《修正案》对我国农产品出口日本影响极大，在我国出口的蔬菜中，不少种苗是从日本直接引进或由日本品种改良而来的。以香菇为例，香菇是日本传统的食用菌栽培品种，自20世纪90年代以来我国香菇以优质的品质及低廉的价位取代日本香菇的霸主地位。从2001年年初开始，日本政府对从我国进口的香菇展开了一系列的“封杀行动”。

3. 反恐壁垒（Anti-terrorism Barriers）。近年来由美国主导的应对生物恐怖袭击为由实施的反恐壁垒，以其形式的合法性、实施的隐蔽性和影响的广泛扩散性，正日益成为新的贸易保护主义的主要手段。2004年4月，美国海关编制了《海关－商业伙伴反恐计划》（Customs-Trade Partnership Against Terrorism），规定外国制造商最低安全标准。2002年6月11日，美国食品与药品管理局（Food and Drug Administration，FDA）通过了《2002年公共健康安全及生物恐怖主义的预防及对策法案》，要求所有向美国出口供人群和动物消费的食品生产及贸易企业都要向美国申请登记，FDA给每个登记申请者分配一个专用登记号码。外国厂商对美国出口的食品在到达美国港口前24小时必须事先向FDA通报，否则将被拒绝入境，并在入境港口予以扣留。例如，我国深圳市沙头角保税区一家玩具企业收到美国某进口商提出的涉及反恐的要求达74条，在技术、管理、人力、物力等方面给企业提出了诸多要求，增加了企业的负担，提高了商品进口的门槛。

4. 舆论壁垒（Public Opinion Barriers）。舆论壁垒又称为传媒壁垒，是近几年新兴起的一种“软贸易壁垒”，是指由于信息不对称或传媒有意的负面宣传报道，贬低竞争对手的产品，使竞争对手及其产品声誉受损或消费者对其产品误解，从而达到阻拦外国产品进入和保护本国市场的目的。这种壁垒对出口国的伤害甚至超过其他贸易壁垒。因为通过采取一定的措施是可以消除或减轻的技术、环境和社会壁垒等的不利影响的。但舆论壁垒影响范围广，时间长，是一种难以消除的新贸易壁垒。例如，2003年，日本通过各种媒体宣传中国蔬菜农药残留超标，结果日本主要超市宣布暂停对中国蔬菜乃至所有中国农产品的采购。

第三节　鼓励出口与管制出口的政策措施

一、鼓励出口的措施

鼓励出口的措施有很多种，不同国家采取的具体措施也不完全相同。限于篇幅，在这里仅介绍几种主要的鼓励出口措施。

（一）出口信贷

出口信贷（Export Credit）是指政府为了鼓励出口，通过银行对本国出口厂商、外国进口厂商或进口方银行提供的优惠贷款。它是一国出口厂商利用本国银行贷款扩大商品出口（特别是金额较大、期限较长的大型成套设备、船舶、飞机等）的一种重要手段。出口信贷按其贷款对象不同，可分为买方信贷和卖方信贷。

1. 买方信贷（Buyer's Credit）。买方信贷是出口方银行直接向进口厂商（即买方）或进口方银行提供的贷款。这种贷款是一种“约束性贷款”（Tied Loan），只能用于购买债权国的商品，即贷款的提供与商品的出口是直接相联系的，因而能够起到促进商品出口的作用。

买方信贷的基本做法有两种，如图 3－4 所示。

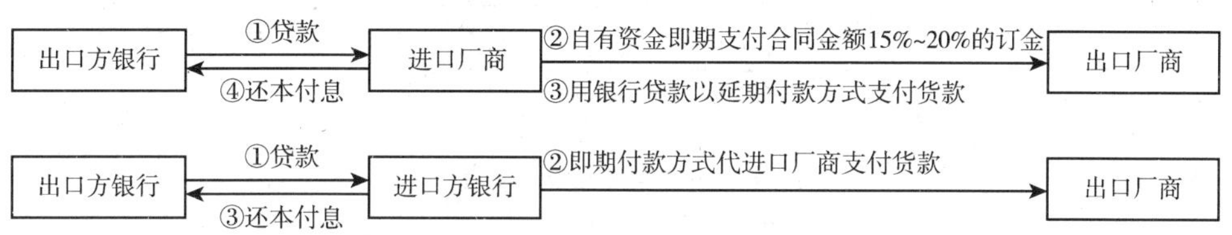

图 3－4　买方信贷图解

买方信贷对当事人各方都有好处：（1）对出口厂商来说，可以较快地得到货款和减少风险；（2）对进口厂商来说，出口厂商的货物价格是商品现汇价格，不包括与贷款相关的费用，如银行利息等，因此便于其与出口厂商讨价还价，争取购得价廉物美的商品；（3）对出口方银行来说，由于对进口方银行比较了解，便于收回贷款，减少风险；（4）对进口方银行来说，由于对出口方银行也比较了解，故可争取到较为有利的贷款，并可通过转贷款获得一些收入。正因如此，这种买方信贷目前在国际上比较流行。

2. 卖方信贷（Supplier's Credit）。卖方信贷是出口方银行向本国出口厂商（即卖方）提供的贷款，使本国出口厂商向外国进口厂商提供分期付款和延期付款的优惠条件，以促进本国商品出口的一种方式，如图 3－5 所示。卖方信贷一般由专业银行提供，其资金由政府预算拨付，因此贷款条件比较优惠，利率较低，期限较长。有时专业银行也向商业银行提供低息贷款，由后者直接向出口商提供卖方信贷。

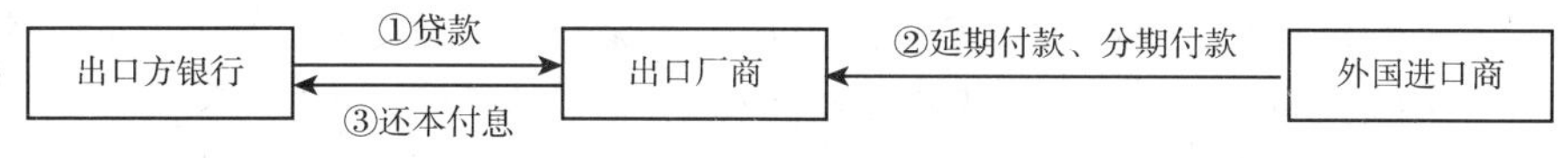

图 3－5　卖方信贷图解

出口信贷按贷款偿还期的长短可分为：（1）短期出口信贷，偿还期一般不超过 1 年，用于支持消费品、原材料和小型设备的出口；（2）中期出口信贷，偿还期一般为 1～5 年，用于支持中型设备的出口；（3）长期出口信贷，偿还期一般为 5～10 年，甚至更长，用于支持重型设备和成套设备的出口。

目前中国进出口银行主要办理机电设备和成套设备等资本商品的出口信贷，中国银行等外汇银行则可办理除了上述资本商品以外的其他商品的出口信贷。中国进出口银行提供的出口买方信贷主要用于支持中国产品、技术和服务的出口以及能带动中国设备、施工机具、材料、工程施工、技术、管理出口和劳务输出的对外工程承包项目。中国进出口银行的出口卖方信贷主要解决出口商制造或采购出口商品或提供相关劳务的资金需求，其种类包括设备出口卖方信贷、船舶出口卖方信贷、高新技术产品（含软件产品）出口卖方信贷、一般机电产品出口卖方信贷、对外承包工程贷款、境外投资贷款、农产品出口卖方信贷、文化产品和服务（含动漫）出口信贷。

（二）出口信贷国家担保制

出口信贷国家担保制（Export Credit Guarantee System）是国家为了鼓励出口，对于本国出口厂商或商业银行向外国进口厂商或银行提供的信贷，由国家设立的专门机构出面担保。当外国债务人不能付款时，该机构就按照承保的数额给予补偿，如图3－6所示。

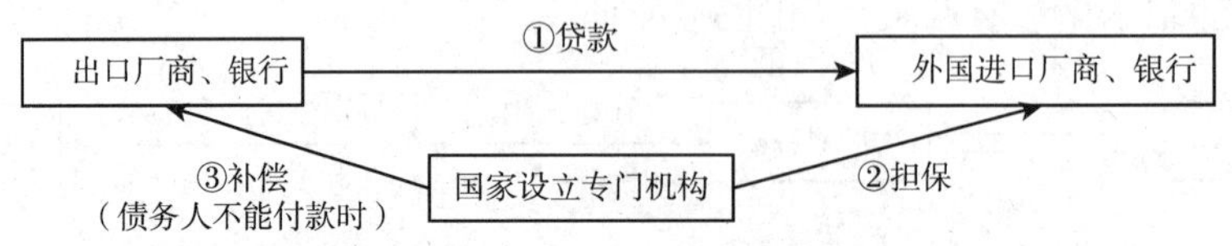

图3－6　出口信贷国家担保制图解

1. 担保项目与金额。出口信贷担保的项目通常是商业保险公司不愿承保的项目，一般可分为两类：一类是政治风险。例如，进口国发生政变、革命、战争、暴乱以及政府实行禁运、冻结资金或限制对外支付等政治原因所造成的损失。其承保金额一般为合同金额的85%～95%。另一类是经济风险。如进口厂商或借款银行因破产倒闭，货币贬值或通货膨胀等经济原因所造成的损失。其承保金额一般为合同金额的70%～85%。

2. 担保对象。出口信贷国家担保制的担保对象主要有两种：（1）对出口厂商的担保。出口厂商以提供信贷方式出口商品时便可向国家担保机构申请担保。有些国家的担保机构本身不向出口厂商提供出口信贷，但可以为出口厂商取得出口信贷提供方便条件。（2）对银行的直接担保。通常银行提供的出口信贷都可申请担保，这种担保是担保机构直接对供款银行承担的一种责任。有些国家为了鼓励出口信贷业务的开展和提供贷款安全保障，往往给银行更加优惠的待遇。

3. 担保期限和费用。出口信贷国家担保的期限通常分为短期信贷担保（一般为半年左右）和中长期信贷担保（2～15年不等）。短期信贷承保范围包括出口厂商所有海外的短期信贷交易。为了简化手续，有些国家对短期信贷采用综合担保的方式，出口厂商一年只需办理一次投保就可承保当年对海外的一切短期信贷交易，一旦外国债务人拒付时，出口厂商就可从担保机构得到补偿。由于金额大，时间长，中长期信贷担保采用逐笔审批的特殊担保（Sepcific Guarantee）方式。其承保时间既可以从出口合同成立日起到最后一笔款项付清为止，也可以从货物装运出口到最后一次付款为止。

担保费率一般根据出口担保的项目内容、金额大小、期限长短和输往国别或地区而有所不同。由于国家担保机构提供担保的主要目的是降低出口厂商和供款银行的风险，以扩大本国商品出口，因此，保险费率不高。例如，英国一般为0.25%～0.75%，德国为1%～1.5%。

（三）出口信用保险

出口信用保险（Exort Credit Insurance）是指国家为了推动本国出口贸易，保障出口企业的收汇安全而制定的一项由国家财政提供保险准备金的非营利性的政策性保险业务。中国设有“中国出口信用保险公司”，用于对出口提供信用保险。

投保的出口信用保险可以给企业带来以下利益：

1. 使企业出口贸易损失得到及时补偿，保障出口贸易收汇安全，维护出口企业和银行权益。

2. 在出口信用保险的保障下，出口商可以采用更灵活的结算方式，开拓新市场，扩大业务量。

3. 投保出口信用保险可以显著降低收汇风险，为企业获得出口信贷融资提供便利。

4. 有利于出口商获得多方面的信息咨询服务，加强信用风险管理，事先避免和防范损失发生。

5. 提高企业自身信用评级和信用管理水平。

（四）外汇倾销

外汇倾销（Foreign Exchange Dumping）是利用本国货币对外贬值的方法来扩大商品出口和限制进口。当一国货币贬值后，出口商品以外国货币表示的价格降低，从而提高了出口商品的竞争能力，有利于扩大商品出口。一国货币贬值后，进入该国的外国商品以本国货币表示的价格会上涨，从而削弱了进口商品的竞争力。因此，货币贬值具有双重作用，既可促进出口，又可限制进口。

外汇倾销只有具备以下两个条件时才能起到扩大出口的作用：

1. 货币贬值幅度要大于国内物价上涨幅度。一国货币贬值会引起该国的物价上涨。如果物价上涨幅度赶上或超过货币贬值的幅度，对外贬值和对内贬值差距因此消失，那么外汇倾销不能促进出口。

2. 其他国家不同时实行同等程度的货币贬值或采取其他报复性措施。如果其他国家也实行同等幅度的贬值，那么两国货币贬值幅度就会相互抵消。如果其他国家采用提高关税等一些其他限制进口的报复性措施，外汇倾销也不能促进出口。

（五）促进出口的组织措施

为了鼓励出口，许多国家在组织方面采取了各种措施，具体做法主要有以下几种：

1. 设立专门机构，研究制定本国出口战略和其他国家的对外贸易政策。美国、日本、欧盟等国都设立了这样的专门机构。例如，1972 年，英国为促进出口贸易建立了海外贸易委员会，在海外贸易方面为政府提供咨询，为出口商提供信息和资金等方面的帮助。

2. 建立经贸信息网。许多国家通过建立官方情报机构和经贸信息网络，及时收集分析商业活动情报，为本国出口厂商提供信息服务。日本政府设立的“日本贸易振兴会”在世界 80 余个地方设有情报点，广泛搜集各国的经济贸易政策制度、技术动向、市场动向、投资动向、资源开发等信息。

3. 建立贸易中心，举办贸易展览会。贸易中心是永久性的设施，可为出口厂商提供商品陈列展览场所、办公地点和咨询服务等。贸易展览会是流动性的展示，有些国家每年要举办多次这种展览会，其费用由政府补贴。例如，意大利对外贸易协会对它发起的展出支付本国公司 80% 的费用，对参加其他国际贸易展览会的本国公司给予 30% ~35% 的费用补贴。

4. 组织贸易代表团的互访。许多国家组织贸易代表团出访，费用由政府负担，同时政府也设立了专门机构接待外国贸易团体，并协助厂商接待国外来客从事贸易活动。

5. 组织出口评奖活动。许多国家都十分重视对本国出口成绩卓著的厂商给予鼓励，由国家授予奖章、奖状，并通过大规模的授奖活动推广扩大出口的经验。例如，美国设立了总统“优良”奖章，得奖厂商可以把奖章样式印在公司的文件、包装和广告上；日本政府把每年的6月28日定为贸易纪念日，在每年的贸易纪念日，由通商产业大臣向出口贸易成绩卓著的厂商和出口商社颁发奖状。

6. 发挥商会的作用。商会是企业之间一种自愿的、长期的、可以不断调整的合作关系，可以促进信息交流，降低解决贸易争端的成本等。

（六）促进出口的经济特区措施

早在16世纪，许多国家和地区为促进对外贸易发展采取了建立经济特区的措施。所谓经济特区（Special Economic Zone）是一个国家为了发展经济，扩大对外贸易，在其管辖的地域内划出一定的地理范围，实行豁免海关管制、减免税收等特殊优惠政策的地区。其目的是促进对外贸易发展，鼓励转口贸易和出口加工贸易，繁荣本地区和邻近地区的经济，增加财政收入和外汇收入。因此，发展经济特区是一个国家或地区实行对外开放政策的一项重要内容。

世界上的经济特区种类很多，从形式看主要有以下几种：

1. 自由港（Free Port）。自由港又称自由口岸，指全部或绝大多数外国商品可以豁免关税，自由进出口的港口。自由港一般具有优越的地理位置和港口条件，其开发目标和运营功能与港口本身的集散作用密切结合，以吸引外国商品，扩大转口贸易，发挥商品集散地和转运中心的作用。如德国的汉堡、不莱梅，意大利的热那亚，法国的敦刻而克，丹麦的哥本哈根，新加坡及中国香港均是世界著名的自由港。

2. 自由贸易区（Free Trade Zone）。自由贸易区是划在关境以外的一个区域，对进出口商品全部或大部分免征关税，并且准许在港内或区内进行商品的自由储存、展览、加工和制造等业务活动，以促进地区经济及本国对外贸易的发展。自由贸易区一般是由自由港拓展而来，它以自由港为依托，将范围扩大到自由港的邻近地区。一般来讲，自由贸易区可分为两类：一种是把港口或设区连带城市都划为自由贸易区，例如中国香港；另一种是把港区或设区的一部分划为自由贸易区，例如德国的汉堡自由贸易区由汉堡市的两部分组成。

3. 出口加工区（Export Processing Zone）。出口加工区是一国专门为生产出口产品而开辟的加工制造区域。在此区域内，一些以出口为导向的经济活动受到一系列政策的鼓励，而这些政策通常不适用于其他经济活动和其他经济区域。加工区生产的产品全部或大部分供出口。

出口加工区采用了自由港或自由贸易区的一些做法，但它与自由港或自由贸易区有所不同：（1）自由港或自由贸易区只是对区域内进出口商品免税，并提供贸易上的一切设施和便利，其主要功能是发展转口贸易；出口加工区允许区内企业进行加工生产，加工生产用的机器、设备、原料、中间产品可以自由进出。（2）出口加工区在提供关税优惠的同时，还提供贸易、生产所需的一切社会基础设施和比国内更优越的投资环境，更便于利用外资，引进先进的技术和先进的管理经验，并且可以利用本国的廉价劳动力发展面向出口的加工制造业，增加就业和外汇收入，取得工业生产和对外贸易的双重经济效益，进而促进地区性经济的发展和本国工业水平的提高。

出口加工区一般分为两种：（1）专业性出口加工区，即在区内准许经营某种特定的出口产品；（2）综合性出口加工区，即在区内可以经营多种出口商品。目前，世界上各国的出口加工区大部分是综合性出口加工区。

2000 年，中国首次批准 15 个出口加工区试点：大连、天津、北京、烟台、威海、江苏昆山、苏州工业园、上海松江、杭州、厦门杏林、深圳、广州、武汉、成都、吉林珲春。截至 2011 年，中国设立了 63 个国家级出口加工区。这些加工区的功能比较单一，仅限于商品外销的加工贸易，区内设置出口加工企业及相关仓储、运输企业。加工区对出口商品免征增值税和消费税，有力地促进了商品出口。区内实行封闭式的区域管理模式，海关在实行 24 小时监管的同时，提供更快捷的通关便利，实现出口加工货物在主管海关“一次申报、一次审单、一次查验”的通关要求。

4. 综合型经济区。综合型经济区是在上述几种形式的基础上发展而来，呈现为工、贸结合，自由贸易区和出口加工区相互渗透，兼有多种功能。区内既提供自由贸易区的某些优惠待遇，又提供发展工业生产时所必需的基础设施，还可以发展商业、金融、旅游等各种事业。如 1961 年 10 月建立的新加坡的裕廊工业区（Jurong Industrial Park），它既是一个工业区，也是一个重要的转口贸易港，同时还是一个旅游区，拥有蜚声海内外的飞禽公园、仿日本风格的星和园、仿中国园林建筑的裕华园，还有面积达 80 公顷的裕廊湖等。

5. 科学工业园区（Science-based Industial Park）。科学工业园区是一种科研、教育、生产与贸易相结合的新型经济特区，通过提供比出口加工区更多的优惠措施和方便条件，吸引外国资金和高技术人才，研究和发展尖端技术产品，促进科技和经济发展，是智力、资金高度集中，从事高新技术研究、试验和生产的新兴工业开发区。其目的在于加强国际经济的广泛合作，以扩大贸易为基础，以制造工业为中心，以科研开发为先导，发挥各行各业的整体功能，创立技术密集与知识密集的新兴产业，发展高精尖出口产品，打入国际市场，取得贸易、生产、科研相结合的综合经济效益和整体功能效益，进而促进本国的科技发展和国民经济现代化，赶超世界先进水平。

科学工业园区的主要特点是：有充足的科技和教育设施，以一系列企业组成的专业性企业群为依托；区内企业设施先进、资本雄厚、技术密集程度高；园区地址一般选在靠近信息渠道通畅和交通发达的大城市附近，优惠政策更加完善，并注重形成知识创新和科技开发的创业环境。

1951 年，设在美国加利福尼亚州的世界上第一个科学工业园区正式创立，称为“斯坦福科研工业区”，后发展成为“硅谷”（Silicon Valley）。世界上较有影响的科学工业园区还有美国波士顿郊外的 128 号公路和北卡罗来纳州的“三角研究公园”，苏联的“新西伯利亚科学城”，日本的“筑波科学城”和九州的“硅岛”，英国的“剑桥科学园”，法国的“索菲亚·安蒂波利斯科学城”，加拿大渥太华、卡尔顿地区的“北硅谷”和新加坡的“肯特岗科学工业园区”等。

6. 保税区（Bonded Area）。保税区也称为保税仓库区（Bonded Warehouse Area），是指海关设置的或经海关批准注册的特定地区和仓库。外国商品存入这些保税区内可以暂时不缴纳进口税；如果再出口不缴纳出口税。运入区内的商品可进行储存、改装、分类、混合、展览、加工和制造等。一般的自由港和自由贸易区中都设有保税仓库（区），并独立存在。有的国家还设有保税工厂（Bonded Factory），专供外国货物进行加工之用。设立保税区的目的主要是为了发展转口贸易，增加外汇和其他各种费用收入，同时给予贸易商以经营上的便利，便于其货物待机出售。

自1990年5月以来，中国已经建成了上海外高桥、天津港、大连、青岛、张家港、宁波、厦门象屿、福州、海口、汕头、珠海、广州、深圳福田、沙头角和盐田港15个保税区。

7. 自由边境区（Free Perimeter）。自由边境区是指在与邻国接壤的边远省或边境城市中划出的专供对邻国自由进出货物的地区。自由边境区划在国境之内，关境之外，按照自由贸易区或出口加工区的优惠措施，吸引国内外厂商投资，以开发边区经济为目的。凡是区内使用的机器、设备、原料和消费品可以免税或减税进口，但商品从边境区运入海关管辖区则必须照章纳税。外国货物可以在区内进行存储、展览、混合、包装、加工和制造等业务活动。墨西哥是设置自由边境区最多的国家，中国在中俄边境、中越边境有少量自由边境区。

8. 过境区（Transit Zone）。过境区又称中转贸易区，指某些沿海国家为方便内陆邻国的进出口货运，根据双边协定，指定某些海港、河港或国境城市作为过境货物的自由中转区，对过境货物简化海关手续，免征关税或只征小额的过境税，过境货物可短期储存和重新包装，但不得加工制造，这与自由港明显不同。一般过境区都提供仓储设施。亚洲的泰国曼谷和印度加尔各答，非洲的坦桑尼亚非拉达累斯萨拉姆和莫桑比克马普托，拉丁美洲的阿根廷布宜诺斯艾利斯和巴西圣多斯等，都是这种以中转贸易为主的过境区。

二、管制出口的措施

出口管制（Export Control）是指出口国通过各种经济和行政措施，对本国出口贸易进行管理和限制的行为。出口管制通常是经济发达国家实行贸易歧视政策的重要手段。许多国家为了达到一定的政治、军事或经济目的，往往对某些商品，特别是战略物资实行出口管制，限制或禁止这些商品出口。

（一）出口管制的原因

1. 经济原因。许多国家对本国比较稀缺而又比较重要的商品常常会实行出口管制，以保证国内的需要。如一些发展中国家对其粮食或其他农产品实行出口管制；一些缺乏资源的发达国家（如日本等）对其原材料的出口也实行出口管制。另外，对于本国出口量大或占国际市场份额大的商品，为了稳定或控制国际市场价格也会实行出口管制，如石油输出国组织（Organization of the Petroleum Exporting Countries，OPEC）为了保证国际油价不下跌，往往会限制石油的生产和出口。

2. 政治和军事原因。一些西方发达国家经常对与自己“敌对”或“不友好”的国家实行出口管制。例如，西方国家为了保持军事上对社会主义国家的领先地位，对武器及相关技术设备和战略物资向这些国家出口加以控制。再如，为了保证世界和平与安全，“核不扩散条约”成员国有义务对可能用于核武器制造的技术与装置、原料的出口实行管制。

3. 其他原因。例如，为了人权禁止劳改产品出口；为了保护地球生态环境和濒危动植物对一些物资进行全球性的贸易禁运；为了保护历史文物对一些特殊商品的出口实行管制。

（二）出口管制的商品

出口管制的商品主要可分为以下几类：

1. 战略物资；军事装备、先进的电子计算机等高技术产品，重要机器与设备以及有关的技术资料等，这些商品必须领取出口许可证才能出口。

2. 国内市场所需的原材料、半成品及国内市场供应不足的商品。例如，石油、矿产、木材等。

3. 为了缓和与进口国贸易上的摩擦，在进口国的要求或压力下，对某些在国际市场上竞争激烈的商品实行“自动”控制出口。例如，发展中国家根据纺织品“自限协定”自行控制纺织品、服装等商品的出口。

4. 为了实施经济制裁而对某些国家或地区限制甚至禁止出口的商品。例如，美国曾对苏联实行粮食控制出口。

5. 对于某些重要文物、艺术品、黄金、白银等特殊商品，大多数国家都规定需经特许才能出口。

（三）出口管制的形式

出口管制的形式通常可分为单方面出口管制和多边出口管制两种：

1. 单方面出口管制。单方面出口管制是指一国根据本国的出口管制法案，设立专门的执行机构对本国某些商品出口进行审批和颁发出口许可证，实行出口管制。例如，美国商务部设立的贸易管制局，专门办理出口管制的具体事务，美国绝大部分受出口管制的商品都在该局办理出口许可证。

2. 多边出口管制。多边出口管制是指几个国家政府，通过一定的方式建立一个国际性的多边出口管制机构，通过商讨和编制多边出口管制货单和出口管制国别，规定出口管制的办法等，协调彼此的出口管制政策和措施，达到共同的政治和经济目的。例如，在美国胁迫下于 1949 年 11 月成立的输出管制统筹委员会（Coordinating Committee for Export Control，COCOM），即巴黎统筹委员会，就是一个国际性的多边出口管制机构（1994 年 4 月 1 日解散）。这个委员会的决策机构是由参加国政府高级官员担任，组成咨询小组，商讨对当时的社会主义阵营国家的出口管制问题。

（四）出口管制的措施

出口管制的措施主要有以下几种：

1. 国家专营（State Monopoly）。国家专营是指某些商品的生产和交易由政府指定的机构和组织直接掌握。通过国家专营控制一些重要或敏感商品的进出口，寻求最佳的出口地理分布以及商品生产结构。国家专营主要集中于烟酒、农产品和武器。

2. 出口税。出口税的征收会影响商品的国内外价格，限制出口量。

3. 出口配额（Export Quotas）。出口配额是由政府有关部门规定某些商品出口的最大限额，经常与出口许可证配合使用。

4. 出口禁运（Export Embargo）。出口禁运是出口配额的一种极端形式，即出口配额为零。在大多数情况下，出口禁运仅限于原材料或初级产品。

5. 出口许可证制度（Export Licence）。出口许可证一般只适用于高科技产品、本国需要的原材料和初级产品以及一些生活必需品的出口。

第四节 公平贸易救济措施

倾销与补贴虽然可以扩大本国商品出口，但却会对进口国相关产业造成损害，因此被认为是国际贸易中的不正当行为。WTO 允许成员国在进口商品由于倾销和补贴给本国国内产业造成损害时，使用反倾销和反补贴措施，保护国内产业不受损害。但是，如果这种措施的制定不合理，或者执行超出了应有的限度，就成了限制进口的非关税措施。

一、倾销

（一）倾销的含义

1776 年，亚当·斯密在《国富论》中把当时各国对出口贸易进行奖励的习惯做法称为倾销（Dumping）。经济学意义上的倾销最终是由美国经济学家雅各布·瓦伊纳（Jacob Viner，1892—1970）于 20 世纪 20 年代出版的《倾销：国际贸易中的一个问题》一书中提出的，他认为“倾销是一种商品在不同市场之间的价格歧视”。目前，倾销的法律意义是以 WTO《1994 年关税及贸易协定》第六条规定为依据：“倾销是指出口商以低于正常价值的价格向进口国销售商品，并因此给进口国产业造成损害的行为。”《中华人民共和国反倾销和反补贴条例》规定：“倾销是进口商品的出口价格低于其正常价值。”

（二）确认倾销的标准

确认出口国企业低价销售行为是否为倾销行为的关键是关于产品正常价值的认定。世界贸易组织规定，确定产品正常价值有三种方法：

1. 原产国标准。按照相同或类似产品在正常交易过程中出口国国内销售的可比价格确定。

2. 第三国标准。按照相同或类似产品在正常交易过程中出口国向第三国出口的最高可比价格确定。

3. 成本加成标准。按照同类产品在原产国生产成本，再加上合理的销售费、管理费、一般费用和利润来确定。

（三）倾销的类型

国际贸易中的倾销通常可以划分为以下四种类型：

1. 掠夺性倾销（Predatory Dumping）。掠夺性倾销是指出口企业为在国外市场上排除竞争对手，暂时以低价向该市场销售商品，一旦竞争者被排除，再重新提高商品售价的行为。掠夺性倾销的目的在于获取超额垄断利润，从长期来看，掠夺性倾销对消费者不利。从实践来看，试图消灭所有竞争者而暂时降低价格的厂商会发现，一旦再度提高价格，许多跨国企业就会作为竞争者以有效率的大规模生产重新进入市场。实际上，“二战”后一直没有关于掠夺性倾销的成功案例记载。

2. 持续性倾销（Persistent Dumping）。持续性倾销是指无限期地持续以低价向国外市场出口商品。厂商采取这种行为的目的在于追求利润最大化。持续性倾销对进口国消费者是有利的，它使进口国消费者实际收入水平在长期内得以提高。成功实施持续性倾销必须具备三个条件：一是出口厂商具有一定的垄断能力，即出口厂商面临的市场是不完全竞争的市场，出口厂商出口量的变化会对市场价格造成影响；二是出口厂商在出口国面临的需求弹性小于进口国的需求弹性；三是出口国和进口国市场完全隔离，因此不存在销售到国外市场的产品流回本国的可能性。以上三个条件与微观经济学中的价格歧视条件完全相同，倾销实际上就是国际价格歧视。

3. 隐蔽性倾销（Hidden Dumping）。隐蔽性倾销是指出口商按国际市场上的正常价格出售商品给进口商，但进口商以低价在进口国市场上抛售，其亏损部分由出口商给予补偿。实施隐蔽性倾销的目的也是挤压竞争对手，但它相对于前两种类型较为隐蔽，不易被进口国发现，从而可以有效地避免遭受进口国反倾销制裁。

4. 偶然性倾销（Sporadic Dumping）。偶然性倾销是指由于某种原因商品无法在国内市场出售，而以倾销方式向国外市场抛售。这种倾销行为主要是为了处理剩余产品，倾销时间短且对进口国市场冲击较小，进口国家通常较少采用反倾销措施。

（四）持续性倾销的经济学分析

根据持续性倾销成立的三个条件，我们用图 3－7 来说明倾销是如何发生的。为了方便分析，假定：（1）企业边际生产成本为常数；（2）企业产量分为两部分，分别在国内外市场销售；（3）企业根据国内外市场需求弹性不同实行不同的价格以增加利润；（4）根据实现企业利润最大化的目标来分配国内外市场的销售量和价格，即根据边际收益等于边际成本来确定企业在国内外市场上的销售量和价格。

在图 3－7 中，D_1 表示企业在国内市场面临的需求曲线；MR_1 表示相应的边际收益曲线；D_2 表示企业在国外市场面临的需求曲线；MR_2 表示相应的边际收益曲线；边际成本曲线 MC 与企业国内外市场的边际收益曲线 MR_1 和 MR_2 的交点分别决定了其在国内外市场的销售量 Q_1、Q_2；由国内外市场需求曲线确定对应销售量的市场价格 P_1、P_2。由于国外市场需求弹性相对较大（需求曲线较平坦），其对应的价格低于国内价格，即 $P_1 > P_2$。持续性倾销是为了谋求最大利润，是一种合理的企业行为，只要不被限制，就可以持续下去。

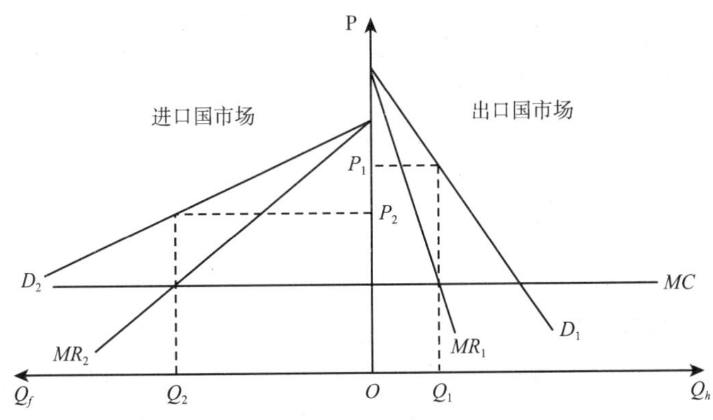

图 3－7　持续性倾销的图形分析

二、反倾销

反倾销措施（Anti-dumping Measures）属于贸易救济措施，是指进口国针对倾销这种不公平的贸易行为而采取征收反倾销税等措施来抵消其不利影响的行为。

（一）反倾销措施的类型

反倾销措施包括临时反倾销措施和最终反倾销措施两种类型。

1. 临时反倾销措施。临时反倾销措施是指进口方主管机构经过调查，初步认定被指控产品存在倾销，并对国内同类产业造成损害，据此可以在全部调查结束之前，采取临时性的反倾销措施，以防止在调查期间国内产业继续受到损害。临时反倾销措施有两种形式：一是征收临时反倾销税；二是要求进口商自裁决之日起，提供与临时反倾销相等的现金保证金或保函。进口方主管机构应自反倾销案件正式立案调查之日起 60 天后，才能采取临时反倾销措施。这种措施的实施时间应尽可能短，一般情况下不得超过 4 个月，特定情况下可延长到 6 ~ 9 个月。

2. 最终反倾销措施。在全部调查结束后，如果有充分的证据证明被调查的商品存在倾销，国内生产同类产品的产业受到损害，且倾销与损害之间有因果关系，则进口方主管机构可以采取最终反倾销措施。最终反倾销措施一般采取征收反倾销税的形式。

（二）反倾销税的征收

反倾销税是指在正常海关税费之外，进口方主管机构对倾销产品征收的一种附加税。反倾销税的税额不得超过所裁定的倾销幅度。反倾销税的纳税义务人是倾销商品的进口商，出口商不得直接或间接替进口商承担反倾销税。初裁时的反倾销税率与终裁的税率不同时，其不足部分不再补交，而多交部分则应退还。除非进口方主管机构以复审方式决定继续维持反倾销税，反倾销税的征收应自决定征收之日起不超过 5 年。

世界贸易组织规定，征收反倾销税必须符合以下要求：（1）该产品存在着以低于正常价值水平进入另一国市场的事实；（2）倾销对某一缔约国的某一产业造成重大损害；（3）损害与低价之间存在因果关系。

（三）征收反倾销税的经济学分析

进口国对进口的倾销商品征收反倾销税是为了保护国内相关产业，但客观上也会影响进口国的社会福利水平。

1. 征收反倾销税的图形分析。在图 3 - 8 中，D_1 和 MR_1 分别为征收反倾销税前的进口国对进口商品的需求曲线和边际收益曲线。外国出口商生产的边际成本为 $P_0 = MC$，且保持不变。外国出口商根据 $MR_1 = MC$ 原则确定的消费量 Q_1 把倾销价格定为 P_1。如果进口国政府对单位进口商品征收反倾销税 t，以抵消外国出口厂商的倾销价格，则进口国消费者面临的进口产品价格上涨到 P_3，这必然导致进口国消费者对进口商品的需求减少，需求曲线向左平移到 D_2，同时边际收益曲线也平移到 MR_2。外国出口商根据 $MR_2 = MC$ 确定的消费量 Q_2 将倾销价变为 P_2。这样，$P_3 - P_2$ 是进口国政府对每单位商品征收的反倾销税 t。

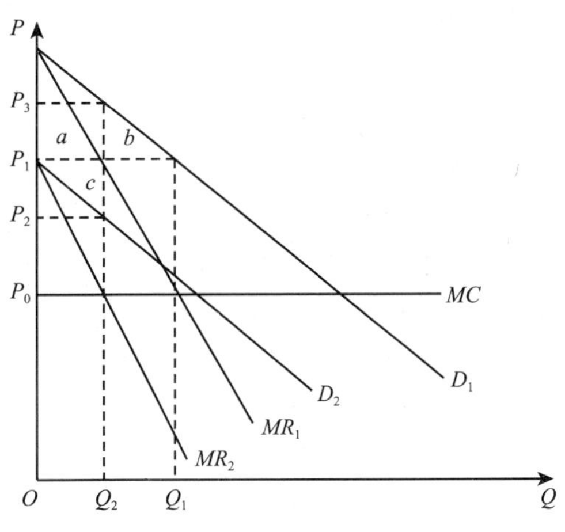

图 3-8　反倾销的经济效应分析

这里需要注意的是，进口国消费者是由于非价格因素（进口国政府对进口商品征收反倾销税）减少对进口商品的需求，因此，在图 3-8 中表现为需求曲线的平移。而外国出口厂商为避免在进口国市场份额大幅度下降，根据降低的需求水平及利润最大化决定准则将进口倾销价格定为 P_2，即承担了一部分进口国征收的反倾销税，并没有将反倾销税额全部转嫁给进口国消费者。

2. 征收反倾销税的福利分析。征收反倾销税后，价格水平由 P_1 上升到 P_3，进口量由 Q_1 下降到 Q_2。由此可以看出，征收反倾销税后，进口国的消费者剩余减少（$a+b$）面积，进口国政府税收收入为（$a+c$）面积，进口国政府征收反倾销税的成本为（$c-b$）面积，一般而言，c 要大于 b，因而征收反倾销税对进口国有利。

三、出口补贴

一国政府为改善本国企业贸易地位，会向国内出口厂商提供补贴。这类贸易救济措施是对出口国生产者进行保护的一种间接形式。但出口国政府的补贴和优惠使其没有比较优势的商品大量出口，危害了进口国具有比较优势的同类产业的生存和发展。世界贸易组织的《补贴与反补贴措施协议》明确地将出口补贴规定为禁止性补贴，除对发展中国家给予优惠待遇和过渡期安排外，任何成员不得实施或维持此类补贴。

（一）出口补贴的含义

出口补贴（Export Subsidies）是一国政府为鼓励某种商品出口，给予出口厂商的现金补贴或财政上的优惠待遇。出口补贴为出口厂商提供了成本上的优势，使得他们能够在国际市场上以低于实际成本的价格出售商品，有利于企业扩大规模，加快相关产业发展。目前，世界上不仅发展中国家对本国商品进行补贴，发达国家对农产品和一些工业品也实行大量的补贴。

（二）出口补贴的形式

WTO 的《补贴与反补贴协议》将补贴分为以下三类：

1. 禁止性补贴（Prohibited Subsidies）。禁止性补贴又称为“红灯补贴”（Red Light Subsidies），是指形式上或实际上依出口情况而定，或用于使本国商品压倒进口商品的补贴。“红灯补贴”具体包括的内容很多，如政府按出口实绩对某一企业或产业提供的直接补贴、与出口或出口实绩相联系的特殊税收减让等。

2. 可申诉的补贴（Actionable Subsidies）。可申诉的补贴又称为“黄灯补贴”（Yellow Light Subsidise），是指允许使用的补贴，但若该补贴对 WTO 成员产生了不利影响，则可对其采取磋商手段，或动用争议解决程序或对其采取反补贴措施。“黄灯补贴”也有很多种，如政府机构对某些特定企业或产业实施的各种收入保证或价格支持政策；政府机构以特别优惠的条件向某些特定企业提供货物（如原材料、设备、中间品等）和服务（如运输、技术、各种生产和销售服务等）；政府机构给予企业特殊的优惠安排，如实行差别税率、缓征税收或注销拖欠税款、减免税收等。

3. 不可申诉的补贴（Non-actionable Subsidies）。不可申诉的补贴又称为“绿灯补贴”（Green Light Subsidise），是合法的补贴，不能受到反补贴制裁，它包括所有非专门补贴，即那些不是主要使某个企业、某个产业或某个企业集团受益的补贴。非专门性要求补贴的分配标准必须是中立的、非歧视的和以整个经济为基础的，不对部门加以区分。但对某些专门补贴也是可申诉的，例如，研究与开发、对落后地区的帮助、帮助工厂适应新的环保规则的补贴（以上补贴均有一定限制）。

（三）出口补贴的经济效应分析

出口补贴对出口国的生产、消费等方面的影响与进口关税对进口国的影响大体相同。如果是贸易小国实施出口补贴政策，那么出口补贴只影响出口国国内市场价格，对世界市场价格没有影响；如果是贸易大国实施出口补贴政策，那么出口补贴不仅导致出口国国内市场价格上涨，而且还会导致世界市场价格下降。

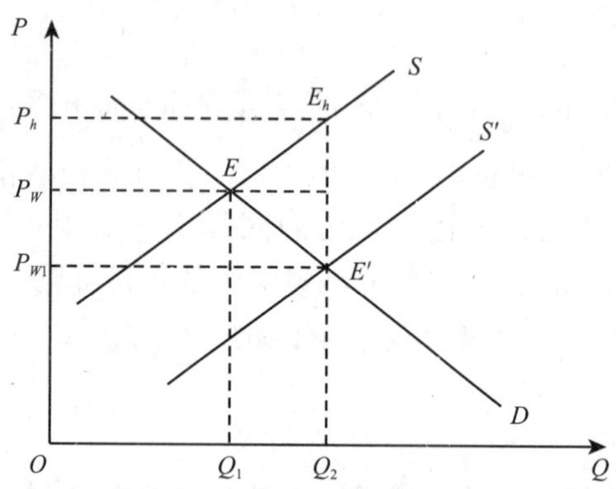

图 3－9　大国实施出口补贴对价格的影响

1. 大国实施出口补贴对价格的影响。在图 3－9 中，S 和 D 分别代表大国出口供给曲线和外国对其出口产品的进口需求曲线。在出口补贴政策实施前，世界市场价格和国内价格相等，即 P_W，该国出口量为 Q_1。假设该国对每单位出口商品提供 T 元的补贴，该国的出口供给曲线将向下移动至 S'，世界均衡价格下降至 P_{W1}。该国的出口量增加到 Q_2。出口量的增加使该商品国内供给数量减少，这将导致国内价格上升，直到与出口商品获得同等利润的价格水平。因此，补贴后的国内市场均衡价格为 $P_h = P_{W1} + T$。

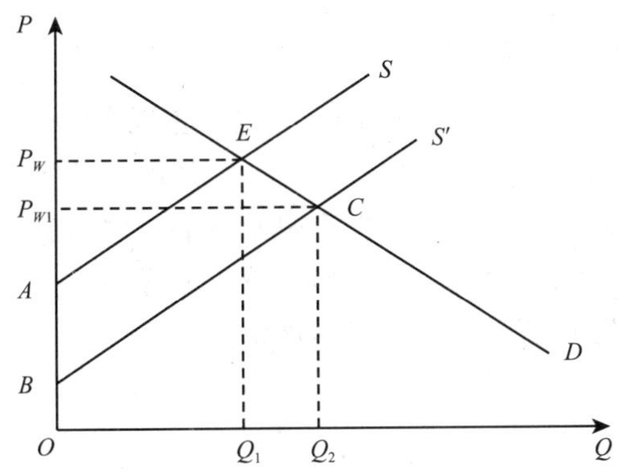

图 3－10 大国实施出口补贴在国际市场上的福利效应

2. 大国实施出口补贴在国际市场上的福利效应。大国实施出口补贴在国际市场和国内市场上的福利效应是不同的。我们首先来考察国际市场上的福利变化。由于出口补贴使国际市场价格下降，出口量增加，国外消费者和国内厂商的福利都会增加。在图 3－10 中，外国消费者剩余的增加量为梯形 $P_WP_{W1}CE$，国内出口厂商的生产者剩余由三角形 P_WAE 变为三角形 $P_{W1}BC$，显然出口厂商的福利提高了。

3. 大国实施出口补贴在国内市场的福利效应。大国实施出口补贴在国际市场上的福利提高是以国内市场上消费者的福利损失为代价的。在图 3－11 中，S 和 D 分别代表大国该产品的供给曲线和需求曲线。补贴前国内价格等于国际价格 P_W，国内需求数量为 Q_1，供给数量为 Q_2，出口量为 Q_2-Q_1。实施补贴后，世界价格下降为 P_{W1}，国内价格上升为 P_h。国内需求量和供给量分别为 Q_3 和 Q_4，出口数量为 Q_4-Q_3。大国实施出口补贴后国内消费者剩余减少（$a+b$）面积，生产者剩余增加（$a+b+c$）面积，政府补贴金额为（P_h-P_{W1}）×（Q_4-Q_3），即（$b+c+d+e+f+g$）面积。可见，实施出口补贴后该国的净福利损失为（$b+d+e+f+g$）面积，其中，b 为消费者福利损失，d 为补贴产生的生产效率损失，（$e+f+g$）是实施出口补贴政策的大国贸易条件恶化所导致的利益转移（出口商品在外国市场价格由 P_W 降至 P_{W1}），这部分损失由政府承担，转移给进口国消费者。

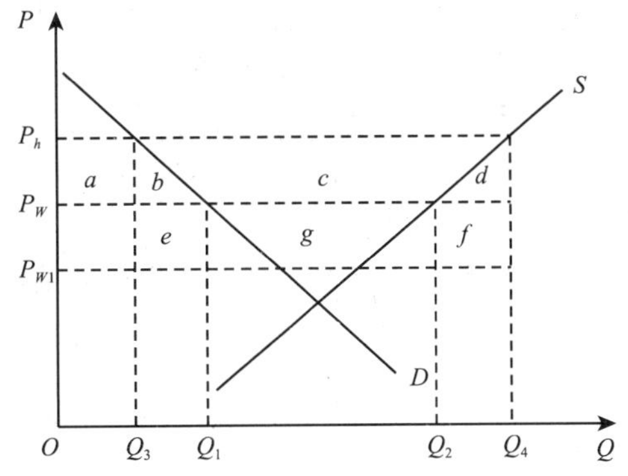

图 3－11 大国实施出口补贴在国内市场上的福利效应

（四）出口补贴与关税的区别

对于一国政府来说，出口补贴与关税的区别主要表现在两个方面：（1）从政府成本收益来看，关税能给政府带来收入，而出口补贴却会增加政府支出；（2）从政策时效性来看，除专制国家之外，每一届政府所面临的任期都是有限的，他们更愿意选择可以增加即期政府收益的关税政策，把只能将来才会有收益的出口补贴政策置于其政策篮子的最底层。此外，相对于关税来说，出口补贴具有隐蔽性，不易被认定。

四、反补贴

出口补贴扭曲了世界市场的价格，损害了商品进口国生产者和相同商品其他出口国的利益，是一种不公平的贸易行为。为了维护国际贸易的公平竞争环境，WTO 允许各国采取反补贴措施，但同时也规定了补贴和反补贴的具体内容，以防止各种以反补贴为由实行贸易保护。

（一）反补贴的含义

反补贴（Counter-vailling）是指进口国主管机构应国内相关产业的申请，对受补贴的进口商品进行反补贴调查，并采取征收反补贴税或价格承诺等方式，抵消进口商品所享受的补贴，保护受到损害的国内产业。在反补贴措施中，征收反补贴税（Counter-vailling Duty）是主要的手段，它是对于直接或间接接受奖金或补贴的外国商品进口时所征收的一种抵消性的进口附加税。凡是进口商品在生产、制造、加工、买卖、运输过程中接受直接或间接的奖金或补贴都构成征收反补贴税的条件。不管这种奖金或补贴是来自政府还是来自同业公会。反补贴税的税额一般按奖金或补贴额数征收，其目的在于抵消出口国给予其出口商品的奖金或补贴，使它不能在进口国的市场上进行低价竞争，以保护进口国的生产和市场。

（二）征收反补贴税的条件

为了防止有关国家滥用反补贴税，世界贸易组织对反补贴税做了严格的规定：（1）反补贴税一词应理解为：为了抵消商品在制造、生产或出口时所直接或间接接受的任何奖金或补贴而征收的一种特别关税；（2）补贴的后果会对进口国某项已建立的工业造成重大损失或产生重大威胁，或在严重阻碍进口国某一工业的建立时，才能征收反补贴税；（3）反补贴税的征收不得超过“补贴数额”；（4）对于受到补贴的倾销商品，进口国不得同时对它既征收反倾销税又征收反补贴税；（5）在某些例外情况下，如果延迟将会造成难以补救的损害，进口国可以在未经缔约国全体事前批准的情况下征收反补贴税，但应立即向缔约国全体报告，如未获批准，这种反补贴税应立即予以撤销；（6）对商品在原产国或输出国所征的捐税，在出口时退还或因出口而免税，进口国对这种退税或免税不得征收反补贴税；（7）对初级产品给予补贴以维持或稳定其价格而建立的制度，如符合若干条件，不应作为造成重大损害而对它征收反补贴税。

（三）征收反补贴税的经济效应分析

假设世界上只有 A、B 两个国家，在图 3 - 12 中，横轴表示 A 国的进口量，纵轴表示 A

国的进口价格，D 为 A 国的进口需求曲线。在自由贸易下，世界价格为 P_E，此时 A 国的进口量为 Q_0。若 B 国对出口产品给予每单位 T（$T=P_E-P_W$）的现金补贴，则 B 国出口价格降低到 P_W，此时，A 国的进口量增加到 Q_1。这样，A 国消费者剩余增加了（$a+b$）面积，B 国政府给予的出口补贴为（$a+b+c$）面积，整个世界净福利损失了 c 面积。若 A 国对进口产品每单位征收相当于 T 的反补贴税，则进口商品价格在 A 国内上升至 P_E，此时的进口量又回到 Q_0。这样，A 国国内消费者面临的价格由 P_W 变为 P_E，消费者剩余减少了（$a+b$）面积，A 国政府因征收反补贴税而获得的收入为 a 面积；而 B 国政府给予的出口补贴为 a 面积，因此，整个世界净福利损失为（$a+b$）面积，比征收反补贴税前世界净福利损失 c 面积（$b=c$）还多了 a 部分。

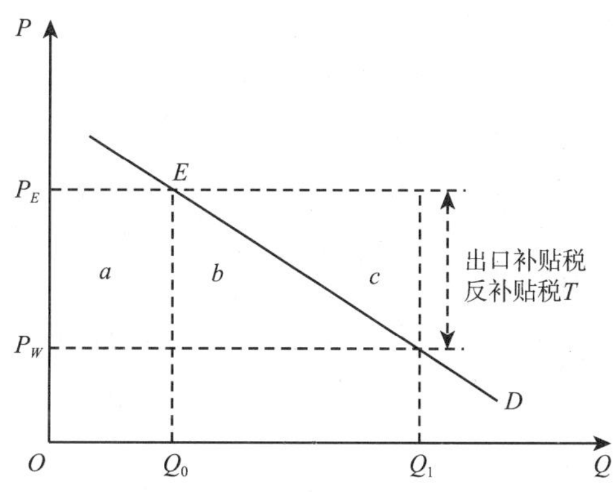

图 3－12　出口补贴与反补贴对世界福利的影响

本章小结

一国对外贸易政策是为一国经济发展和对外政策服务的，它一般由对外贸易总政策、进出口商品政策和国别贸易政策组成。从政策性质上来看，一国对外贸易政策主要包括自由贸易政策和保护贸易政策两种基本对立的政策。国际贸易政策可以分为限制进口措施、鼓励和管制出口措施及维护公平贸易的救济措施三个层面。

限制进口的措施可分为关税和非关税两类政策措施。关税作为最古老的贸易政策工具，具有增加一国财政收入，保护国内相关产业和调节一国产业结构和平衡国际收支的作用。实施关税政策可能有利于改善其贸易条件，也可能造成贸易伙伴国实行报复性关税。一国为保护本国相关产业而对进口产品征收关税，其最终保护程度就由其有效保护率来衡量。与关税相比，非关税措施具有的灵活性、隐蔽性和有效性等特点，使其成为目前各国限制进口的重要工具。

出口信贷、出口信贷国家担保制、出口信用保险、外汇倾销是目前各国常用的鼓励出口的政策工具，而成立各种促进出口的经济特区和由政府出面建立各种促进出口的组织也是近年来各国政府普遍采纳的政策措施。一些国家出于一定的政治、军事或经济目的，采取国家专营、出口税、出口禁运、出口配额及出口许可证制度等形式，对战略物资、高技术产品、国内市场急需的原材料及半成品、国内市场供不应求的商品、重要文物等实行出口管制。

倾销与出口补贴是国际贸易中的不正当行为，WTO 允许成员国在进口商品由于倾销和补贴给本国国内产业造成损害时，使用反倾销和反补贴等贸易救济措施。但是，如果这些贸易救济措施的制定不合理，或者执行超出了应有的限度，就成了限制进口的非关税措施。因此，WTO 对各国贸易救济措施的制定与实施也要进行监管。

复习思考题

一、单项选择题

1. 设立保税区的主要目的之一是发展（　　）。

A. 进口贸易　　B. 转口贸易　　C. 过境贸易　　D. 出口贸易

2. 下列不属于限制进口的贸易政策措施是（　　）。

A. 外汇倾销　　B. 保税区　　C. 反补贴　　D. 外汇管制

3. 反倾销税的征收应自决定征收之日起不超过（　　）。

A. 2 年　　B. 3 年　　C. 5 年　　D. 10 年

二、判断题

1. 征收进口关税有利于提高一国福利水平，改善国际收支状况。(　　)

2. 特惠税和普惠税均是非互惠的。(　　)

3. 当进口商品由于倾销或补贴而对进口国相关产业造成损害时，进口国可以采取反倾销和反补贴的贸易救济措施。(　　)

三、计算题

1. 欧洲的飞机制造业得到几个国家政府的资助，这些资助相当于每架飞机售价的20%。即1架卖5 000 万美元的飞机，其成本可能为6 000 万美元，成本与售价的差额由欧洲各国政府来弥补。同时，一架“欧洲”飞机售价的约一半是从其他国家购买的零部件成本。请问欧洲飞机制造商得到的有效保护率为多少?

2. 假定某一型号的汽车在国际市场的售价为10 000 美元，而该汽车所有的零部件在国际市场的总价格为8 000 美元。A 国国内已经拥有了组装工业，为鼓励本国零部件生产，A 国对进口汽车零部件征收20% 的关税，请计算：A 国国内的汽车组装工业的有效保护率为多少?

四、案例分析题

1. 中国遭受国外反倾销调查案件分析。

自从1979 年8 月17 日欧共体对中国出口的糖精钠发起第一起反倾销调查以来，截至2011 年年底，中国已经连续17 年成为全球遭遇反倾销立案调查最多的国家，全球超过30% 的反倾销调查是针对中国产品。1995 ~2011 年上半年，世界范围内共发起3 922 起反倾销立案调查。其中，中国被发起反倾销数量就达825 起，远远高于第二位韩国的278 起。1995 年，中国被发起反倾销数为20 起，仅占全球12. 74% 的比例，2008 年达到创纪录的80 起，占全球（213 起）比例为37. 56%。随着近两年全球反倾销立案数量下降，中国2010 年和2011 年被发起反倾销立案数量有所下降，其中，2011 年为45 起，占全球（155 起）比例为29. 03%。从下表可以看出，自1979 年以来，中国遭遇的“两反两保”贸易救济调查中的78. 83% 是反倾销调查，反倾销调查一直是中国商品出口的主要障碍之一。

1979~2011 年中国遭遇“两反两保”贸易救济调查案件数量统计

时间	反倾销	反补贴	保障措施	特别保障措施	合计
1979~2004.9	594	2	58	11	665
2005	49	0	7	36	92
2006	65	2	11	3	81
2007	60	8	9	0	77
2008	80	11	14	3	108
2009	76	13	23	7	119
2010	44	6	23	1	74
2011	45	9	14	1	69
合计	1 013	51	159	62	1 285

资料来源：根据中国贸易救济网相关资料整理。

请分析：（1）中国出口商品频遭国外反倾销调查会给相关产业发展带来哪些影响？（2）简要说明可以采取哪些措施降低国外对中国出口商品反倾销调查案件数量？

2. 美国食糖进口配额政策。

美国政府一直通过配额制度使国内食糖价格保持在高于世界价格的目标水平。美国将在国内销售食糖的权利分配给了外国政府，然后由外国政府将这种权利分配给各自的厂商。1994 年，美国经济学家赫夫鲍尔（Hufbauer）和埃利奥特（Elliott）对美国食糖进口进行研究发现，1990 年，配额将美国食糖进口量限制在大约 213 万吨，结果使得美国食糖价格达到每吨 466 美元，当时世界市场的价格为每吨 280 美元，美国国内食糖价格比世界市场价格高出 66%，依照这种估计，实行自由贸易将使美国的食糖进口约翻一番，即达到 412 万吨。由于进口配额制度卖到国内食糖价格上涨，使美国消费者在 1990 年多支出 16.46 亿美元，这其中只有 10.66 亿美元转为食糖生产者的收益，即这一政策使美国净福利损失达到 5.8 亿美元。

美国食糖业只雇佣了约 12 000 人，如果实行自由贸易，只有 2 000~3 000 人可能失业。在 2000 年的一项研究中，政府问责办公室（Government Accountability Office）估算了不同的食糖配额、关税以及价格支持的成本，发现美国为保护食糖业就业而失去的工作更多。实际上，美国商务部的研究显示，在食糖业每保住一份工作，在糖果行业就失去三份工作（资料来源：保罗·克鲁曼，茅瑞斯·贾伯斯法尔德，2002. 国际经济学第五版. 海闻等译. 北京：中国人民大学出版社）。

请分析：（1）美国食糖进口配额政策相当于为每个食糖生产者提供了多少生产补贴？为“保留”食糖生产者的工作机会，消费者成本是多少？（2）食糖进口配额会损害美国消费者的利益，为什么美国政府还要实施这一政策？

第四章　国际贸易协调政策

学习目标

- 了解区域经济一体化产生与发展的原因及其对世界经济发展的影响；
- 掌握区域经济一体化的主要形式及代表性的组织；
- 了解 GATT 的宗旨、目标、成就、作用及局限性；
- 熟悉 WTO 的性质、职能、宗旨和目标；
- 掌握 WTO 的基本原则和贸易争端解决机制；
- 了解 WTO 的特点和中国与 WTO 之间的关系。

导入案例

1993 年 6 月，俄罗斯正式申请加入 WTO 前身 GATT，经过长达 18 年的“入世长跑”，2011 年 12 月 16 日俄罗斯正式加入 WTO。作为当今世界第六大经济体，俄罗斯“入世”使 WTO 覆盖全世界 97% 的贸易总量，由此可能带来的鲶鱼效应将为多边贸易体制建设和全球经济治理注入新的活力。根据“入世”协议，俄罗斯总体关税水平将从 2011 年的 10% 降至 7.8%。其中，农产品总体关税水平将从目前的 13.2% 降至 10.8%，工业制成品总体关税将从 9.5% 降至 7.3%。协议生效后，俄罗斯有义务立即对超过 1/3 的进出口税目执行新关税要求，另有 1/4 税目将在 3 年内调整到位。“入世”协议对俄罗斯一些产品给予较长关税保护期，其中禽肉制品保护期 8 年（最长），汽车、直升机和民用航空器为 7 年。

中国是俄罗斯的第一大贸易伙伴，俄罗斯入世后关税相应降低，其海关管理制度在 WTO 规则约束下更加规范、合法，这必将为中俄两国贸易带来巨大机遇。两国企业将在同一框架内、按照同一规则开展经贸合作，中国商品和投资进入俄罗斯将更加便利，解决两国贸易纠纷的渠道也将更加通畅。

请分析：(1) 俄罗斯加入 WTO 对其未来经济与贸易发展会带来哪些影响？(2) 中国在俄罗斯加入 WTO 后将面临哪些新的机遇和挑战？

国际贸易协调政策主要是指国与国之间协调贸易活动及其利益分配的政策，它的制定与实施需要各国的配合与协调。限于篇幅，本章主要介绍区域经济一体化和世界贸易组织。

第一节　区域经济一体化

区域经济一体化的实践早在 13 世纪的欧洲就存在，但其迅速发展是在“二战”以后。区域经济一体化组织的出现与发展有着深厚的社会、政治和经济基础。“二战”后，依据相关理论陆续建立了一些有代表性的区域经济一体化组织，对世界经贸发展带来了较大的影响。中国从20世纪90年代开始积极探索融入世界经济一体化进程中，近十年来成效显著。

一、区域经济一体化的概念

区域经济一体化（Regional Economic Integration）是指两个或两个以上国家通过签署条约或协定，共同采取减少歧视性贸易政策或取消贸易壁垒等措施，实现商品和生产要素的自由流动，协调彼此之间的经济贸易政策，以促进经济的共同发展。

区域经济一体化的形成是当今世界经济发展不平衡的结果。由于经济发展存在不平衡，世界各国尤其是小国通过建立各种类型的区域经济一体化组织，以适应经济全球化中的激烈竞争，期望在国际市场竞争中能以区域经济一体化组织与经济强国抗衡。

二、区域经济一体化的形式

区域经济一体化组织形式是根据各参加国的生产力水平、经济技术水平以及共同目标而定。不同组织形式一方面反映了区域经济一体化的不同发展进程；另一方面反映了成员国间经济干预和联合的深度与广度的差异。按照区域经济一体化程度由低到高可分为优惠贸易安排、自由贸易区、关税同盟、共同市场、经济联盟和完全经济一体化六种形式。

（一）优惠贸易安排

优惠贸易安排（Preferential Trade Arrangements，PTA）是区域经济一体化形式中最低级、最松散的一种形式，它是指成员国间通过贸易协定或其他形式，对其全部商品或部分商品相互提供特别的关税优惠。典型的优惠贸易安排是1932年英国与其自治领地成员国建立的英联邦特惠制，以及1961年7月31日由马来西亚、泰国、菲律宾三国在曼谷成立的东南亚联盟。由于优惠贸易安排这种组织形式对成员国间贸易和经济增长的作用不明显，现在各国在进行区域经济一体化过程中，大多数直接以自由贸易区为起点。

（二）自由贸易区

自由贸易区（Free Trade Area，FTA）是指区域内的成员国通过协定，取消关税和数量限制，使区域内各成员国之间的商品自由流动，但成员国各自独立地保持对非成员国的关税结构和其他贸易保护措施。由于自由贸易区允许成员国对非成员国制定独立的贸易政策，可能形成各个成员国对同一种商品的关税率存在差异，使非成员国可以利用这种关税率的差异绕开较高的关税壁垒。即先将商品出口到关税水平较低的成员国，然后再转运到关税水平较高的其他成员国，以降低商品流通成本，提高市场竞争力。因此，为了防止非成员国采用这种转运策略来逃避关税率较高成员国的贸易限制，通常使用原产地规则（Rules of Origin）对进入成员国的商品来源进行确认。

典型的自由贸易区有1960年建立的、持续时间最长的欧洲自由贸易联盟，以及1994年1月1日正式成立的美加墨北美自由贸易区。

（三）关税同盟

关税同盟（Customs Union，CU）是指同盟内各成员国完全取消了彼此间的关税和数量限制，允许商品自由流通，同盟内各成员国组成一个共同的关境，对同盟外的非成员国采取统一的关税和数量限制，其目的是在内部市场上排除非成员国商品竞争。关税同盟比自由贸易区更进了一步，它不仅取消了成员国之间的贸易壁垒，同时要求实行共同的对非成员国的贸易限制，因此，关税同盟需要拥有强有力的管理机构来监管与非成员国之间的贸易关系，即开始带有超国家的性质。

世界上较早的关税同盟是建于1920年的荷（荷兰）比（比利时）卢（卢森堡）关税同盟。最典型的关税同盟是欧洲经济共同体（European Economic Community）于1968年7月建成的6国关税同盟，后于1977年实现9国关税同盟，1992年实现12国关税同盟。2002年12月22日沙特阿拉伯等海湾6国正式成立，并于2003年1月1日生效的海湾关税联盟也是典型的关税同盟。

知识拓展

关税同盟的贸易创造效应与贸易转移效应

关税同盟是区域经济一体化中比较成熟和稳定的一种形式，关税同盟理论最早是由美国经济学家雅各布·瓦伊纳在其于1950年出版的《关税同盟问题》(the Customs Union Issue）一书中提出，后经李普西（K. G. Lipsey）、米德（J. E. Meade）等人逐步完善。瓦伊纳认为关税同盟的经济效应在于贸易转移（Trade Creation）和贸易创造(Trade Diversion）所取得的实际效果，贸易创造增加福利，而贸易转移减少福利。这一观点突破了传统观点中关税减让、贸易自由化对经济具有积极作用的论点，使关税同盟从定性分析发展到定量分析。

（一）贸易创造效应

贸易创造是指成员国之间相互取消关税所带来的贸易规模扩大和福利增加，即商品从生产成本较高的国内生产转向从生产成本较低的成员国进口，创造了成员国之间新的贸易和国际分工，并在竞争和比较优势基础上使生产更加专门化，使同盟内资源得到充分利用，成员国福利增加。

贸易创造效应由生产利得和消费利得构成。生产利得是指某成员国国内生产成本较高的商品被其他成员国生产成本较低的商品取代，使得资源使用效率提高，扩大生产利益；消费利得是指该国以较低价格的进口商品消费取代原较高价格的国内生产的商品消费而获得的利益，从而提高了社会福利水平。

（二）贸易转移效应

贸易转移是指成员国之间建立共同的对外关税和成员国之间相互取消关税所带来的贸易方向转移。结成关税同盟后，成员国之间取消关税，进口商就会减少从非成员国进口商品，增加从成员国进口商品，从而发生贸易转移。关税同盟可能使贸易伙伴从低成本国家转向高成本国家，并使进口国福利减少。即生产从效率较高的非成员国转向效率较低的成员国，造成国际资源配置恶化，排斥了竞争，背离了比较优势原则。

（四）共同市场

共同市场（Common Market，CM）是指在关税同盟的基础上，取消了成员国之间生产要素流动的各种限制，允许劳动力、资本等生产要素在成员国之间自由流动。共同市场建立后，成员国间的资本可以在共同市场内部自由流动，成员国的公民可以在共同市场内任何国家间流动，成员国之间可以自由地相互提供通讯、咨询、运输、信息、金融和其他服务。此外，各成员国还会在实施统一的技术标准，协调成员国金融市场管理法规，实现成员国学历互认等方面实现统一。

建成于1992年12月31日欧洲统一大市场是最早的共同市场，1991年3月26日宣布建立，1995年1月1日正式运行的南方共同市场是第一个完全由发展中国家组成的共同市场。

（五）经济联盟

经济联盟（Economic Union，EU）是指在实现贸易、关税和市场一体化的基础上，进一步协调成员国之间的货币、财政、经济发展和社会福利政策，强化超国家领导机构和权力，建立统一的货币制度和货币基金组织，从而实现贸易、关税、市场和货币的全面经济一体化。

经济联盟与共同市场最大的区别在于，尽管相互独立的政治实体依然存在，但各成员国必须把许多经济主权移交给一个超国家的机构统一管理，这意味着各成员国不仅让渡了建立共同市场所需让渡的权力，更重要的是让渡了使用宏观经济政策干预本国经济运行的权力。即成员国不仅让渡了干预内部经济以保持内部平衡的财政和货币政策等权力，也让渡了干预外部经济以维持外部平衡的汇率政策等权力。

典型的经济联盟也是目前世界上仅有的经济联盟组织是于1993年11月1日建成的欧洲经济联盟。

（六）完全经济一体化

完全经济一体化（Complete Economic Integration）是区域经济一体化的最高阶段，除具有经济联盟的特点外，还要求一个强有力的超国家的权力机构，在财政、货币等经济政策上高度一致，在各成员国之间完全消除商品、资本、劳动力等自由流动的人为障碍。完全经济一体化的发展，将使各成员国成为一个单一的经济实体，在此基础上，继续统一文化、政治等方面的内容，最终形成一个统一的社会实体。目前，还没有一个区域经济一体化组织属于这种组织形式。

除以上按区域经济一体化程度划分外，区域经济一体化组织还可以按参加经济一体化的范围划分为部门经济一体化（例如欧洲煤钢共同体、美加汽车贸易协议）和全盘经济一体化（例如欧盟）；按参加区域经济一体化组织的国家或地区的经济发展水平可以划分为水平经济一体化（例如欧盟、南美共同市场）和垂直经济一体化（例如北美自由贸易区）。

区域经济一体化不同形式的比较如表4-1所示。

表 4－1　区域经济一体化形式的比较

形式 \ 特点	减少彼此贸易壁垒	取消彼此贸易壁垒	共同对外贸易壁垒	生产要素自由流动	经济政策协调	经济政策统一
优惠贸易安排	有	无	无	无	无	无
自由贸易区	有	有	无	无	无	无
关税同盟	有	有	有	无	无	无
共同市场	有	有	有	有	无	无
经济联盟	有	有	有	有	有	无
完全经济一体化	有	有	有	有	有	有

三、区域经济一体化产生与发展的原因

“二战”后，区域经济一体化组织的出现与发展有着深厚的社会、政治和经济基础。

（一）抵御外部强大的贸易对手国

“二战”后，美国和苏联在欧洲形成了对峙的冷战局面，双方在欧洲展开了激烈争夺。为维护国家主权，增强与美苏抗衡的力量，恢复和提高国际地位，西欧国家领导人意识到各国联合的重要性，这是西欧经济共同体成立的直接原因。其后建立的区域经济一体化组织大多有类似的原因。

（二）维护自身的政治和经济利益

“二战”后，许多殖民地国家取得了政治上的独立，开始致力于发展民族经济。但是，这些国家物质和技术力量薄弱，资金不足，国内市场狭窄，无力单独建设大型工业项目和其他项目。这种状况迫使这些国家和地区在保持和发展与原宗主国、发达国家经济联系的同时，努力加强彼此之间的经济合作，走经济一体化的道路。此外，世界经济与政治发展日趋多元化，一体化的经济联合逐渐成为政治联合基础，一些在国际经济、政治斗争中有共同利益的国家，在共同利益基础上结成一体化集团，来维护他们自身的经济和政治利益。

（三）积极经济效应的内在动力

区域经济一体自身能带来的各种积极经济效应是各国组建区域经济一体化组织的内在动力。从区域经济一体化理论研究和实践情况来看，区域经济一体化至少可以给成员国带来以下五个方面的积极经济效应：

1. 扩大成员国贸易规模，带动各国经济发展。区域经济一体化组建后，成员国之间相互取消或削减关税和非关税壁垒，为成员国之间商品进出口创造了良好的条件，从而扩大成员国间的贸易规模，带动各国经济发展，这对国内市场狭小的国家意义重大。例如，美国在1994 年北美自由贸易区建立后，向墨西哥和加拿大的出口从 1993 年的 1 418 亿美元上升到

2011 年的 4 783 亿美元，所占比重从 30.4% 上升到 32.3%。从墨西哥的数据来看，墨西哥的出口从 1993 年的 780 亿美元上升到 2011 年的 3 496 亿美元。其中，墨西哥对美国的出口从 1993 年的 431 亿美元上升到 2011 年的 2 747 亿美元。相关研究表明，墨西哥参与北美自由贸易区获得的贸易增长最大；对于美国和加拿大来说，尽管相对贸易增长不大，但是绝对的增长数值也不小。

2. 促进投资增长。区域经济一体化的建立可以使区域内国家的投资环境改善，吸引区域内外的投资增加。区域外的企业因为贸易转移效应而遭受损失，为使这种损失降到最低，必须采取规避贸易壁垒的方式进入市场，通常的方法就是各种形式的直接投资。另外，区域经济一体化带来的市场扩大也是吸引区域外企业进行投资的原因，例如，从 20 世纪 60 年代末至 1993 年年底的 25 年中，外国对墨西哥直接投资累计总值 700 亿美元，平均年引进外资仅为 28 亿美元。1994 年，墨西哥加入北美自由贸易区后，吸引外资数量逐年上升。2011 年，墨西哥吸纳国外直接投资 194.4 亿美元，仅次于巴西，成为拉美第二大吸引外资的国家，占拉美引入国外直接投资的 12.67%。从资金来源来看，美国仅次于欧盟成为墨西哥 2011 年吸引外国直接投资的第二大来源国。从产业分布来看，墨西哥汽车产业是外资流入的主要领域，全球各大汽车生产厂商都在墨西哥投资设厂，以便能够自由地进入美国、加拿大，以及其他与墨西哥签署的自由贸易协议的国家。

3. 市场扩大带来的规模经济效应。国内市场的限制很难使企业具有较强的盈利能力，整个国际市场则存在太多的强有力的竞争者。区域经济一体化融合若干个狭小的市场，扩大了成员国的市场规模，使成员国企业充分获得内部规模经济效应，而产业规模扩大使成员国企业充分获得外部规模经济效应。

4. 市场扩大带来的竞争效应。区域经济一体化的建立为产业和企业的发展创造了更大的空间，企业能够在区域内市场考虑资源配置、生产和营销战略，减少因市场狭小带来的各种弊端，优化资源配置，提高经济运行效率。

5. 防范来自成员国的贸易政策损害。在经济缓慢增长或衰退的背景下，当成员国的相关产业和企业受到压力，成员国政府在迫于这些压力采取各种贸易限制措施时，区域经济一体化组织中的成员国可以免于这些严厉的限制措施。典型的例子就是美国布什政府于 2002 年 3 月 5 日对主要钢铁进口施加关税，但是作为北美自由贸易区成员国的墨西哥和加拿大得到了免除。

（四）消极经济效应的外在压力

区域经济一体化组织的建立使国家间的竞争转为区域经济集团间的竞争。由于区域经济一体化组织对来自成员国和非成员国的产品采取差别待遇，它在扩大区域内贸易的同时，减少了区内成员国与区外非成员国家之间的贸易往来，从而造成了贸易方向转移。由于这种“贸易转移”效应给非成员国造成了很大的负面影响，从而促使非成员国加入到区域经济一体化组织中，或寻求建立自己的区域经济一体化组织。

1992 年墨西哥在美国的纺织品与服装进口中占 3.6%，在北美自由贸易区建立后，1998 年这一比重上升到 12.3%，与此同时，东亚国家的份额从 32.5% 下降到 17.0%。由此导致墨西哥成为美国的第一大纺织品来源国，中国则下降到第二位。

（五）科技和社会生产力的快速发展奠定了雄厚的经济技术基础

“二战”后，以原子能工业、电子工业和高分子合成工业为标志的第三次科技革命的出现，大大地促进了生产力提高和国际分工向广度和深度发展，加速了各国经济的相互依赖。生产力的发展要求打破国家疆界，彼此之间进行经济协调和合作。这种建立在现代科学技术基础上的日益加深的各国经济的相互依赖是发达国家走向一体化的客观基础。

（六）无法实现贸易自由化情况下的一种“次优的”解决方法

WTO 的主要宗旨就是实现成员国间贸易自由化，但由于成员的多元化导致其管辖的范围不能得到足够的扩展，成员国间市场一体化的相关谈判常常无果而终，为了抢先获得部分贸易自由化带来的经济利益，各国开始组建区域经济一体化。这样既能够获得一定的贸易自由化利益，同时避免国内市场受到过度的冲击。所以，在“最优”的贸易自由化状态不能达到时，作为“次优”选择的区域经济一体化得到了长足的发展。

四、区域经济一体化对世界经济发展的影响

（一）有利于世界经济贸易增长

区域内部贸易壁垒的降低及消除，促进了内部贸易的增加，生产要素得到不同程度的自由流通。在比较优势作用下，资源将在成员国间得到更合理的利用和配置，企业的规模经济效益提高。这些都将促进世界经济贸易总量增长，为各国经济发展提供了机遇。

（二）影响商品、资本、人才、技术流向

“二战”后，世界贸易和资本流动越来越集中于发达国家，区域经济一体化的出现加剧了这种趋向。一方面它鼓励生产要素在区域内部流动，并促进产业结构在地区内部跨国界调整；另一方面它也促进资本在跨区域的集团内部流动。为了绕过其他区域集团的贸易壁垒，一些大的跨国公司选择在东道国建立生产基地，以分享区域经济一体化带来的经济利益。另外，区域内部及区域之间的联合科研日益加强，与此相适应，科技人才的流动也在加快，发达国家不断地吸引大量的人才流入。

（三）使发展中国家面临更多的机遇和更严峻的挑战

区域性经济集团一般是由经济发达国家为主导，由发达国家与发展中国家混合组成。一方面，发达国家作为资金、技术的主要提供者和产品的主要吸纳者，促进集团经济的发展；发展中国家可以通过合作，加速经济结构调整，取得较快的经济发展，从而使地区内的南北关系取得一定程度的协调和改善；另一方面，区域内部各国利益分配是不均衡的，发达国家取得的利益要大于发展中国家，南北矛盾依然存在。

五、区域经济一体化实践

目前世界上90%以上的国家都加入了不同层次的区域经济一体化组织，即使少数没有参加任何区域经济一体化组织的国家，也与已有的区域经济一体化组织建立了密切的经济合作关系，全球贸易的一半以上发生在各大区域经济集团内部。这些区域经济一体化组织规模大小相差较大，地理范围不一，成员数量不同，合作方式各具特色，一体化的程度也有较大差异。在这些区域经济一体化组织中最具有代表性的是建立最早、影响最广泛、运作最规范、处于区域经济一体化最高级阶段的欧盟联盟，处于区域经济一体化较低级阶段的北美自由贸易区，拥有世界50%的人口、影响和潜力巨大的亚太经济合作组织，以及全部由发展中国家组成的东南亚国家联盟。

（一）欧洲联盟

欧洲联盟（European Union，EU，简称欧盟）是当今世界上集政治实体和经济实体于一身的一体化程度最高的区域一体化组织，从区域化合作开始到一体化进程，一直引领世界区域经济一体化浪潮，也是当今世界各种区域经济一体化组织中最成功的典范。欧盟总部设在比利时首都布鲁塞尔，欧洲中央银行设在法兰克福，有自己的盟旗、盟歌、货币及外交政策。截至2011年12月，欧盟成员国27个，人口约5.025亿，面积432.48万平方公里，GDP15.79万亿美元，人均GDP31 548美元，经济总量与美国不相上下。

1. 欧盟经济一体化的主要进程。1951年4月18日，法国、原联邦德国、意大利、荷兰、比利时和卢森堡在巴黎签订了为期50年的《欧洲煤钢共同体条约》（又称《巴黎条约》）。1952年7月25日，欧洲煤钢共同体（European Coal and Steel Community，ECSC）正式成立。1957年3月25日，这6个国家又在罗马签订了《欧洲经济共同体条约》和《欧洲原子能共同体条约》，简称《罗马条约》，于1958年1月1日生效。1965年4月8日，6国签订了《布鲁塞尔条约》，决定将欧洲煤钢共同体、欧洲原子能共同体和欧洲经济共同体统一起来，统称欧洲共同体。条约于1967年7月1日生效。1992年年底以前，欧共体完成了内部统一大市场，在共同体范围内实现了商品、劳务、人员和资本无国界的自由流动。1991年12月11日，欧共体首脑会议在荷兰马斯特里赫特召开，通过了以建立欧洲经济货币联盟和欧洲政治联盟为目标的《经济与货币联盟条约》和《政治联盟条约》，通称《马斯特里赫特条约》。1993年11月1日，《马斯特里赫特条约》正式生效，欧洲共同体改称为欧洲联盟，这标志着欧共体从经济实体向经济政治实体过渡。

2. 欧盟的六次扩充。1973年，英国、丹麦、爱尔兰加入使欧共体成员增加到9个。1981年，希腊加入使欧共体成员增加到10个。1986年西班牙和葡萄牙先后加入，使欧共体成员增加到12个。1995年，奥地利、瑞典和芬兰加入使欧盟成员扩大到15个。2004年5月1日，塞浦路斯、匈牙利、捷克、爱沙尼亚、拉脱维亚、立陶宛、马耳他、波兰、斯洛伐克和斯洛文尼亚10个中东欧国家加盟，使欧盟成员国扩大到25个。2007年，保加利亚和罗马尼亚加入使欧盟成员扩大到27个。

3. 欧盟一体化的主要成果。欧盟一体化的主要成果主要体现在以下七个方面：

（1）成立关税同盟。1968年7月1日起成员国之间取消商品的关税和限额，建立关税同盟，对非成员国工业品实行统一关税，即以6国对外关税率的平均数作为共同的对外关税率。1969 年 1 月，建立农产品关税同盟。1973 年，欧共体实现了统一的外贸政策。《马斯特里赫特条约》生效后，为进一步确立欧盟单一市场的共同贸易制度，欧盟各国外长于 1994 年 2 月 8 日一致同意取消此前由各国实行的 6 400 多种进口配额，而代之以一些旨在保护低科技产业的措施。

（2）实施共同农业政策（Common Agricultural Policy）。1962 年 7 月 1 日欧共体开始实行共同农业政策，对非成员国农产品进口征收差价税，即按非成员国农产品的进口到岸价格与共同体内同种农产品的最高市场价格的差额征税；1968 年 8 月开始实行农产品统一价格，1969 年取消农产品内部关税，成立各类农产品的共同市场组织，制定共同价格，使农产品在共同体内自由流通；1971 年起对农产品贸易实施货币补贴制度，各成员国把征收的进口差价税上缴共同体，建立共同的农业基金以补贴农产品出口。

（3）建立欧洲货币体系。1973 年成立欧洲货币合作基金，1974 年设立欧洲计算单位（European Unit of Account，EUA），用于各成员国中央银行之间的债务结算和蛇形浮动制的货币业务。1979 年 3 月，欧共体又设立了欧洲货币单位（European Currency Unit，ECU）取代了欧洲计算单位。为了稳定各成员国的汇率，欧共体建立了一种固定的可调整的汇率制度，即以欧洲货币单位为中心，首先规定各成员国货币与欧洲货币单位的中心汇率或平价，然后通过欧洲货币单位确定各成员国货币之间的双边固定汇率，各成员国保证其货币汇率偏离中心汇率的最大波动幅度在 ±2.25% 之间，否则有义务进行干预。

（4）建立内部统一大市场。1986 年 2 月，成员国签署《欧洲单一文件》，1987 年正式生效。根据该文件，欧共体 12 国先后采取了 282 项立法措施，克服了有形障碍、技术障碍和财政障碍，于 1993 年 1 月 1 日起实现商品、人员、资本和劳务自由流通。

（5）发行单一货币，建立欧洲中央银行，统一货币政策。1999 年 1 月 1 日，欧盟中的比利时、德国、西班牙、法国、爱尔兰、意大利、卢森堡、荷兰、奥地利、葡萄牙、芬兰 11 个成员国率先放弃货币主权，共同采用统一的货币欧元，2002 年 1 月 1 日零时，欧元正式流通。之后，希腊于 2001 年 1 月 1 日，斯洛文尼亚于 2007 年 1 月 1 日，塞浦路斯和马耳他于 2008 年 1 月 1 日，斯洛伐克于 2009 年 1 月 1 日，爱沙尼亚于 2011 年 1 月 1 日，分别加入欧元区。目前欧元区有 17 个成员国，超过 3.2 亿人口。

（6）统一财税政策。欧盟在改革成员国不同增值税、消费税等税收制度和财政补贴政策方面有一整套财政政策协调的法律程序和制度框架，并逐步确立了成员国税收一体化的基本原则：禁止以税收方式对本国产品提供保护原则；协调成员国税收立法原则；消除重复征税原则；成员国从属原则；成员国一致同意原则。此外，建立超国家的共同财政预算制度，财政收入来源于成员国全部进口关税农产品进口差价税、糖税、成员国增值税提成等。通常欧盟每年的共同财政预算约 900 亿欧元。

（7）建立政治合作制度和政治联盟，实施共同的外交和安全政策。1987 年生效的《欧洲单一文件》把在外交领域进行政治合作正式列入欧共体条约，定期召开成员国外交部长参加的政治合作会议，讨论并确定欧共体对各种国际事务的立场。1991 年 12 月，欧共体有关建立政治联盟问题的政府间会议开始举行。经过 1 年的谈判，12 国在 1991 年 12 月召开的马斯特里赫特首脑会议上通过了政治联盟条约。

2003 年 12 月 12 日，欧盟首脑会议通过了欧盟安全战略文件，这是欧盟通过的第一个安全战略文件，为进一步提高欧盟的危机预防和处理能力及独立防务能力奠定了新的理论基础。2004年7月，欧盟外长会议决定正式开始建立欧盟军事装备局。2004年10月，欧盟25个成员国领导人在罗马签署了欧盟历史上第一部宪法条约，旨在保证欧盟的有效运作以及欧洲一体化进程的顺利发展。2007年12月13日，欧盟27个成员国首脑在葡萄牙首都里斯本就替代《欧盟宪法条约》的《里斯本条约》的文本内容达成共识，交给各成员国批准，2009年12月1日，《里斯本条约》正式生效。

在欧盟一体化进程中还建立了一系列共同体一级的决策机构和执行机构，主要有欧洲理事会（European Council）、欧盟理事会（Council of the European Union）、欧盟委员会（Commission of European Union）、欧洲议会（European Parliament）、欧洲法院（European Court of Justice）、欧洲审计院（European Court of Auditors）和欧洲中央银行（European Central Banks）。

（二）北美自由贸易区

由美国、加拿大、墨西哥组成的北美自由贸易区（North American Free Trade Area，NAFTA）是典型的发达国家与发展中国家之间的区域经济一体化组织，是在美加自由贸易区基础上发展起来的。1991年，美国、加拿大、墨西哥三国领导人在多伦多举行第一次会议，决定建立美加墨北美自由贸易区。经过一系列谈判，1992年12月17日三国正式签订了《北美自由贸易协定》，1994年1月1日，协定正式生效，北美自由贸易区宣布成立。

《北美自由贸易协定》明确规定，经过15年的过渡，三国相互取消关税，实现商品和服务的自由流动。这一目标分三个阶段实施：第一阶段，在所列的9 000多种产品中立即取消约50%的关税；第二阶段，15%以上的产品关税将在5年内取消；第三阶段，剩余关税在第6～15年内取消。为防止来自第三国的转口贸易，三国详细开列了原产地原则的标准，规定在多数产品中，只有全部价值的62.5%的产品价值在其成员国生产时，才属于原产地产品。

北美自由贸易区开创了发达国家与发展中国家之间组成区域经济一体化组织的先例，由于三国之间在政治、经济、文化等方面差距很大，北美自由贸易区是通过垂直分工来体现美、加、墨三国之间的经济互补关系，促进各方经济发展。北美自由贸易区运行的基本模式是美国和加拿大利用其发达的技术和知识密集型产业，通过商品和资本的流动来进一步加强他们在墨西哥的优势地位，扩大墨西哥的市场；而墨西哥则可利用本国廉价的劳动力来降低成本，大力发展劳动密集型产品，并出口到美国，同时还可以从美国获得巨额投资和技术转让以促进本国产业结构的调整，加快本国产品的更新换代，在垂直分工中获取较多的经济利益。因此，北美自由贸易区也是南北经济合作的典型代表之一。

截至2011年，北美自由贸易区总人口约4.6亿，面积2 123万平方米，GDP总量18万亿美元，是世界上地域范围最广，经济总量最大的区域经济集团。2011年，美国分别是墨西哥和加拿大的第一大贸易伙伴；加拿大是墨西哥第三大贸易伙伴，美国的第一大贸易伙伴；墨西哥分别是美国和加拿大的第三大贸易伙伴。表4－2反映了2011年北美自由贸易区成员国间相互出口情况。

表4-2　　2011年北美自由贸易区成员国间相互出口情况

出口国	进口国	出口排名	出口额（百万美元）	同比（%）	占比（%）
墨西哥	美国	1	274 712	15.2	78.6
墨西哥	加拿大	2	10 674	0.5	3.1
加拿大	墨西哥	5	5 533	42.9	1.2
加拿大	美国	1	333 832	14.9	73.8
美国	加拿大	1	280 764	12.7	19.0
美国	墨西哥	2	197 544	20.8	13.3

资料来源：中华人民共和国商务部网站——国别报告：http：//countryreport. mofcom. gov. cn。

（三）亚太经济合作组织

亚太经济合作组织（Asia-Pacific Economic Cooperation，APEC）是亚太地区最具影响的经济合作官方论坛，也是亚太地区最高级别的政府间经济合作机制。1989年11月5~7日，澳大利亚、美国、加拿大、日本、韩国、新西兰和当时的东盟6国在澳大利亚首都堪培拉举行亚太经济合作会议首届部长级会议，这标志着亚太经济合作会议的成立，1993年6月改名为亚太经济合作组织。

APEC采取自主自愿、协商一致的合作原则，所做的决定必须经各成员一致同意认可。APEC的组织机构包括领导人非正式会议、部长级会议、高官会、委员会和专题工作组等。其中，领导人非正式会议是APEC最高级别的会议，首次会议于1993年11月20日在美国西雅图举行，会议发表了《经济展望声明》，揭开了亚太贸易自由化和经济技术合作的序幕。APEC领导人非正式会议每年召开一次，在各成员间轮流举行；每年举行一次由各成员外交和经贸部长参加的年会，并召开3~4次高级官员会议，还可就某一专题举行部长级特别会议。自成立以来，APEC在推动区域和全球范围的贸易投资自由化和便利化、开展经济技术合作方面不断取得进展，为加强区域经济合作、促进亚太地区经济发展和共同繁荣做出了突出贡献。

目前APEC共有21个成员（澳大利亚、文莱、加拿大、智利、中国、中国香港、中国台湾、印度尼西亚、日本、韩国、墨西哥、马来西亚、新西兰、巴布亚新几内亚、秘鲁、菲律宾、新加坡、泰国、美国、俄罗斯和越南），总人口达26亿，约占世界人口的40%；国内生产总值之和超过19万亿美元，约占世界的56%；贸易额约占世界总量的48%，在全球经济活动中具有举足轻重的地位。

APEC是一种开放的区域经济一体化组织，与传统的区域经济一体化组织有本质的区别：（1）成员的复杂多样性。从地理位置来看，21个成员遍及北美、南美、东亚和大洋洲；就经济发展水平来说，既有发达的工业国家，又有发展中国家；就政治体制而言，既有资本主义国家，又有社会主义国家；就宗教信仰而言，既有基督教国家，又有佛教国家；就文化而言，既有西方文化，又有东方文化。（2）独特的官方经济论坛。APEC是一个区域性的官方经济论坛，在此合作模式下，不存在超越成员体主权的组织机构，成员体自然也无须向有关机构进行主权让渡。（3）开放性。APEC是一个开放的区域经济组织。APEC之所以坚持开放性，其中一个重要原因是APEC大多数成员体在经济发展过程中，采取以加工贸易或出口为导向的经济增长方式及发展战略。这样的发展战略所形成的贸易格局使这一地区对区外经济的依赖程度非常大。而采取开放的政策，不仅可以最大限度地发挥区域内贸易的长处，同时也可以避免对区域外的歧视政策而缩小区域外的经济利益。（4）自愿性与松散性。由于成员之间政治经济上的巨大差异，在推动区域经济一体化和投资贸易自由化方面要想取得"协商一致"是非常困难的，APEC 成立之初就决定了其决策程序的软约束力，没有成立专门的组织机构和进行机制化的贸易安排，在自愿经济合作的前提下，以公开对话为基础，坚持通过非正式途径推进各成员的经济合作。（5）坚持非歧视原则，成员间的所有优惠性措施或安排也适用于非成员经济体。（6）合作方式具有多样性，贸易、投资自由化与经济技术合作并重。

（四）东南亚国家联盟

东南亚国家联盟（Association of Southeast Asian Nations，ASEAN，简称东盟）的前身是马来西亚、菲律宾和泰国于 1961 年 7 月 31 日在曼谷成立的东南亚联盟。1967 年 8 月 7 ~ 8 日，印度尼西亚、泰国、新加坡、菲律宾四国外长和马来西亚副总理在曼谷举行会议，发表了《曼谷宣言》，正式宣告东南亚国家联盟成立。东南亚国家联盟是政府间、区域性、一般性的国家组织，其宗旨是"本着平等合作的精神，通过共同努力来加速地区的经济增长、社会进步和文化发展；增进地区间的积极合作和相互援助，同国际组织和区域性组织保持紧密和有益的合作"。东盟现有 10 个成员国，其中，印度尼西亚、马来西亚、新加坡、菲律宾、泰国为创始国，文莱（1984 年）、越南（1995 年）、老挝和缅甸（1997 年）、柬埔寨（1999 年）后加入。2006 年 7 月东帝汶提出加入东盟，巴布亚新几内亚是观察员国。截至 2011 年，东盟总面积约 446 万平方公里，人口 5.76 亿，国内生产总值（GDP）达 15 062 亿美元，是一个具有相当影响力的区域性组织。

东盟总部设在印度尼西亚首都雅加达，常务委员会主席由每年主持外长会议的东道国外长担任，任期 1 年。东盟秘书长由东盟各国根据资历和条件轮流提名，任期 5 年。东盟每三年召开一次正式首脑会议，两次正式首脑会议期间每年召开一次非正式会议，就重大问题和发展方向做出决策。截至 2012 年，东盟已经成功举行 19 次正式首脑会议。东盟外长会议是制定东盟基本政策的机构，由东盟各国外长组成，每年轮流在成员国举行。而东盟与对话国外长会议在每年的外长会议后召开，由东盟国家外长与其对话国的外长出席，就重大的国际政治和经济问题交换意见。目前，东盟已逐步发展成为一个重要的具有活力的区域性组织，并在地区和国际事务中发挥着越来越重要的作用。

（五）南方共同市场

南方共同市场（South American Common Market，MERCOSUR，简称南共市）是南美地区最大的经济一体化组织，也是世界上第一个完全由发展中国家组成的共同市场。1991 年 3 月 26 日，阿根廷、巴西、乌拉圭和巴拉圭 4 国总统在巴拉圭首都亚松森签署《亚松森条约》（条约于同年 11 月 29 日生效），宣布建立南方共同市场。1994 年增修的《黑金市议定书》确立了共同市场组织架构，1995 年 1 月 1 日，南共市正式启动。

随着 2012 年 7 月委内瑞拉成为南共市的正式成员国，目前南共市共有 5 个成员国，成员国总面积约为 1 180 万平方公里，约占南美洲总面积的 67%；人口总数约为 2.46 亿，约占南美洲人口总数的 65%。另外，智利（1996 年）、玻利维亚（1997 年）、南非（2000 年）、秘鲁（2003 年）、哥伦比亚和厄瓜多尔（2004 年）先后成为南共市的"联系国”。而智利已就成为正式成员同南共市开始进行谈判，玻利维亚也已向南共市提出加入申请。

南共市的最高决策机构是理事会，由成员国外交部长和经济部长组成，负责首脑会议的筹备和组织工作。理事会主席由各缔约国外长轮流担任，任期半年。南共市的执行机构为共同市场小组，负责实施条约和理事会做出的决议。南共市首脑会议每年至少举行一次，必要时可召开多次。截至2012年1月，南共市举行了42届首脑会议。

南共市成立以后通过了合理利用资源、保护环境、协调宏观经济、加强文化科技合作等一系列协议，以加速南共市内部的一体化进程。在加强内部合作的同时，南共市还积极发展同本地区及世界主要国家和集团的合作。2004年10月，南共市同安共体签署了自由贸易协定。1995年12月南共市与欧盟签署了《区域性合作框架协议》，决定2005年建成跨洲自由贸易区。但2004年因在农产品和工业产品市场准入问题上分歧严重，南共市与欧盟中止自贸谈判，2010年5月双方宣布重新启动自贸协定谈判。此外，南共市同中国、日本、俄罗斯和韩国等建立了对话或合作机制。

六、中国参与区域经济一体化情况

自20世纪80年代末90年代初以来，中国在区域经济一体化方面进行了不懈地探索和努力，并在参与区域经济一体化经济合作方面取得了阶段性的进展。除了参加各种层次和级别的经济合作外，截至2012年8月，中国正与五大洲的28个国家和地区建设15个自由贸易区。其中，已经签署实施的自由贸易区协定有10个：中国与东盟、新加坡、巴基斯坦、新西兰、智利、秘鲁、哥斯达黎加自由贸易区协定，中国大陆与香港、澳门的更紧密经贸关系安排，以及与中国台湾的海峡两岸经济合作框架协议。正在谈判的自由贸易区有6个：中国与海湾合作委员会、澳大利亚、挪威、瑞士、冰岛及南部非洲关税同盟的自由贸易区。同时，中国已经完成了与印度的区域贸易安排联合研究，与韩国结束了自由贸易区联合研究，正在开展中日韩自由贸易区官产学联合研究，并于2012年5月13日与日韩正式签署了中日韩三国投资协定。此外，中国还加入了《亚太贸易协定》。

（一）中国－东盟自由贸易区

中国－东盟自贸区是中国同其他国家商谈的第一个自由贸易区，也是目前中国建成的最大的自由贸易区，其成员包括中国和东盟十国，涵盖19亿人口和1 400万平方公里。中国－东盟自由贸易区是继欧洲联盟、北美自由贸易区之后的第三大自由贸易区。

2000年11月，中国时任总理朱镕基提出建立中国－东盟自由贸易区的设想，得到了东盟各国领导人的积极响应。2002年11月4日，中国与东盟签署了《中国与东盟全面经济合作框架协议》（Framework Agreement on Comprehensive Economic Co-operation between ASEAN and China），决定在2010年建成中国－东盟自由贸易区，并正式启动了自由贸易区建设的进程。2004年11月，双方签署自由贸易区《货物贸易协议》，并于2005年7月开始相互实施全面降税。2007年1月，双方又签署了自由贸易区《服务贸易协议》，已于当年7月顺利实施。2009年8月，双方签署了《投资协议》。

2010年1月1日，中国－东盟自由贸易区正式启动，中国与东盟双方约有7 000种商品享受零关税待遇，实现货物贸易自由化，即双方90%的商品进出口将实现零关税。2010年，中国－东盟自由贸易区双边贸易额近 2 928 亿美元，比 2009 年增长 37.5%，而 2011 年 1～11 月中国和东盟的进出口额达 3 289.65 亿美元，同比增加 25.1%。中国成为东盟最大的贸易伙伴和第一大出口目的地，东盟成为中国第四大贸易伙伴。

（二）内地－港澳地区自由贸易协定

2003 年 6 月和 10 月，中国内地分别为中国香港和澳门签署了《更为紧密的经贸关系安排》（Closer Economic Partnership Arrangement，CEPA），2004 年 1 月 1 日正式实施。CEPA 是中国国家主体与其香港、澳门单独关税区之间签署的具有自由贸易协议性质的经贸安排，带有明显的自由贸易区特征。CEPA 是中国内地迄今为止签署的内容最全面、开放幅度最大、第一个全面实施的自由贸易协议，也是香港、澳门实际参与的唯一的自由贸易协议。从宏观角度看，CEPA 的基本目标是：逐步取消货物贸易的关税和非关税壁垒，逐步实现服务贸易自由化，促进贸易投资便利化，提高内地与香港、澳门之间的经贸合作水平。CEPA 第三条规定，“双方将通过不断扩大相互间的开放，增加和充实 CEPA 的内容。”2004～2010 年，在 CEPA 框架下，中国内地每年分别与香港和澳门签署一个 CEPA 的《补充协议》（1～7），这是 CEPA 开放性的具体体现。

以香港为例，据香港政府统计处统计，2011 年中国内地是香港最大的贸易伙伴，居香港出口目的地和进口来源地的首位。2011 年香港与中国内地货物进出口额为 4 665.9 亿美元，增长 14.9%。其中，香港对内地出口 2 465.9 亿美元，增长 17.2%，占香港出口总额的 54.1%，上涨 1.7 个百分点；香港自内地进口 2 200.0 亿美元，增长 12.4%，占香港进口总额的 43.0%，下降 1.2 个百分点。香港与内地的贸易顺差为 265.9 亿美元，增长 81.5%。

（三）中国－智力自由贸易协议

中国－智力自由贸易区谈判于 2004 年 11 月 18 日启动，在两国领导人的推动下，中智双方已就市场进入、原产地规则、技术性贸易障碍、食品安全检验与动物防疫检验检疫措施、贸易救济、争端解决、合作等议题进行了五个回合的切磋，并于 2005 年 11 月 18 日在韩国釜山签署了《中国－智力自由贸易协议》（Chile-China Tree Trade Agreement），该协议是继中国－东盟 FTA 之后中国对外签署的第二个 FAT，也是中国与拉丁美洲签署的第一个 FAT，智力成为第一个与中国建立自由贸易区的拉美国家。根据该协议，两国将从 2006 年 7 月 1 日起，全面启动货物贸易的关税减让进程，其中占两国税目总数 97% 的商品进口关税将于 10 年内分阶段逐步取消。2008 年 4 月，中国和智利签署《中智自贸协定关于服务贸易的补充协定》（即中智自贸区服务贸易协议），中国 23 个部门和分部门与智利 37 个部门和分部门将在各自 WTO 承诺基础上向双方进一步开放。此外，两国还将在经济、中小企业、文化、教育、科技、环保、劳工和社会保障、智能财产权、投资促进、矿产、工业等方面进一步合作。

中国－智利自由贸易协议实施以来，双边贸易增长迅速，协议实施第一年和第二年，双边贸易额分别为 132 亿美元和 176 亿美元，同比分别增长 59% 和 33%。2011 年，中智双边贸易额为 290.3 亿美元，同比增长 17.4%，中国超过美国成为智利第一大贸易伙伴。同时，中国是智利第一大顺差来源国，第一大出口目的地和第二大进口来源地。

（四）亚太贸易协定

《亚太贸易协定》的前身是《曼谷协定》（Bangkok Agreement），其全称为《亚太经济社会发展中成员国贸易谈判第一协定》（First Agreement on Trade Negotiations among Developing Member Countries of the Economic and Social Commission for Asia and the Pacific）。《曼谷协定》是在联合国亚太经社会主持下，于1975年7月31日由孟加拉国、印度、韩国、斯里兰卡、老挝、菲律宾和泰国七个国家共同在泰国首都曼谷签订的。《曼谷协定》是亚太区域中唯一由发展中国家组成的关税互惠组织，其宗旨是通过成员国对进口商品相互提供优惠关税和非关税减让来扩大相互间的经济贸易合作，促进成员国经济发展。2001年5月23日起，中国正式成为曼谷协定的成员国，这是中国加入的第一个具有实质性优惠贸易安排的区域贸易组织。2005年11月2日，《曼谷协定》部长级理事会将其更名为《亚太贸易协定》，现有成员国为印度、韩国、孟加拉国、斯里兰卡、老挝和中国。

（五）中国－新西兰自由贸易协定

2004年5月28日，中国和新西兰在奥克兰正式签署了《中国－新西兰贸易与经济合作框架》（China-New Zealand Trade and Economic Cooperation Framework），这标志着中、新两国自由贸易协议的可行性研究正式开始，并为启动两国自由贸易协定的谈判奠定了基础。之后，双方通过谈判确定在农业、畜牧业、林业、服务业、科学技术、环境保护和信息等领域开展行业合作的具体措施。2008年4月7日正式签署了《中国－新西兰自由贸易协定》（New Zealand-China Free Trade Agreement）并于2008年10月1日正式实施，《中国－新西兰自由贸易协定》是中国与发达国家签署的第一个自由贸易协定，也是中国与其他国家签署的第一个涵盖货物贸易、服务贸易、投资等多个领域的自由贸易协定。

根据新西兰统计局统计，2011年，新西兰与中国双边货物进出口额达到105.4亿美元，增长25.6%；中国是新西兰第二大出口目的地和第二大进口来源地。

（六）中国－新加坡自由贸易协定

中国－新加坡自由贸易区谈判启动于2006年8月，经过八轮艰苦而坦诚的磋商，双方于2008年10月23日签署了《中国－新加坡自由贸易协定》（China-Singapore Free Trade Agreement），《协定》涵盖了货物贸易、服务贸易、人员流动、海关程序等诸多领域，是一个内容全面的自由贸易协定。根据《协定》，新加坡承诺2009年1月1日取消全部自中国进口商品关税；中国承诺将在2010年1月1日前对97.1%的自新加坡进口商品实现零关税。双方还在医疗、教育、会计等服务贸易领域做出了高于WTO的承诺。

根据新加坡贸工部统计，2011年中国与新加坡双边贸易额为805亿美元，中国是新加坡第二大贸易伙伴。

（七）中国－巴基斯坦自由贸易协定

2003年11月3日，中国与巴基斯坦签署了《中国－巴基斯坦优惠贸易安排》（China-Pakistan Preferential Trade Agreement），自2004年1月1日起正式实施。这是中国与外国政府签署的第一个双边优惠贸易安排。根据《中国－巴基斯坦优惠贸易安排》，中国将对巴基斯坦893个八位税目的商品实行中国在《曼谷协定》中承诺的优惠税率，整体优惠幅度为

18.5%。巴基斯坦对中国出口商品参照印度在《曼谷协定》的承诺实行优惠关税安排，整体优惠幅度31.7%。

为进一步发展中巴双边经贸关系，促进双赢和共同发展，2005年8月15~16日，中国和巴基斯坦为建立自由贸易区进行首轮谈判，并于2006年11月签署以货物贸易为主的自由贸易协定，该协定于2007年7月1日开始实施。《中国-巴基斯坦自由贸易协定》（China-Pakistan Free Trade Agreement）关税减让可分为两个阶段对全部产品实施降税。第一阶段在协定生效后五年内，双方对占各自税目总数85%的商品按照五种类别，以不同的降税幅度实施降税。第二阶段从《协定》生效后第6年开始，双方将在对以往情况进行审评的基础上，对各自商品进一步实施降税，目标是使各自零关税商品占税号和贸易量的比例达到90%。

2009年2月21日，中国和巴基斯坦两国政府签署了《中国-巴基斯坦自由贸易区服务贸易协定》，2009年10月10日正式生效。该协定是迄今两国各自对外国开放程度最高、内容最为全面的自由贸易区服务贸易协定。

据中国商务部统计，2011年，中国与巴基斯坦双边贸易额达105.91亿美元，中国是巴基斯坦的第一大贸易伙伴。2010年，中国企业在巴基斯坦新签承包工程合同额13.77亿美元，完成营业额20.63亿美元。2010年，中国对巴基斯坦直接投资金额为2 609万美元，巴基斯坦来中国投资项目33个，实际投资570万美元。

（八）中国-秘鲁自由贸易协定

2007年9月7日，中国与秘鲁启动自由贸易区谈判。此后，在短短一年多的时间里，双方共举行了一次工作组会议和七轮正式谈判，就货物贸易、服务贸易、投资、原产地规则、海关程序、技术性贸易壁垒、卫生和植物卫生措施、争端解决、贸易救济、知识产权等议题进行磋商，并最终达成一致。2009年4月28日，中国和秘鲁签署了《中国-秘鲁自由贸易协定》（China-Peru Free Trade Agreement），2010年3月1日正式实施。这是中国与拉美国家签署的第一个一揽子自由贸易协定。

根据秘鲁海关统计，2007年，中国与秘鲁双边贸易额仅为60.1亿美元。2011年，中国和秘鲁双边货物进出口额为133.3亿美元，占秘鲁外贸总额的15.93%。中国成为秘鲁第一大贸易伙伴，第一大出口目的地和第二大进口来源地。

（九）中国-哥斯达黎加自由贸易协定

2008年11月，中国与哥斯达黎加正式启动自由贸易协定谈判，经过六轮谈判，于2010年4月8日两国签署了《中国-哥斯达黎加自由贸易协定》（China-Costa Rica Free Trade Agreement），2011年8月1日正式实施。这是中国与中美洲国家签署的第一个一揽子自由贸易协定，中国与哥斯达黎加双方将对各自90%以上的商品分阶段实施零关税。

根据中国统计数据表明，中国与哥斯达黎加双边贸易额从2000年的9 400万美元增长到2010年的37.9亿美元。哥斯达黎加已经成为中国在中美洲最大的贸易伙伴和投资目的国，而中国是哥斯达黎加的第二大贸易伙伴。

除以上已经生效的九个自由贸易区外，目前正在谈判的拟建立的自由贸易区还有中国-澳大利亚自由贸易区、中国-南方共同市场自由贸易区、中国-海湾六国自由贸易区、中国-冰岛自由贸易区、中国-挪威自由贸易区、中国-瑞士自由贸易区。

（十）中国参加的区域与次区域经济合作组织

中国在积极建立双边和多边自由贸易区的同时，还加入了一些区域与次区域经济合作组织，以扩大与周边国家的经济贸易合作。

1. APEC。亚太地区是中国对外经济贸易的重要依托，中国对外贸易的大约70%、吸引外国直接投资的70%以上来自APEC成员。1991年，中国在汉城会议上加入APEC。作为重要的成员国，中国国家主席出席了历次APEC领导人非正式会议，提出了许多积极、平衡、合理的政策主张和倡议，中国通过参加APEC的一系列活动，推动国际秩序朝着更加公正合理的方向发展。2001年10月20日，APEC第九次领导人非正式会议在中国上海成功举行。会议通过了《亚太经合组织经济领导人宣言》、《上海共识》、《数字亚太经合组织战略》等重要文件，有力推动了中国与APEC有关成员双边关系的发展。2010年在新加坡举行的APEC第十七次领导人非正式会议上，胡锦涛主席宣布，中国政府将拨款1 000万美元设立中国亚太经合组织合作基金，用于鼓励和支持中国相关部门和企业参与APEC经济技术合作。

2. 亚欧会议。首届亚欧会议（Asia-Europe Meeting）于1996年3月1~2日在泰国首都曼谷举行。中国作为创始国，积极参与了亚欧会议的各项后续活动：首脑会议、亚欧外长会议、经济部长会议、财长会议、高官会议、海关署长会议等。中国提出的合理建议和主张受到了普遍重视，为促进两大洲的合作与交流发挥了积极作用。

3. 上海合作组织。上海合作组织（Shanghai Cooperation Organization，SCO）是由中国、俄罗斯、哈萨克斯坦、吉尔吉斯斯坦、塔吉克斯坦和乌兹别克斯坦六国组成的一个国际组织。该组织另有五个观察员国：蒙古国、伊朗、巴基斯坦、印度和阿富汗，工作语言为汉语和俄语。成员国总面积为3 018.9万平方公里，即欧亚大陆总面积的3/5，人口约16亿，为世界总人口的1/4。这是中国首次在其境内成立国际性组织，并以其城市命名。上海合作组织是由始于1996年4月26日的“上海五国会议”（中国、俄罗斯、哈萨克斯坦、吉尔吉斯斯坦、塔吉克斯坦）发展而来，在此基础上，2001年6月15日，上海合作组织在上海正式成立。截至2012年6月，上海合作组织已经召开了十二次峰会。虽然“上海五国”会晤机制最初是以边境裁军和加强军事信任为议题，但是随着时间的推移，五国关系日益密切，友好关系深入发展，经贸合作与文化交流也相继展开，在能源、交通等领域进行了一系列的合作。

4. 澜沧江－湄公河地区的次区域经济合作。澜沧江－湄公河地区的次区域经济合作（Sub-regional Economic Cooperation of Lancang-Mekong Area）又称为大湄公河次区域经济合作（The Great Mekong Sub-region Economic Cooperation，GMS），是中国与周边国家和地区开展最早、成效最大和最具示范意义的区域合作，已成为中国构筑周边地缘政治、地缘经济新格局的战略依托。该组织始于1992年8月，由亚洲开发银行发起，涉及流域内的缅甸、老挝、泰国、柬埔寨、越南和中国（云南省和广西壮族自治区）等6个国家和地区，面积256.86平方公里，总人口约3.26亿。大湄公河次区域经济合作建立在平等、互信、互利的基础上，旨在通过加强各成员国间的经济联系，促进次区域的经济和社会发展，是一个发展中国家互利合作、联合自强的机制，也是一个通过加强经济联系，促进次区域经济社会发展的务实的机制。领导人会议是大湄公河次区域经济合作的最高决策机构，每三年召开一次，各成员国按照国名字母顺序轮流主办。部长级会议每年举行一次，下设专题论坛和工作组。

GMS 是以项目为主导的次区域合作机制。自 1992 年至 2010 年年底，成员国在交通、能源、电信、环境、农业、人力资源开发、旅游，贸易便利化与投资九大重点合作领域开展了 227 个合作项目，共投入资金约 140 亿美元。其中，投资项目 55 个，投资总额 138 亿美元，其中亚行提供贷款 50 亿美元，GMS 国家政府配套资金 43 亿美元，联合融资 45 亿美元，主要用于支持基础设施建设；技术援助项目 172 个，涉及资金 2. 3 亿美元，其中亚行提供贷款 1 亿美元，GMS 国家政府提供配套资金 0. 2 亿美元，联合融资 1. 1 亿美元，主要用于支持成员国开展相关研究和能力建设活动。

5. 图们江地区次区域合作组织。图们江地区次区域合作（Sub-regional Economic Cooperation of the Great Tumen River Area）组织是 1995 年 12 月在联合国开发署图们江秘书处的协调下，中国、俄罗斯、朝鲜签署了《关于建立图们江地区开发协调委员会的协定》；中国、俄罗斯、韩国、朝鲜和蒙古签署了《关于建立图们江经济开发区及东北亚环境准则谅解备忘录》和《关于建立图们江经济开发区及东北亚协调委员会的协定》。自此，图们江地区次区域经济技术合作进入实质阶段。

第二节　世界贸易组织

一、WTO 的产生

世界贸易组织（World Trade Organization，WTO）的前身是 1947 年建立的关税与贸易总协定（General Agreement on Tariff and Trade，GATT），经过近 50 年前后八轮谈判，大幅度削减成员国间关税和贸易障碍，促进了世界贸易的发展。但 GATT 在运行过程中也存在一些局限性，无法适应国际贸易新形势的需要，1996 年 1 月 1 日被 WTO 取代。

（一）GATT 的形成

GATT 是世界上第一个以贸易自由化和公平贸易为基础的规范国际贸易的多边国际性协议。1947 年 10 月 30 日，美、英、中、法等 23 个国家在日内瓦签订《关税与贸易总协定临时适用议定书》，GATT 于 1948 年 1 月 1 日生效。

（二）GATT 的宗旨和目标

GATT 作为协调多边贸易的临时性制度安排，其宗旨是通过达成互惠互利的协议，大幅度削减关税和降低贸易障碍，取消国际贸易中的歧视性待遇，以提高世界各国的生活水平，保障充分就业，实现实际收入和有效需求的持续增长，促进世界资源的充分利用和商品生产与贸易的发展。为实现上述宗旨，GATT 确立了三个基本目标：（1）为处理各国间的国际贸易关系提供一个制度框架；（2）为贸易自由化和消除贸易壁垒提供一个制度基础；（3）提供一套防止各国采取单边行动的规则。

（三）GATT 的成就

GATT 自 1948 年 1 月 1 日生效以来，共进行了八轮贸易与关税谈判，发达国家关税从当初的 40% 多降到了 WTO 成立时的 3. 8%，非关税壁垒的规范也有了较完整的协议框架。

GATT 的八轮多边贸易谈判时间、地点、议题及结果如下：

第一轮谈判于1947年4~10月在瑞士日内瓦举行，包括中国在内的23个创始国参加了谈判，达成双边减税协议123项，涉及商品税目45 000项，使应征税进口值54%的商品平均降低关税35%。

第二轮谈判于1949年4~10月在法国安纳西举行，有33个国家参加，达成双边减税协议147项，涉及关税减让5 000项，使应征税进口值的5.6%的商品平均降低关税35%。

第三轮谈判于1950年9~1951年4月在英国托基举行，有39个国家参加，达成双边减税协议150项，涉及关税减让8 700项，使应征税进口值11.7%的商品平均降低关税26%。

第四轮谈判于1956年1~5月在瑞士日内瓦举行，有28个国家参加，就近3 000项商品达成关税减让，使应征税进口值16%的商品平均降低关税15%。

第五轮谈判于1960年9月至1962年7月在日内瓦举行，以美国副国务卿格拉斯·狄龙命名，又称为“狄龙回合”，有45个国家参加谈判。关税减让商品涉及4 400多项，使应征税进口值20%的商品关税税率平均下降20%，然而农产品和某些政治敏感性商品仍被排除在最后的协议之外。

第六轮谈判于1964年5月至1967年6月在日内瓦举行。由于这次谈判是当时美国总统肯尼迪提议召开的，又称为“肯尼迪回合”。这次谈判商定从1968年起的5年内，美国工业品关税平均降低37%，而西欧各国则平均削减35%，涉及关税减让商品项目合计达60 000项之多，平均降低关税35%。这轮谈判是1973年以前GATT所主持的所有谈判中最广泛、最复杂的一次，由占世界贸易额约75%的54个国家参加。同时，第一次把非关税壁垒也列入谈判内容，美国、英国、日本等21个国家签署第一个“反倾销协议”，并于1968年7月1日生效。

第七轮谈判时间是1973年9月至1979年4月，有102个国家参加（含29个非缔约国），由于谈判始于日本东京，又称为东京回合。该轮谈判取得的主要成果涉及多个方面：(1) 从1980年起八年内关税削减幅度为25%~33%，减税范围除工业品外，还包括部分农产品；(2) 禁止工业品补贴，除国防、通信和部分能源设备外，各国用竞争性的国际投标方式进行采购；(3) 制定海关评估进口关税的准则，消除歧视性海关估价。

第八轮谈判时间是1986年9月至1993年12月，是GATT举行的历次谈判中时间最长的一次，又称“乌拉圭回合”。第八轮谈判参加的国家有117个，主要讨论货物贸易与服务贸易共计15个议题。与前几次谈判相比，乌拉圭谈判具有以下四个明显的特点：一是涉及面非常广泛，几乎是国际贸易中所有的现实问题；二是非关税壁垒谈判占据相当重要的位置；三是为农产品贸易谈判打开了缺口；四是服务贸易开始进入谈判的议题。第八轮谈判达成40多个协议和决定，涉及市场准入（关税和非关税）、服务贸易、农产品、纺织品、反倾销、知识产权、投资措施、争端解决、WTO等内容。

（四）GATT的作用

GATT作为世界上第一个国际贸易体系，对世界经济发展和贸易增长起到了一定的积极作用，具体表现在以下六个方面：

1. 通过多边贸易谈判，大幅度地削减了关税。自从GATT于1948年生效以来的40多年里，经过八次多边贸易谈判，发达国家的平均关税已从36%减到4.7%左右，发展中国家和地区的平均关税在同期也下降到13%。关税的削减使这一时期世界贸易总额增长了10倍以上。

2. 有效地处理了国际间经济贸易纠纷。GATT 适用所有缔约方，一旦发生纠纷，可用多边贸易规则解决，而不是用一国贸易法裁决，这样可以较为公正地解决纠纷。

3. 消除了非关税壁垒。“乌拉圭回合”谈判将“非关税措施”列入议题，并制定了一些规则来对非关税壁垒加以约束，扩大了各国市场准入程度，从而实现了贸易的相对自由化。

4. 增加了各缔约方经贸政策的透明度。GATT 第 10 条“贸易条例的颁布和实施”对贸易透明度做了三项规定，实施的结果是增加了各缔约方的经贸政策透明度，促进了相互间经贸状况的了解。

5. 保障了国际贸易环境的稳定性。稳定性主要表现在缔约国之间谈判达成的关税税率、减让幅度均需列入减让表。缔约方的关税税率被约束在减让表水平上。任何缔约方如欲提高约束的关税，要经过三年，同时要与有关缔约方进行协商，重新谈判。税率的复升必须用其他产品税率减让作为补偿，因而保证了国际贸易环境的稳定性。

6. 促进了国际服务贸易、知识产权和投资的发展。在“乌拉圭回合”服务贸易、知识产权和与贸易有关的投资被列入谈判议题，这就有可能使 GATT 协调的范围扩大到国际经济贸易关系的各个领域。

（五）GATT 的局限

GATT 在取得巨大成就的同时，也存在明显的局限性。局限性主要体现在以下四个方面：

1. GATT 就其名称和本来含义看，它仅仅是一个协定或合同，而非正式的具有国际法主体资格的国际组织。这种非正式的法律地位，妨碍了其功能的发挥和正常活动的开展。

2. GATT 还具有相当程度的临时性质。在“临时适用协定书”中规定，缔约方在不违背其现行立法的最大限度内临时适用 GATT 的规则，因而，在 GATT 实践中各国就可以几乎不受约束地合法地偏离规定，造成了各国非关税政策的泛滥。

3. GATT 的争端解决机制存在严重缺陷。GATT 的裁决力度不够，使 GATT 的权威性大受影响。例如，GATT 的专家组权限很小，争端解决的过程冗长，监督后续行动不力，尤其是采取“完全一致同意”的原则，导致 GATT 的争端解决机制无法有效实施。

4. GATT 管理范围小，不适应世界经济发展需要。GATT 调整的对象主要是货物贸易和关税减让，农产品和纺织品被列入了例外。“二战”后，服务贸易的增长速度大大超过了货物贸易，并且在经济发展中呈现出更积极的作用；知识产权转移在国际经济发展中的作用也大大加强，这种局面使 GATT 难以胜任。

GATT 的上述局限性使其无法适应新形势的需要。1990 年初，当时任欧共体轮值主席国的意大利首先提出了建立一个多边贸易组织（MTO）的倡议。1993 年 12 月 15 日“乌拉圭回合”结束时，根据美国的建议将“多边贸易组织”（MTO）更名为“世界贸易组织”（WTO）。WTO 协议于 1994 年 4 月 15 日在摩洛哥的马拉喀什部长会议上获得通过，协议连同其四个附件，加上部长会议宣言与决定共同构成了“乌拉圭回合”多边贸易谈判的一揽子成果，经 104 个参加方政府代表签署（其中包括中国政府代表），于 1995 年 1 月 1 日正式生效。根据《建立世界贸易组织的协定》，1995 年 1 月 1 日 WTO 正式成立，并在与 1947 年签订的 GATT 共存一年后，完全担当起全球经济贸易组织的角色。

二、WTO 的性质与职能

（一）WTO 的性质

WTO 是以开放市场经济为基础，以 GATT 乌拉圭回合多边协议规则为法律框架，管理世界经济贸易的国际经济组织，又被称为经济联合国。WTO 作为具有国际法主体资格的法人组织，享有特权和豁免权。WTO 成员分为四类：发达成员、发展中成员、转轨经济体成员和最不发达成员。随着 2012 年 5 月 10 日萨摩亚正式加入 WTO，目前 WTO 成员国共有 155 个。

（二）WTO 的职能

WTO 协议第 3 条规定其基本职能有如下五项：

1. 管理和执行 WTO 规则的多边贸易协议。WTO 要促成“乌拉圭回合”各项法律文件以及今后可能达成的各项新协议的实施、管理与运作。已经达成的协议都由 WTO 负责实施，将来达成的各种协议也将由 WTO 负责实施。

2. 作为多边贸易谈判的场所。WTO 要为成员就协议范围内的问题和 WTO 授权范围内的新议题进行进一步谈判提供场所。

3. 解决成员之间发生的争端。WTO 的争端解决制度是保障多边贸易体系的可靠性和可预见性的核心机制，WTO 将按照已达成的《关于争端解决规则和程序的谅解》，负责解决成员间存在的分歧与争端。

4. 监督和审议各成员的贸易政策和规章。WTO 按照已制定的《贸易政策审议机制》，负责定期审议各成员的贸易政策。其目的有两个：一是了解成员方遵守和实施多边贸易协议的情况，以确保规则的实施，避免贸易摩擦；二是提高成员方贸易政策的透明度。

5. 协调与其他国际性机构的决策安排。为了更广泛地实现世界性经济决策的一致性，需要协调与国际货币基金组织、世界银行等影响国际贸易政策的国际经济组织关系。1996 年，WTO 与国际货币基金组织正式签署了合作协议，承诺为谋求世界经济的持续发展要共同创造条件和采取措施，规定了双方的合作内容：两个机构的协调，相互出席对方会议，交换文件和信息资料，相互协商条款中有关保密、执行、审议、批准和终止等方面的合作。

三、WTO 的宗旨与目标

（一）WTO 的宗旨

WTO 的宗旨是提高生活水平，保护充分就业，提高实际收入和有效需求；扩大货物与服务的生产和贸易；考虑可持续发展和有效利用世界资源，保护环境，允许不同经济发展水平的国家采取各自需要的发展方式和相应的措施；确保发展中国家，尤其是最不发达国家在国际贸易增长中获得与其经济相适应的份额。WTO 与 GATT 相比，在宗旨上主要有两点差异：一是强调国际贸易活动必须有利于保护环境和可持续发展；二是提出要根据发展中国家的贸易和发展水平，以及贸易与经济发展的特殊要求，给予发展中国家优惠待遇。

（二）WTO 的目标

为了实现上述宗旨，WTO 希望达到以下目标：通过多边谈判达到互惠互利的贸易自由化和市场准入安排，大量减少关税和其他贸易壁垒，消除国际贸易关系中的歧视性待遇，产生一个完整的、具有活力的和永久性的多边贸易体制来巩固已往的贸易自由化成就。如果用一句话归纳 WTO 的目标就是实现互惠互利的贸易自由化。

四、WTO 协议规则结构

WTO 协议是指成员国政府在制定国际贸易领域中有关货物贸易、服务贸易和知识产权的政策时所必须遵守的一整套规划。协议规定了成员国政府在多边体系中享受的权利和承担的义务。规定了成员国采取行动要有透明度，成员国之间要有进行磋商的机会。为了保证各成员国遵守 WTO 协议，WTO 组建了相应的机构筹集经费以保证这些协议的顺利履行。

狭义的 WTO 协议是指乌拉圭回合谈判签订的《马来喀什建立世界贸易组织协议》。WTO 协议包含了建立 WTO 的宗旨，WTO 的建立、范围、职能、机构、秘书处、预算、会费、地位、决策、修正、创始国资格、加入、推出、接受、生效等。广义的 WTO 协议包括《马拉喀什建立世界贸易组织协议》及其 4 个附件和其他相关的决议文件，即“乌拉圭回合”一揽子协议规则（如图 4－1 所示）。狭义的 WTO 协议并未包括具体的贸易规则，实际的规则体系主要体现在各个附件中。附件 1、附件 2 和附件 3 是各缔约方应共同遵守的多边协议，是 WTO 协议的有机组成部分，所有成员方都应全盘接受这些协议；附件 4 是仅约束若干国家的几项多边协议。所有这些协议都置于 WTO 的各组织机构管辖之下。

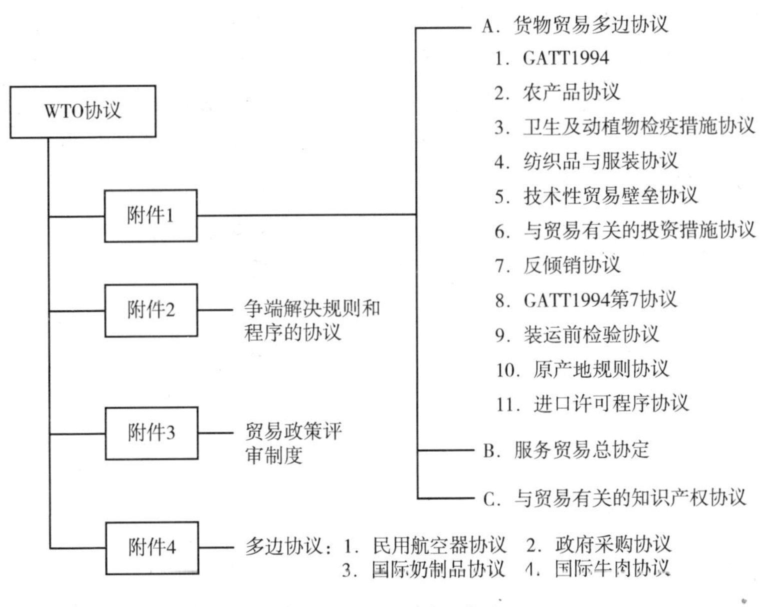

图 4－1 WTO 协议框架

五、WTO的组织机构

作为一永久性经济组织，WTO主要机构包括部长会议、总理事会、争端解决机构与贸易政策审议机构、向总理事会报告的理事会和委员会、秘书处等。这些组织机构的设置和运作对促进世界贸易组织宗旨的实现和职能的履行，具有十分重要的意义。

（一）部长会议

部长会议（Ministerial Conference）是WTO的最高权力机构，部长会议由所有成员方的代表参加，至少每两年举行一次会议。部长会议的职责是根据WTO协议全权履行WTO的职能，并为此采取必要的行动。

（二）总理事会

总理事会（General Council）在部长会议休会期间负责履行WTO的职能。总理事会实际上是WTO的日常管理机构。总理事会由所有成员代表组成，它应在适当的时候召开会议，每年大约召开6次会议，出席会议的大多数成员代表是各成员国驻日内瓦代表团的团长。总理事会下设货物贸易、服务贸易和知识产权三个分理事会，负责监督各自领域内协议的执行情况。此外，总理事会还设立若干负责处理相关事宜的专门委员会，如监督委员会、贸易与发展委员会、与贸易有关的投资措施委员会等。三个分理事会也设立其相应的附属机构，即次一级专门委员会，以处理更为具体的专门问题和监督协议的履行。总理事会、分理事会及专门委员会视具体需要还可设立临时性工作组或专家小组。

（三）争端解决机构与贸易政策审议机构

争端解决机构（Dispute Settlement Body，DSB）是总理事会常设的组织机构，负责成员间贸易争端解决。争端解决机构具有司法裁决权，下设争端解决专家小组（Panel）和上诉机构（Appellate Body）。成员发生贸易争端时，可以通过争端解决程序设立争端解决专家小组。如果成员一方对专家小组的裁定结果不服，可上诉到争端解决机构的上诉机构。专家组由3~5名独立的、拥有不同背景和丰富经验的专家组成，秘书处拥有一份专家库名单并任命专家组成员，专家组由争端解决机构设立，承担一项具体任务，任务完成后即解散。上诉机构由国际贸易和法律方面的公认权威专家7人组成，任期4年。具体的案件由7人中的3人进行。上诉机构有自己的工作人员，其秘书处不同于WTO秘书处。

贸易政策审议机构（Trade Policy Review Body，TPRB）是总理事会常设的组织机构，负责审议从货物贸易、服务贸易到知识产权等领域各成员政策与事务，虽然TPRB的审议对象是单个成员，但也对世界贸易环境进行更广泛的年度审议，并鼓励成员改善贸易政策决策事务的透明度。

（四）向总理事会报告的理事会和委员会

总理事会下设的三个专门理事会，即货物贸易理事会、服务贸易理事会和知识产权理事会，分别负责货物贸易协定（附件1A）、服务贸易协定（附件1B）和知识产权协定（附件1C）的实施与运作。货物理事会下设委员会有12个：市场准入委员会、农产品委员会、卫生与植物检疫措施委员会、与贸易有关的投资措施委员会、原产地规则委员会、补贴与反补贴措施委员会、海关估价委员会、贸易技术壁垒委员会、反倾销措施委员会、进口许可证委员会、保障措施委员会和纺织品监督机构。服务贸易理事会下设有基础电讯谈判组、自然人移动谈判组、海上运输服务谈判组、金融服务贸易委员会和专业服务工作组。

总理事会下设的第二组委员会由贸易与发展委员会（包括不发达国家小组委员会）、贸易与环境委员会、国际收支限制委员会、预算与财政和行政管理委员会、区域贸易委员会等多边委员会，负责执行由 WTO 协议和各多边贸易协议赋予的职能，并执行总理事会赋予的额外职能。

为了监督四个多边协议的实施，总理事会下设第三组委员会是民用航空器委员会、政府采购委员会、国际奶制品委员会和国际牛肉理事会四个多边协议机构，其职能由多边贸易协议赋予，在 WTO 体制框架内运作，并定期向总理事会通报其活动。

（五）秘书处

秘书处（Secretariat）是 WTO 的日常办事机构，由部长会议任命的总干事领导。总干事的权利、职责、服务条件和任期都由部长会议通过的规则确定。秘书处工作人员由总干事指派，并按照部长会议通过的规则决定他们的职责和服务条件。

总干事和秘书处职员的职责具有排他的国际性，即他们在履行职责时不得寻求或接受任何政府或 WTO 之外的指示，并且作为国际官员不得做可能会对其职能产生任何不利影响的事情。同时，总干事和秘书处职员在履行职务时享有相应的特权和豁免权。

秘书处下设的机构包括总干事办公室、部长级会议司、理事会司、信息与新闻媒介关系司、对外关系司、法律事务司、规则司、市场准入司、农产品与商品司、纺织品司、服务贸易司、知识产权司、贸易政策审议司、发展司、贸易与环境司、贸易与金融司、加入司、技术合作司、培训司、经济研究与分析司、统计司、信息司、语言服务与文件司、财务与总务司和人事司。

六、WTO 的基本原则

WTO 的规则涉及货物贸易、服务贸易和知识产权等许多领域，但有几个最基本的原则贯穿于各个协议之中，构成了多边贸易体制的基础。

（一）非歧视原则

非歧视原则（Non-discrimination Principle）是 WTO 最重要的原则，也是 WTO 的基石。非歧视待遇原则要求每个缔约方在任何贸易活动中，都要给予其他缔约方以平等待遇，使所有缔约方能在同样的条件下进行贸易。该原则主要是通过最惠国待遇和国民待遇条款来体现，是各国间平等地进行贸易的重要保证，也是避免贸易歧视、贸易摩擦的重要基础。

1. 最惠国待遇。在国际贸易中，最惠国待遇（Most-favored Nation Treatment，MFN）是指签订双边或多边贸易协议的一方在贸易、关税、航运、公民法律地位等方面，给予任何第三方的减让、特权、优惠或豁免时，其他缔约方也可以得到相同的待遇。国际经贸关系中最惠国待遇可分为无条件的与有条件的最惠国待遇；无限制的与有限制的最惠国待遇；互惠的与非互惠的最惠国待遇。WTO 规定的是无条件的最惠国待遇。

最惠国待遇原则具有以下特点：

（1）自动性。当某成员方给予第三方的优惠大于其他成员方已享有的优惠时，其他成员方自动地就享有了这种优惠。例如，A 国、B 国和 C 国均为 WTO 成员方，当 A 国把从 B 国进口的汽车关税从 20% 降至 10% 时，这个 10% 的税率同样适用于从 C 国等其他 WTO 成员方进口的汽车。但若某成员方在另一方新加入 WTO 之时，或两个同时加入 WTO 的成员方，在其中一方加入之时宣布不与对方适用《建立世界贸易组织的协定》，即两者之间的贸易关系不受 WTO 约束时，任何一方都不能自动地享有另一方给予第三方的优惠。

（2）同一性。在将给第三方的某种优惠自动转给其他成员方时，受惠标的也必须和第三方的标的相同。当 A 国给从 B 国进口的汽车以关税优惠时，则自动适用于 C 国等其他成员方的只限于汽车，而不能是其他产品。例如 GATT 下的“相同产品”，服务贸易总协定下的“相同服务与提供服务人”，与贸易有关的知识产权协定下的“相同专利或商标”等特定知识产权种类的所有人，这些规定都体现了最惠国待遇的同一性。

（3）相互性。任何一方成员既是给惠国，又是受惠国，既享有最惠国待遇的权利，也承担给予对方最惠国待遇的义务。

（4）平等性。在贸易中，某成员给出的最惠国的好处应该给予所有成员，保证不同的成员享有平等的竞争机会。即如果两个成员进行利益交换，那么它们不能将得到的好处限制在两者之间，而是必须将这些好处给予所有 WTO 的成员。

2. 国民待遇。国民待遇（National Treatment）是外国商品或服务与进口国国内商品或服务处于平等待遇的原则，或外国商品或服务的待遇不低于进口国国内商品或服务的待遇。国民待遇原则保证出口国家商品与进口国家商品享有平等的竞争机会。例如，某成员对本国产的葡萄酒征收 5% 的消费税，而对进口葡萄酒征收 20% 的消费税，这就违反了国民待遇的原则。

国民待遇原则是最惠国待遇在非歧视范围上的延伸。在实现所有 WTO 成员平等待遇基础上，WTO 成员的商品或服务在进入另一成员领土后，也应该享受与该国的商品或服务相同的待遇。国民待遇原则在货物贸易、服务贸易和知识产权领域都有要求。国民待遇定义中“不低于”一词的含义是指外国商品或服务、服务提供者或知识产权所有人应享有与本国同类商品或相同服务、服务提供者或知识产权所有人同等的待遇，但若某成员方给予前者更高的待遇（超国民待遇），也不违背国民待遇原则。

（二）贸易自由化原则

WTO 的宗旨是推动贸易自由化（Trade Liberalization），其手段主要是通过谈判削减各种贸易壁垒和歧视性待遇。

1. 关税减让。在贸易自由化进程中，关税减让已取得巨大成果。乌拉圭回合谈判结束后，发达国家再次承诺从 1995 年 1 月 1 日起 5 年内将其工业品关税税率从 6.3% 降至 3.8%，发展中国家从 20.5% 降至 14.4%。在药品、医疗设备、建筑机械、矿山及钻探机械、农业机械、钢材、家具、蒸馏酒、木浆纸制品及印刷品、玩具等 10 个部门实行零关税。1996 年 12 月 13 日，29 个 WTO 成员签署《信息技术协议》，同意在 2000 年 1 月 1 日前取消全部关税。

2. 消除非关税贸易壁垒。非关税壁垒是指国际贸易中除关税以外的各种限制商品进口的措施。鉴于在实践中可能存在 WTO 成员的歧视或不正当竞争，WTO 制定了《贸易技术性壁垒协议》、《动植物卫生安全检疫协议》、《原产地规则协议》、《保障措施协议》等一系列协议，以便规范各国非关税措施的使用。

3. 农产品和纺织品与服装产品的自由化。《农产品协议》要求各成员将现行的对农产品贸易的数量限制（如配额、许可证等）进行关税化，并承诺不再使用非关税措施管理农产品贸易和逐渐降低关税水平。2004 年 7 月 31 日，WTO 成员达成的农产品框架协议中，发达国家承诺最终取消出口补贴，大幅度削减国内支持，实质性改进市场准入条件。《纺织品与服装协议》要求发达国家成员分阶段用 10 年时间（1995 ~2005 年）取消对纺织品与服装的进口配额限制，让投资者有较为透明、稳定的市场环境，而不是政府过多的干预造成的不确定性来决定其投资行为。

4. 服务贸易的市场准入。WTO 在服务贸易方面的贸易自由化原则主要体现在通过不断地提高减让表中市场开放承诺的水平。WTO 的《服务贸易总协定》要求各成员方为服务产品和服务提供者提供更多的投资和经营机会。WTO 将服务贸易分为 12 个部门和 160 个分部门，要求分阶段逐步开放的承诺涉及商业服务、金融电讯、分销、旅游、教育、运输、医疗与保健、建筑、环境、娱乐与服务领域。发达国家就所有服务部门中的 2/3 做出了承诺，经济转型国家所有服务部门的 1/2 做出了承诺，发展中国家对 16% 的服务部门做出了承诺。最后，就未做出承诺的服务业的自由化将继续谈判。WTO 成立以后，就金融服务和电信服务达成了具体的协议，加深了这两个领域的贸易自由化。

（三）透明度原则

贸易自由化和稳定性是 WTO 的主要宗旨，而实现这一宗旨，有赖于增强贸易规章和政策措施的透明度。因此，WTO 为各缔约方的贸易法律、规章、政策、决策和裁决规定了必须公开的透明度原则（Transparency Principle）。其目的在于防止缔约方之间进行不公平的贸易。根据该原则，WTO 成员需要公布将实施的和现行的贸易政策法规。公布应该是迅速的，但如果公开后会妨碍法令执行、违反公共利益或损害某一企业的利益，则可以不要求公开。

透明度原则规定成员应公正、合理、统一地实施有关法规、条例、判决和决定，并要求在成员领土范围内管理贸易的有关法规不应有差别待遇，即中央政府统一颁布有关政策法规，地方政府颁布的有关上述事项的法规不应与中央政府有任何抵触。但是，中央政府授权的特别行政区、地方政府除外。

贸易政策透明度要求的范围有：（1）海关法规，即海关对商品的分类、估价方法的规则，海关对进出口商品征收的关税税率和其他费用；（2）进出口管理的有关法规和行政规章制度；（3）有关进出口商品征收的国内税、法规和规章；（4）进出口商品检验、检疫的有关法律和规章；（5）有关进出口商品及其支付方面的外汇管理及其一般法规和规章；（6）利用外资的立法及规章制度；（7）有关知识产权保护的法规和规章；（8）有关出口加工区、自由贸易区、边境贸易区、经济特区的法规和规章；（9）有关服务贸易的法规和规章；（10）有关仲裁的裁决规定；（11）成员国政府及其机构所签订的有关影响贸易政策的现行双边或多边协定、协议；（12）其他有关影响贸易行为的国内立法或行政规章。

（四）公平竞争原则

WTO 是以建立市场经济为基础的多边贸易体制，鼓励公开、公平和无扭曲竞争。公平竞争（Fair Competition）是指竞争者之间所进行的公开、平等、公正的竞争。在国际贸易中，一些国家为了保护本国的产业和市场，采取一些不公平的限制进口和鼓励出口的措施。这些措施对正常的贸易活动产生了不利的影响，因此，WTO在倡导自由贸易的同时，始终注意对公平竞争的维护，并将其作为制定各项协议的主要原则。

在货物贸易领域，WTO的《反倾销协议》（Anti-dumping Agreement）和《补贴和反补贴措施协议》（Agreement on Subsidies and Countervailing Measures）规定，在反倾销和反补贴的同时，也不能滥用反倾销和反补贴措施。通过WTO的相关规则（如严格的条件和程序要求）减少有关成员政府滥用反倾销和反补贴手段，保证贸易的公平进行。

在服务贸易领域，《服务贸易总协定》（General Agreement on Trade in Services）要求各成员取消限制竞争的商业做法，即使允许对国内某些行业实行垄断和专营服务，服务提供者的行为也不得违背该成员的非歧视原则及做出的具体的承诺，即不能滥用其垄断地位。

知识产权领域，WTO通过《与贸易有关的知识产权协议》（Agreement on Trade-related Aspects of Intellectual Property Rights），加强对知识产权的保护，维护正常的竞争秩序。

（五）互惠互利贸易原则

WTO管理的协议是以权利与义务的综合平衡为原则的，这种平衡是通过互惠互利地开放市场的承诺而获得的。互惠互利（Mutual Benefit）是多边贸易谈判，也是建立WTO共同的行为规范和准则过程中的基本要求。

WTO的互惠互利原则主要通过以下形式体现：一是通过举行多边贸易谈判进行关税或非关税措施的削减，对等地向其他成员开放本国市场，以获得本国商品或服务进入其他成员市场的机会；二是当一国或地区申请加入WTO时，由于新成员可以享受所有老成员过去已达成的开放市场的优惠待遇，老成员就会一致地要求新成员必须按照WTO现行协定与协议的规定缴纳“入门费”，即开放新成员商品或服务市场。

（六）允许例外和保障措施原则

WTO尽管首先强调的是多边贸易规则的普适性和非歧视性，但是，考虑到各国不同的经济发展水平和利益差别，它也允许在一些特殊的情况下可以免受多边贸易规则的约束，这便是允许例外和保障措施原则（Exceptionsand Safeguaids Principle）。允许例外和保障措施原则是指在某些特殊的条件下，WTO成员可以不履行已承诺的义务，对进口采取一些紧急的保障措施，如提高关税、实施数量限制等。

允许例外和保障措施原则在适用的条件、手段和期限等方面都具有严格的限制。按照WTO有关规定，只有出现以下情况时方能实施例外条款：（1）防止或缓和出口成员方的粮食及必需品的严重匮乏；（2）缓解严重的国际收支赤字和急剧增长的贸易逆差；（3）因承担义务而出现的严重损害或严重损害威胁；（4）维护国家安全；（5）维护一国的公共道德；（6）维护居民和动植物的生命安全；（7）维护知识产权；（8）为保证经济发展或经济过渡计划的完成；（9）黄金和白银的进出口；（10）监狱劳改产品；（11）涉及保持传统文化的艺术品和文物；（12）发展中国家成员尤其是最不发达国家成员；（13）多种纤维协定已有的数量限制；（14）贸易集团之间的优惠等；（15）如果出现了以上列举的某种情况，WTO成员方可以实施保障措施。

成员方在实施保障措施时，必须遵守以下各项规定：（1）遵循规定的程序；（2）实施保障措施之前的调查公开化；（3）无歧视地实施数量限制；（4）任何成员不得寻求、采取或维持任何自愿出口限制、有秩序的出口销售安排等措施；（5）在紧急情况下，进口成员方采取的临时性保障措施不许超过200天，且必须提供明确证据；实施保障措施的时间一般不超过4年，因特殊原因需延长者，也不得超过8年。

除以上“例外原则”外，WTO还给予发展中国家和加入区域经济一体化成员在履行义务时以灵活性，即鼓励发展和经济改革例外和区域经济一体化例外。

鼓励发展和经济改革例外又称发展中国家例外和“非互惠待遇原则”。WTO沿袭了GATT关于发展中国家和最不发达国家优惠待遇的相关协议和条款，并在WTO的相关协定、协议或条款中加以完善。对于发展中国家的例外主要体现在：（1）发展中国家可以承诺较低水平的贸易自由化和市场准入义务；（2）允许发展中国家成员有较长的过渡期；（3）允许发展中国家成员在履行承诺时有较大的灵活性；（4）发展中成员在履行某些义务时，发达国家有义务给予资金和技术的援助。

区域经济一体化例外是指WTO某些成员达到了区域经济一体化的制度安排时，可以背离上述的WTO的基本原则。1994年GATT第24条就经济一体化规定了两条原则：一是通过自愿达成协议并经过密切的经济一体化发展来提高自由贸易的程度，并对其他成员的贸易利益所造成的损失提供足够的补偿；二是关税同盟和自由贸易区的目的应是促进主权地区之间的贸易，而不是提高对其他地区成员方的贸易壁垒。WTO将根据这些条款对关税同盟和贸易区进行审议，以确保经济一体化组织与WTO协议的一致性。

七、WTO的贸易争端解决机制

WTO贸易争端解决机制（Dispute Settlement Mechanism）是建立在GATT的贸易争端解决机制基础上，与GATT相比，WTO争端解决机制向司法性的方向迈出了一大步。

（一）WTO争端解决机制的形成及作用

由于GATT争端解决机制遭到各方的批评，并且其缺陷也确实影响了贸易争端的解决，而1984年第40届全体大会通过的《争端解决程序》也没有从根本上解决原有机制所存在的缺陷，因此，争端解决机制问题被列为乌拉圭回合谈判的重要议题之一。WTO争端解决机制的法律文本主要是1994年GATT第23条（申诉和裁决程序）以及乌拉圭回合通过的DSU，即《Understanding on Rules and Procedures Governing the Settlement of Disputes》（《争端解决程序与规则的谅解》，以下简称《谅解》），《谅解》由正本27条和4个附件构成，其基本内容是：机制的适用范围与原则、争端解决机构的设置及其职能、争端解决的程序和规则、裁决的效力和执行的监督、对于发展中国家的特殊待遇等。

自WTO争端解决机制建立以来，该机制已成功地解决了许多国家之间的贸易争端，而且呈现出诸多与GATT争端解决机制不同的特点。最为突出的是它是一种司法性和政治性交融的综合性争端解决机制，其实质在于：不是决定当事国在有关案件中的胜败或制裁某一当事方，而是求得有关争端的有效解决，维持和恢复争端当事方按照有关协议的权利和义务之间的平衡。

（二）WTO争端解决机制的基本原则

1. 继续使用GATT争端解决机制的原则。《谅解》第3条第1款明确指出“各成员确认遵守迄今为止根据GATT1947年第22条和第23条实施的管理争端的原则，及在此进一步详述和修改的规则和程序”。故GATT规则尤其是其争端解决机制不但没有失效，而且是WTO相关机制赖以建立和发展的基础。

2. 维护WTO的有效运行和维护成员方权利与义务平衡的原则。《谅解》第3条第2款明确指出“争端解决机构的建议和裁决不能增加或者减少使用协定所规定的权利和义务”。《谅解》还规定，各缔约方提出的建议或规则应旨在圆满地解决该争端，并与WTO的各项义务相一致。所有有关争端的解决方法，包括仲裁裁决，不能有悖于《乌拉圭回合协议》，不应使任何成员方依据协议而取得的利益受到损害，也不应阻碍WTO目标的实现。

3. 谨慎、善意地适用WTO争端解决机制的原则。援用争端解决机制，对于起诉方不应当无事生非，而对于被诉方也不应当视为故意的行为；一方起诉，另一方就不同事项提起反诉，不应该是有联系的（WTO中没有反诉制度），双方应该真诚解决争端，即应遵守真诚原则：起诉方应当向被诉方提供充分的保护措施和答辩机会，被诉方迅速适当地将程序方面的缺陷提请起诉方和争端解决机构注意，以便改正错误，解决争端。

4. 给予发展中国家特殊待遇原则。根据《谅解》第3条（总则）、第4条（磋商）、第8条（专家组的组成）、第12条（专家组程序）、第21条（监督建议和裁决的执行）及其他相关条款的规定，当争端解决涉及发展中国家成员时，在解决程序和执行方面均有优惠条款可供使用。例如，在第4条第10款指出“在磋商中，各成员应特别注意发展中国家成员的特殊问题和利益”；在审查中，应给予发展中国家成员充分的时间提供应诉证据等。《谅解》第24条还专门针对最不发达国家（Least-Developed Country）成员规定了特殊程序。

（三）WTO争端解决机制的程序

1. 磋商程序。相对于GATT中的磋商，WTO的《谅解》对磋商程序最重要的改进是对磋商规定了较为详细的时间表。一般情况下，各成员在接到磋商申请后10日内应对申请国做出答复，并在接到申请后30日内展开善意磋商。如对方未在10日内做出答复，或者未在30日或商定的时间内进行磋商，则请求磋商的成员可直接开始申请设立专家组。如在收到磋商请求之日起60日内磋商未能解决争端，则起诉方可以申请设立专家组。也就是说，磋商的最长时限为60日，从收到磋商请求之日起算。在以下两种情况下，起诉方可以不必等到60日结束就可以申请设立专家组：一是磋商各方共同认为磋商已不能解决争端；二是案件涉及紧急问题，如有关货物是容易腐烂的等。在这种情况下，各成员应在10日内进行磋商，20日内解决争端，否则就可以申请设立专家组。

2. 斡旋、调解与调停程序。与磋商程序不同，斡旋、调解与调停程序是争端当事方同意而非强制选择。WTO总干事可以依其职权开展斡旋、调解和调停。一旦斡旋、调解和调停被终止，投诉方即可请求建立专家小组，并且，只要各方同意，在专家小组工作期间仍可进行斡旋、调解和调停。但当事方自愿原则也有一个例外，即在当事方中的一方是发展中国家时，该发展中国家可以要求总干事进行斡旋、调解和调停，而对方发达国家不得拒绝，并且应当提供所有相关信息。斡旋、调解和调停结束后，就可以要求设立专家组，而不必进行《谅解》所规定的磋商程序。磋商的目的就是双方面对面谈判解决争端，而在斡旋、调解和调停未果的情况下，可以认为双方谈判解决争端的可能性已经不复存在。因此，双方再进行磋商已经没有必要。

斡旋、调解和调停这三种方法的性质差不多，但方式有细微差别。斡旋者只是想方设法把当事方拉到一起谈判，自己并不去审查争议的是是非非。调停者则想方设法帮助当事方形成一致的立场，自己并不提出解决方法。而调解者则更进一步，提出自己的解决方案。事实上，斡旋、调解和调停三种方式可能会相互转换，无法明确界定属于哪一种。

斡旋、调解和调停程序实践中很少使用。1982 年，在美国和欧共体关于柑橘的争议中使用了调解方法，但未获成功。1987 年，应欧共体和日本的请求，总干事指定一位代表对日本铜的定价和贸易做法进行斡旋。后该代表认为日本违反了 GATT 的相关协议，建议当事方就关税约束的削减进行谈判。

3. 专家小组程序。专家小组程序是争端解决机制的核心程序，从严格意义上来说，专家小组的建立才真正开始了多边贸易体制争端解决程序，是争端解决司法化的重要标志。如前所述，专家组不是固定机构，根据需要临时在名册中挑选构成，一般由 3 位专家组成，有时也可有 5 名成员。除非争端各方一致同意，否则争端当事方的公民或在争端中有实质利害关系的第三方公民不得作为有关争端的专家小组组员。被起诉方可以对专家组的成立提出异议，但这种异议的提出只有一次机会。在争端解决机构召开第二次会议后，对专家组的任命就不能再提出异议，除非各方协商一致，向贸易争端机构提出反对意见，要求更换专家组。

专家组的职责是帮助争端解决机构做出裁决或提出建议。但由于专家组的报告采用“反向一致”的原则（也称“否定式共识”），即只能在协商一致的情况下才能在争端解决机构中被否决，因此，其结论是不容易被推翻的，由此也增加了争端解决的效率。

专家组的报告通常应在 6 个月内提交争端各方，可以延长，但是无论如何也不能超过 9 个月。在紧急案件中，包括那些与易腐货物有关的案件，期限缩短为 3 个月。

4. 上诉程序。在乌拉圭回合之前，GATT 的争端解决机制并没有规定上诉程序，故这是一项在 WTO 争端解决机制中新增加的程序。为受理专家小组案件的上诉，DSB 设立了一个 7 人组成的“常设上诉机构”。上诉机构可以维护、修正、撤销专家小组的裁决结论。上诉机构的裁决为最后裁决，当事方应无条件接受，除非 DSB 一致反对。上诉机构的决定由 DSB 通过之后，当事方应立即执行。这就形成了 WTO 独特的两审终审制，增强了争端解决机构的权威性和灵活性。

上诉程序并不是争端解决程序中的必经程序，只有争端当事方就专家小组报告提出上诉的情况下才能启动上诉程序。按照《谅解》第 17 条（上诉审议和常设上诉机构）规定，提出上诉请求的只能是争端的当事方，有关的第三方无权提出上诉，但是第三方可以向上诉机构提交其书面意见，也有权在上诉阶段陈述其意见。

上诉审理的范围仅限于专家小组报告中论及的法律问题及该小组所做的法律解释，不涉及案件的事实部分。上诉程序的规定期限是 60 日，如果上诉机构认为在 60 日之内不能提交报告，应将延迟的理由以及预计提交报告的时间以书面的形式通报给 DSB。但是最长也不能超过 90 日。同专家组程序一样，上诉程序也需严格遵守《谅解》中的保密规定。

5. 对 DSB 的建议或裁决的监督执行。这是 DSU 确立的一项具体的监督措施。在专家小组及上诉机构的报告被采纳后，该报告即成为争端解决机构的正式建议或裁决。报告通过后 30 日内，争端方应向 DSB 通报其执行这些建议或裁决的计划，如果立即履行裁决或意见在实际上难以做到，则应当确立一个“合理的期限”。这个期限由争端各方协商一致决定，如果各方不能达成一致意见，则通过仲裁决定一个履行期限。仲裁所决定的这个期限原则上不应超过从专家组建立或上诉机构报告通过之日起 15 个月，最长不应超过 18 个月。各项裁决的执行情况由 DSB 予以监督。

6. 裁决未得到执行时当事方可采取的措施。如果负有执行 DSB 建议或裁决的争端方没有在规定的期限内执行，应在一定期限内与另一争端方进行谈判，并达成有关补偿的协议。补偿应是自愿的，任何当事方不能强迫对方接受其补偿方案。

如果争端当事方未能履行裁决，又没有达成各方满意的补偿协议，则任何当事方可请求 DSB 授权其中止对有关成员方继续履行其承诺的减让义务或其他义务。

（四）WTO 争端解决机制存在的问题

虽然建立在 GATT 争端机制基础上的 WTO 争端解决机制克服了原有机制存在的一些问题，但是仍然存在缺陷，主要体现在以下三个方面：

1. 缺乏有关竞争政策和劳工标准的条款。在乌拉圭回合谈判中，对一些行业的相关条款进行了修正和改进，但是，缺乏竞争政策和劳工标准方面的相应的条款，如果遇到有关这两个方面的相关纠纷就会形成无法可依的局面，从而难以对此类纠纷进行公正裁决。

2. 发展中国家成员运用 WTO 争端解决机制的问题。WTO 争端解决机制的一个主要作用就是确保经济弱国对经济强国的不公平贸易行为提出挑战，保护弱国的合法权益。虽然 WTO 的争端解决机制在《谅解》中为发展中国家特别提出了若干倾向性规定。但是，很多规定仅仅是流于形式的承诺，可操作性并不强。如第 21 条的第 2 款“对于需进行争端解决的措施，应特别注意影响发展中国家成员利益的事项”，但是，具体特殊的问题和利益并没有给出相关的内容和要求。

3. 交叉报复的执行和效果问题。采取交叉报复作为制裁手段对发展中国家来说是否可行还有疑问。发展中国家受经济贸易实力限制，其采取报复措施的能力有限，对发达国家不一定能构成威胁。而且发展中国家考虑到本国的长远利益，可能不得不放弃这种报复的方法。

八、WTO 的特点及其不足

（一）WTO 的特点

1. 适用的领域明显扩大。WTO 所涉及的领域不仅包括工农业产品贸易，而且还包括服务贸易和知识产权。不仅如此，WTO 是一项伞式条约，所有乌拉圭回合达成的各项协议以及修改后的东京回合的协议都是 WTO 框架下的附件，都属 WTO 管辖范围。此外，在 WTO 的前言中还将环保作为 WTO 下一个工作目标。

2. 法律地位更加明确。GATT 不是一个正式组织，只是一项临时性的契约，而 WTO 是一个具有法人地位的正式国际机构。各国采取“一揽子”参加办法，改变了过去自由选择参加办法，促进各成员方在相互权利和义务上的平等性。

3. 建立了一套较为完善的管理机构。其中之一就是建立贸易制度审议制度，以确保其透明度和与多边协议的一致性，定期对成员方的贸易政策进行检查、督促。

4. 解决争端机制更为完善，有助于克服 GATT 的专家小组权限有限，争端解决时间拖长和监督后行动不力等缺陷。

（二）WTO 的不足

1. 如何协调、理顺文案本身与其庞杂的附件之间的关系是一项十分艰巨的任务。

2. 虽然 WTO 力图建立对贸易政策的审查机制，但规定的内容比较空洞，缺乏实质性的监督内容，可行性差，难以对发达国家形成强硬的约束。

3. 从总体上讲，WTO 没有也不可能完全反映发展中国家的意志，它的许多制度安排并没有给发展中国家带来实质性的利益。

4. 各类绕过 GATT 纪律约束的“灰色区域”措施，如自限协议并未规定取消的时间表，新多边贸易体制势必仍遭此类措施的侵蚀。

5. 农产品和纺织品长期游离于多边贸易体制管制之外的问题没有从根本上得到解决。

6. WTO 继承了 GATT 许多“例外”规定，如反倾销、反补贴等，这种例外的规定将严重影响新多边体制的有效运转。

7. 如何确保形形色色区域集团的组织朝着开放、公平和非排他性方向发展，并杜绝区域集团化对自身机制的肢解和干扰还缺乏一套行之有效的措施。

九、中国与 WTO

（一）中国与 WTO 的历史渊源

1947 年 4～10 月，当时的中华民国政府代表参加了世界贸易和就业会议第二次筹备委员会会议。与会期间，中国与美国、英国、法国、荷兰、比利时、卢森堡等 18 个国家进行了关税减让谈判，达成了关税减让双边协议，并参与了拟订 GATT 条款的工作。同年 10 月 30 日，包括中国在内的 23 个国家在日内瓦签署了 GATT，还签署了附有 123 个双边关税减让协议的最后议定书。1948 年 1 月 1 日，GATT 开始生效。中华民国政府代表中国作为最后文件签字国之一签署了该议定书，中国成为 GATT 创始缔约国之一。

1949 年 10 月 1 日，中华人民共和国成立并且是代表中国的唯一合法政府。1950 年 3 月 6 日，台湾当局为防止新中国利用 GATT 而对其不利，就与美国商定退出 GATT，台湾当局通过它的“常驻联合国代表”，以“中华民国”的名义照会联合国秘书长，决定退出 GATT，联合国秘书长致函 GATT 执行秘书（1965 年起改称总干事），并答复台湾当局于 1950 年 5 月 5 日退出生效。从此，中国失去了在 GATT 的席位，中断了同 GATT 的联系。

自 1978 年推行对外开放政策以后，中国开始认识到了加强同包括 GATT 在内的国际组织的联系、积极参加国际组织活动的重要性。1980 年，中国开始列席 GATT 的会议。1981 年中国列席了 GATT 主管的纺织品委员会会议，并参加了多种纤维协定第二个延长议定书的谈判。1982 年，中国向 GATT 提出作为观察员参加 GATT 活动的申请获得批准，并首次派出代表团以观察员身份列席了 GATT 第 38 届缔约国大会。1984 年，中国政府在第三个多边纺织品贸易协议上签字，成为 GATT 纺织品委员会的委员。同年，GATT 同意中国以观察员的身份列席 GATT 理事会会议，参加 GATT 的各项活动。

（二）中国的“复关谈判和入世谈判”

1986 年，GATT 乌拉圭回合谈判启动。作为 GATT 观察员，中国政府派了部长级代表团参会，并在大会上首次表达了中国将申请恢复 GATT 缔约国地位的愿望，按乌拉圭回合部长宣言规定，中国获得了全面参加乌拉圭回合多边谈判的资格。1994 年 4 月 15 日，GATT 乌拉圭回合最后一次会议发表的《马拉喀什部长宣告》宣告了旷日持久而且影响深远的乌拉圭回合的正式结束，中国政府代表团参加了这次 GATT 的部长会议，代表团团长代表中国政府和 125 个乌拉圭回合的全部参加国一道签署了阿乌拉圭回合最后文件，成为 WTO 的“实际”创造者。

中国的“复关”谈判大致经历了以下四个阶段：

第一阶段：1986 年 7 月 ~ 1988 年 9 月。该阶段为申请和答疑阶段。1986 年 7 月 11 日，中国正式提出恢复 GATT 缔约国地位的申请。当时确立了中国“复关”的三项基本原则：一是中国是恢复 GATT 地位，不是加入 GATT；二是中国以关税让减为承诺条件，而不是承诺具体进口义务；三是中国以发展中国家身份谈判，享受相应的权利和承担相应的义务。

第二阶段：1988 年 10 月 ~ 1992 年 2 月。该阶段为政策审议阶段。

第三阶段：1992 年 3 月 ~ 1995 年 12 月。该阶段为实质性承诺谈判阶段。

第四阶段：1996 年 1 月 ~ 2001 年 11 月。该阶段为“入世”谈判阶段，也是继续实质性谈判阶段。

1995 年 12 月 31 日，GATT 最终结束了它的历史使命。由于中国在此之前未能“复关”，于是从 1996 年 1 月 1 日起，中国的“复关”谈判就演变为“入世”谈判。1999 年 11 月，中美达成了关于中国加入 WTO 的协议，随后中国加入 WTO 的双边谈判进程大大加快。到 2001 年 9 月，中国已经同全部要求谈判的国家达成了协议。同时，中国工作组第 18 次会议也通过了关于中国“入世”的全部文件。2001 年 11 月，WTO 第四届部长级会议在卡塔尔的多哈举行。11 月 11 日，WTO 多哈部长级会议正式通过中国加入 WTO 的决议，这样，按照 WTO 协议，1 个月后中国便成为 WTO 的第 143 个正式成员。

中国“入世”之后，中国台湾地区作为独立关税区也加入 WTO，中国的香港和澳门也早就是 WTO 的成员，这样就形成了中国在 WTO 中独特的一国四席现象。

本章小结

区域经济一体化组织的出现与发展有着深厚的历史、社会和经济基础。从低级到高级，区域经济一体化大致包括优惠贸易安排、自由贸易区、关税同盟、共同市场、经济联盟、完全经济一体化六种组织形式。目前，欧盟联盟、北美自由贸易区、亚太经济合作组织、东南亚国家联盟、南方共同市场是对世界和地区经济带来的很大影响的有代表性的区域经济一体化组织。自 20 世纪 80 年代末以来，中国在区域经济一体化方面进行了不懈地探索和努力，截至 2012 年 8 月，中国正与五大洲的 28 个国家和地区建设 15 个自由贸易区。

WTO 起源于 GATT，虽然 GATT 经过近 50 年的八轮谈判，大幅度消减了成员间的关税和贸易障碍，促进了世界贸易的发展，但其自身的局限性无法适应国际贸易新形势的需要，1996 年 1 月 1 日被 WTO 取代。WTO 是具有国际法主体资格的法人组织，其主要目标是实现互惠互利的贸易自由化。WTO 协议规定了成员国在多边体系中享有的权利和承担的义务。各成员国在履行这些协议时必须遵守非歧视（最惠国待遇和国民待遇）、贸易自由化、透明度、公平竞争以及考虑实际情况的例外等原则。虽然 WTO 相对 GATT 更为完善，但仍存在缺乏对发达国家的实质性监督内容、诸多“例外”条款影响多边体制有效运行等方面的不足。

复习思考题

一、单项选择题

1. 实现生产要素自由流动的区域经济一体化组织是（　　）。

A. 北美自由贸易区　　B. 东南亚联盟

C. 欧洲联盟　　D. 亚太经济合作组织

2. 下列区域经济组织中一体化程度最高的是（　　）。

A. 欧洲联盟　　B. 南方共同市场

C. 东南亚联盟　　D. 北美自由贸易区

3. WTO 最重要的原则是（　　）。

A. 非歧视原则　　B. 贸易自由化原则

C. 透明度原则　　D. 互惠互利贸易原则

二、判断题

1. 中国－东盟自由贸易区是中国建成的第一个区域经济一体化组织。（　　）

2. GATT 和 WTO 都是具有国际法主体资格的国际组织。（　　）

3. WTO 的目标是实现互惠互利的贸易自由化。（　　）

三、案例分析题

中日韩自由贸易区这一设想是在 2002 年中日韩三国领导人峰会上首次提出，三国领导人同意开展中日韩自贸区民间学术研究。2003～2009 年，三国研究机构对建立中日韩自贸区的可行性进行了全面和深入的分析研究，并得出积极结论：如果提升中日韩贸易自由化程度，中日韩经济增速都可进一步提高；三国中任何两国自由贸易区的经济收益都小于三国自由贸易区的效果；建立三国自由贸易区可消除贸易壁垒，扩大区域市场，推动三国经济融合，实现三国互利共赢。

2010 年 5 月，中日韩三国正式启动自由贸易区官产学联合研究。2011 年 12 月 16 日，三国代表团在自由贸易区官产学联合研究的最后一次会议上通过联合研究报告。中日韩经济总量约占亚洲 70%，中日韩产业优势的不同是自由贸易区成立的基础。相对发达的日本和韩国在资本和技术密集型产业上竞争优势明显，而中国的竞争优势目前仍主要集中于资源或劳动密集型产品上。同时，在过去 10 年间，中日两国贸易和中韩两国贸易的结构逐渐趋同。中国对日本的机械设备和电子产品的出口比重明显增加，其中很大比例是加工贸易方式，大部分为日本在华企业商品出口，属于产业内和公司内贸易。而韩国从中国进口的商品也逐步从初级产品转变为工业半成品或制成品，产业内贸易也日益普遍。

在 2012 年 5 月 12 日举行的第九次中日韩经贸部长会议上，三国部长就推动三国在全球及地区合作等议题达成了很多共识，决定正式签署中日韩三国投资协定，并于年内启动中日韩自贸区谈判的建议，这在三国经贸合作和东亚一体化进程中将具有里程碑式的重要意义。目前，中日韩三国人口超过 15 亿，GDP 总额达 14 万亿美元，外贸总额 6.4 万亿美元，建立自贸区将使三国在一个全面的制度性框架下开展内容更广泛的三边合作，实现三方共赢，并将进一步推动东亚经济一体化乃至亚太地区的经济发展。

请分析：（1）试分析中日韩自由贸易区谈判存在哪些障碍？（2）中日韩自由贸易区成立将对中国－东盟自由贸易区带来哪些影响？

第五章　国际贸易术语

学习目标

- 掌握国际贸易术语的含义和作用；
- 了解有关国际贸易术语的国际惯例；
- 重点掌握装运港交货的 FOB、CIF、CFR 三个术语的含义及使用时应注意的问题；
- 熟悉货交承运人的 FCA、CPT、CIP 三个术语的主要内容。

导入案例

某公司（出口方）按 FOB 术语与英国 A 客户（进口商）签约成交。出口方于 8 月 1 日凌晨 2 点装船完毕，受载货轮于当日下午起航。由于 8 月 1 日、2 日是周末，出口方未向买方发出装船通知。3 日收到进口方来函称：货轮于 3 日 4 时遇难沉没，货物灭失，你方应赔偿全部损失。

请分析出口方是否应承担赔偿责任？

国际贸易术语（International Trade Terms）是说明一笔交易中商品价格的构成，买卖双方承担的责任、支付的费用和风险的转移界限等问题的专门术语。因此，掌握国际贸易术语及其惯例，对于明确贸易双方承担的责任、费用、风险及确定价格具有重要意义。在国际贸易术语说明的这些问题中，交货地点是关键，交货地点不同，双方承担的责任、费用和风险也有很大差别。如果双方约定在出口国卖方所在地交货，卖方只需按约定的时间和地点将货物备妥，买方则应自行安排运输工具将货物从交货地点运至最终目的地，并承担其间的一切责任、费用和风险；如果双方约定在进口国某一指定地点交货，卖方则要承担在指定目的地将货物实际交给买方之前的一切责任、费用和风险。与前一种情况相比，卖方承担的责任广、费用多、风险大。由于交货地点直接决定成交商品价格的高低，因此贸易术语也称价格术语（Price Terms）。

第一节　关于国际贸易术语的国际惯例

国际贸易惯例（International Trade Custom）是指在国际贸易长期实践中逐渐形成的一些较为明确和固定内容的贸易习惯和一般做法，包括成文和不成文的原则、准则和规则。它不是法律，没有法律的强制约束力。在国际贸易业务实践中，由于各国法律制度、贸易惯例和习惯做法不同，对各种贸易术语的规定与解释有很大差异。为了避免各国在贸易术语解释上出现分歧和争议，国际法协会、美国商业团体、国际商会等组织经过长期努力，分别制定了解释贸易术语的规则。这些规则经过多年的贸易实践，反复修订，现已成为规范贸易术语的国际惯例，在国际上被广泛接受和采用。目前，有关贸易术语的国际贸易惯例主要包括《1932 年华沙 - 牛津规则》(《Warsaw-Oxford Rules 1932》)、《1990 年美国对外贸易定义修正本》(《Revised American Foreign Trade Definition 1990》) 和《国际贸易术语解释通则》。

一、《1932 年华沙 - 牛津规则》

19 世纪中叶，CIF 贸易术语虽然在国际贸易中被广泛采用，但由于各国对其解释不一，从而影响了 CIF 合同的顺利履行。为了对 CIF 合同下的贸易双方的权利和义务做出统一规定和解释，1928 年国际法协会在华沙举行会议，以英国贸易习惯及判例为基础制定了有关 CIF 合同的统一规则，称为《1928 年华沙规则》。1932 年国际法协会在牛津会议上对该规则重新进行了修订，定名为《1932 年华沙 - 牛津规则》。这一规则共 21 条，主要对 CIF 买卖合同的性质，买卖双方的责任、费用、风险的划分和货物所有权转移方式等问题作了详细的规定和解释。目前，贸易商基本上不再使用这一规则。

二、《1990 年美国对外贸易定义修正本》

1919 年，美国九个大商业团体以对外贸易中常用的 FOB 合同条件为基础，联合制定了《美国出口报价及缩写条例》，供从事对外贸易的人员使用。后经多次修订，1990 年由美国商会、美国进出口商全国理事会和全国对外贸易理事会所组成的联合委员会对该条例作了修改，定名为《1990 年美国对外贸易定义修正本》。这一修正本主要对六种贸易术语作了规定和解释：(1) 原产地交货 (Ex Point of Origin)；(2) 运输工具旁边交货 (Free Along Side, FAS)；(3) 运输工具上交货 (Free on Board, FOB)；(4) 成本加运费 (Cost and Freight, C&F)；(5) 成本加保险费、运费 (Cost, Insurance and Freight, CIF)；(6) 目的港码头交货 (Delivered Ex Quay, DEQ)。以上六种术语中，除原产地交货和目的港码头交货分别与《Incoterms 2000》中的工厂交货 (Ex Works) 和目的港码头交货 (DEQ) 大体相近外，其他四种与《Incoterms 2000》的解释有很大的差别。

《1990 年美国对外贸易定义修正本》不仅在美国使用，在加拿大和一些拉丁美洲国家也有较大影响。由于其在 FOB 和 FAS 两个术语的解释上与国际商会的定义有所不同。因此，中国企业在与美洲国家进行贸易时，应予特别注意。

三、《国际贸易术语解释通则》

为给国际贸易中普遍使用的贸易术语提供一套解释的国际规则，避免因各国解释的不同而出现不确定性，1936 年国际商会对 19 世纪广泛使用的 FOB 和 CIF 等术语进行了总结，并结合各国贸易习惯制定了《1936 年国际贸易术语解释通则》(International Rules for the Interpretation of Trade Terms 1936，简称《Incoterms 1936》)，该通则于 1953 年、1967 年、1976 年、1980 年、1989 年 (版本是《Incoterms 1990》)、1999 年 (版本是《Incoterms 2000》) 和 2010 年 (版本是《Incoterms® 2010》) 先后进行了七次修订。在国际范围内，《Incoterms® 2010》是内容最全、影响最大、应用最多的关于贸易术语的惯例。

(一)《Incoterms 2000》概况

国际商会在《Incoterms 2000》中，对定义的13种贸易术语的解释更为简单明了。按双方承担责任、费用和风险由小到大依次分组，形成E、F、C、D四个组，分组情况详见表5-1。

表5-1　《Incoterms 2000》对贸易术语的分组

组别	术语代码	中文含义	英文含义
E组（启运）	EXW	工厂交货	Ex Works
F组（主运费未付）	FAS	装运港船边交货	Free Along Side Ship
	FOB	装运港船上交货	Free On Board
	FCA	货交承运人	Free Carrier
C组（主运费已付）	CFR	成本加运费	Costand and Freight
	CPT	运费付至	Carriage Paid To
	CIF	成本加保险费、运费	Cost, Insurance and Freight
	CIP	运费、保险费付至	Carriage and Insurance Paid To
D组（到达）	DAF	边境交货	Delivered At Frontier
	DES	目的港船上交货	Delivered Ex Ship
	DEQ	目的港码头交货	Delivered Ex Quay
	DDU	未完税交货	Delivered Duty Unpaid
	DDP	完税后交货	Delivered Duty Paid

E组贸易术语的特点是卖方在其处所（如工厂、仓库）将货物置于买方控制之下，即完成交货任务，卖方承担的费用和风险最小。E组术语一般被称为启运术语。

F组贸易术语的特点是由买方签订运输合同并指定承运人，卖方将货物交给买方指定的承运人或装上运输工具，即完成交货任务。F组术语一般被称为主运费未付术语。

C组贸易术语的特点是卖方负责签订运输合同，支付正常的运费，承担交货前货物的损坏或灭失的风险，在装运港将货物装上船（如CFR、CIF）或将货物交至承运人（如CPT、CIP）即完成交货任务。C组术语一般被称为主运费已付术语。

D组贸易术语的特点是卖方自负费用和风险将货物运至指定目的地，并将货物置于买方控制之下，即完成交货任务。D组术语一般被称为到达组术语。

为了便于理解和记忆，《Incoterms 2000》对所有术语下当事人各自的义务用10个项目列出，卖方在每一项目中的地位"对应"了买方在同一项目中相应的地位，详见表5-2。

表5-2　《Incoterms 2000》买卖双方主要义务

A 卖方义务（The Seller' Obligations）
A1 提供符合合同规定的货物（Supplying good (s) in conformity with the contract）
A2 许可证、批准文件及海关手续（Licenses, authorizations and formalities）
A3 运输和保险合同（Contract of carriage and insurance）
A4 交货（Delivery）

A 卖方义务（The Seller' Obligations）
A5 风险转移（Transfer of risks）
A6 费用划分（Division of costs）
A7 通知买方（Notice to the buyer）
A8 交货凭证、运输单证或等同的电子单证（Proof of delivery，transport document or equivalent electronic message）
A9 查对、包装及标志（Checking，packaging，marking）
A10 其他义务（Other obligations）
B 买方义务（The Buyer' Obligations）
B1 支付货款（Payment of the price）
B2 许可证、批准文件及海关手续（Licenses，authorizations and formalities）
B3 运输和保险合同（Contract of carriage and insurance）
B4 受领货物（Taking delivery）
B5 风险转移（Transfer of risks）
B6 费用划分（Division of costs）
B7 通知卖方（Notice to the seller）
B8 交货凭证、运输单证或等同的电子单证（Proof of delivery，transport document or equivalent electronic message）
B9 货物检验（Inspection of goods）
B10 其他义务（Other obligations）

（二）《Incoterms® 2010》概况

《Incoterms® 2010》是国际商会根据国际贸易中出现的新情况，例如免关税区的不断扩大、商业交易中使用电子通信的增长、货物流动中对安全关注的提高以及货物运输实务的变化等所作的修订与完善。相对于《Incoterms 2000》，其主要变化是：

1. 对贸易术语的分类进行了重新调整。由原来的 E、F、C 和 D 四个分组调整为两个分组，即适用于各种运输方式的贸易术语和仅适用于海洋和内河运输的贸易术语，具体分组情况如下：

第 1 组：适用于任何运输方式的术语，即 EXW、FCA、CPT、CIP、DAT、DAP 和 DDP。具体情况如下：

EXW（Ex Works）	工厂交货
FCA（Free Carrier）	货交承运人
CPT（Carriage Paid To）	运费付至
CIP（Carriage and Insurance Paid To）	运费、保险费付至
DAT（Delivered At Terminal）	运输终端交货
DAP（Delivered At Place）	目的地交货
DDP（Delivered Duty Paid）	完税后交货

第 2 组：适用于海洋和内河运输方式的术语，即 FAS、FOB、CFR 和 CIF。具体情况如下：

FAS（Free Alongside Ship）	装运港船边交货
FOB（Free On Board）	装运港船上交货

CFR（Cost and Freight）	成本加运费
CIF（Cost Insurance and Freight）	成本、保险费加运费

2. 贸易术语的数量由原来的 13 种调整为 11 种。《Incoterms® 2010》删去了《Incoterms 2000》中的四个术语，即 DAF、DES、DEQ 和 DDU，新增加了两个贸易术语：DAT 和 DAP，即用 DAP 取代了 DAF、DES 和 DDU 三个术语，用 DAT 取代了 DEQ，且扩展至适用于一切运输方式。

3. 修订后的《Incoterms® 2010》取消了“船舷”的概念，将 FOB、CFR 和 CIF 三种术语的交货风险转移界限由原来的“越过装运港船舷”调整为“货物装上船为止”，即买方承担货物自装运港装上船后的一切风险。

4. 在 FAS、FOB、CFR 和 CIF 等术语中加入了货物在运输期间被多次买卖（链式交易）的责任和义务划分。

5. 考虑到对于一些大的区域贸易集团内部贸易的特点，国际商会规定《Incoterms® 2010》不仅适用于国际货物买卖合同，也适用于国内销售合同。

6. 《Incoterms® 2010》所有术语下当事人承担责任仍用 10 个项目列出，但标题内容与《Incoterms 2000》有所不同，新的项目标题详见表 5－3。

表 5－3　　《Incoterms® 2010》买卖双方主要义务

A 卖方义务（The Seller' Obligations）
A1 卖方的一般义务（General obligations of the seller）
A2 许可证、核准书、安检以及其他手续（Licenses，authorizations，security clearance and other formalities）
A3 运输和保险合同（Contract of carriage and insurance）
A4 交货（Delivery）
A5 风险转移（Transfer of risks）
A6 费用划分（Allocation of costs）
A7 通知买方（Notices to the buyer）
A8 交货单据（Delivery document）
A9 核对、包装及标志（Checking，packaging，marking）
A10 信息的协助和相关费用（Assistance with information and related costs）
B 买方义务（The Buyer' Obligations）
B1 支付货款（General obligations of the buyer）
B2 许可证、批准文件及海关手续（Licenses，authorizations，security clearance and other formalities）
B3 运输合同（Contract of carriage and insurance）
B4 收取货物（Taking delivery）
B5 风险转移（Transfer of risks）
B6 费用划分（Allocation of costs）
B7 通知卖方（Notices to the seller）
B8 交货证明（Proof of delivery）
B9 货物检验（Inspection of goods）
B10 信息的协助和相关费用（Assistance with information and related costs）

第二节 《Incoterms® 2010》中常用的贸易术语

在《Incoterms® 2010》定义的11种贸易术语中，实践中采用最多的是FOB、FCA、CIF、CIP、CFR和CPT。其中，FOB、CIF和CFR三个术语卖方都在港口履行交货义务，因此被称为装运港交货术语；而FCA、CIP和CPT三个术语卖方在任意地点把货物交给承运人即完成交货义务，因此被称为向承运人交货术语。

一、FOB

FOB即Free On Board (insert named port of shipment)，装运港船上交货（插入指定装运港），适用于海运或内河运输，是指卖方以在指定装运港将货物装上买方指定的船舶或通过取得已交付至船上货物的方式交货；货物灭失或损坏的风险在货物交到船上时转移，买方负担自该点起的一切费用，如图5-1所示。

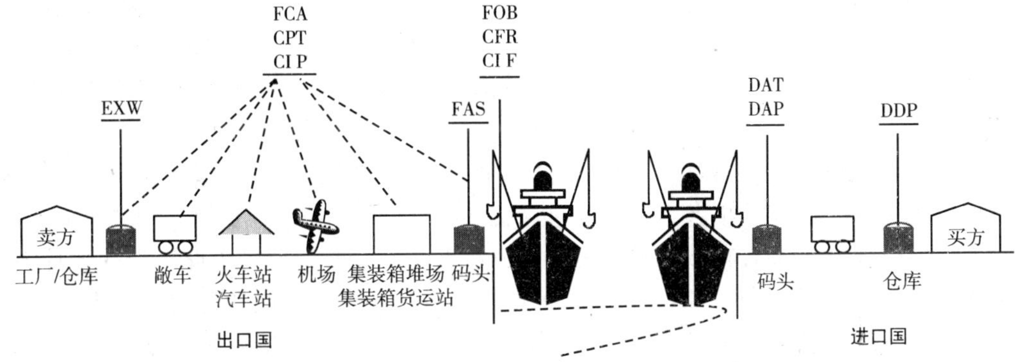

图5-1 《Incoterms® 2010》11种贸易术语交货点/风险点示意

采用FOB术语时，卖方应将货物在船上交付或者“取得”已在船上交付的货物。这里的“取得”一词适用于商品贸易中常见的交易链中的多层销售（链式销售）。《Incoterms® 2010》在FOB术语中添加的“或取得已交付至船上货物的方式交货”是为了迎合在大宗商品销售中，对已装船的货物作转售交易的需要。在大宗商品销售中，货物在运输途中往往被多次转售，而形成链式交易。在此情况下，处于链式交易中间位置的某个或某几个卖方并不实际装运货物，而以取得已在装运港交到船上的货物履行其交货义务。

FOB可能不适合于货物在上船前已经交给承运人的情况，例如用集装箱运输的货物通常是在集装箱码头交货。在此类情况下，应当使用FCA（货交承运人）术语。

在清关适用的地方，FOB术语要求卖方办理出口清关。但卖方无义务办理进口清关、支付任何进口税或办理任何进口海关手续。

（一）FOB术语买卖双方的义务

按照《Incoterms® 2010》的解释，卖方的义务主要有：（1）负责在合同规定的日期或期限内，在指定装运港，按港口习惯将符合合同规定的货物装到买方指定的船上，或取得已交付船上的货物，并给予买方充分的通知；（2）在清关适用的地方，负责取得出口许可证或其他核准书，办理货物出口清关手续；（3）负担货物在装运港交至船上为止的一切费用和风险；（4）负责提供合同规定的商业发票和证明货物已交至船上的通常单据。

按照《Incoterms® 2010》的解释，买方的义务主要有：（1）负责租船或订舱，支付运费，并给予卖方关于船名、装船地点和要求交货时间等事项的充分通知；（2）负担货物在装运港交至船上后的一切费用和风险；（3）在清关适用的地方，自负风险和费用取得进口许可证或其他核准书，并办理货物进口以及必要时经由另一国过境运输的一切海关手续；（4）按合同规定支付价款；（5）收取卖方按合同规定交付的货物，接受与合同相符的单据。

（二）应用 FOB 术语应注意的问题

1. 关于风险划分界限。关于货物交接过程中风险何时由卖方转移给买方，国际贸易实践中基本有三种做法：一是以船舷为界限。如《Incoterms 2000》规定：卖方承担货物在装运港有效超过船舷之前的一切费用和风险，买方承担货物越过船舷后的一切费用和风险。二是以货物有效放置甲板为界限，这是一种不成文的国际贸易习惯做法。三是以货物有效装上船为界限。如《Incoterms® 2010》规定：卖方负责货物的灭失或损坏，直至货物在规定日期内装上船。风险划分的界限直接决定着贸易双方承担的费用和风险。因此，在达成交易时，双方必须在合同中明确风险的划分界限，以分清双方承担的费用和风险。

2. 关于船货衔接。按照 FOB 术语成交的合同，买方安排运输，办理租船或订舱，然后按约定的期限将船派往指定的装运港接货，这就涉及双方的船货衔接问题。如果买方不按期派船，包括未经对方同意提前或延迟派船，卖方有权拒绝交货，而且由此产生的各种损失，如空舱费（Dead Freight）或滞期费（Demurrage），以及增加的仓储费等均由买方承担。反之，如果买方按期派船，而卖方却未能备妥货物，则由此产生的费用由卖方承担。在 FOB 条件下，有时买方可委托卖方代其租船或订舱，但这属于委托代办性质，卖方可同意也可不同意。如果卖方同意，但到时租不到船或订不到舱位，风险由买方自负，买方无权向卖方提出赔偿损失或解除合同。

3. 关于装船费用的负担。在装运港发生的装船费用主要指与装货有关的平舱费（Trimmed）和理舱费（Stowed）。关于这两项费用的划分，在《Incoterms® 2010》中并没有约定。按 FOB 条件成交，如果使用班轮（Liner）进行货物运输，由于班轮公司负责装卸，所以实际上是由支付班轮运费的买方承担装船费用。如果使用定程租船（Voyage Charter）进行货物运输，船方通常不负担装卸费用。因此，贸易双方达成交易时有必要在合同中对装船费用的负担进行约定，一般采用在 FOB 术语后附加条件，形成 FOB 变形来明确装船费用由谁负担。常用的 FOB 变形有：

（1）FOB 班轮条件（FOB Liner Terms）。这一变形是指装船费用按班轮的做法办理，即卖方不负担装船的有关费用。

（2）FOB 吊钩下交货（FOB Under Tackle）。这一变形是指卖方将货物交到买方指派船只的吊钩所及之处，即吊装入舱以及各项费用由买方负担。

（3）FOB 平舱费在内（FOB Trimmed，FOB. T）。这一变形是指卖方负责将货物装入船舱并承担包括平舱费在内的装船费用。

（4）FOB 理舱费在内（FOB Stowed，FOB. S）。这一变形是指卖方负责将货物装入船舱并承担包括理舱费在内的装船费用。

（5）FOB 平舱并理舱（FOB Trimmed & Stowed，FOB. T&S）。这一变形指卖方负责将货物装入船舱并承担包括平舱费和理舱费在内的装船费用。

FOB 的上述变形，仅仅明确或改变买卖双方关于装船费用的划分，并不改变风险的划分界限或交货地点。

4. 关于美国对 FOB 的解释。《1990 年美国对外贸易定义修正本》把 FOB 细分为 6 种情况，与《Incoterms® 2010》中 FOB 的解释有较大的不同。二者的区别主要有两点：

（1）交货的地点不同。《Incoterms® 2010》中 FOB 的交货地点为单一的装运港口，而《1990 年美国对外贸易定义修正本》中 FOB 的交货地点既可以是出口国的装运港口，也可是出口国内陆，甚至可以是进口国内陆。

（2）出口手续的办理不同。《Incoterms® 2010》规定卖方办理出口手续并缴纳出口税，而《1990 年美国对外贸易定义修正本》规定卖方应“在买方请求并由其负担费用的情况下，协助买方取得由原产地及/或装运地国家签发的为货物出口所需的各种证件”。

二、CIF

CIF 即 Cost，Insurance and Freight（insert named port of destination），成本加保险费、运费（插入指定目的港），适用于海运或内河运输，是指卖方在船上交货或以取得已交付至船上货物的方式交货。货物灭失或损坏的风险在货物交到船上时转移；卖方必须签订合同，并支付必要的成本和运费，将货物运至指定的目的港；同时为买方在运输途中货物的灭失或损坏风险办理保险，如图 5－1 所示。

《Incoterms® 2010》在 CIF 术语中添加“或取得已交付至船上货物的方式交货”同样是为了迎合在大宗商品销售中，对已装船的货物作转售交易的需要。

CIF 可能不适合于货物在上船前已经交给承运人的情况，例如用集装箱运输的货物通常是在集装箱码头交货。在此类情况下，应当使用 CIP（运费和保险费付至）术语。

在清关适用的地方，CIF 术语要求卖方办理出口清关。但卖方无义务办理进口清关、支付任何进口税或办理任何进口海关手续。

由于风险转移和费用转移的地点不同，理解和使用 CIF 术语有两个关键点。虽然合同通常都会指定目的港，但不一定都会指定装运港，而这里是风险转移至买方的地方。如果装运港对买方具有特殊意义，交易双方在合同中应尽可能准确地指定装运港。

在中国实际业务中，习惯把 CIF 术语称为“到岸价”，这种说法并不准确。因为按 CIF 术语成交，卖方的交货地点在装运港，并不保证到货。

（一）CIF 术语买卖双方的义务

按照《Incoterms® 2010》的解释，卖方的义务主要有：（1）负责在合同规定的日期或期限内，在装运港将符合合同规定的货物交至运往指定目的港的船上，或取得已经交付船上的货物，并给予买方充分的通知；（2）在清关适用的地方，负责取得出口许可证或其他核准书，办理货物出口清关手续；（3）负责租船或订舱，并支付至目的港的运输费用；（4）负责办理货物运输保险，支付保险费；（5）负担货物在装运港交至船上为止的一切费用和风险；（6）负责提供商业发票、保险单和货物运往指定目的港的通常运输单据。

按照《Incoterms® 2010》的解释，买方的义务主要有：（1）按合同规定支付价款；（2）在清关适用的地方，自负风险和费用取得进口许可证或其他核准书，并办理货物进口以及必要时经由另一国时的过境运输的一切海关手续；（3）负担货物在装运港交至船上后的一切费用和风险；（4）收取卖方按合同规定交付的货物，接收与合同相符的单据。

（二）应用 CIF 术语应注意的问题

1. 关于租船或订舱。按照《Incoterms® 2010》的解释，卖方必须租船或订舱，并按合同约定的时间在装运港装船出运货物。如果卖方不能及时租船或订舱，不能按期装船交货，即构成违约，必须承担违约责任，买方有权要求解除合同或提出损害赔偿的要求。根据《Incoterms® 2010》的解释，卖方应按照通常条件及习惯行驶的航线，租用通常类型可供装运合同规定货物的船舶。如果买方提出限制装运船舶的国籍、船型、船龄、船级和指定装载某班轮船只等要求，卖方均有权拒绝。但为了发展出口业务，如对方上述要求自己能办到，且不增加自己的履约成本和难度，也可以为买方提供方便。

2. 关于货运保险。在 CIF 术语下，卖方必须负责办理货运保险，支付保险费，并提供保险单。《Incoterms® 2010》对卖方履行保险义务的规定是：卖方应按《协会货物保险条款》（Institute Cargo Clause，ICC）或其他类似保险条款中的最低责任的险别投保。这一规定对于中国的出口商来说意味着在合同未明确规定投保险别时，只要按《协会货物保险条款》中的 ICC（C）险或“中国保险条款”（China Insurance Clause，CIC）中的平安险（Free from Particular Average，FPA）办理保险即可。另外，按《Incoterms® 2010》，卖方投保的保险金额一般都是在 CIF 货价基础上另加 10%，即按 CIF 发票金额加 10% 投保。为谨慎起见，在实际业务中，出口企业按 CIF 术语与进口商达成交易时，通常都应在合同中具体规定保险险别、保险金额和保险条款。

3. 关于卸货费用的负担。按 CIF 术语成交，卖方负责将货物运往指定的目的港，并支付正常的运输费用。至于货物到达目的港后卸货的费用由谁支付，各国、各港口的惯例规定不一，经常引发争议。如果使用班轮运输，因装卸费已计入在班轮运输费用之中，因此，在卸货费用的负担上不会引发争议。但如果采用定程租船运输，由于船方大多不承担装卸费用，因此双方应在合同中明确规定卸货费用由谁负担，避免引起争议。在实际业务中，卸货费用由谁负担往往也采用在 CIF 术语后附加条件形成变形的做法。常用的 CIF 变形主要有：

（1）CIF 班轮条件（CIF Liner Terms）。这一变形是指卸货费用按班轮条件办理，即由支付运费的卖方负担。

（2）CIF 舱底交货（CIF Ex Ship' Hold）。这一变形是指货物运达目的港后，卖方在舱底交货，买方自行启舱并负担将货物从舱底起吊到码头的费用。

（3）CIF 卸到岸上（CIF Landed）。这一变形是指卖方负担将货物卸到目的港岸上的费用，包括驳船费和码头捐。

（4）CIF 吊钩下交货（CIF Ex Tackle）。这一变形是指卖方负责将货物从船舱吊起至船边卸离吊钩。如果船舶靠不上码头，由买方自费租用驳船，卖方只负责将货物卸到驳船上。

CIF 的上述变形，仅仅明确或改变买卖双方关于卸货费用的划分，并不改变风险的划分界限或交货地点。

4. 关于交货方式。国际货物买卖的交货方式有两种：一种是实际交货（Actual Delivery），另一种是象征性交货（Symbolic Delivery）。实际交货是指卖方要在合同规定的时间和地点将符合合同规定的货物实实在在地交给买方或其指定人手上。象征性交货是指卖方只要按合同的约定完成装运，并向买方提交符合合同规定的包括物权凭证在内的各种单据，就算完成了交货义务，无需保证到货。

CIF 术语属于典型的象征性交货方式，因此 CIF 合同具有“凭单交货、凭单付款”的特征。即只要卖方如期向买方提交了符合合同或信用证规定的全套合格单据，即使货物在运输途中损坏或灭失，买方也必须履行付款义务。反之，卖方提交的单据不符合合同或信用证规定，即使货物完好无损地运达目的地，买方也可以单据不符为由拒收单据，拒付货款。因此，在国际贸易中，按 CIF 达成的交易与其说是货物买卖，不如说是“单据买卖”，单据在某种意义上说比货物还重要。

三、CFR

CFR 即 Cost and Freight（insert named port of destination），成本加运费（插入指定目的港），适用于海运或内河运输，是指卖方在船上交货或以取得已经交付船上的货物的方式交货；货物灭失或损坏的风险在货物交到船上时转移；卖方必须签订合同，并支付必要的成本和运费，将货物运至指定的目的港，如图 5 -1 所示。

《Incoterms® 2010》在 CFR 术语中添加“或取得已交付至船上货物的方式交货”同样也是为了迎合在大宗商品销售中，对已装船的货物作转售交易的需要。

CFR 可能不适合于货物在上船前已经交给承运人的情况，例如用集装箱运输的货物通常是在集装箱码头交货。在此类情况下，应当使用 CPT（运费付至）术语。

在清关适用的地方，CFR 术语要求卖方办理出口清关。但卖方无义务办理进口清关、支付任何进口税或办理任何进口海关手续。

从《Incoterms® 2010》的上述规定可以看出 CFR 是介于 FOB 与 CIF 之间的一种贸易术语。与 FOB 术语相比，CFR 术语下卖方多了租船或订舱、支付运费的义务；与 CIF 术语相比，CFR 术语下卖方少了办理货运保险、支付保险费的义务。

按 CFR 达成的合同卖方需要特别注意装船通知（Shipping Advice）问题。因为按 CFR 术语成交，由卖方租船或订舱，由买方投保货运险。装船后，卖方不及时发出装船通知，买方就无法及时办理保险手续，甚至可能发生漏保情况。因此，在《Incoterms® 2010》中明确规定，卖方必须“无迟延地（Without Delay）通知买方货已装船”。

此外，CFR 术语下关于租船或订舱和卸货费用的负担问题与 CIF 术语相同。

上述的 FOB、CIF 和 CFR 三种贸易术语在国际贸易中使用最多。三者均属于装运港交货的术语。从价格构成上看，FOB 价加上运输费用等于 CFR 价，CFR 价再加上保险费等于 CIF 价，三者之间可以换算；从买卖双方承担的义务上看，三者之间又存在不少区别。三种常用的贸易术语之间的区别与联系如表 5 -4 所示。

表 5-4　三种常用的贸易术语之间的区别与联系

贸易术语	风险	手续		费用	
	谁承担装船后的风险	谁租船或订舱	谁办理保险	谁支付运费	谁支付保险费
FOB	买方	买方	买方	买方	买方
CFR	买方	卖方	买方	卖方	买方
CIF	买方	卖方	卖方	卖方	卖方

四、FCA

FCA 即 Free Carrier（insert named place of delivery），货交承运人（插入指定装运地），是指卖方在规定的时间和指定的装运地点将货物交给买方指定的承运人或其他人监管，即完成交货义务，交货后风险转移给买方；买方要自费订立从指定装运地点启运的运输契约，并将有关承运人的名称、要求交货的时间和地点，充分地通知卖方，承担承运人监管货物后一切费用和风险，如图 5-1 所示。

FCA 术语下的承运人既包括履行运输合同的实际承运人（Actual Carrier），也包括签订运输合同的运输代理人（Freight Forwarder）。

需要说明的是，FCA 术语下双方交货地点的选择对于在该地点装货和卸货的义务会产生影响。若卖方在其所在地交货，则卖方应负责装货，即当货物被装至由买方指定的承运人的收货工具上时，卖方即完成交货义务；若在其他任何地点交货，卖方不负责卸货，即当货物在买方指定的交货地点，在卖方的送货运输工具上（未卸下）完成交货义务。如果买方有要求，卖方也可按通常条件订立运输契约，但费用和风险要由买方承担。

在清关适用的地方，FCA 术语要求卖方办理出口清关。但卖方无义务办理进口清关、支付任何进口税或办理任何进口海关手续。

FCA 术语是在 FOB 术语的基础上发展而来的。因此，这一术语下的买卖双方责任、费用和风险的划分原则与 FOB 术语基本相同。

FCA 术语使用范围很广，适用于任何一种运输方式或多种运输方式，特别适用于以集装箱为媒介的国际多式联运方式。

五、CIP

CIP 即 Carriage and Insurance Paid To（insert named place of destination），运费和保险费付至（插入指定目的地），是指卖方将货物在双方约定地点（如果双方已经约定了地点）交给其指定的承运人或其他人；卖方必须签订运输合同并支付将货物运至指定目的地的所需费用，同时为买方在运输途中货物的灭失或损坏风险签订保险合同；由于 CIP 只要求卖方投保最低险别，如果买方需要更多保险保护的话，则需与卖方明确就此达成协议，或者自行做出额外的保险安排，如图 5-1 所示。

CIP 术语下的承运人，与 FCA 术语相同，既包括履行运输合同的实际承运人，也包括签订运输合同的运输代理人。

在清关适用的地方，CIP 术语要求卖方办理出口清关。但卖方无义务办理进口清关、支付任何进口税或办理任何进口海关手续。

CIP 术语是在 CIF 术语的基础上发展而来的，双方责任、费用和风险的划分原则与 CIF 术语基本相同。

CIP 术语使用范围很广，适用于任何一种运输方式或多种运输方式，特别适用于以集装箱为媒介的国际多式联运方式。

六、CPT

CPT 即 Carriage Paid To（insert named place of destination），运费付至（插入指定目的地），是指卖方将货物在双方约定地点（如果双方已经约定了地点）交给其指定的承运人或其他人；卖方必须签订运输合同并支付将货物运至指定目的地的所需费用，如图 5 –1 所示。

CPT 术语下的承运人，与 FCA 和 CIP 两术语也相同，既包括履行运输合同的实际承运人，也包括签订运输合同的运输代理人。

在清关适用的地方，CPT 术语要求卖方办理出口清关。但卖方无义务办理进口清关、支付任何进口税或办理任何进口海关手续。

CPT 术语是在 CFR 术语的基础上发展而来的，双方责任、费用和风险的划分原则与 CFR 术语基本相同。

CPT 术语使用范围很广，适用于任何一种运输方式或多种运输方式，特别适用于以集装箱为媒介的国际多式联运方式。

通过上述定义，可以看出 CPT 是介于 FCA 与 CIP 之间的一种贸易术语。与 FCA 术语相比，CPT 术语下的卖方多了安排运输、支付运费的义务；与 CIP 术语相比，CPT 术语下的卖方少了办理货运保险、支付保险费的义务。因此，与 FCA 术语相同，按 CPT 达成的合同，卖方也需要特别注意装运通知问题，因为按 CPT 术语成交，由买方为自己投保货运险，如果卖方不及时发出装船通知，买方就无法及时办理保险手续，甚至可能发生漏保情况。

上述 FCA、CIP 和 CPT 三种术语属于货交承运人的术语，分别从 FOB、CIF 和 CFR 三种传统贸易术语发展而来。因此，FCA、CIP 和 CPT 三者之间的相互关系类似于 FOB、CIF 和 CFR 之间的关系，但这两组贸易术语也存在着很多方面的区别，具体表现在：

1. 适用的运输方式不同。FOB、CIF 和 CFR 三种传统的贸易术语仅适用于海运和内河运输，而 FCA、CIP 和 CPT 三种术语不仅适用于海运和内河运输，也适用于陆运、空运等其他单一运输方式以及多种运输方式。

2. 卖方交货的地点不同。FOB、CIF 和 CFR 三种传统的贸易术语因仅适用于海运和内河运输，交货地点为单一的装运港，而 FCA、CIP 和 CPT 三种术语的交货地点，需视不同的运输方式和不同的约定而定，它可以是卖方处所，也可以是铁路、公路、航空、内河、海洋运输承运人或多式联式经营人的运输站或其他收货点。

3. 风险和费用的转移界限不同。FOB、CIF 和 CFR 三种术语的风险和费用转移界限是货物交至船上，货物交至船上以前的风险和费用由卖方承担，以后的由买方承担，而 FCA、CIP 和 CPT 三种术语货物灭失或损坏的风险和费用是在卖方将货物交给承运人接管后转移给买方。

4. 装卸费用负担的规定不同。按 FOB、CIF 和 CFR 术语成交，卖方承担货物交至船上为止的一切费用，但由于各港口的习惯做法不一，实践中对于使用定程租船运输的 FOB 合同，需明确装船费用由谁负担；在 CIF 和 CFR 合同中，需明确卸货费由谁负担。而在 CIP、CPT 和 FCA 术语下，如涉及海洋运输并使用定程租船装运，卖方将货物交给承运人时所支付的运费（如 CIP、CPT），或由买方支付的运费（如 FCA），已包含了承运人接管货物后发生的目的港的卸货费用或装运港的装船费用，也就是说，在 CIP、CPT 合同中卸货费用和 FCA 合同中装船费用由谁负担的问题就无需明确了。

5. 运输单据的不同。FOB、CIF 和 CFR 三种术语下，卖方一般向买方提交清洁的已装船海运提单，而 FCA、CIP 和 CPT 三种术语下，卖方提交的运输单据需视不同的运输方式而定。

6. 保险的内容不同。FOB、CIF 和 CFR 三种贸易术语下，投保人一般投保海洋运输险，而 FCA、CIP 和 CPT 三种术语下投保人需根据运输方式的不同选定投保险别。

第三节 《Incoterms® 2010》中的其他贸易术语

除了上述六种常用的贸易术语外，《Incoterms® 2010》还规定和解释了其他五种贸易术语，这些术语虽然在实际业务中较少采用，但在某种情况下，它们能够满足贸易双方的特定要求，因此买卖双方可根据业务的需要，灵活选用。

一、EXW

EXW 即 Ex Works（insert named place of delivery），工厂交货（插入指定交货地），是指当卖方在其所在地或其他指定地点（如工厂、车间或仓库等）将货物交由买方处置时，即完成交货；卖方无需将货物装上任何前来接收货物的运输工具，需要清关时，卖方也无需办理出口清关手续，如图 5－1 所示。EXW 术语适用于任何一种运输方式或多种运输方式。

《Incoterms® 2010》特别建议双方在指定交货地范围内尽可能明确具体交货地点，因为在货物到达交货地点之前的所有费用和风险都由卖方承担。买方则需承担自此指定交货地的约定地点（如有的话）收取货物所产生的全部费用和风险。

EXW 术语是《Incoterms® 2010》中卖方承担义务最小的术语，使用时需注意以下问题：

1. 卖方对买方没有装货的义务，即使实际上卖方也许更方便这样做。如果卖方装货，也是由买方承担相关风险和费用。当卖方更方便装货物时，FCA 一般更为合适，因为该术语要求卖方承担装货义务，以及与此相关的风险和费用。

2. 以 EXW 为基础购买出口产品的买方需要注意，卖方只有在买方要求时，才有义务协助办理出口，即卖方无义务安排出口通关。因此，在买方不能直接或间接地办理出口清关手续时，不建议使用该术语。

3. 买方仅有限度地承担向卖方提供货物出口相关信息的责任。但是，卖方则可能出于缴税或申报等目的，需要这方面的信息。

二、FAS

FAS 即 Free Alongside Ship（insert named port of shipment），装运港船边交货（插入指定装运港），是指当卖方在指定的装运港将货物交到买方指定的船边（例如，置于码头或驳船上）时，即为交货；货物灭失或损坏的风险在货物交到船边时发生转移，同时买方承担自那时起的一切费用，如图 5 – 1 所示。

由于卖方承担在特定地点交货前的风险和费用，而且这些费用和相关作业费可能因各港口惯例不同而变化。因此，《Incoterms® 2010》特别建议双方尽可能清楚地约定指定装运港内的装货点。

卖方应将货物运至船边或取得已经这样交运的货物。此处使用的“取得”一词也适用于商品贸易中常见的交易链中的多层销售（链式销售）。

当货物装在集装箱里时，卖方通常将货物在集装箱码头移交给承运人，而非交到船边。这时，FAS 术语不适合，而应当使用 FCA 术语。

在清关适用的地方，FAS 要求卖方办理出口清关手续。但卖方无义务办理进口清关、支付任何进口税或办理任何进口海关手续。

FAS 术语适用于海运和内河运输。按照《1990 年美国对外贸易定义修正本》的解释，FAS 为装运港运输工具旁边交货，因而，含义较广泛，在实际业务中对《1990 年美国对外贸易定义修正本》与《Incoterms® 2010》的规定要注意区分。

三、DAT

DAT 即 Delivered At Terminal（insert named terminal at port or place of destination），运输终端交货（插入指定目的港或目的地运输终端），是指当卖方在指定港口或目的地的指定运输终端将货物从抵达的载货运输工具上卸下，交由买方处置时，即为交货；卖方承担将货物送至指定港口或目的地的运输终端并将其卸下的一切风险，如图 5 – 1 所示。由于 DAT 术语适用于任何一种运输方式或多种运输方式。“运输终端”意味着任何地点，而不论该地点是否有遮盖，例如码头、仓库、集装箱堆积场或公路、铁路、空运货站。

由于卖方承担在特定地点交货前的风险，因此，《Incoterms® 2010》特别建议双方尽可能确切地约定运输终端，或如果可能的话，在约定港口或目的地的运输终端内的特定地点。建议卖方取得完全符合该选择的运输合同。

另外，如果双方希望由卖方承担由运输终端至另一地点间运送和受理货物的风险和费用，则应当使用 DAP 或 DDP 术语。

在清关适用的地方，DAT 要求卖方办理出口清关手续。但卖方无义务办理进口清关、支付任何进口税或办理任何进口海关手续。

四、DAP

DAP 即 Delivered At Place（insert named place of destination），目的地交货（插入指定目的地），是指当卖方在指定目的地将仍处于抵达的运输工具之上，且已做好卸载准备的货物交由买方处置时，即为交货；卖方承担将货物运送到指定地点的一切风险，如图5－1所示。DAP术语适用于任何一种运输方式或多种运输方式。

由于卖方承担在特定地点交货前的风险，因此，《Incoterms® 2010》特别建议双方尽可能清楚地约定指定目的地内的交货点。建议卖方取得完全符合该选择的运输合同。如果卖方按照运输合同在目的地发生了卸货费用，除非双方另有约定，卖方无权向买方要求偿付。

在清关适用的地方，DAP要求卖方办理出口清关手续。但是卖方无义务办理进口清关、支付任何进口税或办理任何进口海关手续。如果双方希望卖方办理进口清关、支付所有进口关税，并办理所有进口海关手续，则应当使用DDP术语。

五、DDP

DDP即Delivered Duty Paid（insert named place of destination），完税后交货（插入指定目的地），是指当卖方在指定目的地将仍处于抵达的运输工具上，但已经完成进口清关，且已做好卸货准备的货物交由买方处置时，即为交货；卖方承担将货物运至目的地的一切风险和费用，并且有义务完成货物出口和进口清关，支付所有出口和进口的关税和办理海关手续，如图5－1所示。

由于卖方承担在特定地点交货前的风险和费用，《Incoterms® 2010》特别建议双方尽可能清楚地约定在指定目的地内的交货点。建议卖方取得完全符合该选择的运输合同。如果按照运输合同卖方在目的地发生了卸货费用，除非双方另有约定，卖方无权向买方索要。

《Incoterms® 2010》规定，除非买卖合同中另行明确规定，任何增值税或其他应付的进口税款由卖方承担。

DDP术语适用于任何一种运输方式或多种运输方式，且是《Incoterms® 2010》中卖方承担责任、费用和风险最大的一个术语。

《Incoterms® 2010》建议，如果卖方不能直接或间接地完成进口清关，则不应使用此术语；如双方希望买方承担所有进口清关的风险和费用，则应使用DAP术语。

《Incoterms® 2010》11种贸易术语对照如表5－5所示。

表5－5　《Incoterms® 2010》11种贸易术语对照

组别	术语代码	交货地点	风险划分界限	适用运输方式	运输办理	保险办理	运费	保险费	出口税	进口税
E组	EXW	出口国卖方所在地工厂	货交买方	任何	买方	买方	买方	买方	买方	买方
F组	FAS	出口国装运港船边	货交船边	海运内河	买方	买方	买方	买方	卖方	买方
	FOB	出口国装运港船上	货物交到船上	海运内河	买方	买方	买方	买方	卖方	买方
	FCA	出口国指定的交货地点	货交承运人	任何	买方	买方	买方	买方	卖方	买方

续表

组别	术语代码	交货地点	风险划分界限	适用运输方式	运输办理	保险办理	运费	保险费	出口税	进口税
C组	CFR	出口国装运港船上	货物交到船上	海运内河	卖方	买方	卖方	买方	卖方	买方
	CPT	出口国指定的交货地点	货交承运人	任何	卖方	买方	卖方	买方	卖方	买方
	CIF	出口国装运港船上	货物交到船上	海运内河	卖方	卖方	卖方	卖方	卖方	买方
	CIP	出口国指定的交货地点	货交承运人	任何	卖方	卖方	卖方	卖方	卖方	买方
D组	DAT	进口国指定目的运输终端	货交买方	任何	卖方	卖方	卖方	卖方	卖方	买方
	DAP	进口国指定目的地	货交买方	任何	卖方	卖方	卖方	卖方	卖方	买方
	DDP	进口国指定目的地	货交买方	任何	卖方	卖方	卖方	卖方	卖方	卖方

本章小结

国际贸易术语是说明一笔交易中商品的价格构成，买卖双方承担的责任、支付的费用和风险的转移界限等问题的专门术语。在贸易术语说明的这些问题中，交货地点是关键，交货地点不同，双方承担的责任、费用和风险有很大差别。目前，国际上关于贸易术语的惯例有三个，通过学习和掌握这些国际贸易惯例，既可以帮助我们避免或减少贸易争端，也可以在发生争议时用有关惯例，争取有利地位，减少不必要的损失。

《Incoterms® 2010》中规定了 11 种贸易术语，分为 E、F、C、D 组。在这些贸易术语中，FOB、CFR 和 CIF 是最常用的三种贸易术语，其次是 FCA、CPT 和 CIP。这两组贸易术语在价格构成上是一一对应的，即 CIF 和 CIP 都包括货物运输费用和保险费用，CFR 和 CPT 都包括货物运输费用。但两组贸易术语在风险划分界限、运输方式、交货地点和装卸费用负担等方面存在明显的区别。

复习思考题

一、单项选择题

1. 下列贸易术语中卖方不负责办理出口手续及支付相关费用的是（　　）。

A. FCA　　B. FAS

C. FOB　　D. EXW

2. 下列不属于装运港交货的贸易术语是（　　）。

A. CFR　　B. FOB

C. CIF　　D. FCA

3. CFR 术语仅适用于水上运输，如果卖方使用滚装与集装箱运输时应采用（　　）。

A. FCA　　B. CIP　　C. CPT　　D. DDP

二、判断题

1. 按 CIF 成交的合同属于在目的港交货的合同。(　　)

2. 以 FOB 和 CIF 出口时，如果货物装船时落入海中，均由卖方承担损失。(　　)

3. 贸易术语变形在改变费用负担的同时，也改变了风险的划分。(　　)

三、案例分析题

1. 有一份 CIF 合同，出口方按合同规定的时间和装运港完成交货义务，且投保了货运险。载货船舶离港后不久触礁沉没。事后当出口方凭提单、保险单、发票等货运单据要求进口方付款时，进口方以货物全部损失为由拒绝接收单据和付款。试分析在上述情况下，出口方有无权利凭规定的单据要求付款？原因何在？

2. 新疆某出口公司于某年与韩商成交甘草膏 2 万箱，货物装集装箱外运，每公吨售价 2 500美元 FOB 天津新港，结算方式为即期信用证，装运期为 2 月 25 日之前。由于出口公司在天津设有办事处，便在 2 月上旬将货物运到天津，准备由办事处负责报关装运。货物到天津存仓后的第三天，仓库午夜着火，由于风大火烈，2 万箱甘草膏全部被焚。办事处立即通知新疆公司总部并要求尽快补货，但公司总部已无现成货源。问题：（1）如果你是出口公司的业务主管，将如何开展业务？(2）该 FOB 合同对出口公司有什么不利影响？出口公司在贸易术语上有无更好的选择？

3. 中国北京 A 公司拟向美国纽约 B 公司出口某商品 50 000 箱，A 公司提出按 FCA 北京条件成交，而 B 公司则提出采用 FOB 天津新港的条件。问题：A、B 公司提出上述成交条件的原因是什么？

第六章　国际货物买卖条件（一）：品质、数量和包装

学习目标

- 了解商品品质、数量、包装的基本概念，以及国际贸易中常用的计量单位；
- 熟悉《公约》和《UCP600》中有关商品品质、数量和包装的有关规定；
- 掌握商品品质的表示方法和运输包装标志；
- 学会订立买卖合同中的品质、数量和包装条款。

导入案例

中国某公司与德商签订农产品的出口合同约定："数量为100公吨，每公吨CIF Bremen 80英镑，水分最高15%、杂质不超过3%，交货品质以中国官方商检机构检验为最后依据。"成交前中方向对方寄送过样品。订约后又曾电告对方，成交货物与样品相似。货物装运前由中国官方商检机构签发品质规格合格证书。货抵德国后，对方提出：到货虽有商检局出具的品质合格证书，但品质却比样品差，要求每公吨减价6英镑。中方以合同中并未规定凭样交货，而仅规定凭规格交货为由拒绝减价。德方于是请该国某检验公司进行检验，并出具了货物平均品质比样品低7%的检验证明，并据此向中方提出索赔请求。中方坚持原来理由而拒赔。德方遂请求中国国际贸易仲裁委员会协助解决此案。

请分析：(1) 凭样品买卖对卖方有哪些要求？(2) 本案例中双方约定商品品质的方法是哪种？(3) 出口商应从本案中吸取哪些教训？

在国际贸易中，交易的每种商品都有其具体的名称，并表现为一定的品质和数量，而交易的大多数商品都需要有一定的包装。因此，买卖双方洽商交易时，必须就商品的品质、数量与包装这些主要交易条件达成一致，并在合同中具体订明。

第一节　品质条件

一、商品品质的含义与重要性

（一）商品品质的含义

商品品质（Quality of Goods）是指商品的外观形态和内在质量的综合。商品的外观形态是指人们的感官可以直接感觉到的外形特征，如商品的大小、长短、结构、造型、款式、色

泽和味觉等。商品的内在质量是指商品的物理和机械性能、化学成分、生物特征和技术指标等，一般需借助各种仪器、设备分析测试才能获得。例如，纺织品的断裂强度、伸长率、缩水率、防雨防火性能、色牢度等。

（二）商品品质的重要性

《联合国国际货物销售合同公约》（United Nations Convention on Contracts of International Sales of Goods，简称《公约》）第35条第（1）款规定，卖方交付的货物必须与合同所规定的商品品质相符。如卖方交货不符合合同约定的品质条件，买方有权要求损害赔偿，也可以要求修理或交付替代货物，甚至拒收货物和宣告合同无效。因此，进出口合同中的品质条件是构成商品说明的重要组成部分，是买卖双方交接货物的依据。同时，商品品质的优劣也是决定商品使用效能、市场竞争力和影响商品市场价格的重要因素。

二、约定商品品质的方法

在国际货物买卖中，商品品质可以用实物和文字说明两种方法来表示。

（一）以实物表示商品品质

1. 看货买卖（Actual Quality）。看货买卖是指根据成交商品的实际品质进行交易。通常先由买方或其代理人在卖方所在地验看货物，达成交易后，卖方交付买方或其代理人验看过的货物。在国际贸易中，有些特种商品，既无法用文字概括其品质，也没有与品质要求完全相同的样品作为交易的品质依据，如珠宝、首饰、字画、特定工艺制品等。对于这类商品，买卖双方只能看货洽商，按货物的实际状况达成交易。看货买卖主要适用于寄售、拍卖和展卖业务。

2. 凭样品买卖（Sale by Sample）。凭样品买卖是指买卖双方在洽商时，由卖方或买方提供一种或数种或少量足以代表商品质量的实物作为样品请对方确认，样品一经确认便成为买卖双方交接货物的品质依据。

在国际贸易中，商品品质按样品提供者的不同可分为以下两类：

（1）凭卖方样品买卖（Sale by Seller's Sample）。凭卖方样品买卖是指由卖方提供样品，经买方确认后作为交货的品质依据。凭卖方样品买卖时，卖方选择样品品质应注意以下四个问题：

① 所选择的样品要具有充分的代表性（Representative Sample），并以此样品提供给买方。

② 在将样品即原样（Original Sample），或称标准样品（Type Sample）送交买方的同时，应保留与送交样品品质完全一致的另一样品，即留样（Keep Sample）或称复样（Duplicate Sample），以备将来组织生产、交货或处理品质纠纷时作核对之用。

③ 卖方应在原样和留存的复样上编制相同的号码，注明样品提交买方的具体日期，以便日后联系、洽谈交易时参考。

④ 留存的样品要妥善保管，防止受环境影响而使商品品质发生变化。

（2）凭买方样品买卖（Sale by Buyer's Sample）。凭买方样品买卖在中国也称为来样成交或来样制作。它是指由买方提供样品作为卖方交货的品质依据。由于买方对目标市场的需求状况熟悉，买方提供的样品往往更能直接地反映出当地消费者的需求。在实际操作中，凭买方样品买卖时，卖方应注意以下五个问题：

① 为避免在日后交货时因货样不符发生纠纷，卖方通常根据买方的来样仿制或选择品质相近的样品提交买方，即提交回样（Return Sample）或称对等样品（Counter Sample）请其确认，而并不直接按买方样品成交。

② 买方一旦确认以回样或对等样品作为双方交易的品质依据，就等于把凭买方样品买卖转变成为凭卖方样品买卖。

③ 在以买方来样作为交接货物的品质依据时，为防止发生意外纠纷，一般还应在合同中明确规定，如果发生由买方来样引起的工业产权等第三者权利问题，与卖方无关，概由买方负责。

④ 样品一经双方确认便成为履行合同时交接货物的品质依据，卖方承担交付的货物品质与确认样品完全一致的责任，否则，买方有权提出索赔甚至拒收货物。

⑤ 对于某些非采用凭样品成交不可，而在某些制造、加工技术上难以做到货样一致或无法保证批量生产时品质稳定的商品，则应在订立合同时特别规定一些弹性条款。例如，“品质与样品大致相同”或“品质与样品近似”，以表示交货品质无法严格与确认样品相符。为了避免买卖双方在履约过程中产生品质争议，必要时还可使用封样（Sealed Sample），即由第三方或由公证机关（如商品检验检疫机构）在一批商品中抽取同样品质的样品若干份，由第三方或公证机关留存一份备案，其余供当事人使用。

（二）以文字说明约定商品品质

凡以文字、图表、相片等方式来说明商品品质的方法称为凭文字说明买卖（Sale by Description）。在国际货物买卖中，大多数商品采用文字说明来明确其品质。以文字说明表示商品品质的有以下几种方式：

1. 凭规格买卖（Sale by Specification）。商品规格是指一些反映商品品质的主要指标，如成分、含量、纯度、性能、容量、重量和色泽等。商品不同，用以说明商品品质的指标也不相同。例如，冻对虾按每磅若干只表示；猪鬃按长短表示；出口圆钢按粗细表示。这种表示品质的办法具有简单方便，准确具体，而且可以根据每批货物的具体情况灵活调整的特点，所以在国际贸易中使用最为广泛。例如，素面缎（Plain Satin Silk）表示如下：

门幅（英寸）	长度（码）	重量（姆米）	成分
55	38/42	16.5	100%真丝
Width（inch）	Length（yds）	Weight（m/m）	Composition
55	38/42	16.5	100% Silk

2. 凭等级买卖（Sale by Grade）。商品的等级是指把同一种商品按其质地的差异，如尺寸、形状、重量、成分、构造、效能等的不同，划分为不同的级别和档次，用数码或文字表示，从而产生品质优劣的若干等级。例如，钨砂特级的合同规格：三氧化钨（最低含量）70%，锡（最高含量）0.2%。等级通常是由制造商或出口商根据其长期生产和了解该项商品的经验，在掌握其品质规律的基础上制定出来的。但由于不同等级的商品具有不同的规格，为了便于履行合同和避免争议，在品质条款列明等级的同时，还需在合同中列明每一等级的具体规格。

3. 凭标准买卖（Sale by Standard）。商品标准系指将商品的规格或等级予以标准化，它一般由政府机构、商业团体、商品交易所或有关的国际组织统一制定，作为交易的质量依据。每一个国家的产品，特别是出口产品，一般都有政府主管部门规定的统一标准。中国的标准分为国家标准、行业标准、地方标准和企业标准四种。世界各国一般都有国家标准，例如，英国为 BS（British Standard），美国为 ANSI（American National Standards Institute），还有专业协会标准，此外还有国际标准，如国际标准化组织（International Organization for Standardization，ISO）等国际组织都制定相应行业的国际化标准。国际上一些商品，如农产品中的棉花、小麦及咖啡等的交易常采取凭标准来表示商品品质的方式。例如，母水貂皮长大衣（Female Mink Overcoat Full Let Out Made）表示如下：

中国标准	胸围身长	120/115cm
Chinese Standard	Body Length	120/150cm

除了上述标准外，在买卖农副产品时，还经常采用 FAQ 和 GMQ 两种标准。

FAQ（Fair Average Quality，良好平均品质）一般指在一定时期内某地出口产品的平均品质水平。这一品质的确定，通常是由装货地有关行业的权威机构在该季节出口的各批货物中，抽出一部分样品予以混合并由该机构封存，作为装运货物的比较标准，并常常附注该商品的一些主要规格指标。中国习惯上称之为“大路货”。另外，在粮油食品、土畜产品中，“大路货”有时又被称为“统货”。

GMQ（Good Merchantable Quality，上好可销品质）指卖方所交货物是“品质上好，合乎销售”，一般用于无法以样品或国际公认的标准来检验的产品，如木材、冷冻或冰鲜鱼虾等。由于该标准过于笼统，因此，在中国的对外贸易业务中很少被采用。

4. 凭品牌或商标买卖（Sale by Brand Name or Trade Mark）。商品的品牌是指厂商或销售商所生产或销售商品的牌号；商标则是品牌的图案化，是特定商品的标志。对于有多种不同规格或等级的同一种品牌或商标的商品，应明确商品的规格或等级。在国际交易中，在市场上行销已久、质量稳定、信誉良好的商品，其品牌或商标本身就是一种品质象征，人们在交易中可以只凭品牌或商标买卖，无须对品质提出详细要求。应当指出的是，品牌、商标属于工业产权，各国都制定了有关商标法，而且凭品牌或商标买卖一般只适用于一些品质稳定的工业制成品或经过科学加工的初级产品。

5. 凭产地名称买卖（Sale by Name of Origin）。在国际货物买卖中，有些产品，特别是农副土特产品，因受产区的自然条件、传统加工技术和工艺以及其他因素的影响，具有其他产区产品所不具有的独特风格或品性，如“法国香水（France Perfume）”、“中国东北大豆（Chinese Northeast Soybean）”等。这些标志不仅标注了特定产品的产地，而且也对这些产品品质提供了一定的保障。

6. 凭说明书和图样买卖（Sale by Description and Illustration）。在国际货物买卖中，某些机械、电器、仪表、大型设备等技术密集型产品，由于其结构复杂，制作工艺不同，无法用样品或简单的几项指标来反映其品质全貌。因此，必须用说明书来详细说明其具体构造、性能及使用方法等，必要时还须附有图样、图片、设计图纸、性能分析表等来完整说明其具有的品质特征，习惯上，将按这种方式进行的交易称为凭说明书和图样买卖。在国际货物买卖合同中，以说明书和图样表示商品品质时，卖方要承担“所交货物的质量必须与说明书和图样完全相符”的责任。

以上表示商品品质的六种方法，可以单独运用，也可以根据商品的特点、市场或交易的习惯，将几种方式结合运用。但要注意，在规格与样品同时使用的进出口贸易中，必须明确表明是以规格为准，还是以样品为准。因为，根据国外一些法律的规定（如英国），凡是既凭样品，又凭规格达成的交易，卖方所交货物必须既符合样品，又要与规格保持一致，否则买方有权拒收货物，并可以提出索赔要求。

三、国际货物买卖合同中的品质条款

（一）品质条款的基本内容

表示商品品质的方法不同，合同中品质条款（Quality Clause）的内容也不尽相同。在凭样品买卖时，合同中除了要列明商品的名称外，还应订明确认样品的编号以及确认日期。在凭文字说明买卖时，合同中应明确规定商品的名称、规格、等级、标准、品牌、商标或产地名称等内容。在以图样和说明书表示商品质量时，还应在合同中列明图样、说明书的名称、份数等内容。

样品号 QI001 玩具熊，尺码 24 英寸

Sample QI001 Toy Bear Size 24″

光明牌婴儿奶粉

Bright Brand Infant Milk Powder

国际货物买卖合同中的品质条款是买卖双方交接货物时的品质依据。卖方所交货物的品质如果与合同规定不符，就要承担违约的法律责任，买方则有权对因此而遭受的损失向卖方提出赔偿要求或解除合同。为了防止品质纠纷，合同中的品质条款应尽量明确、具体，避免笼统含糊。在规定质量指标时，不宜采取“大约”、“合理误差”等用语，所涉及的数据应力求明确，而且要切合实际，避免订得过高、过低、过繁、过细。

（二）品质机动幅度与品质公差

在国际货物买卖中，为了避免交货品质与合同稍有不符而造成违约，保证交易的顺利进行，可以在合同条款中做出某些变通规定。例如“交货品质和样品大体相等”或其他类似条款。对于凭说明进行的买卖，则可加列品质机动幅度条款或品质公差，即允许交易的货物的品质可以在一定范围内高于或低于合同规定。卖方所交商品质量只要是在这规定的灵活范围内，即可以认为交货质量与合同相符，买方无权拒收。

1. 品质机动幅度（Quality Latitude）。品质机动幅度是指对特定品质指标规定在一定范围内的机动幅度。品质机动幅度主要适用于初级产品，以及某些工业制成品的品质指标。具体方法主要有规定范围、极限和上下差异三种。

（1）规定范围，即对某项商品的主要品质指标规定允许有一定机动的范围。

B601 番茄酱　　28/30 浓缩度

B601 Tomato Paste　　8/30 Concentration

（2）规定极限，即对某些商品的品质规格规定上下极限。如最大、最高、最多，最小、最低、最少。

活鲫鱼　　每条 500 克以上

Live Crucian　　500g and Up per Piece

（3）规定上下差异，即通过规定一定比例使某些货物的品质指标具有必要的灵活性。

C708 灰鸭毛	含绒量 18%	允许上下 1%
C708Ash Duck Feathers	Including Fabric Quantity18%	Allowing 1% More or Less

2. 品质公差（Quality Tolerance）。品质公差是指同行业所公认的或买卖双方认可的产品品质的差异。这种公认的误差，即使合同没有规定，只要卖方交货品质在公差范围内，也不能视为违约。品质公差条款一般多用于制成品的交易中。

第二节　数量条件

商品数量是国际货物买卖合同中不可缺少的主要条件之一。按照某些国家的法律规定，卖方交货数量必须与合同规定相符，否则，买方有权提出索赔，甚至拒收货物。《公约》第 52 条第（2）款规定："如果卖方交付货物的数量大于合同规定的数量，买方可以收取，也可以拒绝收取多交部分的货物。如果买方收取多交部分货物的全部或部分，必须按合同价格付款。"

一、数量的计量单位

商品数量的计量单位（Unit of Quantity）是指用以表示商品标准量的名称。商品数量的计量单位首先取决于商品的种类和性质，不同的商品需要采用不同的计量单位表示。目前，在国际贸易中，一般采用以下六种方法来说明商品的计量单位。

（一）重量单位

重量（Weight）是目前国际贸易中使用最多的一种计量方法，一般大宗农副产品、矿产品以及一部分工业制成品都习惯按重量计量。如钢铁、矿产品、羊毛、棉花、谷物、盐等。在按重量计量时，可根据各种商品的具体情况按克（gram，or g）、千克（kilogram，or kg）、公吨（metric ton，or m/t）、公担（quintal，or q）、长吨（long ton，or l/t）、短吨（short ton，or s/t）、磅（pound，or lb）、盎司（ounce，or oz）等计量。黄金、白银或钻石一般用克、盎司、克拉表示其重量。

（二）个数单位

大多数工业制成品，尤其是日用消费品、轻工业品、机械产品以及一部分土特产，习惯于按个数（Number）进行买卖，如文具、纸张、玩具、成衣、车辆、活牲畜等。个数常用的计量单位有只（piece，or pc）、（package，or pkg）、双（pair）、台/套/架（set）、打（dozen，or doz）、罗（gross，or gr）、大罗（great gross，or g. gr）、令（ream，or rm）、卷（roll，or coil）、辆（unit）、头（head）、箱（case）、捆（bale）、桶（barrel，drum）、袋（bag）等。

（三）长度单位

长度（Length）单位多用于金属绳索、布匹、胶管、电线、电缆等。常用长度单位有码（yard，or yd）、米（metre，or m）、英尺（foot，or ft）、厘米（centi-metre，or cm）等。

（四）面积单位

面积（Area）单位多用于玻璃、地毯、木板、纺织品、皮革等商品的计量。常用计量单位有平方码（square yard，or yd^2）、平方米（square mrtre，or m^2）、平方英尺（square foot，or ft^2）、平方英寸（square inch）等。

（五）体积单位

体积（Volume）单位多用于木材、天然气、化学气体等商品的计量。常用计量单位有立方码（cubic yard，or yd^3）、立方米（cubic metre，or m^3）、立方英尺（cubic foot，or ft^3）、立方英寸（cubic inch）等。

（六）容积单位

容积（Capacity）单位一般适用于谷物类、部分流体以及气体物品，如小麦、玉米、煤油、汽油、酒精、啤酒等。常用计量单位有公升（litre，or l）、加仑（gallon，or gal）、蒲式耳（bushel，or bu）等。美国以蒲式耳作为各种谷物的计量单位，但蒲式耳所代表的重量因品种不同而有差异，例如，每蒲式耳燕麦等于 32 磅，而每蒲式耳小麦等于 60 磅。而加仑主要用于酒类和油类商品的计量，例如，1 加仑 =3. 785 升。

知识拓展

国际贸易中常用的度量衡制度

世界各国度量衡制度不同使得计量单位存在差异，即使是同一计量单位，其所表示的数量也存在很大差别。目前，国际贸易中使用的度量衡制度有以下四种：

（1）公制（The Metric System）。公制的基本单位为千克和米，为欧洲大陆各国及世界大多数国家采用。

（2）英制（The British System）。英制基本单位为磅和码，为英联邦国家所采用。英国加入欧盟后，在一体化进程中已经宣布放弃英制，采用公制。

（3）美制（The U. S. System）。美制基本单位与英制相同，为磅和码，但有个别派生单位不一致。如英制用长吨，等于 2 200 磅，美制用短吨，等于 2 000 磅。此外，容积单位中的加仑和蒲式耳，美制和英制名称相同，大小不同。

（4）国际单位制（The International System of Units）。国际单位制是 1960 年由国际标准计量组织在公制基础上颁布的，基本单位包括米（长度，m）、千克（质量，kg）、秒（时间，s）、安培（电流，A）、开尔文（势力学温度，K）、坎德拉（发光强度，cd）和摩尔（物质的量，mol）七种。

《中华人民共和国计量法》第 3 条中明确规定：“国家采用国际单位制。国际单位制计量单位和国家选定的其他计量单位为国家法定计量单位。”在出口商品时，除合同规定需采用公制、英制或美制计量单位外，应使用法定计量单位。一般不进口非法定计量单位的仪器设备。如有特殊需要，须经有关标准计量管理机构批准，才能使用非法定计量单位。为避免由于不同的度量衡制度而造成贸易纠纷和误会，在买卖合同中必须明确注明本笔交易中所采用的度量衡制。

二、重量的计量方法

在国际货物买卖中，很多商品采用按重量计量。其主要方法有以下几种：

（一）毛重

毛重（Gross Weight）是指商品本身的重量加上包装物的重量。这种计重办法一般适用于低价值的商品，它以毛重作为计算价格和交付货物的计量基础。

（二）净重

净重（Net Weight）指商品本身的重量，即由毛重减去皮重后所得的重量。在国际贸易中计算皮重的方法有以下四种：

1. 按实际皮重（Real Tare），即将整批商品的包装逐一过秤，算出每一件包装的重量和总重量。

2. 按平均皮重（Average Tare），即买卖双方通过抽查，得出一批商品包装材料的平均重量后，计算出的全部货物的总皮重。

3. 按习惯皮重（Customary Tare），即对规格化的定型包装，按市场上一般公认的包装重量作为皮重。

4. 按约定皮重（Computed Tare），即按买卖双方事先约定的包装重量作为皮重的依据。

在国际贸易中，大部分按重量成交的商品都是以净重作价。有些价值较低的农产品及其他商品有时也采用“以毛作净”（Gross for Net）的办法计量。所谓“以毛作净”，实际上就是按毛重计算重量以作为计价的基础，而包装物的重量与价值不再另计。

（三）公量

有些商品，如羊毛、生丝、棉花等具有较强的吸湿性，受客观环境影响，其水分含量极不稳定，因而其重量也就很不稳定。为准确计算这类商品的重量，国际上通常采用按公量（Conditioned Weight）计算办法，即在计算货物重量时，使用科学方法抽去商品中所含水分，再加上标准水分重量，求得的重量称为公量。其计算公式有下列两种：

$$\text{公量} = \text{商品干净重} \times (1 + \text{公定回潮率})$$

$$\text{公量} = \text{商品净重} \times \frac{1 + \text{公定回潮率}}{1 + \text{实际回潮率}}$$

所谓回潮率，是指商品含水量与干量之比。国际上公认的羊毛和生丝的公定回潮率为11%。商品中实际水分含量与实际干量之比为实际回潮率。

（四）理论重量

对于一些有固定规格和尺寸的商品，只要尺寸符合，规格一致，其每件重量都是大致相同的，因而可以从件数推算出总重量，称为理论重量（Theoretical Weight）。例如，根据马口铁厚度就可以测算出重量。

（五）法定重量和实物净重

法定重量（Legal Weight）是指纯商品的重量加上直接接触商品的包装材料，如内包装等的重量。而扣除这部分内包装重量及其他包含的杂物（如水分等）的重量，称为实物净重，又称纯净重（Net Net Weight）。这两种计量方法主要是海关从量征税时使用。

在国际货物买卖合同中，如果货物是按重量计量或计价，而未明确规定采用何种方法计算重量和价格时，根据惯例，应按净重计量。

三、国际货物买卖合同中的数量条款

合同中数量条款（Quantity Clause）的基本内容是成交商品的数量和计量单位，在以重量计算商品时，还要明确计算重量的方法。例如，大豆，100 吨，单层麻袋包装以毛作净。合同中的数量条款是买卖双方交接货物时的数量依据，卖方有义务提交符合规定数量的货物。但在实际业务中，对于某些工矿产品及大宗农副产品，由于商品特性、生产条件、运输或包装条件以及计量工具的限制，在交货时不易精确计算。为了避免因实际交货不足或超过合同规定而引起的法律责任，对于一些数量难以严格限定的商品，通常是在合同中规定交货数量允许有一定范围的机动幅度。

（一）溢短装条款

溢短装条款（More or Less Clause）就是买卖合同中的机动条款，是指在规定具体数量的同时，再在合同中规定允许多装或少装的一定百分比。它一般包括机动幅度、机动幅度的选择权及计价方法。

溢短装条款可以有两种订立方法：一种是只简单地规定机动幅度，例如："2 000 公吨，卖方可溢装或短装 5%（2 000 M/T，with 5% more or less at seller's option）"，按此规定，卖方实际交货数量如果不低于 1 900 M/T，不高于 2 100 M/T，买方不得提出异议；另外一种是在规定上述幅度的同时，还约定由谁行使这种选择权，以及溢短装部分如何计价等。例如："1 000 公吨，为适应舱容需要，卖方有权多装或少装 5%；超过或不足部分按合同价格计算"。在合同规定有机动幅度的条件下，一般是由卖方行使多交或少交的选择权，有时也可由买方选择。如果涉及海洋运输，由于交货量的多少与承载货物的船只的舱容关系非常密切，交货的机动幅度一般由安排舱容和装载货物的一方根据具体情况做出选择。例如，采用 FOB 条件成交，由买方负责签订运输合同，安排租船订舱，则数量的机动幅度一般就由买方和船方共同协商予以确认；如果采用 CIF 或 CFR 条件成交，由卖方负责安排租船订舱，故数量的机动幅度一般由卖方和船方来决定。

（二）"约"量条款

"约"量条款（About，Approximate Clause）是指在合同数量前冠以"大约、近似、左右"等伸缩性的字眼，来说明合同的数量只是一个约量，从而使卖方交货的数量有一定范围的灵活性。对于"约"字，《UCP600》第 30 条 a 款关于信用证金额、数量与单价的伸缩度有如下规定："约"或"大约"用于信用证金额或信用证规定的数量或单价时，应解释为允许有关金额或数量或单价有不超过 10% 的增减幅度。所以，除非买卖双方已对"约"字有了严格一致的约定，否则在合同中不宜采用“约”量，而以明确写清“溢短装条款”为好。

此外，《UCP600》中第30条b款规定：在信用证未以包装单位件数或货物自身件数的方式规定货物数量时，货物数量允许有5%的增减幅度，只要总支取金额不超过信用证金额。根据这一规定，对于散装货物，在信用证未规定增减幅度，也未使用“约”量时，可以有5%的数量机动幅度。

（三）溢装、短装数量的计价方法

对在机动幅度范围内超出或低于合同数量的多装或短装部分，一般是按合同价格计价结算。根据《公约》第52条第（2）款规定，卖方多交货物后，买方若收取了超过部分，则要按合同规定，支付相应的价款。

由于数量上的多装或少装关系到买卖双方的利益，如果按合同价格计算溢短装部分，交货时市场价格下跌，多装对卖方有利；交货时市场价格上升，多装对买方有利。因此，为了防止有权选择溢短装的当事人利用行市的变化有意多装或少装，以获取额外的好处，可以在合同中规定，多装或少装部分按照装船日的行市或目的地的市场价格来计算，如果双方未能就装船日或到货日的市场价格达成协议，则可交仲裁机构解决。

第三节　包装条件

商品包装是根据商品的特性，使用适当的材料或容器，对商品进行包封，并加以适当装潢和标志的一种措施。在国际贸易中，除少数不必包装，可直接装入运输工具中的散装货（Bulk Cargo；Cargo in Bulk）和在形态上自成件数，无需包装或略加捆扎即可成件的裸装货（Nude Cargo）以外，绝大多数商品都需要有适当的包装。

一、包装的种类

根据货物包装作用的不同，商品包装可分为运输包装和销售包装两大类。

（一）运输包装

运输包装（Transport Packing）又称大包装或外包装。运输包装的作用有两个：一是保护货物在长时间和远距离的运输过程中不被损坏和散失；二是方便货物的搬运和储存。运输包装按包装方式可以分为单件运输包装和集合运输包装。

1. 单件运输包装（Single-Piece Package for Transport）。单件运输包装是指在运输过程中作为一个计件单位的包装，即采用箱、包、桶、袋等单个容器对商品进行的包装。

2. 集合运输包装（Composite Package for Transport）。集合运输包装是把若干单件运输包装合成一个大的包装里。集合运输包装包括集装箱（Container）、托盘（Pallet）和集装袋（Flexible Container）等。

（1）集装箱。集装箱一般由金属材料制成，多为长方体，可以反复多次使用，它既是货物的运输包装，又是运输工具的组成部分。根据国际标准化组织的规定，集装箱共分为13种规格，装载量5～40吨不等，用得最多的是8英尺×8英尺×20英尺及8英尺×8英尺

×40 英尺的集装箱。按照集装箱的不同用途，还可分为密封集装箱、冷藏集装箱、开顶集装箱、液体集装箱等种类。

（2）托盘。托盘是用木材、金属或塑料制成的单层或多层平板装卸工具，有可供铲车插入的插口，便于装卸和搬运。

（3）集装袋。集装袋是用塑料纤维编织成圆形大口袋或方形大包，其容量一般为 1 ~4 吨，最高可达 13 吨左右。集装袋多用于装载已经装好的桶装和袋装多件商品。如面粉、大米以及化工原料等颗粒状或粉状商品。

（二）销售包装

销售包装（Selling Packing）又称小包装（Small Packing）、内包装（Inner Packing）或直接包装（Immediate Packing），是在商品制造出来后以适当材料或容器所进行的初次包装。销售包装具有保护商品品质、美化和宣传推广商品、增加商品价值、便于消费者携带和使用等作用。

1. 销售包装的设计要求。

（1）便于陈列展售。商品在零售前一般都要陈列在商店或展厅货架上，以吸引顾客和供消费者选购。因此，包装的造型结构必须适于陈列展售。

（2）便于识别商品。采购商品时，顾客一般都希望对包装内的商品有所了解，因此，采用某些透明材料做包装，或在销售包装上辅以醒目的文字标识，便于顾客识别商品。

（3）便于携带和使用。销售包装的大小要适当，以轻便为宜，必要时还应附有提手装置，为人们携带商品提供方便。对于某些要求密封的商品，在保证封口严密的前提下，应保证开启容易，便于使用。

（4）要有艺术吸引力。销售包装应具有艺术上的吸引力，造型考究和装潢美观的销售包装不仅能显示商品的名贵，而且包装本身也具有观赏价值，有的还可作装饰品用，有利于吸引顾客关注，提高售价和扩大销路。

（5）销售包装要符合有关国家的法律规定及文化习俗。

2. 销售包装的种类。销售包装可采用不同的包装材料和不同的造型结构与式样，这就导致了销售包装的多样性。常见的销售包装主要有以下八种：

（1）挂式包装。凡带有吊钩、吊带、挂孔、网兜等可在商店货架上悬挂展示的包装称为挂式包装。

（2）堆叠式包装。包装品顶部和底部设有吻合装置，使商品在上下堆叠过程中可以相互咬合的包装称为堆叠式包装，其优点是便于摆设和陈列。例如，听装、瓶装和盒装商品。

（3）便携式包装。便携式包装是指为了使商品便于携带，在包装上附有提手装置。

（4）易开包装。对要求封口严密的销售包装，标有特定的开启部位，易于打开封口，其优点是开启安全，使用方便。例如，易拉罐等。

（5）喷雾包装。喷雾包装主要用于流体商品，这类包装带有自动喷出流体的装置，它如同喷雾器一样，使用相当便利。

（6）配套包装。对某些需要搭配成交的商品，往往采用配套包装，即将不同品种、不同规格的商品配套装入同一包装。例如，针线盒、化妆盒、成套茶具等。

（7）礼品包装。对某些送礼的商品，为了包装外表美观和显示礼品的名贵，往往采用专做送礼用的包装。

（8）复用包装。复用包装除了用做包装出售的商品外，还可用做存放其他商品或供人们观赏，具备多种用途。

3. 条形码标志。条形码（Bar Code）是由一组带有数字的黑白及粗细间隔不等平行线条所组成的，利用光电扫描阅读设备为计算机输入数据的特殊的代码语言。

（1）条形码的特点。条形码具有唯一性和无含义性的特点。制造商对每一规格商品只能分配一个唯一的代码；商品代码仅仅是一种识别商品的手段，而不是商品分类的手段。

（2）条形码的作用。①有效地提高了结算效率和准确性。只要将条形码对准光电扫描器，计算机就能自动识别条形码的信息，确定该商品的生产国别或地区、生产厂家、品种规格、售价和生产日期等一系列产品信息。②有利于提高订货效率和货架利用率。条形码使厂商可把订货点延伸到货架，可以减少库存和提高货架利用率。③有利于提高库存盘点效率和准确性。条形码掌上盘点器可以在短时间内盘点大量商品，并将盘点完的数据连接到后台电脑，数分钟完成一份准确完整的盘点报告供决策。

（3）条形码的分类。国际上通用的条形码有两种：一种是美国和加拿大组织的统一编码委员会（Universal Code Council，UCC）编制的 UPC 码（Universal Product Code），主要用于两国；另一种是由欧洲十二国成立的欧洲物品编码协会（European Article Number Association）编制，该组织后来改名为国际物品编码协会（International Article Number Association），其使用的物品标识符号为 EAN 码（European Article Number）。目前使用 EAN 物品标识系统的国家（地区）众多，促使 EAN 条码成为国际公认的物品编码标识系统。

EAN 条码符号标准版为 13 位，缩短版为 8 位。其中，13 位条形码由前向后分别为：（1）13 ~ 11 位为前缀码，是标识国家（或地区）的代码，由国际物品编码委员会统一分配；（2）10 ~ 7 位为制造厂商代码，是标识商品制造厂家的代码，由中国物品编码中心统一分配；（3）6 ~ 2 位为商品代码，是标识商品的代码，由制造厂家统一分配；（4）校验码是防止机械误读而设定的号码，它是根据 13 ~ 2 位的数值按一定的数学算法计算而得。EAN 8 位代码中的 8 ~ 6 位是前缀码，5 ~ 2 位是商品代码，最后一位是校验码。

为了适应国际市场需要和扩大出口，1988 年 12 月国务院批准成立了中国物品编码中心，负责推广条形码技术，并对其进行统一管理。1991 年 4 月中国正式加入国际物品编码协会，该协会先后分配给中国的国别号为“690”、“691”、“692”、“693”、“694”和“695”，凡标有 690 ~ 695 条形码的商品即表示是中国生产的商品。

二、运输包装标志

运输包装标志是在商品的外包装上，用文字、图形、数字书写、压印、刷制的特定记号和说明事项，以便于识别货物，避免错发、错运，方便货物运输、装卸及储存保管。运输包装标志按其用途可分为运输标志（Shipping Mark）、指示性标志（Indicative Mark）和警告性标志（Warning Mark）三种。

（一）运输标志

运输标志又称“唛头”，是一种识别标志，通常是由一个简单的几何图形和一些字母、数字及简单的文字组成。运输标志主要包括以下三项内容：

1. 目的港或目的地的名称或代号，如有同名的，还应注明所在国家名称；如需经由某港口或某地转运的，还要表明转运地名称，如“经×××港转运”（Via ×××）；

2. 收、发货人的名称或代号；

3. 件号，指本批每件货物的顺序号和总件数。如箱号 No. 10－500，表明这批货物共有 500 箱，这是第 10 箱。

鉴于各国运输标志的内容差异较大，不适应运输方式变革、电子计算机运用和单据流转等方面的应用需要，联合国欧洲经济委员会简化国际贸易程序工作组制定了一套运输标志向各国推荐使用。该标准运输标志包括：收货人或买方名称的英文缩写字母或简称，参考号，如运单号、订单号或发票号，目的地，件号。

（二）指示性标志

指示性标志又称操作标志，是指根据商品的特性，在包装外部用图形或文字标出的操作指示标志，以引起有关人员在搬运、装卸、存放和保管过程中注意。在使用文字时，最好是使用进口国和出口国的文字，但通常同时使用英文。常见的部分国际运输包装的指示性标志如图 6－1 所示。

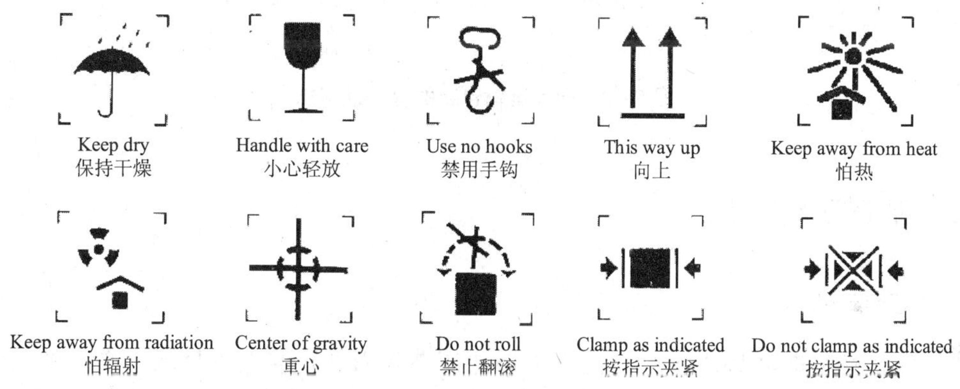

图 6－1　国际运输包装的指示性标志

（三）警告性标志

警告性标志又称危险品标志，是指危险货物包装上刷写或粘贴的危险性质和等级，用以说明该商品系易爆、易燃、有毒、腐蚀性或放射性等危险性货物。按照各国的规定，在运输包装内装危险性货物时，必须在运输包装上清楚地标明此货物归属的危险品标志。图 6－2 展示了部分国际运输包装的警告性标志。

联合国政府间海事协商组织规定了一套《国际海运危险品规则》（International Maritime Dangerous Goods Code），现已被许多国家采用。在中国出口危险货物的包装上，要标出中国和联合国政府间海事协商组织规定的两套危险品标志。

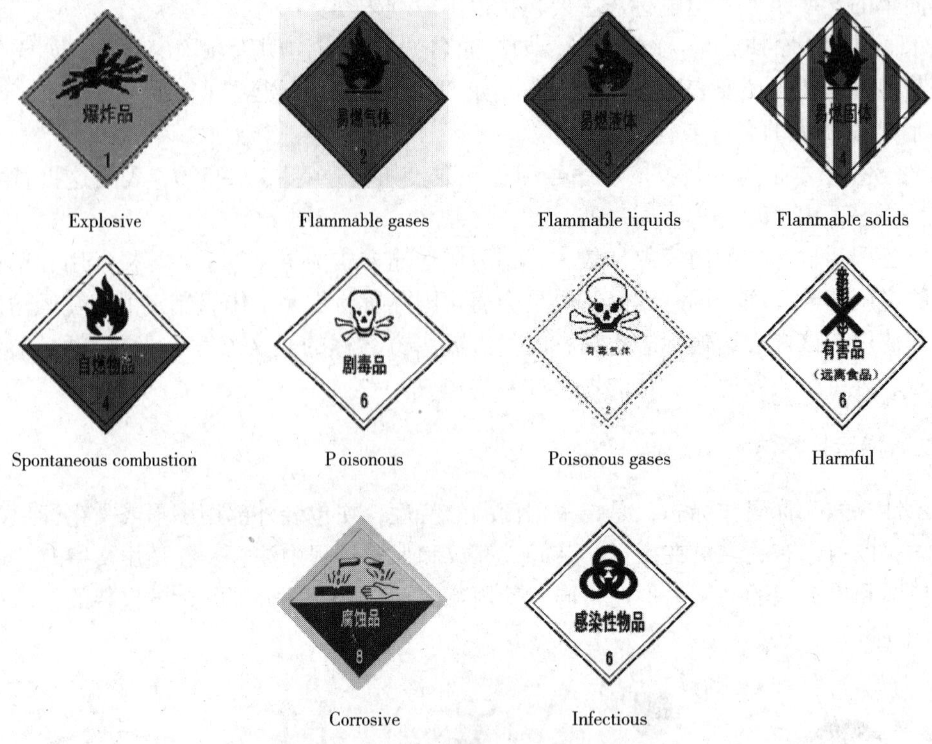

图6－2　国际运输包装的警告性标志

三、中性包装与定牌

（一）中性包装

中性包装（Neutral Packing）是指在出口的商品和内外包装上不显示生产国别、地名、厂名的一种特殊的商品包装。中性包装有定牌中性包装和无牌中性包装两种。定牌中性包装是指在商品和/或包装上使用买方指定的商标或牌号，但不注明生产国别的包装。无牌中性包装是指在商品和包装上均不使用任何商标或牌名，也不注明生产国别的包装。

采用中性包装是为了打破某些进口国家与地区的关税与非关税壁垒以及适应交易的特殊需要（如转口销售等），它也是出口国家厂商加强对外竞销和扩大出口的一种手段。但近年来中性包装受到种种限制，因此，如在出口商品或包装上采用中性包装，应谨慎从事。

（二）定牌

定牌生产是卖方按买方要求在其出售的商品和/或包装上标明买方指定的商标或牌号，这种做法叫定牌生产。定牌生产是国际贸易中的通常做法，使用定牌包装的主要原因是：

1. 由于进出口国家之间的贸易限制或贸易制裁以及政治因素的影响；
2. 利用买主的企业商誉或名牌产品的声誉；
3. 防止国外产品对国内已建立良好信誉的同类产品的冲击或竞争；
4. 符合进口国对在商品包装上、所使用的商标牌号上的特殊要求。

四、国际货物买卖合同中的包装条款

国际货物买卖合同中的包装条款一般要规定包装材料、包装方式、包装标志、包装规格和包装费用负担等内容。

（一）包装材料和包装方式的规定

买卖合同中就包装材料和包装方式通常有两种规定方法：一种是作具体规定，如纸箱装，每箱装 30 打（Packed in Carton，30 doz. of One Carton）；另一种是使用含义笼统的术语，如“适合海运包装”（Seaworthy Packing）等。对于后者除非买卖双方就包装材料与包装方式事先已经达成共识或另外订有协议，否则不宜采用，以免产生争议。

（二）包装标志的规定

商品包装上的运输标志、指示性标志、危险品标志以及条形码标志等，一般在买卖合同中无需规定，由卖方在对货物进行包装时，根据商品特性、行业惯例或法规要求及实际包装自行刷制。但倘若在交易磋商时买方就上述包装标志提出了特殊要求，也可在买卖合同中做出规定，并按此规定办理。

（三）包装费用的规定

按照国际惯例，包装费用一般已包含在商品货价之内，不另计收。但如买方要求特殊包装，则超出的包装费用由哪一方负担，应在买卖合同中做出具体规定。如由买方负担，需规定这部分费用的支付时间和方法。如合同规定由买方提供全部或部分包装或者装潢材料、装饰用品，需在买卖合同中规定包装材料及装饰用品到达卖方的最迟时限，以及逾期到达情况下买方应承担的责任。此项时限还应与合同规定的装运期限相衔接，并留有适当余地。

此外，在订立包装条款时，还应考虑进口国家对包装的有关法令规定和习惯，以免造成不必要的损失。如日本、加拿大及欧美各国，禁用稻草、干草和报纸等做包装衬垫物；英国限制用玻璃、陶瓷等材料作为包装物。

本章小结

商品品质、数量和包装是国际货物买卖合同中不可缺少的主要条款，关系到买卖双方的权利和义务。商品品质是指商品的外观形态和内在质量的综合。表示商品品质的方法包括以实物表示和凭文字说明表示两种。商品数量是指以一定的数字和计量单位表示的商品重量、个数、长度、面积、体积和容积等。从内容来看，数量可分为数和量两部分，数是指绝对数，量是指计量单位。商品包装是根据商品的特性，使用适当的材料或容器，对商品进行包封，并加以适当装潢和标志的一种措施。按照商品包装的作用不同可分为运输包装和销售包装。运输包装的标志可分为运输标志、指示性标志和警告性标志，其中，运输标志在国际货物买卖中使用较多。

复习思考题

一、单项选择题

1. 若合同规定有品质公差条款，则在公差范围内，买方（　　）。

A. 不得拒收货物　　B. 可以拒收货物

C. 可以调整价格　　D. 可拒收货物也可调整价格

2. 按重量买卖的商品，若合同中未规定计算重量的方法，习惯上计重的标准是（　）。

A. 毛重　　B. 净重

C. 公量　　D. 毛重和净重各 50%

3. 根据《UCP 600》规定，合同中使用“大约”等约量字眼可解释为交货数量增减幅度为（　　）。

A. 不超过 5%　　B. 不超过 10%

C. 不超过 15%　　D. 由卖方自行决定

4. 商品运输包装上标出的“Keep dry”文字及相关图案是运输包装标志中的（　　）。

A. 运输标志　　B. 指示性标志

C. 警告性标志　　D. 识别标志

二、判断题

1. 凭样品买卖适用于寄售、拍卖和展卖业务。（　　）

2. 用品牌或商标约定商品品质在国际贸易中使用最为广泛。（　　）

3. 买方收取的卖方多交的货物，如果合同中没有另行规定，必须按合同价格付款。（　）

4. 在中国出口的危险货物包装上，要标出中国和联合国政府间海事协商组织规定的两套危险品标志。（　　）

三、案例分析题

1. 黑龙江省 A 贸易公司与俄罗斯 B 公司按 CIP 条件成交一笔大豆出口交易，信用证方式付款。合同数量条款规定：每袋大豆净重 100 公斤，共 1 000 袋，合计 100 吨。但货物运抵俄罗斯后，经俄罗斯海关检查，每袋大豆净重只有 96 公斤，1 000 袋共 96 吨。由于遇市场大豆价格下跌，所以俄公司以“单、货不符”为由，提出降价 5% 的要求，否则拒收。试根据《公约》及相关国际贸易惯例分析俄方的要求是否合理？中方应采取什么补救措施？若该大豆不是用袋装而是散装，则结果又如何？

2. 某出口公司按 CIF 条件向中东出口某品牌电脑 2 000 台，合同和进口方开来的信用证均规定不允许分批装运。在装船时，发现有 80 台严重损坏，临时更换又来不及。为了保证质量起见，业务人员认为根据《UCP600》规定，即使合同未规定溢短装条款，数量上仍允许 5% 的增减，故决定少交 80 台，即少交 4%。结果交单时遭到议付银行拒付。试分析出口方遭到拒付的原因。

3. 某外商欲购中国某企业生产的“华生”牌电扇，但要求改用其指定的“钻石”牌商标，并在包装上不得注明“Made in China”字样。请分析这种订单中方可否接受？如果接受，中方应注意什么问题？

第七章　国际货物买卖条件（二）：运输和保险条件

学习目标

- 了解国际贸易货物运输主要方式的区别，重点掌握海洋运输方式；
- 熟悉海洋运输中货物交付的主要条件；
- 了解海上风险、损失和费用的种类及区别；
- 熟悉中国海洋货物运输的主要保险条款；
- 能够根据海运货物的特点恰当选择保险险别，学会计算保险金额和保险费；
- 了解货物运输投保手续和应注意的问题，能够恰当地拟订进出口合同中的保险条款。

导入案例

中国A公司与某国B公司于某年5月20日签订了进口52 500吨化肥的CFR合同。A公司开出的信用证规定装船期限为8月1～10日。B公司租来运货的“雄鹰号”在途中遇到飓风，结果于8月20日才完成装货。在B公司出具保函后，承运人为其签发了符合信用证条款规定的海运提单。“雄鹰号”于8月21日驶离装运港。A公司为这批货物投保了水渍险。9月4日“雄鹰号”途经达达尼尔海峡时起火，部分化肥被烧毁。船方在救火过程中造成部分化肥湿毁。由于船在装运港口装货延迟，该船到达目的港时赶上了化肥价格下跌。A公司在转售余下化肥时价格很低，造成了很大损失。

请分析：（1）途中烧毁的化肥损失属于什么损失？应由谁承担？（2）途中湿毁的化肥损失属于什么损失？应由谁承担？（3）A公司可否向承运人追偿由于化肥价格下跌造成的损失？（4）承运人可否向托运人B公司追偿责任？

国际货物运输与保险是履行国际贸易合同的关键环节。货物从出口国转移到进口国通常要经过长途运输，在这一过程中，货物可能会因遭遇自然灾害或意外风险而受损，而投保国际货物运输保险是规避这些不确定风险的最好选择。

第一节　运输条件

国际贸易货物的运输方式包括海洋运输、铁路运输、航空运输、邮政运输、管道运输，以及由各种运输方式组成的联合运输、国际多式联运等。买卖双方应根据进出口商品的特点、数量、自然条件及港口的装卸条件等因素，选择合适的运输方式。

一、运输方式

（一）海洋运输

海洋运输（Ocean Transport）是指利用商船在国内外港口之间通过一定的航线和航区进行货物运输的一种方式。在各种运输方式中，海洋运输是一种最主要的方式，它具有通过能力强、运量大、运费低等优点。目前国际货运总量80%以上是通过海洋运输完成的，在中国这一比例接近90%。

海洋运输按照船舶经营方式可区分为班轮运输（Liner Transport）和租船运输（Charter）两种形式。

1. 班轮运输。班轮（Liner）是指按照预定的航行时间表和固定的航线，沿途停靠固定港口，收取固定运费运输货物的船舶。

相对于租船运输形式，班轮运输具有以下四个特点：（1）“四个固定”，即固定船期、固定航线、固定停靠港口和收取固定运费；（2）“一个负责”，即船公司负责装卸，装卸费用计入运费之中，故班轮公司和托运人双方不计滞期费和速遣费；（3）船方出租的是部分舱位，这意味着凡是班轮停靠港，不论货物多少，一般都予承运；（4）船货双方在承运期间的权利、义务与责任，以船方签发的提单条款为依据。由此可见，利用班轮运载货物是十分灵活和方便的，尤其是对数量少，分运批次多，交货港口分散的货物更为合适。

班轮运费是根据船公司的运价表，按规定标准和费率计算，相对来说运价比较稳定。班轮运费由基本运费和附加运费构成。

基本运费是普通货物在正常运输条件下，运至某基本港的运费。基本运费的计算标准，主要有以下几种：

（1）重量法。按货物毛重来计算，以每吨即1 000公斤为运费计算单位，又称重量吨（Weight Ton），吨以下取小数三位，费率表上用“W”表示。

（2）体积法。按货物体积来计算，以每立方米为运费计算单位，又称尺码吨（Measurement Ton），立方米以下取小数三位，费率表上以“M”表示。以重量吨或尺码吨计算运费的，统称为运费吨（Freight Ton）。

（3）价格法。按货物价值作为运费计算标准，费率表上以“AD·VAL”表示。一般按货物的FOB价计收，费率一般不超过5%。这种计收方式适用于贵重商品或价值高的商品，如古玩、黄金、白银、宝石等。

（4）选择法。W/M为最常见的选择方法，即在重量法与体积法之间选择；W or AD·VAL为在重量法与从价法之间选择；M or AD·VAL为在体积法与从价法之间选择；W/M or AD·VAL为在重量法、体积法与从价法之间由承运人根据不同的货物，决定具体的选择方法，择高收取运费。

（5）综合法。除按重量吨或尺码吨计收运费外，再加收从价运费，即：W & AD·VAL或M & AD·VAL。

（6）按件法。按货物的件数计收。例如，车辆按“每辆”计收运费。在运价表中以“Unit”表示。

（7）议价法。由货主和船公司临时议定运费，也称为“临时议定价格”，在运价表中以

"Open Rate" 表示。临时议定的费用率一般比较低，通常适用于粮食、矿石、煤炭等运量大、货价较低的商品。

附加运费是班轮公司在收取基本运费的基础上，根据不同情况，为了抵补运输途中额外增加的开支或在蒙受一定损失时而收取的费用。附加运费名目繁多，一般有：超重附加费、超长附加费、直航附加费、转船附加费、港口附加费、绕航附加费、燃料附加费、选港附加费、货币贬值附加费、港口拥挤费、变更卸货港附加费、洗舱费、熏蒸费等。

2. 租船运输。租船（Charter）是指租船人在市场上向船东租赁船舶的业务。租船运输的航线、船期、装卸港口和运价不固定，一般是根据货主的需要，并结合租船市场的供求情况而定。租船运输一般适用于大宗货物的运输。租船运输一般可分为定程租船和定期租船两种。

（1）定程租船（Voyage Charter）。定程租船也称程租船或航次租船，它是以船舶完成一定航程为标准的租船方式。定程租船又可分单航次、连续单航次、来回航次、连续来回航次等多种形式。在定程租船条件下，船方负担船员工资、港口费、燃料和物料及码头捐税等；租船方负担运费、货物的装卸费（包括平舱费和理舱费）和船舶滞期费等。定程租船由船方直接负责船舶的经营管理，船方除负责船舶航行、驾驶和管理外，还需对货物的运输负责。因此，这种方式对租船方比较便利。

（2）定期租船（Time Charter）。定期租船是指按一定的期限租船，即船舶所有人把船舶出租给承租人使用一定期限的租船方式。租期可长可短，短的可以是数日，长的可达几年或十几年。在承租期间，租船人支付租金（按月或天支付），以取得船舶使用权，并可按自己的需要来安排船舶的营运和调度，且承担由此产生的燃料费、港口费、垫舱物料费、拖轮费等。船方负担船员工资、膳食费用，同时还需负责保持船舶在出租期间的适航性。适航性（Seaworthiness）是指船舶应当能够正常运转，具有安全航海能力，适合接收和保管货物的性能。

在海运租船业务中，还有一种"光船租船"业务。光船租船（Bare Boat Charter）是指船舶所有人将船舶出租给承租人使用一定期限，但船东只是空船出租，船上工作人员均由租船人配备，租船人同时承担租赁期间船舶营运的一切费用。这种业务实际上属于单纯的财产租赁，在国际贸易中不常使用。

知识拓展

滞期费与速遣费

在国际贸易中，大宗商品在定程租船运输情况下，买卖合同中应规定滞期和速遣条款。在合同规定的装卸时间内，如果租船人未能完成装卸作业，给船方造成经济损失，应由租船人向船东支付一定的罚金，此项罚金称为滞期费（Demurrage Money）。反之，如果租船人在合同规定的时间内提前完成了装卸，给船方节约了船期，从而降低了费用成本，增加了收益，船方对所节约的时间要给租船人一定金额的奖励，这种奖金称为速遣费（Dispatch Money）。

滞期费通常在租船合同中约定为每天多少金额。有些合同规定，超过一定的滞期时间后则必须支付额外滞期费或者船期损失。大部分合同会规定，只要滞期费发生，就是船舶处于滞期状态（On Demurrage）。此时在计算滞期费时就不再减去周末这样的除外时间。速遣费的计算时间有两种：一是“按节省的全部时间（All Time Saved）”计算，那么承租人在合同规定的装卸期限内完成货物装卸，它所节省的时间不应扣除例外条款规定的时间或节假日；二是“按节省的全部工作时间（All Working Time Saved）”计算，那么承租人在合同规定的装卸期限内完成了货物装卸，其所节省的时间应扣除例外条款中规定的时间或节假日。在实际业务中，支付的速遣费通常为滞期费的一半。

滞期费和速遣费之所以针对定程租船是因为定程租船是以航次为出租期间的，航次没有具体的时间。一个航次中，可能会出现很多问题影响船舶作业的效率，而这些时间的损失，全部由船东来承担。定期租船是以时间为出租期间的（具体时间在合同中有约定），在定期租船出租的一段时间内，由若干个航次组成（每一个程租航次都可以有自己单独的滞期费和速遣费条款），且时间损失在租船人身上。从根本上来说，定程租船合同是海上运输合同，而定期租船合同是财产租赁合同。承租双方的责任义务都不尽相同。另外，定期租船无法约定具体的装卸时间，因而也就没有滞期费和速遣费，因为此两种费用的计算基础是合同中约定明确的装卸时间。

装卸时间和滞期费、速遣费的规定对外贸公司在采用定程租船方式运输进出口货物时是非常重要的。为了明确买卖双方的装卸责任，并使进出口合同的规定与定程租船合同保持一致，必须根据货物的种类、船舶舱口数、港口装卸能力和港口习惯装卸时间等因素，并参考同一航线、港口装卸同类货物和租船合同，正确规定装卸时间和装卸货率，防止进出口合同的规定与定程租船合同脱节或者相互矛盾而造成经济损失。

（二）铁路运输

铁路运输（Rail Transport）是现代运输业的主要方式之一，与其他运输方式相比，它具有运量大、速度快、运输准确性和连续性强、受气候等自然条件影响小、安全可靠、运输成本低等优点。因此，在国际货物运输中，铁路运输成为仅次于海洋运输的主要运输方式，海洋运输的进出口货物，也大多是靠铁路运输进行货物的集中和分散。

1. 国际铁路联运的含义。在国际贸易中，铁路运输主要是以联运方式进行的。国际铁路联运是指在两个或两个以上国家铁路运送中，使用一份运送票据，并以连带责任办理货物的全程运送，在由一国铁路向另一国铁路移交货物时，无须发货人和收货人参加的运输方式。

2. 国际铁路货物联运的种别。根据发货人托运的货物数量、性质、状态、体积等条件，国际铁路货物联运的种别包括整车、零担和大吨位集装箱。根据《国际货协》的规定，凡按一份运单托运的一批货物，按其体积或种类，需要单独车辆运送的，作为整车货物；凡按一份运单托运的一批货物，重量不超过 5 000 公斤，且按其体积或种类又不需单独车辆运送的，作为零担货物；大吨位集装箱是指按一张运单办理的，用大吨位集装箱运送的货物。

3. 国际铁路货物联运的运输费用。国际铁路货物联运的运输费用一般由国内段（包括发送段和到达段）和过境段组成。计算中国国内段进出口货物的运输费用是依据《铁路货物运价规则》；计算过境统一货价参加国的运送费用是依据《统一过境运价规程》。国际铁路联运货物运送费包括：（1）运费，即运送某种货物的费用；（2）杂费和其他费用，包括押运人乘车费、换装费、履行海关手续费、过磅费、进出口货物声明价格费、货车滞留费、变更手续费、运单费、运杂费、迟交金等。

（三）航空运输

航空运输（Air Transport）是一种现代化的运输方式，在国际贸易运输中虽不是主要的方式，但其具有海运和铁路运输不能与之相比的优越性：速度快、时间短、安全准确、货物碎损率低，以及节省包装、保险、利息等费用，因此，航空运输适于运送某些急需、贵重和易腐、鲜活、季节性商品。

1. 航空运输的方式。航空运输的方式主要有班机（Scheduled Airline）、包机（Chartered Carrier）、集中托运（Consolidation）和航空快运业务（Air Express）四种。其中，集中托运方式是航空货运代理公司把若干批单独发运的货物组成一整批向航空公司托运，填写一份总运单，发送到同一站，由航空货运代理公司委托当地代理人负责收货、报关并分拨给各实际收货人的运输。这种方式既节省运费，又可提早结汇，在国际航空运输中使用的比较普遍。航空快运业务（也称快递业务）是专门经营该项业务的航空货运代理公司，派专人以最快的速度在货主、机场、用户之间运输和交换货物的运输服务业务。该项业务是在国际间两个航空货运代理公司之间通过航空公司进行的，航空快件业务有三种形式：机场到机场、门到门（或桌到桌）和派专人送货。这种业务具有快捷灵便、安全可靠、送交有回音、查询快而有结果等特点。

2. 航空运输的运费。航空运输的运费可以按实际重量或体积乘以相应的重量等级运价来计算。但还要与其较高的重量等级分界点所计算的运费相比较，取其中较低者。如一批货物重40公斤（由北京运到法兰克福，45公斤以下，每公斤运价为26.87元，45公斤以上，每公斤运价为22.25元）按其实际重量计算出的运费为40×26.87=1 074.80元，而按其较高的重量分界点45公斤计算出的运费为45×22.25=1 001.25元，对该批货物收取的运费应为1 001.25元。

（四）联合运输

联合运输（Combined Transport）是指使用两种或两种以上的运输方式，完成一项进出口货物运输任务的综合运输方式。联合运输主要包括陆空联运、陆海联运、大陆桥运输、小陆桥运输、集装箱运输和国际多式联运等形式。这里重点介绍大陆桥运输和国际多式联运。

1. 大陆桥运输（Land Bridge Transport）。大陆桥运输是指利用大陆上的铁路或公路系统作为桥梁，把大陆两端的海洋运输连接起来的连贯运输方式。在形式上，大陆桥运输是海－陆－海的连贯运输，一般以集装箱为媒介。因为采用大陆桥运输，中途要经过多次装卸，如果采用传统的海陆联运，不仅延长了运输时间，而且大大增加了装卸费用和货损货差，而以集装箱为运输单位可以简化理货、搬运、储存、保管和装卸等操作环节，同时，集装箱是经海关铅封，中途不用开箱检验，并可以迅速直接地转换运输工具。由于使用大陆桥运输具有运费低廉、运输时间短、货损货差率小、手续简便等特点，因此，大陆桥运输是一种经济、迅速、高效的现代化运输方式。

目前世界上大陆桥运输线路主要有以下三条：

（1）西伯利亚大陆桥（Siberian Land Bridge）。西伯利亚大陆桥是以俄罗斯的西伯利亚铁路作为陆地桥梁，把太平洋远东地区与波罗的海和黑海沿岸以及西欧大西洋口岸连起来。它东自海参崴的纳霍特卡港口起，横贯欧亚大陆，至莫斯科，然后分三路：一路自莫斯科至波罗的海沿岸的圣彼得堡港，转船往西欧、北欧港口；一路从莫斯科至俄罗斯西部国境站，转欧洲其他国家铁路（公路）直运欧洲各国；一路从莫斯科至黑海沿岸，转船往中东、地中海沿岸。所以，从远东地区至欧洲，通过西伯利亚大陆桥有海－铁－海、海－铁－公路、海－铁－铁三种运输方式。

（2）北美大陆桥（North American Land Bridge）。北美大陆桥是指利用北美的大铁路从远东到欧洲的“海－陆－海”联运。该大陆桥运输包括美国大陆桥运输和加拿大大陆桥运输。美国大陆桥有两条运输线路：一条是从西部太平洋沿岸至东部大西洋沿岸的铁路和公路运输线；另一条是从西部太平洋沿岸至东南墨西哥湾沿岸的铁路和公路运输线。

（3）新亚大陆桥。又称亚欧第二大陆桥，1992 年 12 月 1 日开通。该大陆桥东起中国的连云港，西至荷兰的鹿特丹，全长 10 837 千米，其中，在中国境内 4 143 千米，途经中国、哈萨克斯坦、俄罗斯、白俄罗斯、波兰、德国和荷兰 7 个国家，可辐射 30 多个国家和地区。

2. 国际多式联运（International Multimodal Transport）。国际多式联运是在集装箱运输方式基础上发展起来的一种新型的运输方式，它把过去陆、海、空、公路、江河等互不关联的单一运输有机地结合起来，完成一笔进口或出口货物在国际间的运输。它的具体做法是由多式联运经营人（Multimodal Transport Operator，MTO）根据多式联运合同以至少两种不同的运输方式将货物从一国境内的接管地点运至另一国境内指定的交付地点。

国际多式联运的主要特点是：不管路途多远，运程中手续多么复杂，货主只办理一次托运，支付一笔运费，取得一张联运单据，如货物在运输途中发生货损或灭失这类问题，只找一头解决，也就是说多式联运经营人（或称之为承运人）对全程运输总负责。因此，这种运输方式具有手续简便、安全准确、运输迅速、节省包装等优点，是目前国际上许多国家广泛采用的运输方式。

知识拓展

滚装运输

滚装运输（Roll-on and Roll-off Transportation）是把装有集装箱的货车、装有货物的带轮托盘或各种机动车作为货运单元，由牵引车或叉车牵引进船的货舱的一种运输方式。简单来说，滚装运输就是指使用“滚装船”连车带货一起装运的一种海上运输方式。其优点是：装卸方便，运输速度快，运输费用低。

滚装船是运载滚动车辆的运输船，它以装满集装箱或货物的车辆为运输单元。装载时，汽车及由牵引车辆拖带的挂车通过跳板开进舱内。到达目的港后，车辆可直接开往收货单位。滚装船是人们在开发门对门运输中，与集装箱船同时开发出来的高附加值的船舶。由于装卸集装箱并不方便，要动用许多吊货装置和起重设备。人们设想将集装箱的装卸方式改为用运货车辆直接上下集装箱船，将货物装卸方式从吊上吊下改为水平方向的作业。

滚装船具有装卸效率高、对码头要求低、港口投资少、装卸费用低、门对门服务等竞争优势，同时也存在着船舶造价高、货舱有效利用低、货物装运量少的不利因素。此外，滚装船具有更大适应性，它除了能装载集装箱外，还能运载特种货物和各种大件货物，有专门装运钢管、钢板的钢铁滚装船，专门装运铁路车辆的机车车辆滚装船，专门装运钻探设备、农业机械的专用滚装船，还可以混装多种物资及用于军事运输。由此可见，滚装船具有广阔的应用前景。

世界上第一艘滚装船“彗星”号是美国1958年建造的。20世纪60年代后期到70年代末滚装船与滚装运输快速发展，迄今世界上已有2 000余艘滚装船。滚装船正向速度更高、装载量更大、性能更完善的方向发展。滚装船在中国的海上航线应用也很多，例如烟台—大连、海口—湛江等轮渡口岸等；中国已经建成的有代表性的滚装码头有天津港滚装码头、大连汽车码头、广州南沙汽车码头等。

与滚装运输相对应的除滚装船外，还有滚装码头、滚装堆场。其中，滚装码头是适应滚装船舶停靠和滚装作业的码头；滚装码头堆场一般比集装箱码头的堆场还要大，并有适当的围栏、屏障和铺石，有宽畅的、坚固的进出通道。

二、运输单据

运输单据（Shipping Documents）是指承运人签发给托运人的表示收到货物的证明文件，它是交接货物、向银行结算货款或进行议付所必须具备的重要单据。按照运输方式划分，运输单据可分为海运提单、铁路运单、航空运单、邮政包裹收据等。这里主要介绍海洋运输方式下的海运提单。

（一）海运提单

1. 海运提单的性质和作用。海运提单（Bill of Lading，B/L）简称“提单”，是指货物的承运人或其代理人在收到货物后，签发给托运人的一种证明文件。海运提单是国际贸易中各种单据的核心，它将贸易双方当事人及各种关系人联系起来，具有多方面的功能和作用。提单的性质和作用主要体现在以下三个方面：

（1）提单是货物收据（Receipt of Goods）。提单是承运人或其代理人，应托运人的要求所签发的货物收据，证明承运人已如数收到提单上所列的货物。提单一经签发，承运人就承担对提单上所载明的货物妥善保管，安全运输，并向持单人交付货物的义务。

（2）提单是运输协议的证明（Evidence of the Contract of Carriage）。承运人接受托运人的货物，并签发提单，即可视为运输协议（合同）的成立。双方的权利和义务一般都列在提单的背面，它是解决承运人与托运人在运输中产生争议的依据。

（3）提单是货物所有权的凭证（Document of Title）。提单是一种物权证件，本身就代表着提单上所载明的货物。收货人或提单合法持有人有权凭提单在目的港向承运人或其代理人提取货物。由于提单是货物所有权的证明文件，因此可以视为有价证券。除不能转让的提单外，提单持有人可以于货物运抵目的港之前，在国际市场上进行转让或凭提单向银行办理抵押贷款。

2. 海运提单的种类。海运提单可以从以下七个方面分类：

（1）根据货物是否装船可区分为已装船提单和备运提单。

已装船提单（Shipped B/L或On Board B/L）是指轮船公司已将货物装上指定轮船后所签发的提单。已装船提单在国际贸易中应用比较广泛，按国际市场银行业务的惯例，出口商向银行议付货款时所提交的提单，必须是已装船提单。这种提单的特点是提单上必须用文字表明货物已装在××船上，并载有装船日期、船长或其代理人的签字。

备运提单（Received for Shipment B/L）是指轮船公司在收到托运货物等待装船期间，向托运人签发的提单。备运提单又称收讫待运提单。由于该提单上没有明确肯定的装船日期，并且一般不注明载货船只的名称，将来货物能否装船无保障，因此买方或受让人一般不愿接受。

（2）根据提单上对货物外表状况的批注可区分为清洁提单和不清洁提单。

清洁提单（Clean B/L）是指货物在装船时外表状况良好，承运人或其代理人未在提单上加注任何货损，包装不良或其他不良批注的提单。在国际贸易中，银行办理议付货款时，为安全起见，一般只接受出口商提交的清洁提单。

不清洁提单（Unclean B/L）是指承运人或其代理人在签发提单时在提单上加注货物外表状况不良或存在缺陷等有碍结汇的批注的提单。例如，在提单上批注“包装不固”、“两箱损坏”、“包装破裂”等内容的提单均属于不清洁提单。

（3）根据提单收货人抬头方式可区分为记名提单、不记名提单和指示提单。

记名提单（Straight B/L）是指在提单收货人一栏内明确填明收货人名称的提单。这种提单只能由指定的收货人提货，不能转让流通，因此又称为“不可转让提单”，记名提单在国际贸易中使用不多，一般只用于运输贵重物品或有特殊用途的货物。

不记名提单（Bearer B/L）又称空白提单（Blank B/L 或 Open B/L），是指在收货人一栏内填写“来人（Bearer）”字样的提单，不记名提单不需要办理任何手续即可转让，提单持有人仅凭提单即可提货。这种提单转让和提货均很简单，但一旦遗失或被盗，容易引起纠纷。不记名提单因风险太大，在国际贸易中很少使用。

指示提单（Order B/L）是指在收货人一栏内不明确写明收货人的名称，只填写“凭指示”（To Order）或“凭某某指示”（To Order of ×××）字样的一种提单。前者叫空白指示提单，后者叫记名指示提单。指示提单通过背书（Endorsement）可以转让，所以又称转让提单（Negotiable Bill of Lading）。背书方式可分为两种：一种是空白背书（Blank Endorsement），另一种是记名背书。前者是指仅有背书人在提单背面签字盖章，而不注明被背书人的名称；后者是指背书人除在提单的背面签字盖章外，还需注明被背书人的名称。在国际贸易中，指示提单使用的比较普遍。在中国出口业务中，大多采用“凭指示”空白背书的提单，习惯上称为“空白抬头，空白背书提单”。

（4）根据提单内容繁简可区分为全式提单和略式提单。

全式提单（Long Form B/L）是指提单背面列有承运人和托运人权利、义务等项详细条款的提单，又称繁式提单。

略式提单（Short Form B/L）是指提单仅保留提单正面项目，而略去背面承运人与托运人权利、义务等条款的提单。

（5）按船舶营运方式可区分为班轮提单和租船提单。

班轮提单（Liner B/L）是指由班轮公司作为承运人，并由其签发的提单。

租船提单（Charter Party B/L）是指承运人根据租船合同承运货物后，签发给托运人的提单。银行或买方接受这种提单时，通常要求卖方提供租船合同的副本。

（6）按提单的时间性可分区为正常提单、过期提单、预借提单和倒签提单。

正常提单（Current B/L）是指在信用证规定的交单期内提交给银行议付货款的提单。在采用信用证方式支付货款时，银行通常规定一个最迟提交单据的期限，受益人不能误期。如果信用证未规定交单期，必须在提单签发后 21 天内提交给银行，这时提交的单据属于正常提单。

过期提单（Stale B/L）。关于过期提单有两种说法：一种是晚于货物到达目的港的提单；另一种是超过提单签发日期21天后向银行提交的提单。这两种情况下的提单都属于过期提单。前一种情况在近洋运输贸易中经常出现。为了使这种过期提单能被接受，故在买卖合同和信用证中应规定“过期提单可以接受”的条款。后一种情况是可以避免的，因此，《跟单信用证统一惯例》（Uniform Customs and Practice for Documentary Credits，简称《UCP 600》）第14条c款规定：如果单据中包含一份或多份受本惯例规制的正本运输单据，则须由受益人或其代表在不迟于本惯例所指的发运日之后的21个日历日内交单，但是在任何情况下都不得迟于信用证的截止日。

预借提单（Advanced B/L）是指货物在装船前或装船完毕以前，托运人为及时结汇，向承运人预先借用的提单。船公司签发提单的日期理应是货物全部装船完毕，也就是大副出具收据的那一天，这是一项很严肃的法律行为。因此，预借提单是一种违法的做法。

倒签提单（Ante-Dated B/L）是指承运人签发提单时，倒填签发日期的一种提单。由于货物实际装船日期晚于信用证上规定的日期，如按实情签发提单，势必不能结汇。为使提单日期与合同规定的装运期限相符，承运人应托运人的请求，按信用证规定的装运日期签发提单，这种做法与预借提单一样属于欺骗行为，是一种违法的做法，对于托运人和承运人来说都有很大风险。

（7）舱面提单（On Deck B/L）又称甲板提单，是指对装在甲板上的货物所签发的提单。这种提单上一般都注有“装甲板”字样。舱面货物风险很大，根据《海牙规则》的规定，承运人对于装于舱面（甲板）货物的损坏或灭失不负责任。因此，买方和银行一般不愿接受舱面提单，信用证中另有规定的除外。

3. 关于海运提单的国际公约。调整海上运输承运人和托运人的权利和义务的国际公约有许多，其中《海牙规则》、《维斯比规则》、《汉堡规则》和《鹿特丹规则》是目前国际上调整海上货物运输的四个重要国际公约。

（1）《海牙规则》。《海牙规则》全称是《统一提单若干法律规则的国际公约》（International Convention for the Unification of Certain Rules of Law Relating to Bill of Lading，1924），简称《Hague Rules 1924》，是26个国家于1924年8月25日在布鲁塞尔签订，该规则于1931年6月2日正式生效，目前已有87个成员国。《海牙规则》共有16条，主要规定了“货物”的含义，承运人装载、搬运、配载、保管、照料和卸载所运货物的权利、义务和责任，责任期限、免责情况、承运人的赔偿责任限额及计算方法等。由于参加该规则制定的国家主要是航运业发达的国家，所以其内容就有明显偏袒船方利益的倾向，受到了代表货方利益的航运业不发达国家的强烈反对。目前，中国尚未参加《海牙规则》，但《中华人民共和国海商法》和中国远洋运输公司提单对承运人责任的规定是依照《海牙规则》制定的。

（2）《维斯比规则》。《维斯比规则》的全称是《修改统一提单若干法律规则的国际公约的议定书》也称《海牙－维斯比规则》（Protocol to Amend the International Convention for the Unification of Certain Rules of Law Relating to Bill of Lading，1968），简称《Visby Rules 1968》，它是1968年2月23日由英、法及北欧等传统海运国家在布鲁塞尔签订的，1977年6月23日正式生效，目前参加该规则的有24个国家。该规则共有17条，它主要从两个方面对《海牙规则》进行了修改：一是规定了承运人最多赔偿限额的双重标准，即每件或每单10 000法郎（大约相当于431英镑）或按灭失或损坏货物的毛重每千克30法郎，以金额较高者为准；二是增加了一项集装箱条款，规定如果提单上列明集装箱内所装货物的件数，则按件数计算最高赔偿金额。否则，每一集装箱作为一件或一个单。中国未加入《维斯比规则》，但该规则中关于提单对善意第三者的最终证据作用的规定，承运人的责任限制和赔偿额的规定适用其代理人及雇员的规定，拼装货的计算，以及诉讼时效的修改等均在《中华人民共和国海商法》的有关规定中得到反映。

（3）《汉堡规则》。《汉堡规则》的全称是《联合国海上货物运输公约》（United Nations Convention of the Carriage of Goods by Sea，1978），简称《Hamburg Rules 1978》。由于《维斯比规则》对《海牙规则》的修改缺乏实质性的东西，其内容仍偏重于维护承运人的利益，联合国国际贸易法委员会下设的航运立法工作组于1976年制定了《海上货物运输公约草案》，在此基础上，1978年3月联合国在德国汉堡召开有78个国家参加的全权代表会议，通过了《联合国海上货物运输公约》，简称《汉堡规则》。《汉堡规则》是发展中国家长期共同努力的结果，也是发展中国家在海运方面建立国际经济新秩序的胜利。该规则共34条，在总结国际航运实践经验的基础上，本着平等互利的原则，废除了《海牙规则》中许多片面袒护承运人利益的、不合理享有的各项免责条款，加大了承运人对货运所应承担的责任，提高了责任赔偿限制的金额，延长了货物提出索赔和仲裁的时效，对承运人与托运人双方的权利和义务作了比较明确合理的规定。这些规定既维护了货方的利益，也考虑了承运人的利益，从而使船货双方对货运所承担的风险趋于平衡。《汉堡规则》于1992年11月1日正式生效。中国不是《汉堡规则》的缔约国，但《中华人民共和国海商法》中采纳了《汉堡规则》关于货物、实际承运人、清洁提单和延迟交货的概念。

（4）《鹿特丹规则》。《鹿特丹规则》的全称是《联合国全程或部分海上国际货物运输合同公约 》（UN Convention on the Contracts of International Carriage of Goods Wholly or Partly by Sea，2008），简称《Rotterdam Rules 2008》。2008年12月11日，在纽约举行的联合国大会上，《联合国全程或部分海上国际货物运输合同公约》正式得到通过，并且大会决定在2009年9月23日于荷兰鹿特丹举行签字仪式，开放供成员国签署，因而该公约又被命名为《鹿特丹规则》。联合国贸法会制定该公约的目的主要是取代现行的三个国际海上货物运输公约，以实现海上货物运输和包括海运区段的国际货物多式联运法律制度的国际统一。作为国际海上货物运输立法的重大变革，《鹿特丹规则》正吸引着全球海事界的目光。

从内容上看，《鹿特丹规则》是当前国际海上货物运输规则之集大成者，不仅涉及包括海运在内的多式联运，在船货两方的权利义务之间寻求新的平衡点，而且还引入了如电子运输单据、批量合同、控制权等新的内容，此外，公约还特别增设了管辖权和仲裁的内容。从公约条文数量上看，公约共有96条，实质性条文为88条，是《海牙规则》的9倍，《汉堡规则》的3.5倍。因此，该公约被称为一部“教科书”式的国际公约。

《鹿特丹规则》与《中华人民共和国海商法》及现在国际上普遍采用的《海牙规则》、《海牙－维斯比规则》相比较，对承运人责任制度的规定有很大的变化，扩大了承运人责任期间，改变了承运人的责任基础，取消了传统的承运人免责事项，提高了承运人责任限额，该规则将大大加重承运人的责任，可以预见其对航运业及保险业将会带来重大影响，尤其是对一些经营船龄较大、管理水平不高的中小航运企业会带来较大的冲击。

（二）其他运输单据

货物运输单据除海运提单外，还有运输行收据、航空运单、公路或铁路运单等。它们之间的共同特点都是运输凭证，但其功能和作用与海运提单不尽相同。

运输行收据是出口方把货物交给运输行代运，在交货时收到该运输行出具凭以提货的收据。运输行本身并不拥有运载工具，仅是把客户托运的货物并成集装箱后交轮船公司承运，再从轮船公司收到一套海运提单。出口方把运输行收据寄给国外进口方，待货到进口地后，运输行在海外的代理先凭海运提单向轮船公司提货，然后，再凭进口方提示的运输行收据交货。运输行收据不是运输契约的证明，也不是货物所有权的凭证。

航空（铁路或公路）运单是作为承运人的航空公司（铁路或公路部门）接受托运人的委托办理承运时签发的代表运输契约的凭证。航空（铁路或公路）运单不能凭以提取货物，也不是货物所有权凭证。

三、货物交付条件

在进口贸易洽商过程中，买卖双方必须就交货时间、交货地点（包括装运地和目的地）、能否分批装运和转船、转运等问题进行磋商，并在合同中具体订明，这些内容构成了货物的交付条件，其订立的明确与否直接关系到合同能否顺利履行。目前，中国绝大部分进出口货物是通过海洋运输完成的，所以这里介绍的货物交付条件主要适用于海洋运输。

（一）交货时间

交货时间（Time of Delivery）通常称为装运期（Time of Shipment），它是买卖合同的一项重要条款。实际上，在不同的贸易术语下交货时间和装运期是有区别的。如 FOB、CIF、CFR 属于装运港交货术语，是凭装运单据交货，在这三种术语下只要卖方将货物装上船，取得装运单据（提单），即完成交货任务。这时，装运与交货是同一概念，交货时间与装运时间也是一致的。而在目的地交货贸易术语（如 PAT、DAP 等）条件下，装运并不等于交货。因此，交货时间与装运时间是两个截然不同的概念。

1. 交货时间（装运期）的规定方法。在国际贸易合同中，对交货时间的规定方法主要有以下三种：（1）明确规定具体期限；（2）收到预付款后若干天装运；（3）收到信用证（L/C）后若干天装运。

2. 规定交货时间应注意的问题。交货时间（装运期）关系到合同的履行，因此，规定交货时间必须切实可行，并注意考虑下列问题：

（1）应考虑货源和船源的实际情况。从货源和船源的实际情况出发来确定交货期，有利于按期交货和履行合同中的交货义务。如果不考虑货源，可能造成有船无货，无法按时履约；如果不考虑船源，可能出现有货无船，同样不能如期履约。

（2）要考虑商品情况。规定装运期应考虑商品本身的性质和特点。如沥青、牛油、羊油受热易溶化，应避免在夏季装运；烟叶、中草药易受潮发霉，应避免在雨季装运。

（3）要考虑市场情况。考虑市场情况主要指所规定的交货期应与国外市场需求的季节性相适应，以提高商品在国外市场上的竞争能力，特别是某些应季商品和临时特殊需要的商品，其装运期的规定必须考虑市场需求情况。

（4）对交货时间的规定既要明确具体，又不宜定得过死。装运期的长短应结合不同商品和租船订舱的实际情况而定。如易腐、易烂、鲜活商品的装运期应短些，大宗货物及成套机械设备的装运期可适当长些。

（5）采用信用证支付方式的合同，规定装运期时应同时规定开证日期、信用证有效期，并力争开证日期、装运期和信用证有效期三者之间保持一个合理的间隔。

（二）装运港和目的港

装运港（Port of Shipment）是货物起始装运的地点，目的港（Port of Destination）是货物的最终卸货地点。通常装运港由卖方提出经买方同意后确定，目的港则由买方提出，经卖方同意后确定。货物的交货地点随着所采用的贸易术语的不同而有所不同。在采用装运港交货的贸易术语时，装运港就是交货地点，但在采用目的港交货的贸易术语时，则以目的港作为交货地点。

（三）分批装运和转船

1. 分批装运（Partial Shipment）。分批装运是指一笔成交数量较大的货物，可以分若干批次于不同航次、车次、班次装运。但对于同一船只、同一航次装运的货物即使装运港不同，装运日期不同，一般不作为分批装运。国际贸易中需要分批装运的原因是多方面的，既有来自卖方的原因，如批量生产、一次备货有困难等；也有来自买方的原因，如分批销售、资金有困难等；同时也有船方的原因。因此，买卖双方应该在洽商交易及签订合同就是否允许分批装运予以明确规定。

分批装运时应注意以下三个问题：（1）在出口货源或船期无把握时，不宜采用定量分批的规定方法。因为根据《UCP600》第32条规定：如信用证规定在指定的时间段内分期支款或分期发运，任何一期未按信用证规定期限支取或发运时，信用证对该期及以后各期均告失效。（2）若信用证条款中未规定是否允许分批装运，则应视为可允许分批装运。因为根据《UCP600》第31条a款规定：除非信用证另有规定，允许分批装运。（3）《UCP600》第31条b款规定：表明使用同一运输工具并经由同次航程运输的数套运输单据在同一次提交时，只要显示相同目的地，将不视为部分发运，即使运输单据上标明的发运日期不同或装卸港、接管地或发送地点不同。如果交单由数套运输单据构成，其中最晚的一个发运日将被视为发运日。

2. 转船（Transshipment）。转船是指海运货物装运后允许在中途港口转换其他船只，然后再驶往目的港。贸易中需要转船的主要原因有：至目的港无直达船或无合适的船；班轮因某种政治原因不挂靠目的港；货物零星分散，班轮公司不愿意停挂等。转船需要加收转船附加费，同时运输时间还要延长，因此，在进出口贸易中应尽量装直达船。但对需要转船的交易应在合同中订立“允许转船”（Transshipment to be Allowed）条款。

3. 国际货物买卖合同中的分批、转运条款通常是与装运时间条款结合起来规定的。合同中分批、转运条款样例如下所示：

（1）6/7月分两批装运，禁止转运（During June/July in two Shipments，Transshipment is Prohibited）；

（2）5/6/7月装运，允许分批和转运（Shipment During May/June/July，with Partial Shipments and Transshipment Allowed）。

（四）装运通知

装运通知（Shipping Advice）是卖方向买方发出的货物已经装运的通知，它的主要作用是便于买方接卸货物和办理保险，便于明确买卖双方的责任，共同做好船货衔接，履行合同。

不同的贸易术语下，发装运通知的意义不完全相同。按照国际贸易一般做法，在按FOB条件成交时，卖方应在装运期前，一般是30天左右，向买方发出货物备妥待装的通知。买方接到通知后应及时将所派船的船名和到达装运港的受载日期通知卖方，以便卖方及时安排装船。装船后卖方应在约定的时间，将合同编号、货物的品名和数量、发票金额、船名及装船日等项内容及时通知买方，以便买方办理保险并做好接卸货物准备，及时办理报关手续。

如按CFR条件成交时，卖方应在货物装船后立即通知买方，通知的内容与FOB条件的装运通知相同。如果漏发或迟发，卖方应对买方因此而造成的未能及时投保所遭受的损失承担责任。如按CIF条件成交，卖方也应在装船后通知买方，但这时的主要目的不是便于买方投保而是敦促买方准备接卸货物。

第二节　货运保险条件

国际贸易中货物一般要经过长途运输，运输的方式多种多样，货物在运输、装卸、存储过程中难免会遇到各种风险和遭受各种损失。为了保障货物发生损失后得到经济补偿，通常需要投保货物运输保险。国际货物运输保险是财产险的一种，它是随着国际贸易和航运业的发展而产生的，它反过来又促进了国际贸易和航运业的发展。目前，中国对外贸易中货物的运输保险可分为海上运输保险、陆上运输保险、航空运输保险和邮包运输保险，其中以海上运输保险的业务最多。

一、　海洋运输货物保险保障的范围

在保险业务中，风险、损失、费用和险别之间有着密切的联系，即风险是导致损失和费用的原因，险别是具体规定保险人对风险、损失或费用予以保障的责任范围。准确掌握海洋运输货物保险保障的风险、损失和费用，有助于正确理解海洋运输货物保险险别的内容以及正确处理海运货物投保和保险索赔事宜。

（一）风险

海洋运输货物保险保障的风险分为海上风险和外来风险两类

1. 海上风险（Perils on the Sea）。海上风险又称海滩，一般是指船舶或货物在海上运输过程中发生的或随附海上运输所发生的风险，包括自然灾害（Natural Calamities）和意外事故（Accidents）。

自然灾害是指由于自然界发生变化产生的破坏力量所造成的灾害。在海上保险业务中，自然灾害不是泛指一切的自然灾害，而仅指被保险的货物在运输途中遭遇到恶劣气候、雷电、海啸、地震、洪水或火山爆发等不可抗拒的灾害。

意外事故是指由于偶然的、不能预料的原因或者由于不可抗力的原因所造成的事故。海上保险业务中的意外事故也同自然灾害一样，不是泛指一切的海上意外事故，而仅指船舶搁浅、触礁、沉没、互撞、与流冰或其他物体相撞、火灾、爆炸、失踪等。

2. 外来风险（Extraneous Risks）。外来风险不是必然发生的，而是意外的、事先难以预料的、外来的或外部原因导致的风险。如自然损耗是必然发生的损失，保险人是不承担责任

的。外来风险没有明显的自然因素突变和运输工具造成的意外事故的现象，它是海上保险的一种责任扩大。

外来风险包括一般外来风险（General Extraneous Risks）和特殊外来风险（Special Extraneous Risks）两种。

一般外来风险是一般外来原因所导致的风险，主要包括偷窃、雨淋（淡水）、短量、沾污、渗漏、碰损破碎、串味、受潮、受热、钩损、锈损等。这些风险属于运输过程中（如在装卸、储运、操作等阶段）发生的意外事故。

特殊外来风险是指货物在运输过程中遭受政治因素、战争、敌对行为、罢工、进口国拒绝进口以及拒绝提货等特殊外来因素的影响而产生的风险。

（二）损失

损失（Loss）是指被保险货物在海洋运输中由于发生海上风险所造成的损坏或灭失，又称为海损（Average）。按照损失的程度区分，损失有全部损失和部分损失两种。

1. 全部损失（Total Loss）。全部损失又称全损，它又可以分为实际全损和推定全损两种形式。

实际全损（Actual Total Loss）也称绝对全损。构成被保险货物的实际全损主要有四种情况：(1) 被保险货物的实体已经完全灭失。例如，货物被大火全部焚毁。(2) 被保险货物遭到严重损害，已丧失了原有的用途和价值。例如，水泥被海水浸泡成硬块。(3) 被保险人对保险货物的所有权无可挽回地被完全剥夺。例如，船货被海盗劫持，货物被敌国扣押等。(4) 载货船舶失踪，已达到一定期限。中国海商法的规定，船舶失踪 2 个月即视为全损。

推定全损（Constructive Total Loss）又称商业全损，是指被保险的货物在海上运输中遭遇承保风险后，虽然还没有达到完全灭失的程度，但是可以预见到它的全部损失将不可避免；或者为了避免全损，需要支付的恢复费用加上继续将货物运抵目的地的费用已超过保险价值。在推定全损状况下，被保险人获得的补偿有两种方式：一种是获得部分补偿，另一种是获得全部补偿。如果被保险人要获得全部损失的补偿，必须办理委付（Abandonment）手续，把被保险的货物无条件地委付给保险人（即保险公司）。所谓委付是指被保险人在保险标的处于推定全损状态时，提出书面申请，将保险标的一切权益包括财产权以及由此而产生的权利与义务转让给保险人，而要求保险人按全部损失给予赔偿的行为。

2. 部分损失（Partial Loss）部分损失是指被保险货物的损失没有达到全部毁损或灭失的程度，又称分损。按损失性质的不同部分损失可区分为共同海损和单独海损。

共同海损（General Average，G. A）是指载货船舶在航运途中遇到危难，威胁到船、货等各方面的共同安全，船方为了维护船、货的共同安全，有意地、合理地采取挽救措施所做出的一些特殊牺牲或支出的额外费用。

共同海损的牺牲及特殊费用，均可通过共同海损的理算，由有关获救的船方、货方、运费收入方按获救财产价值比例分摊。如保险人承保了共同海损赔偿责任，被保险人可根据保险条款的规定，从保险人处获得相应的赔偿。

共同海损成立必须具备以下条件：第一，危险必须是确实存在或不可避免的；第二，危险必须危及到船、货的共同安全；第三，措施必须是有意采取的，而且是合理的；第四，损失和费用必须是特殊性质或额外的；第五，牺牲或费用的支出必须有效果；第六，牺牲或费用的支出必须是共同海损行为造成的直接后果，不包括间接损失。以上六个条件必须同时具备，缺一不可，否则不能构成共同海损。

单独海损（Particular Average）是指被保险货物受损后，尚未达到全损的程度，且这种损失不属于共同海损，由各受损者单独承担的损失。例如，载货船舶在海上航行时遇到巨大风浪，海水进入船舱，使部分货物被浸湿而发生损失。

单独海损的特点：单独海损纯粹是偶然性的意外事故所致，并无人为因素在内；单独海损只涉及受损船舶或货物所有人的自身利益，并不涉及船、货、运费收入方的共同利益。

（三）费用

海上运输中被保险的货物在遭遇到保险责任内的风险，除使保险标的毁损外，还会产生一些费用损失，这些费用损失仍由保险人负责赔偿，主要有施救费用和救助费用等。

1. 施救费用（Sue and Labor Expenses）。施救费用是指被保险货物在遭遇承保责任范围内的灾害事故时，被保险人或其代理人为了避免或减少货物损失，采取各种抢救和防护措施所支出的合理费用。构成施救费用必须具备以下条件：（1）进行施救的人必须是被保险人或其代理人、受让人，其目的是为了减少损失，其他人采取此项措施必须是受被保险人的委托。（2）保险标的遭受的损失必须是保险单所承保的风险造成的。否则，被保险人对其进行抢救所支出的费用，保险人不予赔偿。（3）施救费用的支出必须是合理的。

2. 救助费用（Salvage Charges）。船舶在海上航行时，发生严重的海损事故，仅靠遇难船上人员的抢救往往不能使船舶脱险，这就需要其他船舶前来协助，因此支出的救助报酬称为救助费用。

二、中国的海洋货物运输保险条款

海洋货物运输保险是以海上运输货物作为保险标的的保险。这种保险业务起源早、技术较复杂、做法较完善。目前，世界上大多数国家都有自己的保险条款，其中影响较大的是英国伦敦保险业协会制定的《协会货物条款》（Institute Cargo Clause，ICC）。中国人民保险公司适应中国对外经济贸易的发展需要，结合中国保险工作的实际情况并参照国际上的一般做法，制定了各种涉外保险业务条款，总称为“中国保险条款”（China Insurance Clause，CIC）。《中国人民保险公司海洋运输货物保险条款》是其中的重要组成部分，该条款明确了中国人民保险公司承保的责任范围、除外责任、责任起讫、被保险人的义务和索赔期限五项内容。

（一）承保的责任范围

中国海洋货物运输保险条款的承保范围（Coverage）是通过承保险别明确的，包括基本险和附加险两大类。

1. 基本险（Basic Risks）。基本险也称主险，可以单独投保。中国海洋货物运输保险的基本险包括平安险、水渍险和一切险。

（1）平安险（Free from Particular Average，FPA）。平安险的责任范围包括：第一，被保险货物在运输途中由于恶劣气候、雷电、海啸、地震、洪水等自然灾害造成的整批货物的实际全损或推定全损。第二，由于运输工具遭遇搁浅、触礁、沉没、互撞、与流冰或其他物体碰撞以及失火、爆炸等意外事故造成的货物的全部损失与部分损失。第三，在运输工具已经遭遇搁浅、触礁、焚毁、沉没等意外事故的情况下，货物在此前后又在海上遭受恶劣气候、雷电、海啸等自然灾害造成的部分损失。第四，在装卸或转船时由于一件或数件货物落海造成的全部或部分损失。第五，被保险人对遭受承保责任内危险的货物采取抢救、防止或减少货损的措施而支付的合理费用，但以不超过该批被救货物的保险金额为限。第六，运输工具遭遇海难后，在避难港由于卸货所引起的损失以及在中途、避难港由于卸货、存仓以及运送货物所产生的特别费用。第七，共同海损的牺牲、分摊和救助费用。第八，运输契约中订有的“船舶互撞责任”条款，根据该条款规定应由货方偿还船方的损失。

（2）水渍险（With Particular Average，WPA）。水渍险除包括上列平安险的各项责任外，还包括被保险货物由于恶劣气候、雷电、海啸、洪水等自然灾害所造成的部分损失。

（3）一切险（All Risk，AR）。一切险除包括平安险和水渍险的各项责任外，还包括被保险货物在运输途中由于一般外来风险所造成的全部或部分损失。

2. 附加险（Additional Risks）。附加险是不能单独投保的，只有在投保了基本险后，才可加保。附加险可分为一般附加险和特殊附加险。

（1）一般附加险（General Additional Risks）。一般附加险共有 11 种，其承保责任范围虽包括在一切险责任范围之内，但被保险人可在投保平安险或水渍险的基础上，根据需要单独加保其中的任何种类：偷窃、提货不着险（Theft Pilferage and Non-Delivery，T. P. N. D.），淡水雨淋险（Fresh Water and Rain Damage），短量险（Risk of Shortage），混杂，玷污险（Risk of Intermixture and Contamination Risks），渗漏险（Risk of Leakage），碰损，破碎险（Risk of Clash and Breakage），串味险（Risk of Odor），受潮受热险（Damage Caused by Sweating and Heating），钩损险（Hook Damage Risk），包装破裂险（Breakage of Packing Risk），锈损险（Risk of Rust）。

（2）特殊附加险（Special Additional Risks）。特殊附加险承保的是由于特殊外来原因引起的特殊风险。由于这种特殊附加险不具有普遍性，只能在投保基本险的前提下才能投保。特殊附加险主要有以下八种：交货不到险（Failure to Delivery Risk）、进口关税险（Import Duty Risk）、舱面险（On Deck Risk）、拒收险（Rejection Risk）、黄曲霉素险（Aflatoxin Risk）、战争险（War Risks）、罢工险（Strike Risks）、出口货物到港澳（包括九龙在内）存仓火险责任扩展条款（Fire Risk Extension Clause for Shortage of Cargo at Destination Hongkong，Including Kowloon，or Macao）。

（二）基本险的除外责任

在保险业务中，对于不予承保的风险，保险人一般作为除外责任（Exclusion）在保险条款中一一列明。除外责任中所列的各项致损的原因，一般都是非意外的、偶然性的，它的列明有利于明确有关方面的责任。海上货物运输保险基本险的除外责任包括：

1. 被保险人的故意行为或过失所造成的损失；

2. 属于发货人责任所引起的损失；

3. 在保险责任开始前，被保险货物存在品质不良或数量短差所造成的损失；

4. 被保险货物的自然损耗、本质缺陷、特性以及市场价格跌落、运输延迟所引起的损失或费用；

5. 海洋运输战争险条款和货物运输罢工险条款规定的责任范围和除外责任。

（三）承保责任的起讫期限

承保责任的起讫期限（Duration）是指保险人根据保险合同的规定，承担保险责任时间的开始和终止，这段时间一般也称为保险的有效期。

1. 基本险的责任起讫期限。中国海运货物保险的平安险、水渍险和一切险这三种基本险的承保责任起讫期限采用国际保险业务中惯用的“仓至仓”责任，自被保险货物运离保险单所载明的起运地仓库或储存处所开始运输时生效，包括正常运输过程中海上、陆上、内河和驳船运输，直到该项货物到达保险单所载明的目的地收货人的最后仓库或储存处所或被保险人用做分配、分派或非正常运输的其他储存处所为止。如未抵达上述仓库或储存处所，则以被保险货物在最后的卸载港全部卸离海轮后满 60 天为止。如在上述 60 天内，被保险货物需转运到非保险单所载明的目的地时，则以该项货物开始转运时终止。

2. 海运战争险的责任起讫期限。海运战争险的保险责任自被保险货物装上保险单所载明的起运港的海轮或驳船时开始，至卸离保险单所载明的目的港的海轮或驳船时为止。如果被保险货物不卸离海轮或驳船，保险责任最长期限以海轮到达目的港的当日午夜起算满 15 天为止，海轮到达上述目的港是指海轮在该港区内一个泊位或地点抛锚、停泊或系缆，如果没有这种泊位或地点，则指海轮在原卸货港或地点或附近第一次抛锚、停泊或系缆。

（四）被保险人的义务

被保险人应按保险条款的规定履行自己的义务，只有这样，才能享受被保险人应得的利益。被保险人的义务（Obligations of the Insured）主要有：

1. 当被保险货物运抵保险单所载明的目的港（地）以后，被保险人应及时提货，发现被保险货物遭受任何损失，应立即向保险单上所载明的检验、理赔代理人申请检验，如发现被保险货物整件缺少或有明显残损痕迹，应立即向承运人、受托人或有关当局（海关、港务局等）索取货损货差证明。如果货损货差是由于承运人、受托人或其他有关方面的责任所造成的，应以书面形式向其明确提出索赔，必要时还须取得延长时效的认证。

2. 对遭受承保责任内的危险的货物，被保险人和保险公司都可迅速采取合理的抢救措施，防止或减少货物的损失，被保险人采取此项措施，不应视为放弃委付的表示，保险公司采取此项措施，也不得视为接受委付的表示。

3. 如遇航程变更或发现保险单所载明的货物、船名或航程有遗漏或错误时，被保险人应在获悉后立即通知保险人并在必要时加缴保险费，保险责任方可继续有效。

4. 在向保险人索赔时，必须提交保险单正本、提单、发票、装箱单、货损货差证明、检验报告及索赔清单，如涉及第三者责任，还必须提供向责任方追偿的有关函电及其他必要单证或文件。

（五）索赔期限

索赔期限（The Period of Claim）又叫索赔时效，它是指被保险货物发生保险范围内的风险与损失时，被保险人向保险人提出索赔要求的有效期限。索赔权超过时效将自动失效，被保险人未在规定的索赔期限内提出索赔要求，将丧失索赔权。中国海运货物保险索赔时效，从被保险货物在保险单所载明的最后卸载港全部卸离海轮后起算，最多不超过 2 年。

三、中国海运货物保险业务

（一）保险险别的选择

保险险别是保险人对风险损失的承保责任范围，保险公司承担保险责任是以投保的险别为依据的。险别不同，保险公司承担的责任范围不同，收取的保险费也不同，被保险人在保险货物遭受损失时可能得到的补偿也不同，因此，如何适当地选择险别是个十分重要的问题，既要保证货物获得充分的安全保证，又要节省保险费开支。具体地说，保险险别的选择应结合以下几个条件：（1）货物本身的性质和特点；（2）货物的包装状况；（3）季节、气候等自然条件；（4）载货船舶的航行路线和停靠港口的情况。

（二）保险金额的确定与保险费的计算

保险金额是保险人对货物的实际投保金额，是被保险货物发生保险范围内的损失时，保险公司赔偿的最高限额，也是保险公司据以计算保险费的基础。保险费是保险公司依据不同的保险费率向被保险人收取的费用，不同的商品，不同的地区，保险费率是有差别的。

根据各国的保险法和国际惯例，国际货物运输保险的保险金额，一般是在 CIF 价格基础上适当加成，通常是加成 10%。因此，保险金额的计算公式为：

$$\text{保险金额} = \text{CIF} \times (1 + \text{加成率})$$

对 CFR 合同下货物进行投保，需先把 CFR 价格转化成 CIF 价格，再加成计算保险金额，从 CFR 价格换算成 CIF 价格，可按下列公式计算：

$$\text{CIF} = \frac{\text{CFR}}{1 - (1 + \text{加成率}) \times \text{保险费率}}$$

以下分别从出口和进口两方面说明货物保险金额和保险费的计算方法：

1. 出口货物保险金额与保险费的计算。中国人民保险公司承保出口货物的保险金额一般按 CIF 价格加成 10% 计算，加成是作为国外买方的经营管理费用和预期利润。如果国外买方要求以较高的加成率计算保险金额时，保险公司可考虑接受。出口货物的保险金额及保险费可按下列公式计算：

$$\text{保险金额} = \text{CIF} \times (1 + \text{加成率})$$

$$\text{保险费} = \text{保险金额} \times \text{保险费率}$$

2. 进口货物保险金额与保险费的计算。中国人民保险公司承保进口货物运输的保险金额，一般是以进口货物的 CIF 价格为准，不再加成，即保险金额等于 CIF 进口价格。如果按 FOB 或 CFR 价格成交，其保险金额及保险费可按下列公式计算：

$$\text{保险金额} = \frac{\text{FOB} \times (1 + \text{平均运费率})}{1 - \text{平均保险费率}}$$

（1）以 FOB 价格成交的进口货物。

$$\text{保险费} = \text{保险金额} \times \text{保险费率}$$

$$\text{保险金额} = \frac{\text{CFR}}{1 - \text{平均保险费率}}$$

（2）以 CFR 价格成交的进口货物。

$$保险费 = 保险金额 \times 保险费率$$

四、伦敦保险协会的保险条款

目前，国际货运保险市场上影响最大的保险条款是英国伦敦保险业协会（The Institute of London Underwriters，ILU）制定的《协会货物保险条款》（Institute Cargo Clauses，ICC）。《协会货物保险条款》最早制定于 1912 年，后多次修订，其中影响较大的版本是 1982 年 1 月 1 日修订完成并于 1983 年 4 月 1 日起实行的 ICC 条款。在此以前的旧条款内容与中国人民保险公司的“中国保险条款”（CIC）内容基本相同，也分为平安险、水渍险和一切险三个基本险，另有附加险若干种。1982 年的 ICC 条款在内容与形式上都有变化，不再沿用三种基本险的旧名称。1982 年版的 ICC 条款共有六种险别：

（1）协会货物（A）险条款——Institute Cargo Clauses A，ICC（A）；

（2）协会货物（B）险条款——Institute Cargo Clauses B，ICC（B）；

（3）协会货物（C）险条款——Institute Cargo Clauses C，ICC（C）；

（4）协会战争险条款（货物）——Institute War Clauses（Cargo）；

（5）协会罢工险条款（货物）——Institute Strikes Clauses（Cargo）；

（6）恶意损害险条款——Malicious Damage Clauses。

以上六种险别中，ICC（A）相当于中国保险条款（CIC）中的一切险，其责任范围采用“一切风险减除外责任”的方式说明；ICC（B）、ICC（C）都采用列明风险的方式表明其承保范围，ICC（B）大体相当于水渍险，ICC（C）相当于平安险。《协会货物保险条款》六种险别中，只有恶意损害险不能单独投保，其他五种险结构统一、体系完整，均可作为独立的险别单独投保。

为了适应各国法律法规和全球经济政治形势发展的变化，联合货物保险委员会自 2006 年起在全球范围内进行调查研究和咨询，在集中多方面意见后于 2008 年 11 月 24 日公布了新版《协会货物保险条款》，新版条款的生效日期是 2009 年 1 月 1 日。新版的《协会货物保险条款》扩展了保险责任起讫期限，对保险公司引用免责条款做出了一些条件限制，对条款中容易争议的用词做出了更为明确的规定，同时条款中的文字结构也更为简洁、严密。2009 年版的《协会货物保险条款》主要险别仍为 1983 年版本的六种险别。在上述六种险别中，除恶意损害险外，其他五种险别均按条文的性质统一划分为八个部分：承保范围（Risks Covered）、除外责任（Exclusions）、保险期限（Duration）、索赔（Claims）、保险利益（Benefit of Insurance）、减少损失（Minimizing Losses）、防止延迟（Avoidance of Delay）和法律惯例（Law and Practice）。

五、国际货物买卖合同中的保险条款

各国保险公司都有自己的保险条款。英国伦敦保险业协会的《协会货物保险条款》是国际保险业广泛采用的条款。目前，中国通常采用中国人民保险公司订立的“中国保险条款”。在签订进出口合同时，应根据不同的情况规定保险条款。

（一）出口合同中的保险条款

1. 签订出口合同，如果按 FOB 或 CFR 条件成交，保险条款可规定为："保险由买方负责。"如果对方委托代办，可以规定为："由买方委托卖方按发票金额××%代为投保××险，保险费用由买方负责。"

2. 签订出口合同，如果按 CIF 条件成交，规定按中国人民保险公司的保险条款办理，除将双方约定的险别、投保金额等项目在合同条款中列明外，还应订明按××年××月××日中国人民保险公司海运货物保险条款承保。例如，"由卖方按发票金额××%投保××险，按××年××月××日中国人民保险公司海运货物保险条款承保。"

（二）进口合同中的保险条款

在签订进口合同时，由于中国进口货物多由中方公司自办保险，所以在进口合同中对保险条款的规定比较简单，通常作如下规定："装船后保险由买方投保。"

本章小结

国际货物运输方式包括海洋运输、铁路运输、航空运输、邮政运输、管道运输和联合运输等。其中，海洋运输由于其固有的通过能力强、运量大、运费低等优势，是一种最主要的运输方式。在实际业务中，应根据进出口货物特点、货运量大小、运输距离、运费高低、风险程度、自然条件和装卸港的具体情况，选择合理的运输方式。在国际货物买卖合同中，装运时间、装运港与目的港、能否分批装运和转船、装运通知等事项的规定是装运条款的主要内容。运输单据是指承运人签发给托运人的表示收到货物的证明文件。它是交接货物、处理索赔、向银行结算货款或进行议付时必须具备的重要单据。

国际货物运输保险因运输方式不同可分为海上运输保险、陆上运输保险、航空运输保险和邮包运输保险。中国海洋货物运输保险条款主要包括承保的责任范围、除外责任、责任起讫、被保险人的义务和索赔期限五项内容。海洋运输货物保险保障的范围包括风险、损失和费用。在投保海运货物保险时，要根据货物本身的性质和特点、货物包装状况、季节和气候等自然条件及载货船舶航行路线和停靠港口情况选择险别，并在此基础上确定保险金额和计算应支付的保险费。

复习思考题

一、单项选择题

1. 必须经过背书方可转让的提单是（　　）。

A. 记名提单　　B. 不记名提单

C. 指示提单　　D. 转船提单

2. 班轮从价运费的计算是按货物的（　　）。

A. CIF 价　　B. FOB 价

C. CFR 价　　D. 进口成本

3. 在海洋运输货物保险业务中，共同海损是（　　）。

A. 部分损失的一种　　B. 全部损失的一种

C. 推定全损　　D. 实际全损

二、判断题

1. 根据《UCP600》，若信用证条款中未规定是否允许分批装运和转船，则应视为可允许分批装运和转船。(　　)

2. 运输行收据和海运提单一样，是货物所有权凭证。(　　)

3. “仓至仓”条款是承运人负责运输的起讫条款。(　　)

三、计算题

1. 某公司按CFR新加坡价格出口奶粉200箱，奶粉内包装为塑料袋，每袋1公斤，外包装为纸箱，每箱100袋，箱的尺寸为长47cm、宽30cm、高20cm，基本运费为每尺码吨50美元，另加收燃油附加费33%，港口附加费5%，转船附加费15%，计费标准为M，请计算该批商品的运费是多少?

2. 某公司出口100吨货物，价格为每公吨1 000美元CIF孟买，合同规定卖方应按发票金额加成10%投保水渍险和短量险，保险费率分别为0.2%和0.3%，请计算该公司应该支付多少保险费?

四、案例分析题

1. 中国A公司从德国B公司进口一套大型生产设备，合同规定出口商可分三个批次交货。交付的第一批货物符合合同的要求，第二批货物为该设备的主要部件，但型号和性能等方面与合同规定严重不符，结果是设备无法安装投产。A公司因此提出撤销整个合同，但B公司反对。请分析依照《公约》有关规定哪方有理?为什么?

2. 一份信用证方式付款的合同及信用证均规定交货数量为6 000吨，1~6月份分批装运，每月1 000吨。1~3月份，卖方每月发运1 000吨，开证银行均凭单分批付款。第4批货物原定4月25日装运，但遇台风登陆，货物延迟至5月2日才运出。发货后，卖方凭5月2日的装船提单等单据要求银行付款时，遭到银行拒付。后卖方又以合同中约定了“不可抗力”条款，要求银行付款，同样遭到银行拒绝。请分析：(1) 银行拒付是否成立?(2) 如果银行拒付成立，出口商还能从进口商处收回4~6月份的货款吗?

3. 某货轮从大连港驶往卡拉奇，在航行途中船舶货舱起火，大火蔓延到机舱，船长为了维护船货的共同安全，采取紧急措施，往起火舱中灌水。最终火虽被扑灭，但由于主机被烧，不能工作，货轮无法继续航行。于是船长雇用拖轮将货轮拖回大连港修理。检修后重新驶往卡拉奇。事后调查与火灾相关的损失有：(1) 500箱货物被火烧毁；(2) 1 000箱货物由于灌水灭火受损；(3) 主机和部分甲板被烧坏；(4) 雇用拖轮的费用；(5) 额外增加的燃料和船长、船员工资；(6) 在大连检修期间100箱货物丢失。请分析以上损失中哪些属于共同海损?哪些属于单独海损?

4. 中国某公司按CIF贸易术语对外发盘，试分析若按下列险别作为保险条款提出是否妥当?如有不妥，请更正并说明理由。

(1) 一切险、偷窃提货不着险、串味险；

(2) 平安险、一切险、受潮受热险、战争险、罢工险；

(3) 水渍险、碰损破碎险；

(4) 偷窃提货不着险、钩损险、战争险、罢工险；

(5) 航空运输一切险、淡水雨淋险。

第八章　国际货物买卖条件（三）：价格和支付条件

学习目标

- 了解商品价格确定的原则及作价方法；
- 掌握商品成本核算的方法及不同贸易术语价格的换算；
- 了解佣金和折扣的含义，学会计算商品价格中的佣金和折扣；
- 能够正确拟订国际货物买卖合同中的价格条款；
- 了解汇票、本票和支票三种支付工具区别，重点掌握汇票的含义、种类及汇票行为；
- 熟悉汇款和托收两种商业信用支付方式；
- 重点掌握信用证含义、特点、业务流程，了解各种信用证之间的区别与应用条件。

导入案例

某公司出口陶瓷茶具到日本，每单件纸箱包装体积400mm×320mm×360mm，每单件包装内装有200套；陶瓷茶具含税成本150元/套，该商品增值税率17%，出口退税率为9%；出口一个20英尺标准集装箱的费用包括：运杂费700元、商检费120元、报关费80元、业务费1 200元、港区仓储费600元、其他费用300元；陶瓷茶具从青岛运往日本一个20英尺标准集装箱包箱费率1 200美元；海运保险投保水渍险、碰损破碎险，费率分别是0.5%和0.2%；进口方要求含有5%佣金；该公司预期利润是报价的10%。在美元兑人民币汇率是1∶6.4840~6.4850的情况下，请分别计算该套茶具的FOB、CFR、CIF的美元单价。

在国际货物买卖中，商品价格（Price of Goods）是贸易双方最为关心的问题。正确确定商品价格、核算盈亏，合理选用计价货币和作价方法，灵活运用与价格有关的佣金和折扣，以及订好合同中的价格条款，对顺利履行进出口合同，提高外贸企业的经济效益都是至关重要的。货款的支付（Payment）是指国际货物买卖中货款、运费、保险费、佣金等费用收付采用何种支付工具、何种支付方式。由于这些直接关系到交易双方的切身利益，因此是买卖双方磋商的重要条件。

第一节　价格条件

一、商品价格的确定

确定商品价格是一项十分复杂的工作，做好这项工作不仅要遵循进出口商品的作价原则，同时还要准确把握国际市场价格变动的趋势，充分考虑影响价格的各种因素，加强成本和盈亏的核算。

（一）进出口商品的作价原则

在确定进出口商品价格时，一般应遵循以下三个原则：（1）按国际市场价格水平作价；（2）结合国别地区政策作价；（3）结合具体的购销意图。即，在考虑国际市场价格水平的基础上，可根据企业的具体购销意图确定进出口商品的成交价格，可略高于也可略低于国际市场价格水平。

（二）确定商品价格时应考虑的因素

国际市场价格受供求关系的影响而上下波动，甚至瞬息万变。因此在确定成交价格时，必须注意国际市场供求关系的变化和价格的涨落趋势，据此做出正确的判断，选择有利的成交价格，同时还应考虑影响价格变动的各种具体因素，如商品质量和档次、成交数量、交货地点、销售地区、销售季节和支付条件等方面的因素。

（三）出口商品的成本核算

在进出口商品价格的确定过程中，必须加强成本核算，防止出现不计成本、不计盈亏和单纯追求成交量的倾向。下面以出口为例，说明出口商品的成本核算方法。

出口商品的成本核算是将出口商品的投入与通过出口该商品所创造的 FOB 外汇净收入或 FOB 出口销售人民币净收入进行比较，即在计算出口商品总成本、出口销售外汇净收入和出口销售人民币净收入等数据的基础上，核算出口商品盈亏率和出口商品换汇成本。其中，出口商品总成本是指出口商品的进货成本加上出口前的一切费用和税金；出口销售外汇净收入是指出口商品按 FOB 价出售所得的外汇净收入；出口销售的人民币净收入是指出口商品的 FOB 价按结汇日的外汇牌价兑换成人民币的数额。

1. 出口商品盈亏率。出口商品盈亏率是指出口商品盈亏额与出口商品总成本的比率。出口盈亏额是指出口销售人民币净收入与出口商品总成本的差额。出口商品盈亏率计算公式如下：

$$\text{出口商品盈亏率}=\frac{\text{出口销售人民币净收入}-\text{出口商品总成本}}{\text{出口商品总成本}}\times 100\%$$

2. 出口商品换汇成本。出口商品换汇成本是指以某种商品的出口总成本与出口所得的外汇净收入之比，得出用多少人民币换回一美元。出口商品换汇成本如高于银行外汇牌价，则出口为亏损；反之，出口为盈利。出口商品换汇成本计算公式如下：

$$\text{出口商品换汇成本}=\text{出口商品总成本(人民币)}/\text{出口销售外汇净收入(美元)}$$

3. 出口创汇率。出口创汇率是指进口的原料（或国产的原料）加工成成品出口的外汇净收入与进口原料所花的外汇成本（或国产原料出口的外汇净收入）的比率。进口原料的外汇成本一般按 CIF 的进口价计算，国产原料的外汇成本可按过去原料出口时的 FOB 价格计算，如果没有原料出口记录，可参照国际市场同类商品的价格计算。出口创汇率的计算公式如下：

$$出口创汇率 = \frac{成品出口外汇净收入 - 原料外汇成本}{原料外汇成本} \times 100\%$$

二、商品的作价方法

（一）固定作价法

固定作价法是指买卖双方在协商一致的基础上，明确具体的成交价格，在合同中把它规定下来，在合同的有效期内，除非双方当事人同意，任何一方不得随意更改。在合同中采用固定作价法是国际贸易中的一种常规做法。中国对外签订的进出口合同，大多采用这种方法。

固定作价法的优点在于价格明确、具体、肯定和便于核算入账。但采用固定作价法，买卖双方要承担从合同签订开始到交货付款这一期间价格变动的风险。因此，一般来说，固定作价法适用于即期交易。

（二）暂不固定作价法

暂不固定作价法是指交易双方仅在合同中就作价的时间和方法做出规定，而将具体价格留待日后按约定方式再确定的一种作价方法。例如：买卖双方在合同中规定："由双方在交货期前 10 天，参照国际市场价格水平协商议定正式价格"或"按提单日期的国际市场价格计算"。

暂不固定作价法也称"活价"，主要适用于交货期比较长（一年或二年）的交易。其优点是避免了将价格定死而承担价格变动的风险，但这种方法容易造成合同执行的不稳定性，甚至导致合同无法履行。

（三）暂定作价法

暂定作价法是指交易双方在合同中先定一个非正式价格，作为日后确定最终成交价格参考依据的作价方法。例如，双方在合同中规定："暂定价 GBP200 Per Dozen CIF London，具体定价方法在装运期前半个月以××商品交易所的价格为准，买方按暂定价开信用证"。暂定作价法主要用于价格变动频繁的商品交易。

（四）部分固定、部分不固定作价法

部分固定、部分不固定作价法又称"半死半活价"，是指买卖双方就近期交付部分的商品价格在合同中加以确定，而对远期交货部分的商品价格暂时不作规定，而是根据交货时市场供求情况以国际市场价格为准，或由双方在每批货物装运前的一定时间另行协商议定。部分固定、部分不固定作价法多用于分批交货的买卖合同，可以解决双方在采用固定价格或非固定价格方面的分歧，促使交易的达成。

（五）滑动作价法

滑动作价法是指交易双方在签订合同时，先规定一个基础价格，同时订立调整价格的条款，约定调整价格的百分比，交货时再根据经营管理费用、原料和工资等的变动情况对原订

价格进行调整，计算出最终的成交价格。在价格调整条款中，通常使用下面的公式来调整价格：

$$P = P_0 \times (A + B \times M/M_0 + C \times W/W_0)$$

式中：P 为成交的最后价格；P_0为签约时约定的基础价格；M 为计算最后价格时引用的有关原料的平均价格或指数；M_0为签约时有关原料的平均价格或指数；W 为计算最后价格时引用的有关工资的平均价格或指数；W_0为签约时有关工资的平均价格或指数；A 为经营管理费用和利润在价格中所占的比重；B 为原料在价格中所占的比重；C 为工资在价格中所占的比重。

滑动作价法主要适用于市场价格变动较大的大宗交易，如农产品、矿产品，尤其适用于加工周期长的大型机器设备的交易。

三、计价货币的选择

计价货币（Money of Account）是指交易双方用来计算合同金额的货币。进出口业务中，选用何种货币计价支付，关系到买卖双方的切身利益。计价货币选用得当，就会避免或减少汇率变动的风险，即避免出口少收入货币，进口多付出货币。

按国际惯例，计价货币必须在签订贸易合同之前确定下来。一般来说，在交易磋商过程中，选择计价货币应遵循的基本原则是：出口时选择汇率稳定且具有上浮趋势的货币即“硬币”作计价货币；进口时相反，选择具有下浮趋势的货币即“软币”作计价货币。其原因是，出口商所收外汇的汇率如在货款实际收付时上升，意味着同等的外汇收入可在国际市场上购买到更多的商品或换更多的本国货币；进口商如果实际付款时所支付货币的汇率下跌，则可用较少的本国货币兑换外汇即可，这无形中降低了进口商品成本。

选择适当的计价货币可以避免币值变动带来的汇率风险。而要正确选择计价货币，就要正确预测和掌握国际金融市场汇率变动的趋势。因为“硬币”和“软币”是相对而言的，一种货币是软还是硬，不仅受供求变化的影响，而且与货币所属国的政治、经济、军事等因素密切相关。

在实际业务中，究竟采用何种货币计价，应视买卖双方的交易习惯、经营意图以及价格等因素加以确定。如果为达成交易而不得不采用对己不利的货币计价时，可设法用下述办法补救：一是根据该种货币今后可能的变动幅度相应调整对外报价；二是争取在合同中订立保值条款。

四、佣金和折扣的运用

佣金和折扣是价格的构成因素之一，直接影响商品实际价格的高低和商品在市场上的竞争力，同时也关系到买卖双方以及可能涉及的中间商的经济利益。在中国对外贸易实践中，正确、灵活运用佣金和折扣，可调动中间商和买方经营中方商品的积极性，从而扩大出口销售。

（一）佣金和折扣的含义

1. 佣金（Commission）的含义。佣金是指卖方或买方付给介绍贸易或代为买卖的第三者的报酬。这里的“第三者”因经营或代理业务的不同而有不同的称呼，如中间商、佣金商、佣金代理商或经纪人等。佣金有“明佣”和“暗佣”之分。凡在成交价格中表明含佣金若干的即为明佣。例如，在价格条款中规定“USD100 Per M/T CFR London Including 2% Commission”。反之，在成交价格中未表明，而实际上又由卖方或买方另行约定支付的即为暗佣。

2. 折扣（Discount）的含义。折扣又称回扣（Rebate）或折让（Allowance），是指卖方在原价基础上给买方一定的价格减让。在国际市场上，卖方进行价格减让出于多种原因：或是因产品质量较差；或是因买方购买数量较大；或是为了照顾老客户；或是为了增强商品在市场上的竞争力。折扣的形式很多，其中常见的有现金折扣、数量折扣和季节折扣。折扣也有“明扣”和“暗扣”之分。暗扣在合同或有关单证中不予标明，而明扣一般会在合同或有关单证中明确表示出来。例如，买卖双方在价格条款中规定“USD 3000 Per M/T CIF Hamburg Less 3% Discount”。在国际贸易中，折扣的使用范围很广，除商品价格外，运费、保险费等也经常使用。

（二）佣金和折扣的计算

1. 佣金的计算。根据国际贸易的习惯做法，佣金一般是按成交金额乘以约定的百分比计算（佣金率一般在1% ~3%之间），但有时也按成交商品的数量来计算，即按每一单位数量收取若干佣金计算。在中国进出口业务中，按成交金额和成交数量计算的都有。在按成交金额计算时，有的以发票总额作为计算佣金的基础，有的则以 FOB 发票金额为基数计算佣金。为了明确起见，在交易磋商时收付双方要阐明计算佣金的基础和方法。有关佣金的计算公式如下：

$$佣金 = 含佣价 \times 佣金率$$
$$净价 = 含佣价 - 佣金 = 含佣价 \times (1 - 佣金率)$$
$$含佣价 = 净价/(1 - 佣金率)$$

例如，CFR 净价为 100 美元，佣金率为 5%，则 CFR 的含佣价为 100/（1 - 5%）= 105.26 美元，即佣金为 5.26 美元。

2. 折扣的计算。折扣的计算和佣金的计算基本一致，也是以发票金额为基数求得折扣额。折扣的计算公式为：

$$折扣额 = 发票金额 \times 折扣率$$

（三）佣金和折扣的支付

佣金一般由卖方在收到货款后另行通过银行付给中间商。因为，中间商的服务不仅在于促成交易，还应负责联系、督促买方履约、协助解决履约过程中可能发生的问题，以便合同得到圆满履行。在实际业务中，具体如何支付佣金，双方应事先约定或按信用证条款规定办理。在支付佣金时，应谨防错付、重付或漏付情况的发生。

折扣通常是在买方付款时或开立信用证时预先扣除。

五、价格条款的订立

（一）价格条款的内容

进出口商品的价格条款一般由单价和总值两部分组成。

1. 单价（Unit Price）。进出口合同中的单价与国内贸易中商品单价有很大不同，一般由单位价格金额、计量单位、计价货币和价格术语四个要素组成。例如：

每公吨	100	美元	CIF 纽约
计量单位	单位价格金额	计价货币	贸易术语

单价的四要素不但可以表明商品的价格，还可以划分双方所承担的责任、费用和风险。因此，单价的各个组成部分必须表达明确、具体，同时还应注意四要素书写上的次序，不能任意颠倒。

2. 总值（Total Amount）。总值是单价和成交数量的乘积，在总值项下一般也同时列明贸易术语。另外，总值所使用的货币名称必须与单价所使用的货币名称一致。

（二）订立价格条款应注意的问题

价格条款是合同中的重要条款，直接关系到双方的经济利益分割问题。因此，订立明确、合理的价格条款意义重大。订立价格条款应注意以下事项：

1. 选用适当的价格术语；
2. 正确选择商品的作价方法，以避免价格变动带来的风险；
3. 正确运用佣金、折扣，以调动中间商和买方的积极性；
4. 正确选择计价货币，以免遭遇因币值变动带来的汇率风险；
5. 做好进出口商品的盈亏测算；
6. 结合品质、数量、包装等条款规定好品质机动幅度、数量溢短装部分的计价及包装费用另行计价等问题。

第二节　支付条件

一、支付工具

国际货款的支付工具包括货币和各种票据。货币可用于货款的计价、支付和结算，票据只能用于支付和结算。目前，票据是国际贸易中的主要支付工具。票据包括汇票、本票和支票，其中汇票使用最多。

（一）汇票

1. 汇票（Draft or Bill of Exchange）的定义。汇票是国际结算中使用最广泛的一种票据。《英国票据法》对汇票的定义是：“汇票是一人向另一人签发的，要求即期或定期或在可以确定的将来时间，对某人或其指定人或持票人支付一定金额的无条件的书面支付命令”。中国《票据法》第 19 条规定：“汇票是出票人签发的，委托付款人在见票时或者在指定日期无条件支付确定的金额给收款人或者持票人的票据”。

2. 汇票的内容。根据汇票的性质和重要性，其内容可分为三类：

（1）绝对必要记载项目。绝对必要记载项目是汇票必须记载的内容，也是汇票的法定要素，这些项目记载齐全并符合票据法的规定，汇票才是有效的。

中国《票据法》第 22 条规定，汇票必须记载的事项有：“汇票”字样、无条件支付的委托、确定的金额、付款人名称、收款人名称、出票日期、出票人签字。

（2）相对必要记载项目。除了绝对必要记载项目外，相对必要项目也是汇票的重要内容，但不记载并不影响汇票的法律效力。中国《票据法》第 23 条规定，汇票的相对必要记载项目有：付款日期、付款地、出票地。

（3）任意记载项目。除以上两个项目外，汇票还可以在票据法允许的范围内作“任意记载”。中国《票据法》第 24 条规定：“汇票上可以记载本法规定事项以外的其他出票事项，但是该记载事项不具有汇票上的效力”。任意记载项目一般包括：利息和利率条款、汇率条款及废弃条款等。

3. 汇票的种类。

（1）按出票人不同区分为银行汇票（Banker' Bill）和商业汇票（Commercial Bill）。银行汇票是一家银行向另一家银行签发的书面支付命令，出票人和付款人都是银行。这种汇票的信用基础是银行信用。商业汇票是公司、企业或个人签发的汇票，付款人可以是公司、企业或个人，也可以是银行。商业汇票的信用基础是商业信用，因此，收款人或持票人承担的风险较大。商业汇票在进出口贸易中使用较多。

（2）按承兑人不同区分为银行承兑汇票（Banker's Acceptance Bill）和商业承兑汇票（Commercial Acceptance Bill）。银行承兑汇票是由公司、企业或个人开立的以银行为付款人并经银行承兑的远期汇票。这种汇票是建立在银行信用基础上的，其流通性较之商业承兑汇票要好。商业承兑汇票是以公司、企业或个人为付款人，并由公司、企业或个人进行承兑的远期汇票。商业承兑汇票是建立在商业信用基础上的，如果承兑人破产或因其他原因无力支付，持票人在到期日可能得不到款项。

（3）按付款时间不同可区分为即期汇票（Sight Bill or Demand Draft）和远期汇票（Time Bill or Usance Bill）。即期汇票是注明付款人在见票或持票人提示时立即付款的汇票，未载明具体付款日期的汇票，也是即期汇票。远期汇票是载明一定期限或特定日期付款的汇票。见票后定期、出票后定期和定日付款均属远期汇票。

（4）按使用时有无附属单据区分为光票（Clean Bill）和跟单汇票（Documentary Bill）。光票是指出票人开立的不附任何单据的汇票。这类汇票全凭票面信用在市面上流通而无货物（特权凭证）作保证，只有当事人信用良好的汇票才易流通。银行汇票多为光票，多用于佣金、代垫费用以及货款尾数等非贸易债权债务的结算。跟单汇票是附带提单等货运单据的汇票。这类汇票除了当事人的信用外，还有物资保证。商业汇票多为跟单汇票，其在国际贸易中使用最广。

4. 汇票行为。票据行为有广义和狭义之分。狭义的票据行为是指以负担票据债务为目的的法律行为，是由汇票债务人做出的行为，包括出票、背书、承兑、参加承兑和保证五种行为。广义的票据行为是以发生、变更或消灭票据权利义务关系为目的的法律行为。

（1）出票（Issue）即签发汇票，包括出票人签发汇票并将汇票交给收款人的行为。出票行为包括两项内容：一是出票人签发汇票并签字；二是将汇票交付给收款人。交付有两种：一是实际交付；二是推定交付。出票行为是汇票的基本行为，其他行为都是在出票行为基础上产生的。

（2）背书（Endorsement）是指收款人或持票人在转让票据时在票据背面签字并将其交付被背书人的行为。背书行为包括两项内容：一是背书人在汇票背面签字；二是背书人将背书的汇票交付给被背书人。经过背书后持票人成为背书人（即转让人，又称前手），是汇票的债务人，对被背书人（即汇票的受让人，又称后手）承担承兑和担保付款的责任。

（3）提示（Presentation）是指持票人将汇票交付付款人，要求承兑或付款的行为。提示分为承兑提示和付款提示两种，其中，承兑提示是指远期汇票持票人向付款人作承兑提示；付款提示是指即期汇票或已到期的远期汇票，持票人向付款人做付款提示。

（4）承兑（Acceptance）是指远期汇票的付款人在汇票上签字表示同意到期付款的行为。承兑行为包括两项内容：其一是付款人在汇票正面写明“承兑”字样、签字并注明承兑日期；其二是付款人将承兑的汇票交付给持票人。汇票承兑后，承兑人成为汇票的主债务人，对汇票付款做了进一步保证，出票人退为次主债务人，同时也增强了汇票的流通性，一般银行都愿意贴现银行承兑的远期汇票。

（5）付款（Payment）是指即期汇票或经过承兑的远期汇票到期时，持票人提示付款，付款人或承兑人履行付款义务。在通常情况下，付款人或承兑人履行正当付款是解除汇票的最主要方式。

（6）退票（Dishonor）又称拒付，是指持票人提示汇票要求承兑或付款时遭到拒绝；付款人避而不见、死亡或被依法宣告破产等，使持票人无法按规定作承兑或付款提示时，也构成拒付。汇票遭到拒绝后，持票人无权向付款人追索票款，但有权向背书人或者出票人追索票款。持票人行使追索权时，除票据上另有规定外，必须办理拒绝证书，并向前手发出退票通知。

（7）追索（Recourse）是指汇票遭拒付时，持票人对其前手（背书人，出票人）请求偿还汇票金额和有关费用的权利。持票人是主债权人，有权向背书人、承兑人、出票人及其他的债务人追索。

（二）本票

1. 本票（Promissory Note）的定义。本票也称期票。《英国票据法》的定义为：“本票是一人向另一人签发的，保证即期或定期或在可以确定的将来时间，向某人或其指定人或持票人无条件支付一定金额的书面承诺。”。中国《票据法》第 73 条的定义是：“本票是出票人签发的，承诺自己在见票时无条件支付确定的金额给收款人或持票人的票据。”

2. 本票的内容。中国《票据法》第 76 条规定，本票必须记载下列事项：“本票”的字样；无条件支付的承诺；确定的金额；收款人名称；出票日期；出票人签章。

3. 本票与汇票的异同。本票与汇票在许多方面是相同或相似的。中国《票据法》第 81 条规定：本票的背书、保证、付款行为和追索权的行使，除本票规定外，适用本法有关汇票的规定。本票与汇票的区别主要体现在以下五个方面：

（1）本票的基本关系人有两个，即出票人（Maker）（即付款人）和收款人；汇票的基本当事人有三个，即出票人、收款人、付款人。

（2）本票是一种无条件支付承诺；汇票是一种无条件支付命令。

（3）本票的主债务人是出票人；汇票的主债务人在承兑前是受票人，在承兑后则为承兑人。

(4) 本票由于出票人和付款人是同一个人，无须承兑；远期汇票必须提示承兑。

(5) 本票只签发一份，汇票通常是二份，并注明“付一不付二”或“付二不付一”的字样。

4. 本票的种类。本票可区分为商业本票和银行本票两种。中国《票据法》所称的本票仅指银行本票。

(1) 商业本票（Trader's Note）。商业本票是建立在商业信用的基础上，由企业或个人签发的。商业本票按期限可分为远期本票和即期本票两种。

(2) 银行本票（Banker's Promissory Note）。银行本票是建立在银行信用的基础上，由银行签发的。银行本票多为即期本票，远期本票则严格限制其期限。中国《票据法》第79条规定：“本票自出票日起，付款期限最长不得超过二个月”。

（三）支票

1. 支票（Check or Cheque）的定义。《英国票据法》的定义是：“支票是以银行为付款人的即期汇票”。中国《票据法》第82条的定义是：“支票是出票人签发的，委托办理支票存款业务的银行或者其他金融机构在见票时无条件支付确定金额给收款人或者持票人的票据”。

2. 支票的内容。中国《票据法》第85条规定支票必须记载下列事项：“支票”的字样；无条件的支付委托；确定的金额；付款人名称；出票日期；出票人签章。支票上未记载上述规定事项之一的，支票无效。

3. 支票与汇票的异同。支票与汇票都是无条件的付款命令，都有三个基本关系人，但二者之间也存在着较大的差别。

(1) 支票的出票人必须具备一定条件。第一，支票的出票人必须是银行的存款户；第二，出票人必须事先与该银行订有使用支票的协议，银行同意存款人使用支票；第三，支票的出票人必须使用存款银行统一印制的支票，不同于汇票和本票由出票人自制。

(2) 付款人不同。支票的付款人仅限于银行；汇票的付款人可以是银行，也可以是企业或个人。

(3) 付款时间不同。支票都是即期付款，即银行见票即付；汇票有即期付款和远期付款两种。

(4) 票据行为不同。支票无承兑行为；汇票有承兑行为。

(5) 主债务人不同。支票的主债务人是出票人；汇票的主债务人在承兑前是受票人，在承兑后则为承兑人。

(6) 职能不完全相同。支票是支付工具；汇票除具有支付工具职能外，还具有信贷工具的职能。

二、商业信用的支付方式

商业信用的支付方式包括汇款和托收两种。

（一）汇款

1. 汇款（Remittance）的含义。汇款也称汇付，是指银行接受客户的委托，通过其自身建立的通汇网络，将客户的款项交付给收款人。汇款是国际贸易中最古老、最简单和最灵活的支付方式，在国际贸易中主要用于预付货款、随订单付款和赊销等业务中。

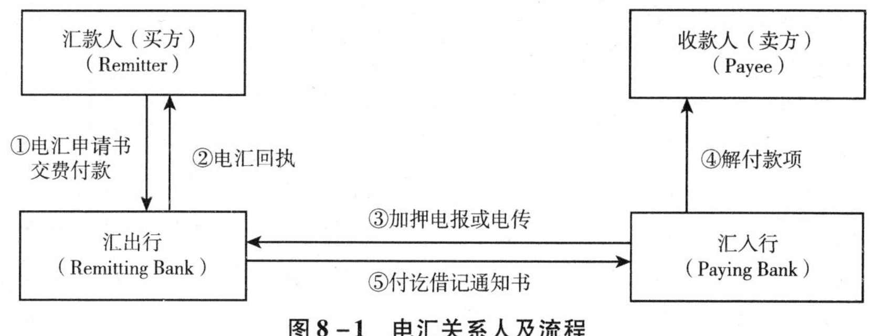

图8-1 电汇关系人及流程

2. 汇款的种类。汇款可分为电汇、信汇、票汇三种方式：

（1）电汇（Telegraphic Transfer，T/T）是指汇出行应汇款人的申请，通过加押电报或电传的方式指示汇入行解付一定金额给收款人。汇出行在发电后，为防止传递电文有误，通常还以航空信件形式向汇入行寄发“电汇证实书”（Cable Confirmation），供汇入行查对。电汇关系人及电汇流程如图8-1所示。

电汇的最大特点是交款迅速、安全可靠。随着通信技术的普及与提高，电汇是三种汇款方式中使用最广的一种。

（2）信汇（Mail Transfer，M/T）是指汇出行应汇款人的申请，通过信函指示汇入行解付一定金额给收款人。

信汇与电汇相比具有费用节省的特点，因为用信函通知汇款比用电报或电传通知所发生的直接成本低，而且资金在途时间长，因此银行收取的手续费较低。但信汇汇款所需时间比电汇要长，这直接影响收款人的收款时间。因此，信汇在进出口贸易中使用不如电汇广泛。

（3）票汇（Demand Draft，D/D）是汇出行应汇款人的申请，开立以汇入行为付款人的银行汇票，交汇款人由其自行携带出国或寄给收款人凭票取款。

3. 汇款的特点。

（1）汇款属于商业信用的支付方式。汇款是以银行为媒介清算进出口双方的债权债务关系。汇出行和汇入行在汇款业务中承担收付委托款项的责任，银行参与进出口双方货款的清算，但并不介入双方的买卖合同。对合同下双方的责任、义务的履行不提供任何保证，甚至不代办货运单据的移交（汇款方式下货运单据的移交一般由出口商交给进口商）。因此，汇款属于商业信用，它取决于交易的一方对另一方的信任。

（2）汇款属于顺汇法的支付方式。顺汇法是指汇款资金的流动方向同支付工具的传递方向相同。在汇款业务中，汇款人主动将款项交给银行，委托银行通过信汇/电汇委托书或银行汇票等支付工具，转托国外银行将款项付给国外收款人，资金流向与支付工具的传递方向是一致的，因此属于顺汇法。

（二）托收

1. 托收（Collection）的含义。托收是指债权人为向国外的债务人收取销售货款或劳务报酬，开出以债务人为付款人的汇票，委托其所在地银行通过其在国外的联行或代理行向债务人收取款项。

2. 托收的当事人。在托收方式中，最基本的当事人一般有四个：（1）委托人（Principal）；（2）托收行（Remitting Bank）；（3）代收行（Collecting Bank）；（4）付款人（Payer/Drawer）

除上述基本当事人外，在托收业务中，有时会有另外两个当事人：（1）提示行（Presenting Bank），也称交单行，是跟单托收中向付款人提示汇票和单据的银行；（2）"需要时的代理"（Principal's Representative in Case-of-Need），是指委托人为了防止付款人拒付而发生无人照料货物，在付款地事先指定的代理人。此代理人通常在发生拒付时代为料理货物，如存仓、保险、转售或运回等事宜。

3. 托收的种类。根据托收时金融单据（Financial Documents）是否附有商业单据（Commercial Documents）分为光票托收（Clean Collection）和跟单托收（Documentary Collection）。

（1）光票托收是指不附商业单据的金融单据托收。光票托收因不随附货运单据，不涉及物权的转移和货物的处理，业务程序比较简单，且费用低廉，通常仅用于收取货款尾数及样品费、佣金、代垫费用、赔款等小额贸易从属费用。

（2）跟单托收（Documentary Collection）是指附带商业单据的金融单据的托收，或不附带金融单据的商业单据托收。国际贸易中大多使用跟单托收，其目的是把商业单据和货款做成当面两讫的"一手交钱、一手交货"的交易。

跟单托收根据交付单据的条件不同，区分为付款交单（Documents against Payment，D/P）和承兑交单（Documents against Acceptance，D/A）两种。

付款交单是指委托人指示代收行在付款人付清款项后将单据交出。即付款人"付款在先，取单在后"，付款是取单的先决条件。付款交单按委托人所开出的汇票的付款期限的不同又可分为即期付款交单（D/P Sight）和远期付款交单（D/P after Sight）两种形式。

即期付款交单是指委托人开立即期汇票，代收行收到单据和汇票，立即向付款人提示，付款人审单无误付清票款后，代收行交出单据。采用这种方式时，原则上，代收行第一次提示单据时，付款人就应立即付款。但实际业务中，进口商有时为减少风险，往往坚持在货物到达后再履行付款义务。对此，出口商为避免延期收款，在委托银行收款时，应对付款交单时间做出严格的限定。即期付款单业务流程如图 8－2 所示。

远期付款交单是指委托人收到远期付款的汇票和单据后，立即向付款人提示，付款人见票先办理承兑手续，汇票到期代收行再行提示，付款人付清货款后代收行交出单据。

在远期付款交单下，付款人承兑了汇票，但还不能拿到代表物权的单据，在汇票到期支付前这一段时间，所有单据都由代收行保管，出口商仍可以通过代收行控制物权。在交单条件上，远期付款交单与即期付款交单没有区别。

需要说明的是，在远期付款交单条件下，当货物与单据均已到达进口地，但付款期限未到，代收行可以允许进口商在付款之前凭出具的信托收据（Trust Receipt，T/R），向代收行借取货运单据，提货并销售，到期时再将货款偿还代收行换回信托收据。信托收据是进口商表示愿意以代收行受托人的身份先行提货，并承认货权属于银行，保证在汇票到期时向银行付清货款的一种书面信用担保文件。在远期付款交单条件下，进口商要求代收行对其提供资金融通时，必须提供这种担保文件。

承兑交单是指委托人开立远期汇票，代收行收到汇票和单据后立即向付款人提示，付款人承兑后，代收行即交出单据，汇票到期后进口商再履行付款义务，如图 8－3 所示。

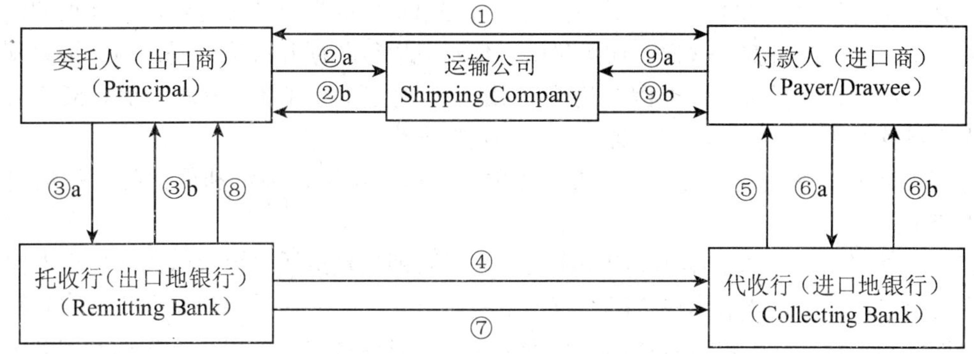

图 8-2　即期付款交单业务程序

图示说明：

① 进出口双方签订贸易合同，约定采用即期付款交单的方式结算货款；

② a. 出口商按合同规定向运输部门发运货物；b. 运输部门收到货物后向出口商签发运输单据；

③ a. 出口商缮制符合合同规定的各种单据，开立即期汇票，填写托收委托申请书（Application for Collection），声明"即期付款交单"，连同全套货运单据交托收行委托其代收货款；b. 托收行审单无误后，向委托人出具回单，作为收到汇票及单据的凭证；

④ 托收行缮制托收委托书（Collection Order），连同汇票、货运单据等交代收行委托其代收货款；

⑤ 代收行按托收委托书向进口商提示单据和汇票；

⑥ a. 进口商审核单据付款；b. 代收行交单给进口商；

⑦ 代收行根据托收委托书的指示，通知托收行款已收妥；

⑧ 托收行将收妥的款项付给出口商；

⑨ a. 进口商携单据到指定的运输部门提货；b. 运输部门付货。

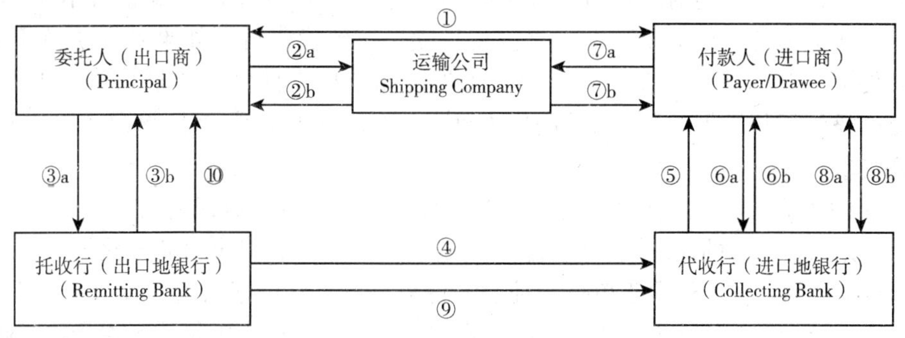

图 8-3　承兑交单业务程序

图示说明：

① 进出口双方签订贸易合同，约定采用承兑交单方式支付货款；

② a. 出口商按合同规定发运货物；b. 运输部门向出口商签发运输单据；

③ a. 出口商缮制符合合同规定的各种单据，开立远期汇票，填写托收委托申请书，声明"承兑交单"，连同全套货运单据交托收行；b. 托收行向委托人出具回单，作为收到汇票及单据的凭证；

④ 托收行缮制托收委托书，连同汇票、货运单据等交代收行委托其代收货款；

⑤ 代收行向付款人提示单据和汇票；

⑥ a. 进口商审核单据并承兑远期汇票；b. 代收行交单；

⑦ a. 进口商到指定的运输部门提货；b. 运输部门付货。

⑧ a. 汇票到期时，代收行再次向进口商提示汇票；b. 进口商根据承兑付清票款；

⑨ 代收行根据托收委托书的指示，通知托收行款已收妥；

⑩ 托收行将收妥的款项付给出口商。

承兑交单与付款交单的最大区别是：代收行交出单据的先决条件是付款人在远期汇票上作承兑表示，而不是付款。这样，如果付款人凭承兑取得单据并将货物提走后，汇票到期时不履行付款义务，委托人就可能因此遭受“钱、货两空”的风险。因此，承兑交单的风险远远大于付款交单，委托人使用这种方式时一定要谨慎。

4. 托收融资。在托收方式下，出口方和进口方可采用出口押汇和凭信托收据借单向银行获得资金融通。

（1）托收押汇（Collection Bill Purchased）。托收押汇是指托收银行以买入出口人向进口人开立的跟单汇票的方式向出口人融通资金的一种方式。其实质是出口企业以代表货物所有权的单据作为抵押品，由银行叙做的一种抵押贷款。具体做法是：出口方按照合同规定发运货物后，开出以进口方为付款人的商业汇票，在将汇票及所附的货运单据交托收银行委托收取货款时，由托收银行买入跟单汇票及单据，按照汇票金额扣除从买入汇票日到预期收到票款日的利息和手续费，将款项先交付给出口方。该款项实际上是托收银行对出口方的一种垫款，也是以汇票和单据作为抵押品的贷款。银行在做出口押汇时有一定的风险。在实际业务中，除非托收行认为这笔交易的出口方尤其是进口方的资信可靠，商品市场行情较好，否则，许多银行不愿意做或很少做托收押汇。

（2）凭信托收据借单。凭信托收据借单又称为进口押汇，是指在托收业务中，由代收行在进口方付清货款前给予其以信托收据（Trust Receipt，T/R）现行提货的一种资金融通方式。在采用D/P付款条件下，无论是即期付款交单还是远期付款交单，进口商必须在付清货款后才能获得货运单据，凭以提取或转售货物。进口商为了不占用资金或减少占用资金的时间，或为了抓住有利行市，不失时机地转售货物，但提前付款赎单又有困难，希望能在汇票到期前或在付款前先行提货，要求银行允许其凭信托收据借出单据先行提货，在货物售出后汇票到期日之前将货款偿还给代收行。如果到期货款不能收回，由代收行负责。但如果是出口方主动授权代收行凭信托收据借单给进口方，即所谓“远期付款交单凭信托收据借单”，如果进口方到期拒付，由出口方自己承担风险，其性质相当于承兑交单。

5. 托收的风险与防范。托收是建立在商业信用基础上的一种结算方式，银行在整个业务处理中，充当委托人的代理人，代为传递单据和收取款项，对出口商不提供任何的付款保证，银行对单据的审核也仅限于单据的种类和份数，不审核单据的内容及其真实性。因此，委托人发货后能否收回货款不取决于托收行和代收行，完全取决于付款人本身的商业信誉。

托收方式对进出口双方均存在着一定的风险，但总的来说对进口商有利，出口商承担的风险大些。因此，对出口商来说，采取切实可行的防范措施规避风险是非常必要的。出口商可采取的措施主要有：

（1）深入了解进口商的资信和经营作风，以决定是否使用托收方式及成交金额；

（2）掌握进口国贸易管制的法律和政策，以防止由于贸易管制过严不准进口而造成损失；

（3）最好按CIF或CIP条件签订合同。原因是按CIF或CIP条件成交，保险由出口商办理，这样可以避免因买方拒收货物而又不保险造成的风险；

（4）慎用D/A和D/P after sight；

（5）必要时在进口地指定可靠的“需要时代理”，防止因进口商拒绝付款或承兑，无人照料货物而给出口商造成风险；

（6）要求一定比例的预付款或与信用证结合使用，以转移一部分风险；

(7) 掌握国际商会制定的托收业务的国际规则《托收统一规则》(URC522);

(8) 了解进口地的仓库状况，防止进口商拒不提货而发生货不能存仓的风险;

(9) 加强企业对应收账款的管理工作;

(10) 投保出口信用险规避风险。

三、银行信用的支付方式

银行信用的支付方式是指债权人的收款取信于银行，即以银行作为债务人而承担付款责任。采用这种支付方式，债权人的收款风险较小，因为银行一般实力雄厚，资信良好，通常不会或很少发生无力支付、无理拒付或迟付的情况。信用证、银行保函和备用信用证均属于银行信用的支付方式。

(一) 信用证

1. 信用证 (Letter of Credit, L/C) 的含义。简单地说，信用证是银行开立的有条件的承担第一性付款责任的书面文件。具体地说，它是银行 (开证行) 根据进口方 (开证申请人) 的要求和指示，向出口方 (受益人) 开立的，在一定期限内凭符合信用证条款规定的单据，即期或在可以确定的将来的日期，对出口方支付一定金额的书面保证文件。

《UCP600》第 2 条对信用证的定义是：信用证指一项不可撤销的安排，无论其名称或描述如何，该项安排构成开证行对相符交单予以承付的确定承诺。本定义中的承付是指：(1) 如果信用证为即期付款信用证，则即期付款；(2) 如果信用证为延期付款信用证，则承诺延期付款并承诺到期日付款；(3) 如果信用证为承兑信用证，则承兑受益人开出的汇票并在汇票到期日付款。

在理解信用证概念时应注意以下两点：一是它强调了信用证存在着以银行自身名义开出这种情况；二是它强调开证行对信用证的义务是付款，或承兑并付款，或授权另一家银行付款或承兑并付款，或授权另一家银行议付。

信用证支付是在托收、汇款等商业信用支付方式基础上演变而来的一种比较完善的支付方式。它与这两者最大的不同是银行充当了进出口方之间转移货运单据和货款的中间人与保证人，因而它解决了进出口方之间互不信任、不愿意冒风险预先发货或预付货款的问题，保证了交易安全。

2. 信用证支付方式的特点。信用证具有以下三个基本特点：

(1) 信用证是银行承担第一性付款责任的书面承诺。在信用证付款方式下，开证行以自己的信用做出付款保证，对受益人承担第一性付款责任。根据《UCP600》规定，信用证一经开出，只要受益人提交了符合信用证规定的单据，开证行就对其负有承兑付款义务，也就是说只要受益人按信用证规定提交相符单据，就保证能从银行取得货款。所以，出口商发货后不是向进口商收款，而是向开证行或其指定银行收款。这也正是信用证与汇款、托收两种商业信用支付方式的本质区别。

(2) 信用证是一份独立的、自足性的文件。《UCP600》第 4 条规定：“就其性质而言，信用证与可能作为其开立基础的销售合同或其他合同是相互独立的交易，即使信用证中含有对此类合同的任何援引，银行也与该合同无关，且不受其约束。因此，银行关于承付、议付或履行信用证项下其他义务的承诺，不受申请人基于其与开证行或与受益人之间的关系而产生的任何请求或抗辩的影响。”从上述规定可以看出，信用证是依据货物销售合同或其他合同开出的，但信用证一经开立，即成为独立于此类合同之外的、不依附于此类合同的另一个合同，即使信用证中含有对此类合同的任何援引，开证行也与该合同无关，并不受其约束。因此，银行只对信用证负责，只凭信用证所规定的单据向出口商付款，而不管出口商是否履行买卖合同，所提交的单据是否符合合同的要求。

（3）信用证业务是一种纯粹的单据业务。《UCP600》第5条规定：“银行处理的是单据，而不是单据所涉及的货物、服务及或履约行为。”《UCP600》第34条规定：“银行对任何单据的形式、充分性、准确性、内容真实性、虚假性或法律效力，或对单据中规定或添加的一般或特殊条件，概不负责；银行对任何单据所代表的货物、服务或其他履约行为的描述、数量、重量、品质、状况、包装、交付、价值或其存在与否，或对发货人、承运人、货运代理人、收货人、货物的保险人或其他任何人的诚信与否、作为或不作为、清偿能力、履约或资信状况，也概不负责。”

从上述规定可以看出，信用证业务实行的是严格的单据相符原则，只要出口商按信用证条款履行交货责任，并向银行提交符合信用证条款的单据，银行必须履行付款义务。反之，如果出口商提交的单据与信用证有不符之处，即使货物完全符合合同要求，银行有权拒付货款，此时出口商只能与进口商交涉。

3. 信用证内容。自19世纪末信用证产生以来，随着国际贸易的发展，它已逐渐成为国际贸易支付中一种通用的支付方式。虽然为更好地规范信用证业务，促进国际贸易的发展，国际商会一直致力于“标准跟单信用证格式”的推广，但采用的国际商会标准格式的银行并不多。在实际业务中，世界各国银行开出信用证的格式各不相同，但其包括的主要内容基本相似。下面以跟单信用证为例说明信用证包括主要内容：

（1）信用证的性质（Form of Credit）；

（2）信用证的号码（L/C Number）；

（3）开证日期和地点（Date and Place of L/C）；

（4）有效期和地点（Date and Place of Expiry）；

（5）开证申请人的名称、地址（Name and Place of Applicant）；

（6）受益人的名称、地址（Name and Place of Beneficiary）；

（7）通知行及业务编号（Advising Bank and Ref. No.）；

（8）信用证的金额（L/C Amount）；

（9）指定银行、信用证类型、汇票的付款期限及付款人（Nominated Bank，Kinds of L/C，Draft at and Drawee）；

（10）是否分批装运（Partial Shipment Allowed/Prohibited）；

（11）是否转运（Partial Transshipment Allowed/Prohibited）；

（12）买方保险（Insurance Covered by Buyer）；

（13）装运港、目的港、装运期（Port of Loading，Port of Discharge，the Latest Date of Shipment）；

（14）特别条款（Special Terms/Instructions）；

（15）货物描述（Goods Descriptions）；

（16）规定的单据（Stipulated Documents）；

（17）商业发票（Commercial Invoice）；

（18）运输单据（Transportation Documents）；

（19）保险单据（Insurance Policy）；

（20）其他单据（Other Documents）；

（21）交单期限（Documents to Be Presented Within）；

（22）对通知行的指示（Instructions to Advising Bank）；

（23）银行间指示（Bank to Bank Instructions）；

（24）信用证的页数（Signed Pages of L/C）；

（25）开证行的名称及签字（Name and Signature of the Issuing Bank）。

4. 信用证支付方式的业务程序。不同类型的信用证在运作程序上存在差异，手续繁简不一。图 8－4 以国际贸易中大量使用的即期跟单信用证为例，说明信用证的基本业务操作流程。

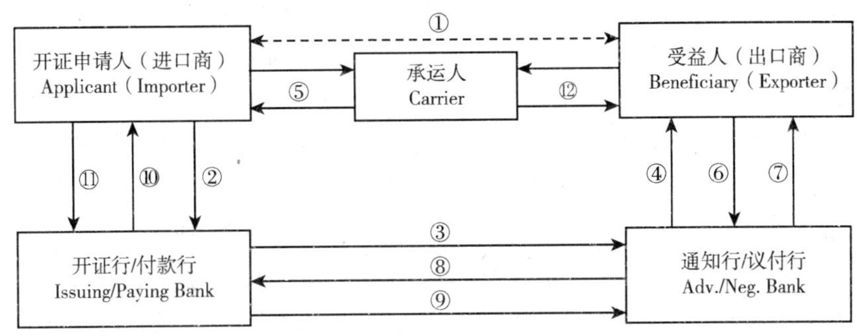

图 8－4　信用证业务程序

图示说明：

① 进出口双方签订贸易合同，约定采用信用证方式支付货款；

② 进口商填写开证申请书，向其所在地银行申请开立不可撤销跟单议付信用证，并交纳开证押金或提供开证担保；

③ 进口商所在地银行根据开证申请书，开立以出口商为受益人的不可撤销跟单议付信用证；

④ 通知行（Advising Bank/Notifying Bank）审核信用证印鉴或密押，无误后交给出口商；

⑤ 出口商审核无误后（受益人若对信用证有异议，可提出修改要求），按合同与信用证规定发运货物，并从承运人手中取得货运单据；

⑥ 出口商缮制符合信用证规定的各种单据，开立汇票，持全套货运单据在信用证规定的有效期内向议付行（Negotiating Bank）（受开证行委托或自愿接受受益人单据并垫付货款的银行）请求议付；

⑦ 议付行审核单据无误后，向受益人垫付款项（即议付）；

⑧ 议付行付款后，将汇票与货运单据等寄交开证行或付款行索取垫付款项；

⑨ 开证行（Issuing Bank/Opening Bank）或付款行（Paying Bank）审核单据无误后，向议付行付款；

⑩ 开证行付款后，通知进口商付款赎单；

⑪进口商审单无误后，付款赎单；

⑫ 进口商凭货运单据提货。

5. 信用证的种类。由于信用证使用者所从事的活动千差万别，因此对信用证的功能要求各不相同。为了满足客户的不同需求，信用证逐步发展演化出功能和用途各异的多种类型。按照不同的标准，信用证可以分为不同的种类。不同种类的信用证不仅功能不同，当事人的权利与义务、信用证的运作流程、付款期限等也有所不同。

（1）光票信用证（Clean Credit）和跟单信用证（Documentary Credit）。光票信用证是指不随附单据，受益人仅凭银行开立的收据或其出具的汇票要求银行付款的信用证。光票信用证是汇款的一种工具。旅行信用证、预支信用证均属于典型的光票信用证。光票信用证在国际贸易中使用不多，一般用于贸易从属费用的结算及非贸易的结算。跟单信用证是指开证行凭受益人的跟单汇票或凭符合信用证规定的单据付款的信用证。这里的单据主要指受益人提供的代表货物所有权的单据，如提单、保险单等。跟单信用证的核心是单据，是银行处理信用证业务的基础和依据。国际贸易中使用的信用证绝大多数为跟单信用证。

（2）保兑信用证（Confirmed Credit）。保兑信用证是指除开证行外，还有另外一家银行对信用证加以保证兑付，即有开证行和保兑行两家银行同时对受益人承担第一性付款责任。根据开证行的授权或要求对信用证加具保兑的银行称为保兑行，其承担的责任与开证行相同，即保兑行对受益人承担确定的付款责任，是信用证的第一付款人，并且它的保兑不能单方面撤销。所以任何银行只会愿意在不可撤销的信用证上加具保兑，因此保兑信用证一定是不可撤销的信用证。

（3）即期付款信用证（Sight Credit）、延期付款信用证（Deferred Payment Credit）、承兑信用证（Acceptance Credit）和议付信用证（Negotiation Credit）。

即期付款信用证是指开证行或其指定银行在收到符合信用证条款规定的即期汇票及/或单据后，立即履行付款义务的信用证。即期信用证项下的受益人在货物装运出口后，即可凭合格的跟单汇票或仅凭合格的单据取得开证行或指定银行的立即付款。即期付款信用证和即期议付信用证均属于即期信用证的范畴，在国际贸易结算中的使用较为广泛。

延期付款信用证指不需要提交汇票的远期付款信用证，即受益人提交符合信用证条款规定的单据，并不能立即获得付款，信用证规定的付款期限到时，才能获得付款的信用证。延期付款信用证的最大特点是受益人要求银行付款时不需要提交汇票，这样，可以节省承兑汇票所需的印花税（这种信用证在欧洲大陆使用较多）。这种信用证多用于价值高的资本货物（如大型成套设备交易），旨在便于进口商在付款前先凭单提货，并安装、调试甚至投入生产后，再支付设备价款。出口商可通过申请卖方信贷或福费廷获得资金扶持。

承兑信用证是指受益人出具远期汇票并由付款人承兑的远期信用证。即由开证行指定的承兑行根据受益人提交的符合信用证条款规定的单据对其开立的远期汇票先予以承兑，于汇票到期日再履行付款义务的信用证。承兑信用证与延期付款信用证不同的是：承兑信用证的受益人可以要求承兑行承兑后给予贴现，或在付款地的贴现市场办理贴现，尽早取得资金融通；而后者的受益人则不行。

议付信用证是指开证行授权某一家银行或任何银行都可以议付的信用证。即受益人发货后将汇票及单据交给银行请求议付，银行经审单相符，应立即垫款买入汇票单据，将利息扣除付净款给受益人，然后向开证行寄单索偿。若开证行拒付，议付行可向受益人追索垫款。因此，议付的实质表现为银行有追索权的垫款。议付信用证有限制议付信用证和自由议付信用证两种。

（4）可转让信用证（Transferable Credit）。可转让信用证是指信用证的金额在一定条件下可以转让的信用证。即在可转让信用证中，开证行授权被委托付款或承兑的银行或可以议付的银行，在受益人（第一受益人，中间商）的要求下，将全部或部分金额转让给一个或数个第三者（第二受益人）使用。可转让信用证是为满足中间商从事转手贸易需要而产生的。因此，在可转让信用证下，第一受益人（原证受益人）一般为中间商，第二受益人（新证受益人）是真正的供货商。

（5）对背信用证（Back to Back Credit）。对背信用证也称从属信用证（Subsidiary Credit)，是指某信用证的受益人以收到的信用证作保证或抵押，要求另一银行开立的以其为开证申请人，以实际供货人为受益人的信用证。对背信用证与可转让信用证都产生于中间交易，为中间商提供便利。在中间商既作为出口人与进口人签订合同，又作为买主与实际供货人签订合同时，其收到进口人开来的信用证后，以开证申请人的身份要求通知行或其他银行以原证为基础，另外开立信用证给实际供货人，这张另开的信用证就是对背信用证。

（6）循环信用证（Revolving Credit）。循环信用证是指信用证金额的全部或部分被使用后，可根据一定条件恢复到原金额，受益人可以再次或多次使用，直到规定的循环次数或金额达到时为止。

使用循环信用证对进出口商均有好处。进口商可减少申请开证的次数，获得省时、省费用的好处。同时也不必按货款总值一次开证而交付高额押金，减少资金占用。出口商可以省去催证、审证和改证等繁杂手续。因此，循环信用证主要适用于在较长时间内分批次交货、分期付款的贸易情形。循环信用证与一般信用证的不同之处是多了一个循环条款，用以说明循环的方法、次数或期间及总金额。循环信用证可以分为按时间循环和按金额循环两类。按时间循环的信用证是指受益人可以按规定，在一定的时间内按相同的间隔时间多次支取信用证的金额，直至规定的金额或次数用完为止。按金额循环的信用证是指受益人可以多次按规定的金额使用信用证，每次使用后，信用证仍恢复到原金额，直到总金额用完为止。

（7）预支信用证（Anticipatory Credit）。预支信用证是指允许受益人在发运货物前预先支取全部或部分货款的信用证。由于预支款是供受益人收购货物和包装货物所用，所以这种信用证也称“打包放款信用证”（Packing Credit），又由于预支信用证中关于预支款项的条款最初是用红字打印，也被称为“红条款信用证”（Red Clause Credit）。在预支信用证使用中，银行向受益人预支款项后，往往要求其将正本信用证交出，用以控制受益人发货交单。但如果受益人预支款项后不履行发货交单义务，开证行有权向开证申请人追偿。使用预支信用证对进口商不利，所以进口商只有在对出口商资信十分了解或出口商是可靠、稳定的贸易伙伴时才会向开证行提出开立这种信用证。

（8）对开信用证。对开信用证（Reciprocal Credit）是指互为进出口方的两方当事人分别以开证申请人的身份向对方开出的信用证。对开信用证主要适用于以出口抵偿进口的对销贸易，如易货贸易、补偿贸易等，也可用于来料加工、来件装配等加工贸易。对开信用证的主要特点有两个：绝大多数情况下，对开信用证下的两张信用证同时生效。因为只有这样，交易双方才能彼此相互约束，避免先开证的一方承担另一方不开证的风险。对开信用证当事人的地位具有互换性。即第一张信用证的开证申请人是第二张信用证的受益人，第二张信用证的开证申请人是第一张信用证的受益人。

知识拓展

国际保理

随着国际贸易的发展，原有的信用证、托收和汇款等传统的支付方式已不能完全满足新形势的要求，保理业务等新型灵活的贸易支付方式应运而生。国际保理（International Factoring）即国际保付代理，又称为保付代收或承购应收账款，它是指保理商（Factor）

为在国际贸易中采用赊销（O/A）或跟单托收承兑交单（D/A）结算方式的卖方提供的将出口贸易融资、财务处理、收取应收账款和买方信用担保融为一体的综合性金融服务。在国际保理业务的实际操作中，出口商将交货后取得的应收账款的发票和装运单据转让给保理商，并从保理商处取得应收取的大部分货款，由保理商到期根据票据金额向买方收取货款，日后一旦发生进口商不付或逾期付款，则由保理商承担付款责任。在国际保理业务中，保理商承担第一付款责任。

国际保理的服务项目主要包括：（1）融资。保理商无追索权买入一定比例应收账款，即对出口商进行贸易融资，融资比例根据进口商的资信而定，最高可达90%；（2）销售财务管理。保理商运用电脑进行自动处理的账务管理，如记账、催收、清算、计息、收费、统计报表及打印账单等；（3）收取应收账款。保理商一般设有专门的部门处理法律事务，拥有专门的收债技术和丰富的收债经验；（4）买方信用担保。对因买方无力支付而导致的坏账，保理商在已核准应收账款的范围内承担赔偿责任。

国际保理是对进出口商均有好处的一种贸易支付方式，有利于扩大销售，降低风险，简化手续，加速资金周转，降低管理费用和增加收益。现时，国际保理也存在保理商的风险较大，出口商承担的国际保理费用偏高的缺点。

（二）银行保函

1. 银行保函的含义。银行保函（Banker's Letter of Guarantee，L/G）是指银行应其客户（申请人）的要求开立的保证文件，就委托人关于某一基础合同的债务或责任向第三方当事人（受益人或债权人）做出保证，如委托人未能履行合同规定的义务，则由银行向第三方当事人做出赔偿。

在国际经济活动中，由于交易双方分处在不同的国家和地域，经常会出现双方之间互不信任、互有疑虑的现象，致使合同难以达成，或即便达成也难以执行下去。为此需要一个信誉卓著的、合同双方都能接受的第三者介入交易充当担保人，凭借其本身的良好信用向交易的当事人提供担保，承诺一旦在该项担保的受益人履行了其所应履行的合同义务后，而该项担保的申请人未能履行合同职责时，将保证支付一定数额的款项，作为对受益人一方履约的报酬及遭受损害的赔偿。

2. 银行保函的基本关系人。

（1）申请人（Application or Principal）。申请人也称被担保人，即向银行申请开立保函的人。申请人多为经济交易中的债务人。

（2）担保人（Guarantor）。担保人也称保证人，是根据申请人要求以自己的信用为其担保、出具保函的银行。

（3）受益人（Beneficiary）。受益人即银行保函项下担保权益的享受者，有权按保函规定出具索款通知或连同其他单据，要求担保人偿付担保款项。

3. 银行保函的种类。银行保函的使用范围很广，它不仅适用于国际货物的买卖，还可应用于招标与投标、国际工程承包、国际融资、国际技术贸易、加工贸易、补偿贸易等其他国际经济合作领域。以下介绍三种最常用的银行保函。

(1) 投标保函 (Tender Guarantee)。投标保函是银行根据投标人的申请，向招标人开出的保证投标人在开标前不会中途撤标、不片面修改投标条件、中标后不拒绝签约，并承诺当投标人出现上述违约行为时，由其赔偿招标人全部损失的保函。投标保函主要用于国际投标与招标中，如大宗物资采购、工程承包、矿藏开发招标时，招标人通常要求投标人提交这种保函作为参加投标的条件之一，目的在于表明参加投标人确有诚意和足够的资金及能力，并保证在中标后不反悔，避免给招标人造成损失。

(2) 履约保函 (Performance Guarantee)。履约保函是银行应某项基础交易合同一方当事人（申请人）的请求，开立的以另一方当事人为受益人的保函，保证申请人未能履行合同中规定的义务，由银行支付给受益人一定的金额作为赔偿。

在进出口贸易中，银行既可为进口商向出口商提供进口履约担保，也可为出口商向进口商提供出口履约担保。履约保函形式灵活，其应用范围较为广泛，除用于一般货物的进出口外，还可用于国际工程承包、融资租赁、来料加工、补偿贸易、技术贸易和质量维修等业务。

(3) 预付款保函 (Advance Payment Guarantee) 也称还款保函 (Repayment Guarantee)。预付款保函是银行应某项基础交易合同一方当事人（收到预付款的一方）的请求，开立的以另一方当事人为受益人的保函，保证申请人未能履行合同中规定的义务，由银行偿还受益人预付给申请人的金额。预付款保函适用于一般货物的进出口贸易、国际工程承包和国际技术贸易等一切带有预付款性质的分期付款业务。

(三) 备用信用证

备用信用证 (Standby Credit) 又称担保信用证，是银行应申请人的请求向受益人开立的承诺承担某项义务的凭证。在备用信用证中，开证行承诺偿还开证申请人的借款或在申请人未能履约时保证为其支付。

备用信用证起源于19世纪中叶的美国。当时美国的联邦法律只允许担保公司开立保函，而禁止商业银行为客户提供担保服务。为适应对外贸易业务的需要，银行创设了备用信用证用以代替保函，进而逃避法规的管辖，争揽保函性质的业务。

美国联邦储备银行管理委员会给备用信用证下的定义是：不论其名称和描述如何，备用信用证就是一种信用证或类似安排，构成开证行对受益人的下列担保：(1) 偿还债务人的借款或预支给债务人的款项；(2) 支付由债务人所承担的负债；(3) 对债务人不履约而付款。

从上述定义可以看出，备用信用证只有在开证申请人不能偿还或不能履约时才起支付作用，如果开证申请人已经还款或已经履行合约，就不发生支付。这点与银行保函的性质是相同的。正因如此，这种信用证才被称为“备用信用证”。

备用信用证的应用范围很广，既可为一般进出口贸易，也可为国际融资、国际投标、加工装配、补偿贸易及技术贸易等提供履约保证。

知识拓展

福费廷业务

福费廷（Forfaiting）又称包买票据，是指出口商在以延期付款方式出卖商品后，将经过进口商承兑的、由进口商所在地银行担保过的远期汇票或本票，无追索权（Without Recourse）地卖断给包买商（贴现银行或大金融公司），以提前取得现款的一种融资方式。福费廷是国际贸易结算中常见的中长期融资方式，主要用于大宗货物，特别是具有资本性质的大型设备等货物贸易中。福费廷业务是一项高风险、高收益的业务，其业务流程如图8－5所示。

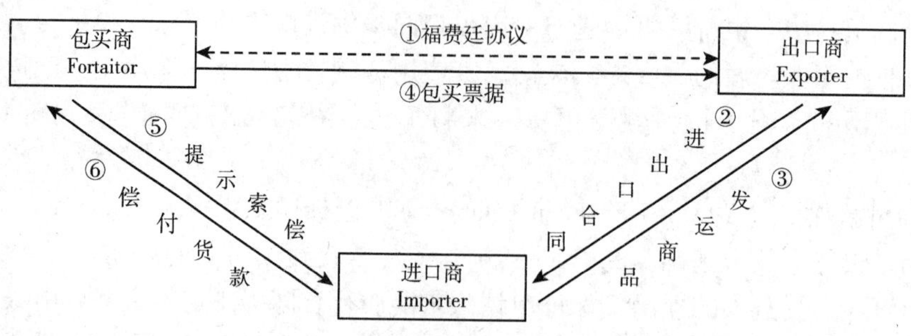

图8－5　福费廷业务流程

福费廷业务对出口商主要有以下好处：（1）改善现金流量。出口商无需占用银行授信额度，就可从银行获得100%的便利快捷的资金融通，有利于出口商改善财务状况和清偿能力；（2）节约管理费用。出口商不再承担资产管理和应收账款回收的工作及费用，从而大大降低管理费用；（3）提前办理退税。办理福费廷业务后，客户可立即办理外汇核销及出口退税手续；（4）规避各类风险。出口商不再承担远期收款可能产生的利率、汇率、信用等方面的风险；（5）增加贸易机会。出口商能以延期付款的条件促成与进口商的交易，避免了因进口商资金紧缺无法开展贸易的局面；（6）实现价格转移。可以提前了解包买商的报价并将相应的成本转移到价格中去，从而规避融资成本。

在实际业务中，出口商一般在以下三种情况下适合进行福费廷交易：（1）为改善财务报表，需将出口应收账款从资产负债表中彻底剔除；（2）应收账款收回前遇到其他投资机会，且预期收益高于福费廷全部收费；（3）应收账款收回前遇到资金周转困难，且不愿接受带追索权的融资形式或占用宝贵的银行授信额度。

本章小结

商品价格高低关系着买卖双方的经济效益，进出口企业应在充分考虑影响商品价格的各种因素和正确核算进出口商品成本的基础上，以合理的作价方法确定商品价格。合同中的价格条款一般包括商品的单价和总值两项基本内容，所以确定与单价有关的佣金和折扣也是价格条款的重要内容。佣金和折扣的大小直接关系到商品价格的高低，正确运用佣金和折扣有利于扩大出口贸易。

票据是国际结算中的主要工具，其中汇票是最常用的支付工具，在国际贸易中使用的汇票多是跟单商业汇票。汇款和托收都是以商业信用为基础的支付方式，其中，汇款常用的是电汇，而托收常用的是跟单托收中的即期付款交单。信用证是以银行信用为基础的支付方式，它解决了国际贸易中买卖双方互相缺乏信任的矛盾，降低了结算风险。但信用证的资金和费用成本较高，尤其是增加了买方资金负担，因此，在国际贸易中还可以选择银行保函和备用信用证等新型支付方式。

复习思考题

一、单项选择题

1. 以下中国出口商品的单价中表达正确的是（　　）。

A. 100 美元/盒　　B. 100 美元/盒 CIF 大阪

C. 100 美元/盒 CIF 天津　　D. 100 美元

2. 信用证上若没有注明汇票的付款人，根据《UCP600》的解释，汇票的付款人是（　　）。

A. 开证申请人　　B. 开证行

C. 议付行　　D. 出口商

3. 信用证的第一付款人是（　　）。

A. 进口商　　B. 开证行　　C. 议付行　　D. 通知行

二、判断题

1. 佣金一般由卖方在收到货款后另行通过银行付给中间商，而折扣通常是在买方付款时或开立信用证时预先扣除。（　　）

2. 受益人开具的汇票如遭付款人拒付时，有权行使追索权的是保兑行。（　　）

3. 承兑是开证行对远期汇票表示承担到期付款责任的行为。（　　）

三、计算题

1. 出口电视机 10 000 台。出口价为每台 300 美元 CIF 纽约。海运运费共计 15 000 美元，保险费共计 2 000 美元。每台电视机购进价人民币 1 600 元（含税），出口退税率为 11%。出口费用定额率为 10%。汇率为 USD1 = RMB6. 33 ~6. 36。请计算电视机出口的盈亏率和出口换汇成本。

2. 中国某外贸企业向美国销售一批男式衬衫，共计 10 000 件，装于一个 40 英尺的集装箱内，原报价为 USD20. 00/pc FOB Qingdao，已知从青岛至纽约的海洋运输费用是每个 40 英尺的集装箱 5 000 美元，海洋运输投保一切险（费率为 1%）和海洋运输战争险（费率为 0. 5%），投保加成率为 10%，现美方要求中方改报 CIFC3%，中方表示接受。请计算中方应该报出的单价是多少？

四、案例分析题

1. 出口商 A 和进口商 B 在洽商合同时都同意使用远期跟单托收方式。但 A 公司主张使用 D/P at 30 days after sight，但 B 公司则主张使用 D/A at 30 days after sight。请分析 A、B 两公司主张不同的原因是什么？

2. 中国某公司与外商按 CIF 条件签订一笔大宗商品出口合同。合同规定装运期为 8 月份，但未规定具体的开证日期。中方见装运期快到，从 7 月末开始连续多次电催外商开证。8 月 5 日，收到对方开证的简电通知。因怕装运期耽误，公司按简电通知办理了装运。8 月 28 日对方开来了信用证正本，正本上对单据作了与合同不符的规定。中方公司审证时未注意。议付银行付款后，开证行则以单证不符为由拒付货款。请问中方公司应从此笔业务中吸取哪些教训？

第九章　国际货物买卖条件（四）：检验、仲裁、不可抗力和索赔条件

学习目标

- 熟悉国际货物买卖合同中商品检验、仲裁、不可抗力和索赔条款的内容；
- 掌握仲裁、不可抗力的含义，以及仲裁与诉讼的区别；
- 了解订立仲裁和索赔条款应注意的问题；
- 能够恰当地拟定商品检验、仲裁、不可抗力和索赔条款。

导入案例

中国A公司与意大利B公司签订了一份由A向B出售100桶盐渍蘑菇的合同，分两批交货，总价为10万美元，价格条件为CIF热那亚。合同规定：索赔期为到货后一个星期，合同成立后买方应在一个月内交付1万美元定金，卖方发货后，定金作为货款，卖方不交货应双倍返还定金。第一批货物50桶，卖方按期装运了货物，但是，货物延期一个星期到港，买方收到卖方寄来的清洁提单提货，经买方自己检验发现，50桶货物有5桶缺重共80千克(每桶应为50千克)。第二批货物到港后，经详细开箱检验发现因盐度不够每桶蘑菇都有腐烂变质现象，买方出具了由检验机构签发的商检证明。双方因索赔不成请求仲裁，买方要求卖方：(1)赔偿第一批货物短重的损失1 000美元；(2)赔偿第一批货物因延迟到港的罚金500美元；(3)第二批货物退回，赔偿买方因此遭受的利润损失2 000美元，同时应双倍返还这批货物定金20 000美元。请分析应如何处理该案。

买卖双方交易的商品一般都要进行检验，任何一方违约，受损方都有权提出索赔。货物买卖合同签订之后，若发生人力不可抗拒事件，致使合同不能履行、不能全部履行或不能如期履行，可按不可抗力条款的规定免除合同当事人的责任。双方在履约过程中产生的争议，如果难以和解，可采取仲裁方式处理。因此，进出口双方在洽商国际货物买卖合同时，需要在合同中订立商检、仲裁、不可抗力和索赔条款。

第一节　检验条件

一、商品检验的意义

商品检验（Commodity Inspection）是指专门的进出口商品检验机构和其他指定的机构，依照法律、法规或进出口合同的规定，对进出口商品的品质、规格、数量、包装、安全性能

等进行各种分析和测量，并出具检验证书的活动。

在国际贸易中，买卖双方分处不同的国家和地区，一般不能当面交接货物，往往容易在交货的质量和数量等问题上发生争议，货物又要经过长途运输，在运输过程中经常发生残损、短少甚至灭失等现象，这样就需要一个公正的、具有商品专业知识的第三者，对货物进行检验或鉴定，以查明货损原因，确定责任归属，以利货物的交接和交易的顺利进行。因此，货物检验是国际贸易中不可缺少的重要环节，检验条款是国际贸易合同中的一项重要条款。

二、商品检验条款的内容

国际货物买卖合同中，检验条款（Inspection Clause）的内容因商品特性而异，但一般来说主要包括检验时间与地点、检验机构、检验证书、检验依据与检验方法等。

（一）商品检验时间与地点

确定检验的时间和地点，实际上就是确定买卖双方中的哪一方行使对货物的检验权，也就是确定以哪一方提供的检验证书为准。检验的时间和地点通常与合同中使用的贸易术语、商品的特征、使用的包装方式以及当事人所在国的法律、行政法规的规定等有密切的联系。在国际货物买卖合同中，关于检验时间和地点的规定，基本做法有以下四种：

1. 在出口国检验。这种做法可分为产地检验和装运前或装运时在装运港（地）检验。

（1）产地检验。在货物离开生产地点之前，由卖方或其委托的检验机构人员或买方的验收人员或买方委托的检验机构人员对货物进行检验或验收。卖方只负责商品离开产地前的品质。买方负责离开产地后在运输途中的风险。

（2）装运前或装运时在装运港（地）检验。货物在装运港（地）装运前或装运时经由双方所约定的检验机构对货物的品质和重量（数量）进行检验，并由该机构出具的检验证书作为决定交货品质和重量或数量的最后依据。这叫做“离岸品质和离岸重量（Shipping Quality and Weight As Final）”。所谓最后依据是指买方取得商检机构出具的各项检验证书时，就意味着所交货物的品质和质量与合同的规定相符，买方对此无权提出任何异议，从而否定了其对货物的复验权。但应说明的是，离岸品质和离岸重（数）量所代表的是风险转移时的质量和重（数）量，至于风险转移后，货物在运输途中所发生的货损，买方仍然有权向有关责任方提出索赔。

2. 在进口国检验。即货物运抵目的港（地）卸货后检验，或在买方营业处所以及最终用户所在地检验。

（1）目的港（地）卸货后检验。货到目的港（地）卸货后，由双方约定的目的港（地）商检机构验货，并出具品质、重量（或数量）检验证明作为最后依据，这叫做“到岸品质、到岸重量（Landing Quality and Weight As Final）”。如检验证书证明货物与合同规定不符，卖方应予负责。

（2）买方营业处所及最终用户所在地检验。这一做法是将检验延伸和推迟至货物运抵至买方营业所以及最终用户的所在地后的一定时间进行，并以双方约定的该地的检验机构所出具的检验证书作为决定交货品质和数量的依据。这种做法主要适用于那些采用密封包装、精密复杂的商品，在使用前不宜拆包检验，或者因为需要安装调试，可以将检验推迟到用户所在地进行。

3. 在出口国检验，在进口国复验。出口国装运港商检机构验货后出具的检验证明作为卖方向银行议付货款的单据之一，而不作为最后依据。货到目的港后由双方约定的检验机构在规定的时间内复验，如发现货物的品质、重量（数量）与合同规定不符而责任属于卖方时，买方可根据检验机构出具的复验证明，向卖方提出异议，并作为索赔的依据。

4. 装运港（地）检验重量，目的港（地）检验质量。这种检验方法是指交货重量以装运港买卖双方约定的检验机构检验货物后所出具的重量检验证明为最后依据，交货品质以目的港双方约定的检验机构检验货物后所出具的品质检验证书为最后依据，习惯上称为离岸重量、到岸品质（Shipping Weight，Landed Quality）。这种做法多用于大宗商品交易的检验中，以调和买卖双方在商品检验问题中存在的矛盾。

以上四种做法各有特点，前两种是以当事人中的一方所提供的检验证书为准，而第三种做法对买卖双方来说，比较方便且公平合理，它既承认卖方所提供的检验证书是有效的文件，作为交接货物和结算货款的依据之一，又赋予买方复验权。这种做法在国际贸易中已为大多数当事人所接受，因而已成为一条公认的原则，即除非合同另有规定，买方有权在货物到达目的港或目的地后复验，如复验证明在货物的风险转移到买方时已存在任何不符合同规定的情形，卖方应负责任。第四种做法主要为了避免和调解买卖双方在商品检验中存在的矛盾，同时也体现了一定的合理性。

（二）检验机构

商品检验工作一般是由专业性的检验部门或检验企业来办理。在国际贸易中，从事商品检验的机构大致可分为官方、半官方和非官方三种。官方的检验机构是指由国家或地方政府投资，并按照国家有关法令对特定商品实施检验的机构，例如美国的动植物检验署（Animal and Plant Health Inspection Service）和食品与药品管理局（Food and Drug Administration）、法国国家实验检测中心、日本通商产业检查所等；半官方的检验机构是指一些有一定权威的，由国家政府授权、代表政府行使某项商品检验或某一方面检验管理工作的民间机构，它们具有公证机构的法律地位。比较著名的有瑞士日内瓦通用鉴定公司（Societe Generale de Surveillance S. A.）、美国担保人实验室（Underwriters Laboratory）等。美国的“担保人实验室”是由美国几家保险公司于1894年创办的，属于民间组织，后来从保险公司中独立出来，接受政府委托，负责进出口商品的安全检查，它不仅是美国，也是全世界公认的安全测试机构。根据美国政府规定，凡与安全有关的商品（如电器、药品等）均需担保人实验室的检验并取得“UL”标志，才能进口和在美国市场销售；非官方的检验机构是由私人或同业公会、协会投资设立的，具有专业检验鉴定技术能力的公证行或检验公司。

在实际交易中，究竟选用上述哪种检验机构，取决于各国的规章制度、商品性质以及交易条件等。检验机构的选定，一般是与检验的时间和地点联系在一起的。在出口国的工厂或装运港检验时，一般由出口国的检验机构检验。此外，根据成交商品的不同，双方也可以约定由买方派人到供货的工厂或出口地检验，或由双方派人实行联合检验。

几经改革与合并，目前中国从事进出口商品检验的机构是国家质量监督检验检疫总局（State Administration for Entry-Exit Inspection and Quarantine of People's Republic of China），负责对进出口商品的质量技术监督和出入境检验检疫工作。1989年通过并实施的《中华人民共和国进出口商品检验法》（简称《商检法》）以及1992年批准实施《中华人民共和国进出口商品检验法实施条例》（简称《商检法实施条例》），标志着中国商检工作进入法治轨道。

根据中国《商检法》规定，商检机构的基本任务有三项：对进出口商品实施法定检验；办理进出口商品鉴定业务；对进出口商品的质量和检验工作实施监督管理。

1. 法定检验。商检机构按照国家的法律、行政法规的规定对进出口商品实施强制性的检验。国家规定：凡是属于法定检验的出口商品，未经检验合格，不准出口；属于法定检验的进口商品，未经检验者，不准销售和使用。《商检机构实施检验的进出口商品种类表》和其他法律法规规定了应该予以实施法定检验的商品种类。

2. 公证鉴定。应国际贸易关系人的申请，商检机构以公证人的身份办理处于规定范围之内的进出口商品的检验鉴定业务，并出具证明；作为当事人办理有关事务的有效凭证。当然，此类业务并不属于强制性检验。

3. 实施监督管理。商检机构通过行政管理手段，对进出口商品有关企业的检验部门和检验人员进行监督管理，评审生产企业的质量体系，抽查检验进出口商品等。

（三）检验证书

检验证书（Inspection Certificate）是指进出口商品经商检机构检验、鉴定后出具的证明文件。在交易中，经买卖双方同意，也可由出口商品的生产单位或进口商品的使用单位出具证明，该项证明也起检验证书的作用。常见的检验证书主要有：（1）品质检验证书（Inspection Certificate of Quality）；（2）重量检验证书（Inspection Certificate of Weight）；（3）数量检验证书（Inspection Certificate of Quantity）；（4）包装检验证书（Inspection Certificate of Packing）；（5）兽医检验证书（Veterinary Inspection Certificate）；（6）卫生检验证书（Sanitary Inspection Certificate）；（7）消毒检验证书（Disinfecting Inspection Certificate）；（8）熏蒸检验证书（Inspection Certificate of Fumigation）；（9）温度检验证书（Certificate of Temperature）；（10）残损检验证书（Inspection Certificate of Damaged Cargo）；（11）船舱检验证书（Inspection Certificate on Tank/Hold）；（12）价值检验证书（Certificate of Value）。

在国际商品买卖业务中，卖方究竟提供何种证书，要根据成交商品的种类、性质、有关法律和贸易习惯以及政府的涉外经济贸易政策而定。因此，为了明确要求，分清责任，在检验条款中应订明所需证书的类别。

上述各种检验证书是针对不同商品的不同检验项目而出具的，它们所起的作用基本相同。一般来说，商品检验证书的作用主要有：

1. 货物通关的凭证。没有获得检验证书或检验不合格的商品，海关不予办理通关手续。另外，进口国有特别要求时，商品检验证书也可作为进口国海关准许有关商品进口的证件。

2. 海关计征关税的凭证。检验机构出具的数量和重量检验证书，是多数国家海关凭以计征从量关税的有效凭证；一般产地证书和价值检验证书，则进口国海关对不同国家进口商品实行差别待遇、减税、免税及计征关税的有效凭证；进口商品的残损检验证书，还可以作为进口国海关退货的依据。

3. 出口商凭以议付货款的有效证件。如果出口商在交货以后，不能按时提供符合合同（或信用证）要求的货物检验证书，议付银行有权拒收单据，有权拒付货款。

4. 贸易双方交接货物的依据。如果双方约定在出口国进行检验，则出口商出具的工厂检验证书或装船前检验证书即可作为卖方交货的最后依据。

5. 计收货物运输费用的依据。检验机构出具的重量检验证书和货载衡量检验证书均可以作为承运人向托运人收取货物运输费用的有效依据。另外，这类检验证书还可以作为港口计算装卸量、仓租费的有效依据。

6. 索赔、仲裁及诉讼的凭证。在国际贸易中，当进口商发现进口货物的品质、重量、包装等条件与贸易合同或信用证不符时，可向检验机构提出申请，要求验货出证，并以此证的检验结果作为向有关贸易关系人（如承运人、保险人、出口商等）提出索赔的有效依据。另外，检验证书也是仲裁或诉讼时向仲裁庭或法庭举证的重要证据。

（四）检验标准和方法

根据中国法律，商检机构对进出口商品实施检验的标准是：

1. 法律、行政法规规定有强制性标准，或者其他必须执行的检验标准的，按照法律、行政法规规定的检验标准检验。

2. 法律、行政法规未规定有强制性标准或者其他必须执行的检验标准的，按照对外贸易合同约定的检验标准检验；凭样成交的，应当按照样品检验。

3. 法律、行政法规规定的强制性标准或者其他必须执行的检验标准，低于对外贸易合同约定的检验标准的，按照对外贸易合同约定的检验标准检验；凭样成交的，应当按照样品检验。

4. 法律、行政法规未规定有强制性标准或者其他必须执行的检验标准，对外贸易合同又未约定的检验标准或者约定检验标准不明确的，按照生产国标准、有关国际标准或者国家商检局指定的标准检验。

在实践中，商品检验的方法主要有：感官检验、化学检验、物理检验、微生物检验等。有些商品，用不同的检验方法可能会得出不同的检验结果。为避免发生争议，必要时在合同中应对检验方法做出明确的规定。

三、国际货物买卖合同检验条款的规定

订立检验条款的目的在于确定商品的质量、数量（重量）和包装等是否符合贸易合同规定的要求，凭以验证卖方是否履行了合同规定的交货义务，如发现卖方所交货物与合同规定不符时，买方可以拒收货物、拒付货款或提出索赔要求。因此，在进出口贸易中，订好商品检验条款，做好进出口商品检验工作，对维护贸易双方权益，保证交易的顺利进行具有重大意义。

（一）出口合同检验条款的规定

在中国出口贸易中一般采用在出口国检验、进口国复验的办法。即货物在装船前，由中国口岸检验机构进行检验，并签发检验证书，作为出口商向银行议付货款的凭证；货到目的港后允许进口商有复验权，并以目的港检验机构检验后出具的检验证明作为其索赔的依据。这种检验条款的具体规定如下：

“双方同意以装运港国家出入境检验检疫机构签发的品质和数量（重量）检验证书作为信用证项下议付所提交单据的一部分，买方有权对货物的品质、数量（重量）进行复验。复验费用由买方负担。如发现品质或数量（重量）与合同规定不符，买方有权向卖方索赔，

并提交经卖方同意的公证机构出具的检验报告。索赔期限为货到目的港××天内。”

（二）进口合同中的检验条款

进口合同检验条款的订立应在贯彻平等互利原则基础上，采取慎重的态度，力求在业务上做到明确、清楚，经济上避免承担损失。进口合同检验条款常见的规定方法是：

“双方同意以检验机构出具的品质及数量（重量）检验证书作为在信用证项下付款的单据之一，但货物品质及数量（重量）的检验按下列规定办理：货物到达目的港××天内经国家出入境检验检疫机构复验，如发现品质及数量（重量）与本合同不符时，除属于保险公司或船公司责任外，买方可凭中国进出口商品检验局出具的检验证书，向卖方提出索赔或退货。所有因索赔或退货引起的一切费用（包括检验费）及损失，均由卖方承担。在此情况下，凡货物适于抽样者，买方可应卖方要求，将货物的样品寄交卖方。”

（三）订立检验条款应注意的问题

进出口合同的检验条款与合同的其他条款一样，也是不可缺少的重要条款。订立好检验条款有利于出口交货和进口到货的检验及验收工作的顺利进行。订立检验条款的注意事项包括以下三个方面：

1. 检验条款应与合同的其他条款相互衔接、协调一致，防止顾此失彼、相互矛盾的现象发生。进出口合同中所规定的货物品质、数量（重量）和包装等项条款的具体内容是实施货物检验的重要依据，在订立这些条款的时候，必须考虑到检验工作的需要和可能，切忌互相脱节，自相矛盾。要保持条款间相互一致，不发生矛盾，尤其应把检验时间、地点的确定和贸易术语结合起来考虑。例如，出口合同按 CIF 贸易术语成交，这意味着卖方在装运港交货后，即可凭合同中规定的单据到银行议付货款，若在检验条款中规定“以到岸品质和重量由买方验货后付款”，二者之间便产生了矛盾，也就是说检验条款的实质内容变更了合同的性质，合同已不具有合同的特点，成为名不副实的 CIF 合同。

2. 检验条款中规定的检验标准和方法力争做到明确、具体，以便于分清责任。商品检验标准就是据以衡量进出口货物是否合格的依据。只有明确规定检验标准，才能具体实施检验，并据以出具公正的检验结果。国际贸易中的商品种类繁多，商品标准也五花八门，不同的标准有不同的内容和要求。在中国，商品标准有国家标准、部标准（专业标准）和企业标准三级，国际上有国际标准。在这种情况下，必须在进出口合同中明确规定所采用的具体标准（如同为国家标准，应有不同年份之分），便于实施检验，分清责任。检验方法也是检验条款要明确规定的内容，同一商品用不同的方法进行检验，可以得出完全不同的结果，这就容易引起双方的争议和纠纷。为避免不必要的争议，最好在合同中明确所使用的检验方法。

3. 检验条款中要明确规定复验的期限、地点和机构。在买方享有复验权的情况下，卖方在装船前所进行检验取得的检验证书具有法律效力，但不具有最后效力，货到目的港（地）后，买方复验后签发的检验证书才具有最后效力。因此，在买方有复验权时，必须在合同中明确规定复验期限、复验地点和机构，这有利于保障卖方的权益。复验期限实际上就是索赔限期，错过复验期，买方就失去了索赔权。对于复验期长短的规定，应结合商品的特点和港口等因素综合确定。如农副产品，复验期限可短一些，机电仪表和成套设备的复验期限要长一些。复验地点的选择与复验期限有着密切的联系，地点选择不当，实际检验的时间就得不到保障。复验地点除非买卖双方另有规定，一般是在货物到达的目的地。如果目的地不是港口，而是内地，则检验地点应延展到货物的最终目的地。对于复验机构，贸易双方一般指定政治上对自己友好、业务能力强的检验或公证机构。

第二节 仲裁条件

在国际贸易中，贸易双方在履约过程中有可能发生争议，通常有四种解决方式，即协商（Consultation）、调解（Conciliation）、仲裁（Arbitration）和诉讼（Litigation）。仲裁是国际贸易实践中应用最广泛的一种形式。贸易纠纷一般都是先进行友好协商解决，协商不成，再提请仲裁机构进行调解、裁决。

一、仲裁的含义与特点

（一）仲裁的含义

仲裁（Arbitration）又称公断，是指买卖双方在争议发生之前或发生之后，签订书面协议，自愿将争议提交双方同意的仲裁机构予以裁决（Award），以解决争议的一种方式。

（二）仲裁的特点

仲裁与诉讼方式相比，有以下显著特点：

1. 受理争议的仲裁机构是属于社会性民间团体所设立的组织，不是国家政权机关，不具有强制管辖权。对争议案件的受理，以当事人自愿为基础。
2. 当事人双方通过仲裁解决争议时，必先签订仲裁协议；双方均有在仲裁机构中推选仲裁员以裁定争议的自由。
3. 仲裁比诉讼的程序简单，处理问题比较迅速及时，而且费用也较为低廉。
4. 仲裁机构的裁决一般是终局性的，对双方当事人均有约束力。

二、仲裁协议的形式与作用

仲裁协议（Arbitration Agreement）是指买卖双方表示自愿将他们之间争议提交仲裁裁决的书面协议。

（一）仲裁协议的形式

仲裁协议一般要求以书面形式订立，主要有以下两种形式：

1. 仲裁条款（Arbitration Clause）：由双方当事人在争议发生之前订立的，表示同意把将来可能发生的争议提交仲裁解决的协议。这种协议一般都已包含在合同内，作为合同的一项条款。
2. 提交仲裁的协议（Submission）：由双方当事人在争议发生之后订立的，表示同意把已经发生的争议交付仲裁的协议。

这两种仲裁协议的形式虽然不同，其法律作用与效力是相同的。

（二）仲裁协议的作用

1. 排斥起诉权。仲裁协议约束双方当事人只能以仲裁方式解决争议，不得向法院起诉。

2. 排斥司法管辖权。各国法律一般规定，如果一方违背仲裁协议，自行向法院起诉，另一方可根据仲裁协议要求法院不予以受理，并将争议案件退交仲裁庭裁定。

3. 获取仲裁权并限定仲裁范围。仲裁协议是仲裁机构受理案件的依据，任何仲裁机构都无权受理无书面仲裁协议的案件。同时，仲裁机构（仲裁员）管辖权受到仲裁协议的严格控制，它只能对当事人在仲裁协议中约定的事项进行仲裁。

三、 仲裁协议的内容

仲裁协议一般包括仲裁地点、仲裁机构、仲裁规则、仲裁裁决的效力以及仲裁费用的负担等内容。

（一）仲裁地点

仲裁地点与仲裁所适用的程序法以及合同所适用的实体法关系密切。仲裁地点不同，适用的法律可能不同，对买卖双方的权利、义务的解释就会有差别，其结果也会不同。仲裁地点的选择取决于当事人的谈判地位、合同的具体情况以及法律有无强制性规定等。一般来说，有三种规定仲裁地点的方法，即规定在当事人的所在国仲裁、规定在被诉方所在国仲裁、规定在双方同意的第三国仲裁。

（二）仲裁机构

国际贸易仲裁机构有两种组织形式：一种是常设的仲裁机构，即由双方当事人在仲裁协议中规定在此机构进行仲裁；另一种是临时仲裁机构，即直接由当事人双方共同指定仲裁员自行组成仲裁庭进行仲裁，案件处理完毕自动解散。目前，大约有 95% 的仲裁案件是在常设机构主持下进行仲裁的。由于中国大部分企业目前缺乏在国外应诉的能力，所以在进出口贸易中发生争议应力争在中国进行仲裁。

（三）仲裁规则

在买卖合同的仲裁条款中，应订明采用哪个国家（地区）和哪个仲裁机构的仲裁规则进行仲裁。不同国家的仲裁机构都有自己的仲裁程序规则。应注意的是，所采用的仲裁程序规则与仲裁地点并非绝对一致，按照国际仲裁的一般做法，原则上采用仲裁所在地的仲裁规则，但在法律上也允许根据双方当事人的约定，采用仲裁地点以外的其他国家（地区）仲裁机构的仲裁规则进行仲裁。

（四）仲裁裁决效力

仲裁裁决效力主要是指仲裁庭做出的裁决，对双方当事人是否具有约束力，是否为终局性的，能否向法院起诉要求变更裁决等问题。

在中国，凡由国际经济贸易仲裁委员会做出的裁决都是终局性的，对双方当事人都有约束力，必须依照执行，任何一方都不许向法院起诉要求变更。在其他国家，一般也不允许当事人对仲裁裁决不服而上诉法院。即使向法院提起诉讼，法院一般也只是审查程序，不审查实体，即只审查仲裁裁决在法律手续上是否完备，而不审查裁决本身是否正确。如果法院查出裁决在程序上有问题，才有权宣布裁决为无效。目前，从国际仲裁的实践来看，当事人不服裁决诉诸法院的只是一种例外，而且仅限于有关程序和形式方面的问题。由于仲裁的采用是以双方当事人的自愿为基础，因而对于仲裁裁决他们理应承认和执行。

（五）仲裁费用的负担

仲裁费用一般按争议总金额的百分之几计算，由败诉方承担或双方当事人按比例分担。

四、仲裁程序

（一）提出仲裁申请

申请书包括：（1）申诉人和被诉人的名称、地址；（2）申诉人所依据的仲裁协议；（3）申诉人的要求及所依据的事实和证据。

申诉人向仲裁委员会提交仲裁申请书时，应附其本人要求所依据的事实的证明文件，指定一名仲裁员，预交一定数额的仲裁费。如果委托代理人办理仲裁事项或参与仲裁的，应提交书面委托书。

（二）组成仲裁庭

根据中国仲裁规则规定，申诉人和被诉人各自在仲裁委员会仲裁员名册中指定一名仲裁员，并由仲裁委员会主席指定一名仲裁员为首席仲裁员，共同组成仲裁庭审理案件；双方当事人亦可在仲裁员名册中共同指定或委托仲裁委员会主席指定一名仲裁员为独任仲裁员，成立仲裁庭，单独审理案件。

（三）审理案件

仲裁庭审理案件的形式有两种：不开庭审理和开庭审理。前者是经当事人申请，或由仲裁庭征得双方当事人同意，只依据书面文件进行审理并做出裁决；后者是按照仲裁规则的规定，采取不公开审理，如果双方当事人要求公开进行审理时，由仲裁庭做出决定。

仲裁庭对案件的审理一般有四项内容：开庭审理、调解、收集证据和保全措施的裁定。

（四）做出裁决

仲裁裁决必须于案件审理终结之日起45天内以书面形式做出，仲裁裁决除由于调解达成和解而做出的裁决书外，应说明裁决所依据的理由，并写明裁决是终局的和做出裁决书的日期与地点，以及仲裁员的署名等。

五、仲裁裁决的承认与执行

仲裁裁决的承认与执行涉及一个国家的仲裁机构所做出的裁决要由另一个国家的当事人

去执行的问题。由于有的仲裁机构未被赋予强制执行的权力，在此情况下，国外的当事人一方如拒不执行仲裁裁决，仲裁机构则无能为力。

为了解决在执行外国仲裁裁决问题上所产生的一些矛盾，国际间曾订有双边和多边的国际公约。1958 年联合国在纽约召开了国际商事仲裁会议，签订了《承认与执行外国仲裁裁决公约》，该公约强调两点：一是承认双方当事人所签订的仲裁协议有效；二是根据仲裁协议所做出的仲裁裁决，缔约国应承认其效力并有义务执行。中国 1987 年加入该公约，同时声明：（1）中华人民共和国只在互惠的基础上对在另一缔约国领土内做出的仲裁裁决的承认和执行适用该公约；（2）中华人民共和国只对根据中华人民共和国法律认定为属于契约性和非契约性商事法律关系所引起的争议适用该公约。

六、国际货物买卖合同中的仲裁条款

国际货物买卖合同中的仲裁条款一般采用以下两种形式规定：

1. 凡因执行本合同所发生的或与本合同有关的一切争议，双方应通过友好协商解决。协商不能解决的应提交仲裁，仲裁地点为被告户籍所在地。在中国，由中国国际经济贸易仲裁委员会上海分会根据该会仲裁规则进行仲裁。在______国（国名）则由______根据该组织的仲裁程序规则进行仲裁。仲裁裁决是终局的，对双方都有约束力。

2. 凡因执行本合同所发生的或与本合同有关的一切争议，双方应通过友好协商解决。协商不能解决的应提交______（第三国名称）仲裁机构，根据该仲裁组织的仲裁程序规则进行仲裁。仲裁裁决是终局的，双方都有约束力。

第三节　不可抗力条件

一、不可抗力的含义与认定

（一）不可抗力的含义

不可抗力（Force Majeure），又称人力不可抗拒，是指当事人在订立进出口合同时不能预见，而在合同订立后出现的无法避免或无力控制的偶然事件，以致不能履行合同或不能如期履行合同，这一结果并非是当事人一方的故意或过失所造成的。遭受不可抗力的一方，可以据此免除履行合同的责任或推迟履行合同，对方无权要求索赔。

不可抗力既是合同中的一项条款，也是一项法律原则。对此，各国的法律、法规都有自己的规定。在英美法系中有“合同落空”原则的规定，其意思是说合同签订以后，不是由于当事人双方自身过失，而是由于事后发生了双方意想不到的情况，致使订约目的受到挫折，据此而未履行的合同义务，当事人得以免除责任。在大陆法系国家的法律中有“情势变迁”或“契约失效”原则的规定，其意思是指不属于当事人的原因而发生了预想不到的变化，致使合同不可能再履行或对原来的法律效力需作相应的变更。

（二）不可抗力的认定

一般来说，不可抗力通常可分为两种情况：一种是“自然力量”引起的不可抗力，如

地震、暴风雨、水灾、火灾、雪灾、冰灾等；另一种是由“社会力量”引起的，如政府行为（政府禁令、征用、没收等）、社会异常行为（罢工、战争、骚乱等）和经济事件（金融危机、物价下跌等）等等。需要注意的是，在认定不可抗力时，一般应同时具备下面三个条件：（1）意外事件必须发生在合同签订以后；（2）不是因为合同当事人双方自身的过失或疏忽而导致的；（3）意外事故是当事人双方不能控制和无能为力的。

二、国际货物买卖合同中的不可抗力条款

不可抗力条款是一种免责条款，可以免除由于不可抗力事件而造成的违约方的责任。一般国际货物买卖合同中不可抗力条款应该规定不可抗力事件的范围，发生不可抗力事件后通知对方的期限及方式，出具证明文件的机构以及不可抗力事件的后果等内容。

（一）不可抗力事件的范围

在中国的进出口合同中对不可抗力范围的确定有以下三种方式：

1. 概括式。概括式是指在合同中不具体规定哪些事故属于不可抗力，而只是笼统地规定，“由于不可抗力的原因”，至于具体内容和范围并未具体说明。这种方法含义模糊，解释伸缩性大，不宜采用。

2. 列举式。列举式是指在合同中详细列明不可抗力的范围。这种方法虽然具体明确，但难以一览无余，且可能出现遗漏情况，这样仍可能发生争执，因此，也不是最好的方法。

3. 综合式。综合式是指合同中列明可能发生的不可抗力事故的同时，又加上“其他不可抗力的原因”的字句，这样就为双方当事人共同确定未列明的意外事故是否构成不可抗力提供了依据。因此，这种规定方法既具体明确，又有一定的灵活性，比较科学实用，在中国进出口合同中多采用这一种。

（二）不可抗力事件发生后通知对方的期限和方式

按照国际惯例，当发生不可抗力事故影响合同履行时，当事人必须及时通知对方，对方亦应于接到通知后及时答复，如有异议也应及时提出。尽管如此，买卖双方为明确责任起见，一般在不可抗力条款中还规定一方发生事故后通知对方的期限和方式。例如，“一方遭受不可抗力事故以后，应以电报通知对方，并应在 15 天内以航空挂号信提供事故的详情及影响合同履行程度的证明文件。”

（三）不可抗力事件的出证机构

在国际贸易中，当一方援引不可抗力条款要求免责时，都必须向对方提交一定机构出具的证明文件，作为发生不可抗力的证据。在国外，一般由当地的商会或合法的公证机构或政府主管部门出具。在中国，由中国国际贸易促进委员会或其设在口岸的分会出具。

（四）不可抗力的后果

不可抗力事故所引起的后果有两种：即解除合同或是延期履行合同。具体是何种后果，要根据发生事故的原因、性质、规模及对履行合同所产生的影响程度而定，并明确地在合同中进行规定。

不可抗力条款举例："如因战争、火灾、地震、水灾、暴风雨等其他不可抗力的原因，致使卖方不能部分或全部装运或延迟装运，卖方对此均不负责，但卖方须用电报（电传）通知买方，并以航空信件向后者提出由中国国际贸易促进委员会出具证明该事件的证书。"

第四节　索赔条件

国际货物的买卖合同确定了买卖双方的权利和义务，如果任何一方不履行或没有完全履行合同中规定的义务，而且直接或间接地给对方造成了损失，就可能引起争议，受损的一方会向违约方提出索赔要求，违约方要承担法律上的责任。

一、索赔和理赔的含义

索赔（Claim），在法律上是指"主张权利"。在进出口交易中是指受损的一方根据合同或法律规定向违约的一方提出赔偿要求。而违约的一方对索赔进行处理，即为理赔（Claim Settlement）。索赔和理赔是一个问题的两个方面。对受损方而言，称作索赔；对违约方而言，称作理赔。

二、索赔产生的原因及违约的处理

（一）索赔产生的原因

1. 卖方违约。卖方违约的常见形式有不履行交货义务，不按时交货，或不按合同规定的品质、数量、包装等条件交货，或提供的单证与合同和信用证规定不符。

2. 买方违约。买方违约的常见形式有不按时开立信用证，不按时付款赎单，无理拒收货物，或在买方负责运输的情况下（按 FOB 条件成交），不按时派船或签订运输合同等。

3. 买卖双方均有违约责任。如合同是否成立，双方国家法律规定和惯例解释不同，合同条款规定不明确，致使双方解释不一致，造成一方违约，引起纠纷。

在所有的产生索赔的原因中，尤以品质、数量不符、不交货、延迟交货以及不付款引起的索赔最为常见。在国际贸易中，任何一方违反合同，一般来说，即构成违约，违约的一方就要承担赔偿责任，另一方有权提出索赔的要求，直至解除合同。

知识拓展

违约救济

违约救济（Remedies for Breach of Contract）一词来源于英美法律，相当于大陆法系国家的债务不履行的规定。"救济"一词指实现权利、防止或补偿权利侵害的手段以及运用这些手段的权利。《公约》关于一方违约时提供给另一方的救济方法兼采了大陆法系与英美普通法系的合同法原则。

《公约》把违反合同的行为分为根本违反合同行为和非根本违反合同的行为，并分别采用不同的补救方法。《公约》第25条规定：一方当事人违反合同的结果，如果使另一方当事人蒙受损害，以致实质上剥夺了其根据合同规定有权期待得到的东西，即为根本违反合同，除非违反合同一方并不预知且一个同等资格、通情达理的人处于相同情况下也没有理由预知会发生这种结果。对于根本违约，《公约》规定受损方可以解除合同；而对于非根本违约，受损方一般不能解除合同。

《公约》规定的买卖双方都可以使用的违约方法主要有解除合同、损害赔偿和实际改造。此外，《公约》针对卖方和买方违约还分别规定了不同的补救方法。在卖方违约时，买方可采取实际履行、给予履行宽限期、接受卖方的主动补救、解除合同、减价、损害赔偿六种补救方法，同时，《公约》还规定了卖方交付的部分货物不符合提前、超量交货情况下买方的补救方法。买方违约时，卖方可采取实际履行、给予宽限期、解除合同、订明货物规格、损害赔偿五种补救方法。由此可以看出，在买方违约时，卖方的救济方法可分为两大类：一类是债权方面的救济方法，如履行合同、损害赔偿、解除合同；另一类是物权方面的救济方法，这是英美法系中特有的。前者是针对违约当事人行使的；后者是卖方直接针对货物行使的。

在国际货物买卖中，当卖方或买方违约时，对方都可以采取有关的补救方法，但他们在行使补救权利时并非毫无限制或约束，保全货物即存入仓库或出售货物，就是其在行使补救权利时应履行的义务之一。同时，在国际货物买卖中，并非任何导致对当事人利益损害的违约行为都要承担责任，如果是由于意外事故或意外事件导致合同不履行，则因此而违约的一方并不承担赔偿损失的责任。

（二）违约的处理

违约（Breach of Contract）指任何一方当事人如不履行合同中规定的义务或履行合同中的义务不符合约定的条件均构成违约。对违约的处理各国法律规定不尽一致，概括起来有三种方法：要求实际履行、损害赔偿、解除合同。其中损害赔偿是处理违约的一种最常见的补救措施。按照世界上大多数国家法律和惯例的一般规定，在采取其他违约补救措施时，都不影响受损害的一方向违约方提出索赔的权利。但受损害的一方提出损害赔偿时同时是否可以要求解除合同，则要视违约的具体情况而定。

三、国际货物买卖合同中的索赔条款

国际货物买卖合同的索赔条款有两种规定方式：一是异议和索赔条款；二是罚金条款。一般来说，在国际货物买卖合同中多数只签订异议和索赔条款，只有在大宗商品和机械设备一类商品的进出口合同中，除订明异议和索赔条款外，还另订罚金条款。

（一）异议和索赔条款

国际货物买卖合同中异议和索赔条款（Discrepancy and Claim Clause）的内容一般包括：

1. 索赔依据。索赔依据是指索赔时应提供的证据及出证机构。若证据不全、不清，或出证机构不符合要求，都可能遭到对方拒绝。索赔依据包括法律依据和事实依据，两者缺一不可。法律依据是指合同和法律规定，当事人在对违约事实提出索赔时，不论是索赔时间、对违约事实的举证，还是要求补偿的办法或金额，以及据以提出索赔的法律依据，都必须符合有关国家法律的规定。否则，即使违约事实确实存在，也可能功亏一篑。事实依据是指违约的事实、情节及其证据。各国的法律都要求当事人在提出索赔时，必须提供充分的证据。事实根据是提出索赔要求的客观基础。但具体到每一笔交易，应该提出什么证据才能满足索赔要求，则要由双方在合同中予以明确，这里包括提出证据的名称、种类以及对出证机关的要求。例如，对于品质索赔，通常要求提供缔约双方约定的或合同指定的检验机构签发的商检证书作为证明。在事实依据中，除了提供证明违约事实存在的证据外，还包括提供证明受害方遭受损失的程度和索赔金额的依据，对此，合同也可作具体规定。

2. 索赔期限。索赔期限是指索赔方向违约方提出索赔的有效时限。按照国际贸易习惯，合同当事人就对方违约提出的索赔，都必须在一定期限内进行，逾期提出，对方有权拒绝受理。索赔期限的规定方法有两种，即法定索赔期和约定索赔期。法定索赔期是指合同适用的法律所规定的期限。法定索赔期一般比较长。如《公约》规定的索赔期为自买方实际收到货物之日起 2 年内。中国《合同法》第 129 条规定："因国际货物买卖合同和技术进出口合同争议提起诉讼或者申请仲裁的期限为 4 年，自当事人知道或者应当知道其权利受到侵犯之日起计算"。法定索赔期只有在合同中未规定索赔期时才起作用。约定索赔期是指买卖双方在合同中规定的期限，是买卖双方根据货物的性质、运输、检验的繁琐等情况通过磋商在合同中规定的。除一些性能特殊的商品（如机器设备等）外，一般索赔期限不宜过长，以免使卖方承担过重的责任，也不宜规定得太短，以免使买方无法行使索赔权。

在规定索赔期时，应对索赔期限的起算时间做出具体规定，起算方法通常有以下四种：

（1）货物到达目的港后 × × 天起算；

（2）货物到达目的港卸离海轮后 × × 天起算；

（3）货物到达买方营业场所或用户所在地后 × × 天起算；

（4）货物经检验后 × × 天起算。

3. 处理索赔的办法。合同的签订和履行是一个复杂的过程，涉及许多环节。所以在实践中，索赔可能发生在许多不同的环节上，可供选择的索赔要求也是多种多样的。要在合同中把它全盘列入，确有困难。所以有的合同就采取分列的办法，在每一项重要条款中，都明确规定如果一方未能履行约定义务时所应承担的法律责任和赔偿办法。有的合同则另列索赔条款，规定处理原则和办法。有的合同则不列索赔条款，在其他条款中也不规定违约的处理办法。事实上，对于索赔条款，买卖双方在合同中完全可以根据共同的意愿予以订入或不订入。但是，不管合同有否规定，一旦发生违约，受害方都有权根据法律，主张适当的索赔，任何一方都不得以合同未做出明确规定而拒绝理赔。

索赔条款举例："买方对于装运货物的任何索赔，必须于货到提单所订目的地 × × 天内提出，并须经卖方同意的公证机构出具检验报告"。

（二）罚金条款

罚金条款（Penalty Clause）亦称违约金条款或罚则，是指在合同中规定，如由一方未履约或未完成履约，其应向对方支付一定数额的约定罚金，以弥补对方的损失。罚金就其性质而言是违约金。

罚金条款一般适用于卖方拖延交货、买方拖延接货和延迟开立信用证等情况。罚金的多少应视延误的时间长短而定，并规定最高的罚款金额，违约方被罚后仍须履行合同。否则，除罚金外，还要承担由于不能履约而造成的各种损失。例如，有的合同规定；如卖方不能如期交货，每延误 7 天买方应收取货价的 0.5% 的罚金，不足 7 天者按 7 天计算，最多罚金不得超过货物总金额的 5%。延期超过 10 周者，对方除收取罚金外，还可解除合同和向对方提出索赔。

关于罚金起算日期的计算方法，应在买卖合同中订明。罚金的起算日期有两种计算方法；一种是以合同规定的交货期或开证期终止后立即起算；另一种是规定优惠期，即在合同规定的有关期限终止后再宽限一段时间，在优惠期内免于罚款，优惠期届满后再起算罚金。

关于合同中的罚金条款，各国法律规定有所不同。法国、德国等大多数国家的法律都是予以承认和保护的，认为罚金是对违约方的惩罚，不能由于支付了罚金而解除违约方继续履行合同的义务。但是，英美等国家的法律不承认这种带惩罚性的条款。根据《中华人民共和国合同法》的规定："当事人可以约定一方违约时应根据违约情况向对方支付一定数额的违约金，也可以约定因违约产生的损失赔偿额的计算方法。约定的违约金低于造成的损失的，当事人可以请求人民法院或者仲裁机构予以适当增加；约定的违约金过分高于造成的损失的，当事人可以请求人民法院或者仲裁机构予以适当减少。当事人迟延履行约定违约金的，违约方支付违约金后，还应当履行债务。"

四、索赔与理赔应注意的问题

（一）索赔应注意的问题

1. 注重实际，查明责任。应根据公平合理、实事求是的原则，查明是否对方确实违约，使我方遭受损失，如确属对方责任，则可向对方提出索赔；如果是船运公司或保险人的责任，则应向船运公司或保险人索赔。提出索赔时，要认真做好索赔方案。

2. 遵守索赔期限。必须在合同规定的期限内提出索赔，合同未规定索赔期限的，按有关法律规定的期限办理。《公约》第 39 条第 2 款规定："如果买方没有在实际收到货物之日起两年内将货物的不符合合同的情形通知卖方，他就丧失了声称货物不符合合同的权利。"

3. 正确确定索赔项目和金额。提出的索赔金额一定要有根据，如果合同预先规定了约定的损害赔偿金额，应按约定的金额提出索赔；如果预先未约定损害赔偿金额，则应根据实际损失情况确定索赔金额。如果卖方所交货物的品质、规格与合同规定不符，可以要求卖方减价或换货；如果是退货或重换，则应包括所退换货物的运费、仓储费、保险费及重新包装费，如果卖方委托整修时，要合理计算使用材料费和加工费。

4. 备齐索赔所需单证。索赔证件不齐，对方可以拒赔。索赔证件一般包括：提单、发票、保险单、装箱单、磅码单、商检机构出具的货损检验证书或由船长签署的短缺残损证明，以及索赔清单，并列明索赔的根据和索赔金额。

（二）理赔应注意的问题

1. 要认真研究分析对方提出的索赔理由是否充足，情况是否属实，是否确因我方违约而使对方遭受损失，是否符合合同规定或法律规定，如果是逾期才提出的索赔，我方可以不予受理。

2. 审核对方所提出的索赔证件和有关文件，如出证机构是否符合要求，检验标准和检验方法是否符合双方规定，单证是否齐全、清楚，有无夸大损失，等等。

3. 合理确定赔付办法，如确属我方责任，应公平合理、实事求是地提出理赔方案，与对方协商确定。赔付办法，可以采取赔付部分货物、退货、换货、补货、修整、赔付一定金额、对索赔货物给予价格折扣或按残损货物百分比对全部货物降价等办法处理。

本章小结

商品检验是商品检验机构对商品的品质、数（重）量、包装、安全性能、卫生指标、残损情况和货物装运技术等方面进行检验和鉴定，并出具检验证书。在合同中，应对商品检验的时间、地点和方法等做出明确的规定。

在国际贸易中，由于各种原因造成当事人违约的情况经常发生，为保障自己的合法权益不受损害，交易双方应在合同中明确规定索赔条款，包括索赔的时间、索赔的依据等。由于不可抗力事件的发生而造成的违约，可以免除违约方当事人的违约责任。对于国际贸易中发生的争议，双方当事人可以采取多种途径解决纠纷，其中以仲裁方式处理国际贸易争议的做法已经被普遍接受和采用。

复习思考题

一、单项选择题

1. 违约方可以援引不可抗力条款要求免责的情况是（　　）。

A. 战争　　B. 商品市场价格上涨

C. 计价货币贬值　　D. 运输中的过失导致商品变质

2. 在中国进出口合同中，仲裁地点应力争在（　　）。

A. 中国　　B. 贸易对手国

C. 双方同意的第三国　　D. 对买方有利的国家

3. 以仲裁方式解决交易双方争议的必要条件是（　　）。

A. 交易双方当事人订有仲裁协议　　B. 交易双方当事人订有合同

C. 交易双方当事人订有意向书　　D. 交易双方当事人订有交易协议

二、判断题

1. 在出口国检验、进口国复验的规定方法对买方有利。(　　)

2. 仲裁的裁决效力是终局的，对争议双方具有约束力。(　　)

3. 根《公约》规定，买方向卖方提出索赔的最迟期限是买方实际收到货物起两年。(　　)

三、案例分析题

1. 中国某省 A 外贸公司与法国 B 商签订一份销售布鞋的合同，合同规定交货期为 7 月 1 日。交货期到后，A 公司称工厂仓库无货，不能按期交货。理由如下：（1）3 月份工厂因资金周转困难，未购买制鞋原料；（2）7 月份，因洪水影响生产。请分析 A 公司不能按期交货是否应承担责任?

2. 中国A公司与某国B公司签订出口大米若干吨的合同。该合同规定:规格为水分最高20%,杂质最高为1%,以中国商品检验局的检验证明为最后依据。单价为每公吨××美元,FOB中国某港口,麻袋装,每袋净重××公斤,买方须于×年×月派船只接运货物。B延误了数月才派船来华接货,当大米运到目的地后,买方B发现大米生虫,于是委托当地检验机构进行了检验,并签发了虫害证明,买方B据此向卖方A提出索赔20%货款的损失赔偿。当A接到对方的索赔后,不仅拒赔,而且要求对方B支付延误时期A方支付的大米仓储保管费及其他费用。另外,保存在中国商品检验局的检验货样至争议发生后仍然完好,未生虫害。请分析:(1)A要求B支付延误时期的大米仓储保管费及其他费用能否成立?为什么?(2)B的索赔要求能否成立?为什么?

3. 甲公司向乙公司订购一批食糖,合同规定:“如发生政府干预行为,合同应予延长,以至撤销。”签约后,因乙公司所在国连遭干旱,甘蔗严重歉收,政府则颁布禁令,不准食糖出口,致使乙公司在约定的装运期内不能履行合同,乙公司便以发生不可抗力事件为由要求延长履约期限或解除合同,甲公司拒不同意乙公司的要求,并就此提出索赔。请分析甲公司的索赔请求是否合理?

第十章　国际货物买卖程序

学习目标

- 熟悉国际贸易合同的主要内容和格式；
- 了解国际贸易合同的磋商过程；
- 掌握发盘、接受和合同成立的条件；
- 了解进出口合同履行的基本流程及应注意的问题；
- 掌握审查信用证的方法，学会制作各种结汇单据。

导入案例

中国某公司应英国某公司的请求报出某商品 4 000 吨，每吨 CIF 汉堡 USD 1 200，并详细列明了品质、包装、交货时间和支付方式等条件。对方接到我公司发盘后提出将数量增加到 5 000 吨，单价降到 USD 1 000。中方公司同意对方的数量要求，但表示单价须提高到 USD 1 100。英商立即表示接受，但提出：不按发盘规定的包装条件发货，需另行提供良好的、适合海洋运输的包装。收到对方的承诺后，中方获悉因南美数国发生水灾，该产品的国际市场价格上涨，因而拒绝成交，并称：在收到承诺前已将货物售出；发盘中没有注明"Firm Offer"字样，应视为"Free Offer"；中国的习惯做法是：所有订单须经发盘人最后确认。对方不接受这些说法，认为其承诺在发盘有效期内，因此合同成立；若不履行合同，将提交仲裁解决，并要求支付 10 万美元赔偿金。

请分析：(1) 构成有效接受的条件有哪些？(2) 依据《公约》分析中英两个公司间的合同关系是否成立？

在国际货物买卖业务中，由于交易对象、交易条件的不同，其业务环节和内容也有所不同。国际货物买卖的基本业务流程一般可以分为四个阶段：交易前的准备、交易磋商、合同签订和合同履行。

第一节　交易前的准备

在国际货物买卖交易磋商前，进出口公司应认真做好目标市场调研、选择客户、制订进出口商品经营方案和组建谈判小组的准备工作。

一、通过市场调研确定目标市场

在洽谈交易之前，必须加强对国外市场的调查研究，择优选定适当的目标市场。在确定目标市场前，应对以下三个方面进行市场调研。

（一）对国外市场进出口商品的调研

1. 对出口商品的调研。在国外同一市场上有多国同类商品销售，一国商品的品质、规格、花色品种、包装装潢是否适应市场需要决定了该商品的市场占有率。企业应了解不同商品在市场中的适销情况，特别要研究市场上畅销品的特点。

2. 对进口商品的调研。企业要了解国外商品技术的先进程度、工艺水平和使用效能，以便货比三家，进口最需要的、价格最合适的商品。

（二）对市场供求关系的调研

对于市场供求关系主要是调研影响供求关系变动的因素：生产周期、产品销售周期、消费习惯、消费水平等。企业应根据市场供求变动的规律，并结合中国商品供应的可能和进口的实际需要，选择最适当的销售或采购市场。

（三）对国际市场价格的调研

国际市场价格经常受到经济周期、通货膨胀、垄断与竞争、投机活动、自然灾害、季节变动等影响。企业必须具体分析这些因素对价格的影响，并根据价格变动趋势，选择最有利的市场销售商品和采购物资。

二、选择适合的客户并与之建立业务关系

在交易前，对客户的资信情况要进行全面调查和归类，筛选成交可能性最大的客户与之建立业务关系。对客户的资信调查主要包括以下几个方面：

（一）支付能力

支付能力调查主要是了解客户的财力，其中包括注册资本的大小、营业额的大小、资本负债和借贷能力等。

（二）客户背景

客户背景主要指客户的政治、经济背景及其对企业的态度。

（三）经营范围

经营范围主要指企业经营的品种、经营的性质、经营业务的范围、合作还是独资经营以及是否同中国企业做过交易等。

（四）经营能力

经营能力主要是指客户的活动能力、购销渠道、联系网络、贸易关系和经营做法等。

（五）经营作风

经营作风主要指企业经营的作风和客户的商业信誉、商业道德、服务态度和公共关系水

平等。在选择客户时，既要注意巩固老客户，也要积极物色新客户，建立尽可能广泛的购销网络。

三、制订进出口商品经营方案

进出口商品经营方案是对外洽商交易、推销或采购商品和安排进出口业务的主要依据。不同的进出口商所制定的经营方案是不同的，经营方案的内容及繁简程度也不一样。

(一) 出口商品经营方案

出口商品经营方案是指出口企业在一定时期内对出口商品所做的综合安排，通常包括以下内容：

1. 货源情况，即国内生产能力、可供出口数量以及出口商品的品质、规格和包装等情况；
2. 国外市场情况，即国外市场的需求情况和价格变动趋势；
3. 出口经营情况，即出口成本、创汇率、盈亏率等情况，并提出经营的具体意见和安排；
4. 推销计划和措施，即分国别和地区，按品种、数量或金额列明推销的计划进度以及具体推销措施，如对价格佣金和折扣的合理掌握，灵活的贸易方式、收汇方式等；
5. 必要时还应做好相关商品的广告宣传和商标注册工作。

(二) 进口商品经营方案

进口商品经营方案主要包括以下内容：

1. 合理掌握订货数量和适当安排进口的进度，既防止前松后紧，又要避免过分集中的现象。合理确定最佳订货量、最佳订货次数，并与实际商品销售状况紧密结合；
2. 谨慎选择交易对象，即要选择资信好、经营能力强并对企业友好的客户作为成交的对象，为减少中间环节和节约外汇，尽量向厂家直接采购；
3. 恰当掌握价格幅度，即根据国际市场近期价格，并结合采购意图，拟订出价格的掌握幅度，以作为洽商交易的依据；
4. 灵活采用贸易方式，即通过何种贸易方式进口应根据采购的数量、品种、贸易习惯做法等酌情掌握；
5. 交易条件的掌握，即根据商品品种、特点、进口地区、成交对象和经营意图，在平等互利的基础上酌情确定和灵活掌握。

四、组建谈判小组

为保证洽商交易的顺利进行，尤其是对某些大宗交易或内容复杂的交易，应组建一个优秀的谈判小组，这是确保谈判成功的关键。小组成员应包括熟悉商务、技术、法律和财务专业知识的人员，还要掌握谈判技巧，善于应战、应变和谋求一致的能力。

第二节　国际货物买卖合同的磋商

交易磋商（Business Negotiation）又称贸易谈判，是指交易双方就买卖商品的有关条件进行洽商，以期达成交易的过程。在国际贸易中，交易磋商占有十分重要的地位，是国际贸易业务活动中最重要的环节。交易磋商是国际贸易合同的基础，关系到交易成败和经济效益。交易磋商是一项政策性、策略性和技术性都很强的工作。它要求从事此项工作的人员具有良好的政治素质、较高的政策水平和丰富的外经贸专业知识。

一、磋商的形式与内容

（一）交易磋商的形式

1. 口头磋商（Negotiating in Oral）。口头磋商是指买卖双方通过口头直接谈判交易。如洽谈会、交易会、电话磋商等。这种方式便于了解对方的诚意和态度，随时调整策略，速度快、效率高，主要适合谈判内容复杂、数量金额较大的交易。

2. 书面磋商（Negotiating in Writing）。书面磋商是指买卖双方通过信函、电报、电传与通信方式磋商。这种方式简便易行、费用相对较低，是交易磋商的通常做法。

通过口头洽谈和书面磋商，双方在交易条件方面达成协议后，即可制作正式书面合同。

（二）交易磋商的内容

1. 主要交易条件（Main Terms and Conditions）。主要交易条件包括品质（Quality）、数量（Quantity）、包装（Packing）、价格（Price）、装运（Shipment）和支付（Payment）等条件。

2. 一般交易条件（General Terms and Conditions）。一般交易条件包括保险（Insurance）、检验（Inspection）、索赔（Claim）、仲裁（Arbitration）和不可抗力（Force Majeure）等条件。

从理论上讲，只有以上条件逐项达成一致意见，才能充分体现“契约自由”的原则。然而，在实际业务中，并非每次磋商都需要把这些条款一一列出，逐条商讨。这是因为，在普通商品交易中，一般都使用固定格式的合同，而上述条款中的一般交易条件已经印在合同中，只要对方没有异议，就不必逐条重新协商。这些条件也就成为双方进行交易的基础。在许多老客户之间，事先已就“一般交易条件”达成协议，或者双方在长期交易过程中已经形成一些习惯做法，或者双方已订有长期的贸易协议，就无需在每笔交易中对所有条款一一重新协商，这对于缩短洽商时间和节约费用开支是有益的。

二、交易磋商的一般程序

交易磋商的程序可以概括为四个环节：询盘、发盘、还盘和接受，其中发盘和接受是必不可少的两个基本环节和法律步骤。

（一）询盘

询盘（Inquiry）是指交易一方准备购买或出售某种商品，向对方询问买卖该商品的有关交易条件，或就该项交易提出带有保留条件的订约建议。

询盘是为了试探对方对交易的诚意和了解其对交易条件的意见，其内容可以涉及价格、品质、数量、包装、交货期以及索取样品、商品目录等。由于询盘多数是询问价格，所以通常将询盘称作询价。

询盘可以由买方发出，也可以由卖方发出，可以采用口头方式，也可以采用书面方式。书面方式除包括书信、电报、电传外，还常采用询价单（Inquiry Sheet）形式进行询盘。用书信询盘时，除了说明要询问的内容外，一般还带有礼貌性的客套语言以及对交易内容的宣传，以达到诱使对方发盘的目的。以下是两则询盘实例：

买方询盘："PLS Quote Lowest Price CFR Singapore For 500 PCS Flying Pigeon Brand Bicycles May Shipment Cable Promptly（请报 500 辆飞鸽牌自行车成本加运费至新加坡的最低价，5 月份装运，尽速电告）。"

卖方询盘："Can Supply Aluminum Ingot 99 Pct July Shipment PLS Cable If Interested（可供 99% 铝锭，7 月份装运，如有兴趣请电告）。"

询盘一般不直接使用询盘一词，而常用"请告知（Please Advise）"、"请报价（Please Quote）"、"可供（Can Supply）"等词句。询盘仅表示买卖双方交易的一种愿望，对于询盘人和被询盘人均无法律上的约束力。

（二）发盘

发盘（Offer）也称发价，是指交易的一方（发盘人）向另一方（受盘人）提出购买或出售某种商品的各项交易条件，并愿意按此条件达成交易、订立合同的一种肯定性的表示。

发盘既是商业行为，又是法律行为，在法律上称作"要约"。发盘在有效期内，一经受盘人（Offeree）无条件接受，发盘人（Offerer）将受其约束，并承担发盘条件和订立合同的法律责任。

发盘多为卖方发出，称作售货发盘（Selling Offer），也可由买方发出，称作购货发盘（Buying Offer）或递盘（Bid）。

下面是一个电报发盘的实例：

Offer 5 000 Dozen Sport Shirts Sampled March 15th USD84. 50 Per Dozen CIF New York Export Standard Packing May/June Shipment Irrevocable Sight L/C Subject Reply Here 20th.（兹发盘 5 000 打运动衫规格按 3 月 15 日样品每打 CIF 纽约价 84. 50 美元，标准出口包装 5 至 6 月装运，以不可撤销即期信用证支付，限 20 日复到）。

1. 发盘的构成条件。发盘的构成条件主要包括以下三点：

（1）发盘要有一个或多个特定的受盘人。受盘人可以是一个，也可以是多个，可以是自然人，也可以是法人，但必须是特定的，而不能是泛指公众。例如，在报纸、杂志或电视广播中做的商业广告，即使内容明确完整，由于没有特定的受盘人，也不能构成有效的发盘，而只能看做是询盘。

（2）发盘的内容必须十分确定。发盘中所列的交易条件必须是明确的、完整的和终局的。

根据1980年《公约》第14条规定：一个建议如果写明货物并且明示或暗示地规定数量和价格或规定如何确定数量和价格，即十分确定。因此，“十分确定”是指在发盘中明确货物、规定数量和价格。在中国外贸业务中，一般都要求在发盘中列明商品名称、品质、数量、包装、价格、交货和支付等主要条件。这样，一旦对方接受，便可据以制作详细的书面合同，既有利于减少事后的争执，也有利于合同的订立和履行。

（3）表明发盘人受其约束。这是指发盘人在发盘中明确向对方表示，在得到有效接受时双方即可按发盘的内容订立合同。

2. 发盘的有效期（Duration）。发盘的有效期是发盘人受约束和受盘人表示接受的有效期限。但规定有效期并非构成发盘的必要条件，如果发盘中没有明确规定有效期，受盘人应在合理时间内接受，否则无效。所谓“合理时间”，视交易的具体情况而定。一般按惯例处理，即要根据商品的特点和采用的通信方式来合理确定。对于粮谷、油脂、棉花、有色金属等初级产品，有效期的规定要短。因为它们的价格受交易所价格影响，行情变化很快，而且这类商品多属大宗交易，成交金额大，如果有效期过长，一旦行情发生对发盘人不利的变动，就会使其蒙受很大的损失。如果以电报、电传等方式联系，有效期可规定短一些；如果是采用航空信件方式，有效期则稍长一些。

发盘人在规定有效期时应明确具体。例如，采用口头发盘时，除发盘时另有声明外，受盘人只能当场表示接受方为有效；采用函电成交时，可规定最迟接受期限（如限5月18日复到此地），或规定一段接受的期限（如本发盘有效期为10天）。

3. 发盘的生效时间。按照《公约》第15条第（1）款的解释，“发价于送达受盘人时生效”。可见，发盘在到达受盘人之前并不产生对发盘人的约束力。

4. 发盘的撤回（Withdrawal）与撤销（Revocation）。根据《公约》第15条第（2）款的规定：“一项发盘，即使是不可撤销的，也可以撤回，如果撤回的通知在发盘到达受盘人之前或同时到达受盘人”。这一规定是基于发盘到达受盘人之前对于发盘人没有产生约束力，所以发盘人可以将其撤回。如果发盘通知先于撤回通知到达受盘人，发盘即已生效，对发盘人产生了约束力。这时发盘人再想改变主意，就不是撤回，而是撤销。

发盘的撤销是指发盘送达受盘人，即发盘已生效后，发盘人再取消该发盘，解除其效力的行为。对于发盘生效后能否再撤销的问题，各国合同法的规定有较大分歧。

英美等国的普通法（Common Law）认为，发盘在原则上对发盘人没有约束力。在接受做出之前，发盘人可以随时撤销发盘或变更其内容。例外的情况是，受盘人给予了“对价（Consideration）”；或者发盘人以签字蜡封的特殊形式发盘。

大陆法系（Civil Law）中的德国法认为，发盘原则上对发盘人有约束力，除非他在发盘中已表明不受其约束。法国法律虽然允许发盘人在有效期内撤销其发盘，但判例表明，发盘人必须承担损害赔偿的责任。

《公约》第16条规定：（1）在未订立合同之前，发价可以撤销，如果撤销通知于被发价人发出接受通知之前送达被发价人；（2）但在下列情况下，发价不得撤销：（a）发价写明接受发价的期限或以其他方式表示发价是不可撤销的；（b）被发价人有理由信赖该项发价是不可撤销的，而且被发价人已本着对该项发价的信赖行事。

5. 发盘的失效。发盘遇到下列情况之一便告失效：（1）发盘被拒绝；（2）发盘有效期届满；（3）发盘人依法撤销发盘；（4）发生不可抗力；（5）在发盘被接受前当事人丧失行为能力；（6）受盘人做出还盘。

（三）还盘

还盘（Counter Offer）也称还价，在法律上又叫反要约，是指受盘人不同意或不完全同意原发盘，为进一步协商而对原发盘提出修改意见。还盘可以用口头方式或者书面方式表达出来，一般与发盘采用的方式相符。还盘可以针对价格，也可以针对品质、数量、交货时间及地点、支付方式等重要条件，提出修改意见。例如，某商人根据发盘做出如下答复：

Your Cable 19th Counter Offer USD100 Per Dozen CIF New York.（你方 19 日电收悉，还盘每打 100 美元 CIF 纽约。）

还盘的法律后果：一是拒绝原发盘，原发盘失效；二是构成一个新发盘，还盘一方成为新的发盘人，原发盘人则变成了受盘人。新受盘人有权针对还盘的内容进行考虑，决定接受、拒绝或是再还盘。

（四）接受

接受（Acceptance）是指受盘人接到对方的发盘或还盘后，同意对方提出的条件，愿意与对方达成交易，并及时以声明或行为表示出来。在法律上称作“承诺”。接受如同发盘一样，既属于商业行为，也属于法律行为。接受产生的法律后果是交易达成，合同成立。

1. 构成有效接受的条件。有效的接受由以下四个条件构成：

（1）接受必须由指定受盘人做出。这一条件与构成发盘的第一项条件是对称的。发盘必须向特定的人发出，即表示发盘人愿意按发盘中提出的条件与对方订立合同，但这并不表示他愿意按这些条件与任何人订立合同。因此，接受只能由受盘人做出，才具有效力，其他人即使了解发盘内容并表示完全接受，也不能构成有效的接受。当然，这并不是说发盘人不能同原定受盘人之外的第三方进行交易，只是说第三方做出的接受不具有法律效力，它对发盘人没有约束力。如果发盘人愿意按照原定的条件与第三方进行交易，他也必须向对方表示同意才能订立合同，因为，受盘人之外的第三方做出的所谓“接受”只是一种“发盘”的性质，并不能表示合同成立。

（2）接受的内容必须与发盘完全相符。如果受盘人在答复对方发盘时虽使用了“接受”的字眼，但同时又对发盘的内容做出了某些更改，这就构成有条件的接受（Conditional Acceptance），而不是有效的接受。《公约》第 19 条第（1）款规定：“对发盘表示接受但载有添加、限制或其他变更的答复，即为拒绝该项发盘，并构成还盘。”

应当注意的是，并不是说受盘人在表示接受时，不能对发盘的内容做出丝毫的变更，关键是看这种变更是否属于实质性的。《公约》第 19 条第（2）款规定：“但是，如所载的添加或不同条件在实质上并不变更该项发价的条件，除发价人在不过分迟延的期间内以口头或书面通知反对其间的差异外，仍构成接受。如果发价人不做出这种反对，合同的条件就以该项发价的条件以及接受通知内所载的更改为准。”可见，《公约》将受盘人对原发盘的更改分为实质性变更和非实质性变更。

如何判定实质性变更和非实质性变更，可依据《公约》第 19 条第（3）款规定：“有关货物价格、付款、货物质量和数量、交货地点和时间、一方当事人对另一方当事人赔偿责任范围或解决争端等等的添加或不同的条件，均视为实质上变更发盘的条件”。实质性变更是对发盘的拒绝，构成还盘。如果受盘人对发盘内容所作的变更不属于实质性的，能否构成有效的接受，还要取决于发盘人是否及时反对。如果发盘人不表示反对，合同的条件就以发盘的内容以及接受通知中所做的变更为准。在实际业务中，很难区分这两种变更，一般的做法是，如果对方对发盘内容做了变更，只要是发盘人不能同意的，就应及时提出反对，阻止合同成立，以免延误时机，造成被动。

在实际业务中，有时还需要判定一项接受是“有条件的接受”，还是在接受的前提下的某种希望和建议。“有条件的接受”属于还盘，但如果受盘人在表示接受的同时提出某种希望，而这种希望又不构成实质性修改发盘条件，应看做是一项有效接受，而不是还盘。

(3) 接受的时间必须在发盘有效期内。发盘中通常都规定有效期，这一方面是约束发盘人，使发盘人在有效期内不能任意撤销或修改发盘的内容；另一方面是约束受盘人，只有在有效期内做出接受，才有法律效力。如果发盘中未规定有效期，则应在合理时间内接受方才有效。

(4) 接受的传递方式符合发盘的要求。《公约》第18条第(1)款规定：“受盘人声明或做出其他行为表示同意一项发盘，即为接受，沉默或不行动本身不等于接受。”根据这一规定，接受必须用声明或行为表示出来，声明包括口头和书面两种方式。一般来说，发盘以口头表示，则接受也以口头表示；发盘人以书面形式发盘，受盘人也以书面形式来表示接受。若卖方以发运货物，买方以开立信用证、支付货款等实际行动表示接受，即为用行为表示接受。

2. 逾期接受（Late Acceptance）。逾期接受是指由于各种原因，导致受盘人的接受通知晚于发盘人规定的有效期送达。迟到的接受，从原则上讲，不具有法律效力，发盘人可不受其约束。但是《公约》第21条针对逾期接受的特殊规定却不容忽视。

《公约》第21条规定：(1) 逾期接受仍有接受的效力，如果发价人毫不迟延地用口头或书面将此种意见通知被发价人；(2) 如果载有逾期接受的信件或其他书面文件表明，它是在传递正常、能及时送达发价人的情况下寄发的，则该项逾期接受具有接受的效力，除非发价人毫不迟延地用口头或书面通知被发价人：他认为他的发价已经失效。

总之，决定一项逾期接受是否有效的主动权在发盘人。在实践中，对逾期接受，发盘人通常应立即向对方发出通知，明确表达自己的意见。

第三节　国际货物买卖合同的签订

一、国际货物买卖合同有效成立的条件

合同是双方当事人确定、变更、终止权利和义务关系的协议。只有具备以下条件的合同才会得到法律保障，对合同当事人具有约束力。

(一) 当事人必须在自愿和真实的基础上达成协议

《中华人民共和国合同法》第52条规定：一方以欺诈、胁迫的手段订立合同无效。

(二) 当事人必须具有订立合同的行为能力

即未成年人、精神病患者等不具有行为能力的人签订的合同无效。

（三）合同必须有对价和合法的约因

“对价”（Consideration）是英美法系的一种制度，是指合同当事人之间所提供的相互给付（Counterpart），即双方互为有偿。例如，在买卖合同中，买方支付的货款是为了得到卖方提交的货物，而卖方交货是为了取得买方支付的货款，买方支付和卖方交货就是买卖双方的“相互给付”，这就是买卖合同的“对价”。

“约因”（Cause）是大陆法系所强调的，它是指当事人签订合同所追求的直接目的。

买卖合同只有在有“对价”或“约因”的情况下，才是有效的。否则，它得不到法律的保障，是没有强制执行力的。

（四）合同的标的和内容必须合法

几乎所有国家的法律都要求当事人所订立的合同必须合法，并规定，凡是违反法律、违反善良风俗与公共秩序的合同一律无效。《中华人民共和国合同法》第52条规定：损害国家、集体或者第三人利益；以合法形式掩盖非法目的；损害社会公共利益；违反法律、行政法规的强制性规定的合同无效。

（五）合同的形式必须符合法律规定的要求

《公约》第11条规定：“买卖合同无须以书面订立或证明，在形式方面不受任何其他条件的限制，买卖合同可以包括人证在内的任何方法证明。”但《公约》允许缔约国对该条款的规定提出声明予以保留。中国在加入《公约》时对这一条提出保留，坚持订立国际货物买卖合同必须采用书面形式，书面形式包括电报和电传。但随着1999年《中华人民共和国合同法》的颁布，关于合同形式的规定中国法律与《公约》已不存在分歧。

二、签订书面合同的意义

（一）书面合同是合同成立的重要证据

根据法律要求，凡是合同必须能得到证明，提供证据，包括人证和物证。在以信件或电报电传磋商时，书面证明就是函电本身。但以口头磋商成立的合同，举证难以做到，必须以书面合同的形式加以确定，否则不能得到法律保障。

（二）书面合同有时是合同生效的条件

书面合同虽不拘泥于某种特定的名称和形式，但在买卖双方磋商时，一方声明以签订书面合同为准时，即使双方已对全部交易条件谈妥，只是没有正式签署，也不存在法律上有效的合同。

（三）书面合同是双方履约的依据

口头合同如不形成书面，几乎无法履行。即使通过函电形式达成的交易，如不将分散于多份函电中的双方协商一致的条件集中归纳到一份有一定格式的书面合同上来，也将难以得到准确无误地履行。所以，在国际贸易实际业务中，双方一般都要求将各自享受的权利和承担的义务以文字形式规定下来，作为履约的依据。

三、书面合同的形式

在国际贸易中，书面合同可以采用不同形式：

（一）合同书

合同书（Contract）是书面合同中内容最为详细，条款最为具体，格式相对稳定的一种形式，主要用于大宗业务。合同书包括销售合同书（Sales Contract）和购货合同书（Purchase Contract）两种形式。

（二）确认书

确认书（Confirmation）是一种简式合同，主要用于小批量业务。确认书包括销售确认书（Sales Confirmation）和购货确认书（Purchase Confirmation）两种形式。

合同书与确认书尽管在格式、条款项目和内容繁简上有所不同，但在法律上具有同等效力。在中国进出口业务中，各企业都有印有固定格式的进出口合同或成交确认书。当面成交的，即由双方共同签署；通过函电往来成交的，由中方签署后，一般将正本一式两份送交国外成交方签署后退回一份，以备存查，并作为履行合同的依据。

四、书面合同的内容

书面合同的内容一般由下列三部分组成：

（一）约首

约首（Head）是指合同的序言部分，其中包括合同名称、合同编号、合同签订的时间和地点、订约双方当事人的名称和地址（要求写明全称）、订立合同和执行合同的保证等。合同序言对双方均具有约束力。

（二）本文

本文（Body）是合同的核心部分，具体列明各项交易的条件或条款，如品名、品质规定、数量、单价、包装、交货时间与地点、运输与保险条件、支付方式，以及检验、索赔、不可抗力和仲裁条款等。这些条款体现了双方当事人的权利和义务。

（三）约尾

约尾（Tail）的内容一般包括：合同适用的法律和惯例、合同的有效期、合同的有效份数、合同的文字及其效力、附件及其效力和双方代表签字等内容。

第四节 国际货物买卖合同的履行

在国际贸易中，买卖合同一经依法有效成立，有关当事人必须履行合同规定的义务。卖方的基本义务是按照合同规定交付货物，移交一切与货物有关的单据和转移货物的所有权；买方的基本义务是按照合同规定支付货款和收取货物。所以，履行合同是双方当事人共同的责任。

一、出口合同履行

在中国出口业务中，除大宗交易偶尔使用 FOB 贸易术语外，多数交易是按照 CIF 或 CFR 价格条件成交，并采用信用证方式结汇。因此，在履行出口合同（Sales Contract）时，要做好备货、催证、审证、改证、租船订舱、报验、报关、保险、装船和制单结汇、索赔等多个环节的工作。

（一）备货

备货工作是指卖方根据出口合同的规定，按时、按质、按量地准备好应交的货物，并做好申请报验和领证工作。

1. 备货的业务内容。备货是出口公司根据合同和信用证规定向生产加工及仓储部门下达联系单，要求有关部门按联系单的要求，对应交的货物进行清点、加工整理，刷制运输标志以及办理报验和申领出口许可证，然后由出口公司对货物进行核实、验收。

2. 备货应注意的问题。出口公司在备货时应注意以下六个问题：

（1）货物的品质、规格与合同规定相符；

（2）货物的数量应满足合同和信用证的要求并适当留有余地；

（3）货物的包装要与信用证规定相符，并做到保护商品和适应运输的要求；

（4）货物的运输标志设计要清楚醒目，应按合同规定的式样刷制；

（5）备货时间应根据信用证规定，结合船期安排，以利于船货衔接；

（6）所备货物必须是第三方不能提出任何权利和主张的（如抵押品、涉及留置权的货物等），并不得侵犯第三方的工业产权或其他知识产权。

（二）落实信用证

在凭 L/C 支付的交易中，落实 L/C 是履行出口合同不可缺少的重要环节。它通常包括催证、审证和改证三项内容。

1. 催证。催证是指由出口方通知或催促进口方及时开出信用证，以便出口方如期备货装运。一般情况下，进口方最少在货物装运期前 30 天应将信用证开到出口方手中。在以下情况下，出口方需要催证：

（1）合同规定的装运期距合同签订日较长，或合同规定国外买方应在装运前的一定时间开证。

（2）出口方备货完毕，在征得国外进口方同意后，提前交货，可催请对方早日开证。

（3）出现进口方因资金困难无力交纳押金，或由于当地市价下跌等原因，故意拖延开证现象，此时出口方应催促对方迅速开证。

2. 审证。从理论上说，进口商依据合同申请开立 L/C，受益人收到的 L/C 的内容应与买卖合同相一致。但在实际业务中，经常出现 L/C 内容并不完全符合合同规定。原因很多，有的是开证申请人或开证行的工作疏忽和差错，有的是进口国家的习惯做法，有的是不了解中国政策，有的是故意设陷阱。

审核 L/C 是银行与出口企业的共同责任，但各有侧重。银行着重审核有关开证行的资信、付款责任以及索汇路线等方面的条款和规定；出口企业着重审核 L/C 条款是否与合同规定相符。

3. 改证。对来证仔细审查后，若发现问题，应区别其性质，分别同银行、运输、保险、商检等部门研究，做出妥善处理。出口方在未收到银行修改信用证通知前，切勿对外发货，以免造成工作被动和遭受经济损失。

（三）租船或订舱

在 CIF 和 CFR 条件下，租船或订舱是卖方的责任之一。如出口货物数量较大，需要整船载运的，则要对外办理租船手续；对于出口货物数量不大，不需要整船装运的，则安排洽订班轮或租订部分舱位运输。一般来说，订舱需要经过以下程序：

1. 各进出口公司填写托运单（Booking Note，B/N）作为订舱依据。承运人根据托运单内容，并结合船舶的航线挂靠港、船期和舱位等条件考虑，认为合适后，即接受托运，并在托运单上签章，留存一份，退回托运人一份。至此，订舱手续即告完成，运输合同即告成立。

2. 船公司或其代理人在接受托运人的托运单证后，即发给托运人装货单（Shipping Order，S/O）。装货单俗称货纸，其作用有三：一是通知托运人货物已配妥××航次××船，装货日期，让其备货装船；二是便于托运人向海关办理出口申报手续，海关凭以验放货物；三是作为命令船长接受该批货物装船的通知。

（四）报验

凡属国家规定，或合同规定必须经进出口商品检验检疫机构检验出证的商品，在货物备齐后，应向商品检验检疫机构申请检验。只有取得商品检验检疫机构发给的合格检验证书，海关才准放行。凡检验不合格的货物，一律不得出口。

申请报验的手续是，凡需要法定检验出口的货物，应填制“出口报验申请单”，同时附上合同和信用证副本等有关凭据，向商品检验检疫机构办理申请报验手续。进出口公司应在检验证书规定的有效期内将货物运出。如超过有效期装运出口，应向商品检验检疫机构申请展期，并进行复检，合格后才能出口。

（五）报关

海关对进出口货物的通关手续，包括接受申报、审核单证、查验货物、征税、结关放行等手续。

1. 出口申报及审核单证。出口货物的发货人或其代理人应在装货的 24 小时之前向运输工具所在地或出境地海关申报。报关时应向海关提交下列单证：一是出口货物报关单。报关单是海关对出口货物进行监管、查验、征税和统计的基本单据。目前使用的出口报关单有四种：普通报关单（白色）、“来料加工、补偿贸易专用”报关单（浅绿色）、“进料加工专用”报关单（粉红色）和“出口退税专用”报关单（黄色）。适合于不同贸易方式和需要。二是出口许可证。经国家正式批准有出口经营权的单位，在其经营范围内，出口不实行许可证管理的商品，可免领出口许可证。如出口超出其经营范围的商品以及国家规定必须申领出口许可证的商品。应向海关交验出口许可证或国家规定的其他批准文件。三是装货单或运单。装货单是船公司或其代理签发给托运人的通知船方装货的凭证（非海运方式即为运单），海关查验放行后，在装货单或运单上加盖放行章发还给报关人凭以装运货物出口。四是商业发票（Commercial Invoice）。商业发票是海关审定完税价格的重要依据，因此发票必须载明货物的真实成交价格。五是装箱单（Packing List）。装箱单是对发票内容的补充，说明货物的具体规格数量。六是出口收汇核销单（Paper for Verification of Export Earning）。出口收汇核销单是由外汇管理部门提供的单证，海关办妥结关手续后，在其上盖章，出口单位凭以向外汇管理部门结汇核销。另外，海关认为必要时应交验贸易合同、产地证和其他有关证明。

2. 查验货物和结关放行。海关以出口报关单为依据，在海关监管区域内对出口货物进行查验。报关单位应派员在现场负责开箱装箱，协助海关完成查验工作。经查验合格，在报关单位照章办理纳税手续后，海关在装货单或运单上盖上关印，即为结关放行。

（六）装运及发装运通知

目前，凡由中方安排运输的出口合同，对外装运货物，租订运输工具和办理具体有关运输的事项，外贸企业通常都委托中国对外贸易运输公司或其他经营外贸运输代理业务的企业办理，所以，在货、证备齐以后，出口企业应立即向外运机构办理托运手续。托运时除须缮制托运单据外，尚须附交与本批货物有关的各项证、单，如提货单、商业发票、出口货物明细单（装箱单）、出口货物报关单、出口收汇核销单等，有的商品还需要提供出口许可证、配额许可证的海关联、商品检验合格证件等有关证书，以供海关核查放行之用。出口企业向外运机构办理托运的工作步骤如下：一是查看船期表，填写出口货物托运单；二是由船公司或其代理人签发装货单；三是货物装船后，即由船长或大副签发收货单，即大副收据（Mate's Receipt）。收货单是船公司签发给托运人表明货物已装船的临时收据。托运人凭收货单向外轮代理公司交付运费并换取正式提单。收货单上如有大副批注，则在换取提单时，将该项批注转注在提单上。

货物装船完毕后，一般均应向买方发出装运通知。装运通知也叫装船通知，主要是指出口商在货物装船后发给进口方的包括货物详细装运情况的通知，其目的在于让进口商做好筹措资金、付款和接货的准备。如成交条件为FOB/FCA、CFR/CPT等，还需要向进口国保险公司发出该通知，以便其为进口商办理货物保险手续。出口装船通知应按合同或信用证规定的时间发出，该通知副本（Copy of Telex/Fax）常作为向银行交单议付的单据之一。在进口方派船接货的交易条件下，进口商为了使船、货衔接得当，也会向出口方发出有关通知。通知以英文制作，无统一格式，内容一定要符合信用证的规定，一般只提供一份。

（七）投保

中方的出口合同大多以CIF及CIP方式成交，由中方向保险公司投保。出口货物保险采用逐笔投保方式，在完成托运手续并取得配舱回单后，出口企业即可办理保险手续。

投保人先填制“运输险投保单”，内容包括投保人名称、货物名称、运输标志、船名或装运工具、装运地（港）、目的地（港）、开航日期、投保金额、投保险别、投保日期和赔款地点等。“运输险投保单”一式二份，一份由保险公司签署后交投保人作为接受投保的凭证；另一份由保险公司留存作为缮制保险单的依据。为简化手续，外贸公司也有将发票、出口货物明细单或出运货物分析单代替投保单，但仍须加注配舱回单的内容，以及投保险别和金额。

按 FOB、FCA、CFR、CPT 条件成交的，保险由买方办理。如卖方同意接受买方委托代办保险，应由买方承担费用和风险，投保手续同上，在信用证上应注明“保险费允许在信用证的额度以外超支”。

保险公司根据投保内容，签发保险单或保险凭证，并计算保险费。单证一式五份，其中一份留存，投保人付清保险费后取得四份正本，投保即告完成。

投保人在保险单证出具后，发现投保内容有错漏或需变更，应向保险公司及时提出批改申请，由保险公司出立批单，粘贴于保险单上并加盖骑缝章，保险公司按批改后条件承担责任。申请批改必须在货物发生损失以前，或投保人不知有任何损失事故发生的情况下，在货到目的地前提出。

（八）制单结汇

货物运出后，出口公司应按信用证的要求整理和缮制各种单据，并在信用证规定的交单有效期内提交银行议付和结汇。

1. 主要结汇单据的制作。对结汇单据的制作，要求做到“正确、完整、及时、简明、整洁”。“正确”是指制作的单据要做到两个一致，即单证一致和单单一致；“完整”是指所提供的单据按照信用证规定要齐全，不得缺少；“及时”是指在信用证有效期和交单期内及时将单据送交银行议付；“简明”就是按信用证要求和国际惯例填写，不画蛇添足加列不必要的内容；“整洁”就是单据的布局要美观大方，缮写或打印的字迹要清楚，对改正的地方要加盖校对图章。

2. 单据瑕疵情况下出口商可采取的措施。

（1）改正单据中的不符点，并在信用证规定的单据提交期限内作第二次交单。采用这种方法要注意两点：在被通知单证不符时，受益人应立即联系银行，尽早取回单据，修改全部不符点；修改后要尽快地向银行再次交单（最迟不晚于信用证规定的交单期限）。

（2）不修改不符点，选择如下措施进行结算：一是请求开证申请人即进口商批准。二是有保留付款，即受益人承认单据有瑕疵，如果寄出单据遭到开证行拒付，银行保留从受益人处索回已付金额的权利。三是表提，即议付行发现单证不符时，一般不先对受益人付款或作有保留付款，而是将所有不符点列在寄单信函上，征求开证行意见。在多数情况下，开证行都会接洽申请人，询问申请是否接受不符点。若开证申请人接受不符点，开证行就答复中间行并准备付款；如果不接受不符点，开证行即退回单据，中间行则照样把单据退还受益人，若付了款，则可向受益人索回款项。四是电提，即议付行向开证行发电报或电传请求授权付款。五是采用信用证项下托收的方法。

3. 常用的出口单据。出口单据的种类很多，究竟需要提交哪些单据，其内容、份数和制作方法如何，应按照不同交易的买卖合同与信用证的规定来确定。这里以使用班轮运输的履行 CIF 出口合同为例，其常用的出口单据包括：汇票、商业发票、运输单据、保险单据、包装单据、产地证明书、检验证书、海关发票，以及根据信用证条款规定而提供的其他单证。

4. 出口结汇的方法。在中国，信用证结算方式和托收方式项下的结汇有三种做法：押汇、收妥结汇和定期结汇。

（1）押汇又称买单结汇，是指议付行在审单无误情况下，按信用证条款买入受益人（进出口公司）的汇票和单据，从票面金额中扣除从议付日到估计收到票款之日的利息，将余款按议付日外汇牌价折成人民币拨给外贸公司。

（2）收妥结汇又称收妥付款，是指议付行收到进出口公司的出口单据后，经审查无误，将单据寄交国外付款行索取货款，待收到付款行将货款拨入议付行账户的贷记通知书时，议付行按当日外汇牌价将货款折成人民币拨给进出口公司。

（3）定期结汇是议付行根据向国外付款行索偿所需要时间，预先确定一个固定的结汇期限，到期后主动将票款折成人民币交进出口公司。

知识拓展

原产地证明书

原产地证明书（Certificate of Origin）是由出口国政府有关机构签发的一种证明货物原产地或制造地的具有法律效力的证明文件，主要用于进口国海关实行差别关税，实施进口税率和进口配额等不同国别政策的依据。原产地证明书是出口商按进口商的要求提供的，有多种形式，其中应用最多的是普通产地证明书（原产地证明书）和普惠制产地证明书（Generalised System of Preference Certificate of Origin）。

中华人民共和国原产地证明书（Certificate of Origin of The People's Republic of China）是证明本批出口商品的生产地，并符合《中华人民共和国出口货物原产地规则》的一种文件。它由商务部统一规定和印制，并由国家质量监督检验检疫总局或中国国际贸易促进委员会签发。如果信用证或合同对签证机构未做具体规定，一般由检验检疫总局出具。

根据中国有关规定，出口企业最迟于货物出运前3天向签证机构申请办理原产地证明书，并按签证机构要求提供已缮制的《中华人民共和国原产地证明书》一套，并随附出口货物商业发票一份及签证机构所需的其他证明文件。

按出证机构划分，原产地证明书的一般可分为三种：（1）商检机构出具的原产地证明书，如中华人民共和国检验检疫局（CIQ）出具的普惠制产地证格式A（GSP FORM A）；一般原产地证明书（General Certificate of Origin）；（2）商会出具的原产地证明书，如中国国际贸易促进委员会（CCPIT）出具的一般原产地证明书，简称贸促会原产地证明书（CCPIT Certificate of Origin）；（3）制造商或出口商出具的原产地证明书。

在国际贸易实务中，应该提供哪种产地证明书，主要依据合同或信用证的要求。一般对于实行普惠制国家出口货物，都要求出具普惠制原产地证明书。如果信用证并未明确规定原产地证明书的出具者，那么银行应该接受任何一种原产地证明书。

（九）出口收汇核销和出口退税

1. 出口收汇核销。所谓出口收汇核销是指国家外汇管理部门根据国家外汇管理的要求，通过海关对出口货物的监管，对出口单位的收汇是否符合国家规定而进行监督的一种管理制度。对外贸易经营者在对外贸易经营活动中，应当依照国家外汇管理制度的要求结汇、用汇，银行对企业的收付汇实行结汇、售汇制。国家为保障银行结汇、售汇制度的执行，保证充分的外汇来源，满足用汇需要，在货物的进出口过程中，实行较为严格的收付汇核销制度。

2. 出口退税。为鼓励出口单位自主经营、自负盈亏，增强中国出口商品的竞争力，根据国际惯例，中国从 1985 年开始对出口商品实行退税制度。凡出口商品在国内生产和流通环节中已被征收产品税、增值税、营业税或特别消费税的，在该批商品报关出口收汇以后，国家税务机关根据有关标准，向直接出口单位退回已征税款。

企业必须在货物报关出口之日起 90 天内办理出口退税申报手续。为加强出口退税管理，中国政府实行出口退税与出口收汇核销挂钩的政策，即出口单位在申请出口退税时，应向国家税务机关提交出口货物报关单、出口销售发票、出口商品进货发票、银行出具的结汇水单以及出口收汇核销单（出口退税专用联），经国家税务机关审核无误后，才予以办理出口退税。

知识拓展

出口退税条件及计算方法

出口退税条件

除另有规定外，准予出口退税的货物必须同时具备以下四个条件：（1）必须是增值税和消费税征收范围内的货物；（2）必须是报关离境出口的货物；（3）必须是在财务上作为出口销售处理的货物；（4）必须是已收汇并经核销的货物。此外，生产企业（包括有进出口经营权的生产企业、委托外贸企业代理出口的生产企业、外商投资企业）申请办理出口货物退税时必须增加一个条件，即申请退税的货物必须是生产企业的自产货物（外商投资企业经省级外经贸主管部门批准收购出口的货物除外）。

（十）出口索赔

在履行出口合同过程中，如果买方违约，出口企业应根据不同对象、不同原因及损失大小向进口商索赔。索赔时应注意备齐索赔单证、分清责任归属，按照国际商法相应的法律条款及国际惯例，合理确定损失程度、金额及赔付办法。

二、进口合同的履行

在中国的进口业务中，大多数是按 FOB 价格条件成交的，支付条件大多数是使用信用证支付方式。采用 FOB 价格条件和信用证支付方式成交的进口合同履行的一般程序为：开立信用证、安排运输和保险、审单付款、报关报验、拨交和进口索赔等。

（一）开立信用证

进口合同签订后，进口人应按合同规定填写开证申请书向中国银行或其他经营外汇业务的银行办理申请开证手续。银行审查外汇有保证后，即可对外开证。

1. 信用证的开立程序。进口合同签订后，进口方应按合同规定填写开证申请书（Application for Letter of Credit），向当地银行或其他经营外汇业务的银行办理申请开证手续。申请开证的一般程序是：

（1）申请开证。开证申请书是开证申请人在申请开证时必须填制的文件，是开证银行对外开证的条件和依据。开证申请书一般包括两部分内容：一是开证申请人的承诺和付款保证，包括信用证的种类、开证方式、付款条件及保证、银行的权利和责任等，一般写在申请书的正面。二是开证内容，即银行凭以开证的依据，包括信用证的号码、有效期、失效地点、种类，有关当事人，单据要求，与合同相一致的具体条款，以及特殊声明与要求等，一般写在申请书的背面。

填制"开证申请书"的基本原则是按买卖双方签订的贸易合同的规定填制各项栏目，这是保证银行对外开立的信用证符合合同的前提。如果开证正确，可避免日后改证。开证申请人填制好"开证申请书"后，附进口合同副本送交当地银行，正式要求银行按照"开证申请书"和进口合同的内容及要求对外开证。

（2）审核申请。开证行在接到进口企业的开证申请后，应立即对"开证申请书"的内容及其与合同内容的关系、开证申请人的资信程度、经营能力、经营状况、外汇使用等方面的情况进行全面认真地审核，以确定是否接受开证申请人的开证申请。

（3）对外开证。如果开证银行经审核后同意接受开证申请，开证申请人即可按规定向开证银行提供担保，或交付符合规定的开证押金，作为开证的条件。其金额为信用证金额的百分之几到百分之几十，由银行根据开证申请人的资信情况而定。开证银行在取得担保或押金后，即可按"开证申请书"的内容和要求缮制信用证，并通过通知行交给受益人。当开证行开立信用证后，开证申请人须按规定支付一定金额的开证手续费，作为开证行经营业务的收入。

2. 申请开证时应注意的问题。买方按合同规定的时间向出口方开出符合要求的信用证是买方履行进口合同的基本义务之一。但是在实际业务中，由于合同规定开证时间有一定弹性，因此，如何合理掌握开证时间是一个重要问题。例如，一般合同都是通过规定最迟开证期限来规定开证时间的，在这种情况下，买方有能力控制和掌握具体的开证时间。开证时间不宜太早。开证时间早于合同规定的最迟开证时间，不但会增加开证费用，而且还会造成虚占进口用汇额度，不利于国家外汇的合理调配和充分运用。开证时间又不宜太迟。如果开证时间太迟，有可能由于传递等原因造成买方延期开证的后果。这样，买方因为未按合同规定时间开证将要承担违约责任。同时，有可能为日后出口方违约和免责（如延期装运或交货等）提供借口。在实际业务中，开证时间应严格按照合同规定掌握。如果信用证没有规定明确的开证日期，只规定了装运期，则买方应在合理时间内对外开证，一般应在合同规定的装运期前 30～45 天开证，以便出口方在收到信用证后有较宽裕的时间安排装运。

3. 信用证的修改。出口方收到信用证后，常提出修改信用证的请求，如延展装运期、延长信用证有效期、变更装运港等，对进口方应区别情况对待。

（二）安排运输和投保

1. 租船、订舱。租船、订舱是安排运输的两种不同做法，租船是指租整条船，订舱是预订班轮公司的舱位。按 FOB 价格条件成交的进口合同，租船、订舱工作是进口方应尽的义务。在中国，进口货物的租船、订舱工作一般由进口方委托外运公司办理。

进口方应在交货前一定时间内，向外运公司办理委托租船、订舱手续。手续办妥后，应按合同规定的期限将船名、船期等事项通知出口方，以便其安排备货装船。同时，进口方还应随时了解和掌握出口方备货、装船的准备情况，及时检查督促，必要时还要电催对方按时装运，以防止船货脱节或出现船等货的情况。

对于成交量大或重要商品，还可委托驻外机构就近了解，或派员前往出口地点检验监督，促使对方根据合同规定，按时、按质、按量履行交货义务。

货物装船后，出口方应按合同规定，及时向进口方发出装船通知，以便进口方投保和在目的港办理接货等手续。

2. 投保。FOB、CFR 或 FCA、CPT 交货条件下的进口合同，保险由买方办理。进口商（或收货人）在向保险公司办理进口运输货物保险时有以下两种做法：

（1）预约保险。中国进口货物通常都采用预约保险方式。一般是由外贸公司与中国人民保险公司签订海运、空运和邮运货物的预约保险合同（Open Policy），在预约保险合同中对进口货物应投保的险别、保险费率、适用的保险条款、保险费以及赔款的支付方法做明确的规定。

通常按照预约保险合同的规定，凡是属于预约保险单规定范围内的进口货物，一经装船，保险公司即负有自动承保的责任。对于海运进口货物，外贸公司在接到国外出口商发来的装船通知后，据此编制“进口货物装船通知书”，提供给保险公司作为投保凭证，即完成了投保手续。一旦发生承保范围内的损失，由保险公司负责赔偿。对于空运或邮包运输的货物，也要根据预约保险合同的内容和保险范围，在收到国外装运通知后，编制“装运通知书”，并将装运通知书提交给保险公司，作为办妥保险手续的证明。

（2）逐笔投保。逐笔投保方式是收货人在接到国外出口商发来的装船通知后，直接到保险公司填写投保单，办理投保手续。保险公司出具保险单，投保人缴付保险费后，保险单随即生效。

无论是预约保险，还是逐笔投保，进口方都应及时办理进口货物保险的投保手续，否则，货物于投保之前在运输途中发生损失，保险公司不负赔偿责任。

保险公司对海运货物的责任期限，一般是从货物在国外装运港装上海轮起生效，到卸货港转运单据载明的国内目的地收货人仓库为止。保险公司对货物在卸货港港口的责任，以货物卸离海轮后 60 天为限，如不能在此期限内转运，可向保险公司申请延期，延期最多为 60 天。应当注意的是，散装货物以及木材、粮食、化肥等一些货物，保险责任均至卸货港的仓库或场地终止，并以货物卸离海轮后 60 天为限，不实行国内转运期间保险责任的扩展。少数货物如新鲜果蔬、活牲畜于卸离海轮时，保险责任即告终止。

（三）审单付款

1. 审单付款的做法。进口审单付款一般有两种做法：

（1）开证行审单付款。在信用证支付方式下，开证行承担第一性的付款责任，因此开证行收到出口地银行转来的全套单据后，即应根据《UCP 600》的规定，遵循“单单一致、单证一致”的原则，对照信用证条款对单据详加审核，确定单据的种类及份数是否齐全，相关的各项内容如货名、品质、数量、单价、金额等是否正确。审核无误后，开证行不必事先征得开证申请人的同意，就可直接对外办理付款。

（2）开证行与进口方共同审单，然后对外付款。这种做法普遍使用，具体是：开证银行在收到国外寄来的单据后，只根据国外议付的寄单索偿通知书，对单据的种类、份数、汇票、发票及索偿通知书所列金额是否正确等内容进行审核。审核无误后，开证行即将全套单据送交进口方。进口方如果审核无误，即对开证行办理付款或承兑，开证行再根据国外议付索偿通知书的要求和信用证的有关规定，对外办理付款或承兑。

银行与进口方共同审单的做法主要基于开证行为了减少和避免日后发生纠纷。但值得注意的是，最后的决定权仍在开证行手里。在审单过程中，如果开证行发现“不符点”或议付行已在议付索偿通知书中列明“不符点”细节，转交开证申请人。如果进口企业在审单中发现了银行未审出的“不符点”，应以书面形式通知开证银行，并连同全套单据交开证银行复验。如果进口企业认为“不符点”的性质比较严重，并准备拒付，则应向开证行书面说明拒付的具体理由，由开证行审核确认。

根据《UCP 600》的规定，上述两种做法，不论审单的结论如何，开证行及进口方总的审单时间，应掌握在开证行接到出口地银行转来单据的翌日起算的5个银行工作日之内。

2. 审单不符的处理。如果进口方在审单时发现“不符点”，应根据《UCP 600》或国际银行业务惯例区别不同情况予以处理。一般来说，处理“不符点”的办法有以下几种：

（1）拒绝接受单据并拒付全部货款。在审单中如果发现单据“不符点”的性质非常严重，对进口方利益具有实质性损害，如单据不全或种类有误，货款金额有严重偏差，提单不清洁，或单据中的重要项目内容不符规定等，进口方可以采取拒收单据、拒付全部货款的办法。

如果确定采用这种办法处理“不符点”，开证银行应在规定的七天之日向寄送单据的一方发出通知，并说明全部的“不符点”以及单据的去向。否则，开证行将不能宣称单据有“不符点”而拒收。

（2）部分付款、部分拒付。如果出口方提供的单据中含有“不符点”，但是性质又不是十分严重的，按惯例也不宜拒付全部货款，进口方可以采取部分付款，部分拒付的方法。采用这种方法处理“不符点”应向对方说明原因。如果对方能够更改并最终符合规定的要求，进口方应考虑支付剩余货款。

（3）货到经检验后付款。在进口方不需要转让单据的情况下，如果审单过程中发现“不符点”，但其属于非实质性的，进口方可以考虑通知银行，要求货到经检验后付款。如果货到了，经检验发现货物与合同规定完全相符，单据“不符点”属于制单疏忽所致，进口方可以接受单据，考虑支付全部货款。但如果经检验证明货物与单据一致而与合同不一致，进口方可以视具体情况予以拒付或扣款处理。这种方式尤其适用于进口方进口的货物属于国内建设或生活中急需商品的情况。采取这种灵活的方法处理“不符点”对进口方是非常有利的。

（4）凭担保付款。在“不符点”性质属一般，对进口方利益不致造成明显损害的情况下，进口方可以考虑接受出口方的担保，或国外议付行出具的担保对外付款。

（5）开证行对外付款，但保留追索权。按国际银行业务惯例，开证行一经对外付款后即不能行使追索权，如果开证申请人拒付，开证行将承担损失。但是，在进口审单遇“不符点”、且其性质尚属一般的情况下，开证行可以考虑在对方同意开证行保留追索权的前提下对外付款。这样，如遇开证申请人拒付，开证行可追回已付货款。

（6）更正单据后付款。如果审单中发现的“不符点”确属操作错误，而且时间和其他条件都具备，出口方要求更改单据，进口方也可以接受。在这种情况下，进口方应在收到更正的且符合规定要求的单据后再行对外办理付款手续。

（四）报关和检验

1. 进口报关。根据中国《海关法》的规定，进出口货物必须接受海关的监管，所谓进口报关是指进口货物的收货人或他的代理人向海关交验有关单据，办理进口货物申报的法律行为。

（1）进口报关的程序。进口报关的一般程序大致分为四个步骤：

一是收单审单。在这个阶段，报关人应填写进口货物报关单一式两份（一般贸易），随附进口许可证、发票、装箱单等证件向海关报关。海关对报关单进行编号登记，批注申报日期，同时审核报关单证是否齐全、有效，内容是否清楚、正确。“进口货物报关单”和“进口许可证”在许多项目内容上和出口报关单及出口许可证相同或相似，在填写时可以相互参照。

二是估价征税。在这个阶段，海关进行审价，并分类估价和核算到岸价格，依率计征，依法减免。估价征税计算好后，海关开出银行缴款书时，报关人应随时回答海关提出的问题，并按需要提供相关证件。

三是查验货物。报关人缴纳税款后，将银行缴款书的回执交海关，海关凭以验货。如果海关去监管区外验货应收取规费。报关人应随同验货关员同验货物，负责搬移、开箱，验毕封好，并随时提供海关需要的单证。如果是船边直提货物，海关应先验后税，即监督放行后再补税。

四是签章放行。海关如果审核报关人已缴讫关税及规费，应附单证已核销，各项通关程序全部完成，经办人即在报关单及提单上加盖放行章，随附应发还的单证，交还报关人。报关人即可到海关监管仓库或场所提货。

（2）进口报关应注意的问题。报关人在进口报关时应注意以下三个问题：

一是关于报关地点。一般情况下，进口货物应当由收货人或其代理人在货物的进境地海关办理海关手续。为了方便进口货物的收货人办理海关手续，经货物的收货人向海关申请，海关经审核后可以同意进口货物的收货人在设有海关的指运地办理报关手续，这种异地办理报关手续的进口货物，称为转关货物。

二是关于报关资格。海关规定，进出口货物要由海关准予注册的报关企业或者有权经营进出口业务的企业负责办理报关纳税手续。根据这一规定，报关权是海关授予企业向海关办理货物进出口手续的特有权利。外经贸管理部门批准企业经营进出口业务，但不代表企业享有报关权。只有有权经营进出口业务的企业向海关申请并办理了报关注册登记手续后，才能获得报关权，取得报关资格。

三是关于进口报关时限。根据《中华人民共和国海关法》第18条规定，进口货物的报关期限为自运输工具申报进境之日起14日内，由收货人或其代理人向海关报关，超过这个期限报关的，由海关征收滞报金。海运、空运、陆运进口货物自运输工具申报进境之日起第15日开始，至报关单位向海关申办货物进口手续之日止。滞报金按日计收，日收额为进口到岸价格的0.5%，滞报金的起征点为人民币10元。

2. 报验。根据中国进出口商品检验的规定，凡列入《种类表》的进口商品和其他法律、行政法规规定须经商检机构检验的进口商品，必须经商品检机构或者国家商检部门、商检机构指定的检验部门检验。进口商品未经检验的，不准销售、不准使用。因此，进口货物到港后，进口方应及时按规定报验。

(1) 进口报验的类型。进口报验大致有两种情况：一种是按国家规定的法定检验商品的进口报验。这种进口报验主要是判明进口商品的品名、品质规格、数量或重量、技术性能等是否符合中国进口商品的有关规定，是否符合进口合同中对商品具体规定的要求。另一种是进口货物残损或短缺鉴定。如果进口货物卸船后发现有货物残损或短缺，应向商检部门申请报验，并凭商检机构经检验后出具的检验或鉴定证书，向国外有关责任方索赔。因此，这种报验可称为索赔报验。

(2) 进口报验的申请。申请进口商品检验时，报验人必须填写"进口商品检验申请单"。每份申请单只限填报一批商品，一般以同一贸易合同、同一国外发票、同一装运提单填写一份申请单。报验人除提供贸易合同、国外发票、装货清单、提单及进口货物通知书外，还须根据实际情况提供相关资料。申请品质检验须附国外品质证书、使用说明书及有关标准和技术资料。如凭样成交的，加附成交小样。申请残损鉴定须加附理货签证、残损或溢缺单、铁路商务记录、空运事故记录等有关证明残缺的单证。进口商品经收货、用货单位自行验收或其他单位检验的还应加附详细验收记录、磅码单或检验结果单。对结合成分纯度或公量计价结算的进口商品，报验人在申请品质检验时，还应同时申请重量鉴定。

(3) 进口报验地点。按规定，报验地点一般应为检验地点。报验或检验地点应考虑进口商品的种类和性质，一般有以下四种情况：卸货港检验；使用地点检验；拆箱地点检验；装运前检验。

(五) 拨交货物和进口索赔

1. 拨交货物。经报关、验收后的进口货物，如订货或用货单位在卸货港所在地，则就近拨交货物；如不在卸货地区，则委托货运代理将货物转运内地并拨交给订货单位。并将进口关税和运往内地的费用，由货运代理向进口公司结算，进口公司再向订货部门结算。

2. 进口索赔。在进口业务中，进口商品常因品质、数量、包装等不符合合同规定，或者因为运输过程中的残损等需向有关方面提出索赔。索赔包括损失赔偿与权利要求两项。损失赔偿是针对国外客户交货品质不符合规定，装货数量短少，残损破漏以及运输途中发生短卸；权利要求是针对对方违约迟交的索赔。

本章小结

国际货物买卖合同的订立是进出口业务中最重要的环节，合同的质量直接影响进出口商的利益。因此，在交易磋商前要做好目标市场调研、选择客户、制订进出口商品经营方案，以及组建谈判小组的工作。交易磋商是国际货物买卖合同的基础，它是一项政策性、策略性和技术性很强的工作。交易磋商程序一般包括询盘、发盘、还盘和接受四个环节，其中发盘和接受是合同成立必不可少的两个环节。进出口合同是规定买卖双方权利和义务的法律文件，合同生效要具备五个要件，其书面合同的内容通常包括约首、正文和约尾三部分。合同的履行直接关系到合同各方能否依据所订立的合同实现各自的预期利益。履行出口合同大致要做好备货、落实信用证、租船或订舱、报验、报关、装运、保险、制单结汇、出口收汇核销和出口退税，以及出口索赔等十个环节的工作，其中，货、证、船、款是最重要的四个环节。进口合同履行包括进口商申请开立信用证，开证行开立信用证，不同贸易术语下由进口商或出口商安排运输和投保，开证行收到国外寄来的单据后进行审单和付款业务，进口商或其代理人进行报关和对商品进行检验，最后拨交货物和进口索赔。

复习思考题

一、单项选择题

1. 在国际货物买卖中，交易磋商中必不可少的法律步骤是（　　）。

A. 询盘和还盘　　B. 发盘与还盘　　C. 发盘与接受　　D. 还盘与接受

2. 进口货物如发生残损，而运输单据是清洁的，则索赔的对象是（　　）。

A. 卖方　　B. 承运人　　C. 保险公司　　D. 银行

3. 出口报关的时间应是（　　）。

A. 备货前　　B. 装船前　　C. 装船后　　D. 货到目的港后

二、判断题

1. 根据《公约》规定，发盘和接受的生效采取投邮生效原则。（　　）

2. 按照《公约》规定，一项发盘在未送达受盘人之前是可以阻止其生效的，这叫发盘的撤销。（　　）

3. 买卖合同只有在有“对价”或“约因”的情况下才是有效的。否则，它得不到法律的保障，是没有强制执行力的。（　　）

三、案例分析题

1. 中国A公司向美商发盘：可供一级红小豆1 500公吨，以毛作净，每公吨500美元CIF洛杉矶，采用适合海运性质包装，7月份装船，6月15日内答复有效。美商收到发盘后立即复电：接受你方发盘，需采用新麻袋装运，内要加一层塑料袋。A公司收到复电后即着手备货，准备于七月份装船。数日后，一级红小豆国际市场价格猛跌。美商于6月20日来函称：由于你方对我方新麻袋包装的要求未予确认，合同并未成立。但A公司坚持合同已经成立，双方发生争议。请依据《公约》有关规定分析双方之间的合同关系是否确立？

2. 中国A公司按CIF大连与德国B公司订立一份手工艺品的出口合同。A公司收到的信用证单据条款规定：“商业发票一式三份；全套（Full Set）清洁已装船提单，注明‘运费预付’，做成指示抬头空白背书；保险单一式两份，根据中国人民保险（集团）公司1981年1月1日海洋运输货物保险条款投保一切险和战争险……”。信用证内注明按《UCP600》办理。A公司在信用证规定的装运期限内将货物装船，并在到期日前向议付行交单议付，议付行随即向开证行寄单索偿。开证行收到单据后来电表示拒绝付款，其理由是单证有下列不符：（1）商业发票上没有受益人的签字；（2）正本提单只出具一份，不符合全套要求；（3）保险单上的保险金额仅是发票金额，投保金额不足。请分析开证行单证不符的理由是否成立？

3. 中国某外贸公司与荷兰进口商签订一份皮手套合同，价格条件为CIF鹿特丹，向中国人民保险公司投保一切险。生产厂家在生产的最后一道工序将皮手套的温度降低到了最低程度，然后用牛皮纸包装好装入双层瓦楞纸箱，再装入 20 尺集装箱，货物到达鹿特丹后，检验结果表明：全部货物湿、霉、玷污、变色损失价值达 8 万美元。据分析：该批货物的出口地不异常热，进口地鹿特丹不异常冷，运输途中无异常，完全属于正常运输。请分析：（1）保险公司对该批损失是否赔偿？（2）进口商对受损货物是否支付货款？（3）你认为出口商应如何处理此事？

4. 中国某公司与国外某客商订立一份农产品的出口合同，合同规定以不可撤销即期信用证为付款方式。买方在合同规定的时间内将信用证开抵通知银行，并经通知银行转交中方公司，中方出口公司审核后发现，信用证上有关装运期的规定与双方协商的不一致，为争取时间，尽快将信用证修改完毕，以便办理货物的装运，中方立即电告开证银行修改信用证，并要求开证银行修改完信用证后，直接将信用证修改通知书寄交中方。请分析：（1）中方的做法可能会产生什么后果？（2）正确的信用证修改渠道是怎样的？

5. 中国某公司凭即期不可撤销信用证出口马达一批，合同规定装运期为 8 月份。签约后，对方及时开来信用证，中方根据信用证的要求及时将货物装运出口。但在制作单据时，制单员将商业发票上的商品名称以信用证的规定缮制为：“MACHINERY AND MILL WORKS, MOTORS”，而海运提单上仅填写了该商品的统称：“MOTORS”。请分析付款行可否以此为由拒付货款？为什么？

6. 中国某公司向国外出口某商品，L/C 中规定的装运期为 5 月份，交单期为 6 月 10 日前，L/C 的有效期为 6 月 25 日。该公司收到 L/C 后，及时准备货物，但因产品制作时间较长，货物于 5 月 27 日才全部赶制出来，装运后取得 5 月 29 日签发的提单。中方制作好单据于 6 月 8 日交单时，恰逢 6 月 8 日和 9 日是银行非营业日。请分析中方最终能否从银行取得货款？为什么？

第十一章　国际贸易方式与电子商务

学习目标

- 了解国际贸易中常用的贸易方式及其区别；
- 重点掌握包销、代理、商品期货交易及加工贸易方式；
- 熟悉电子商务在国际贸易中的应用及其经济效应。

导入案例

某招标机构接受委托，以国际公开招标形式采购一批机电产品。招标文件要求投标人制作规格和价格两份投标文件，开标时，先开规格标，对符合条件者，再定期开价格标，确定中标者。共有12家企业投标。在开标期先开了价格标，经慎重筛选，初步选定7家，要求他们对规格标进行澄清，并将投标有效期延长两个月。7家中有4家送来澄清函并同意延长有效期。其余3家提出将提高报价10%或更多，否则将撤销投标。招标机构拒绝了后3家的要求。到了价格标的开标日期，对仅有的4家开标后，却发现4家报价均过高，超过招标机构预订标底30%以上。招标机构只得依法宣布此次招标作废，重新招标。

请分析：此次招标失败的原因以及应吸取的教训是什么？

国际贸易方式是指国际间进行货物交易的具体形式及各种交易方法。随着国际贸易的不断发展，贸易方式也随之趋向于多样化，各种新的贸易方式不断涌现。在当今进出口贸易中常用的贸易方式既有传统的贸易方式（如包销、代理、寄售、拍卖、招投标和商品期货交易等），也有新型的贸易方式（如对销贸易、加工贸易、租赁贸易等）。随着网络技术应用的快速普及，电子商务作为一种新兴的贸易操作方式，更以其特有的优势为世界上众多国家及不同行业所接受和使用，其发展已经引起了国际贸易领域的重大变革。

第一节　国际贸易方式

一、包销

包销（Exclusive Sales）是指出口商通过签订包销协议，给予包销商在一定时期和一定地区内经营某种或某类商品专营权的一种贸易方式。其特点可以归纳为“三定、三自、一专”，即双方定商品、定地区、定时间，包销商自行购买、自行销售、自负盈亏，包销商享有专营权。

（一）包销协议

包销方式下，双方当事人通过包销协议建立一种较为稳固的购销关系。包销协议与通常货物买卖合同不同，它只规定一般条件，作为将来出口方与包销商之间对包销商品签订具体买卖合同的依据。包销协议一经双方签字即生效，任何一方不能借口尚未签订具体买卖合同而否认包销协议的效力。包销协议主要包括以下六个方面的内容：

1. 协议名称、协议双方名称、签约日期和地点；

2. 包销协议双方的关系，即协议中应明确规定包销商与出口方之间是买卖关系，包销商不是出口方的代表或代理人，无权以出口方的名义签订合同；

3. 包销权及其对等条件，即出口商授予包销商包销权后，在约定期限、地区内，不得自己直接销售或通过第三者间接销售约定商品，也不得将约定商品在同一区域内另选买主或代理商。作为对等条件，同时规定包销商在约定期限和地区内不得销售或代理销售与约定商品相同、类似或有竞争性的其他来源的商品；

4. 包销商品、地区和期限，即在包销协议中，应将包销商品的种类、名称、规格，包销的地区和期限等作明确、具体的规定，以免日后发生争执；

5. 最低购买额，即包销商在一定时期内必须向卖方购买的数额，是卖方将包销权授予包销商的一个前提条件；

6. 作价办法，即商品可以一次作价，也可分批作价，如何作价应根据商品的特点和市场情况而定。

（二）运用包销方式应注意的问题

通过专营权的给予，包销有利于调动包销商经营的积极性，利用包销商的销售渠道达到巩固和扩大市场的目的，并可减少多头经营产生的自相竞争的弊端。但是，如果运用不当，包销可能给出口方的经营活动带来不利的影响。采用包销方式应注意以下几点：

1. 选择包销商时，既要考虑其政治态度，又要注意其资信情况、经营能力及其在该地区的市场地位。对大众商品采用包销方式时，为了慎重起见，可以有一个试行阶段。

2. 适当地规定包销商品范围，包销地区及包销数量（或金额）。确定商品范围、包销地区，要与客户的资信能力和自己的经营意图相适应，一般情况下，范围不宜过大。规定包销数量（或金额），应考虑自身货源的可能、对方市场的容纳量等因素。为了扩大推销某类商品，可允许包销商超额承购，并对超额完成部分给予对方一定比例的奖励。

3. 在协议中应规定中止或索赔条款。为了防止包销商垄断市场或经营不力、“包而不销”或“包而少销”的情况出现，应在包销协议中规定中止条款或索赔条款。

4. 应注意避免包销商利用其垄断地位，操纵和垄断市场，对出口方的商品进行压价。

二、代理

代理（Agency）是指代理人以被代理人（又称本人）的名义，在代理权限内与第三人（又称相对人）实施民事行为，其法律后果直接由被代理人承受的民事法律制度。在国际市场上存在着名目繁多的代理商。其中包括采购、销售、运输、保险、广告等多方面的代理商，这里介绍的只是销售代理（Selling Agent）。

（一）销售代理的性质与特点

国际贸易中的销售代理是指委托人授权代理人代表其向第三方招揽生意、签订合同或办理与交易有关的各项事宜，由此而产生的权利与义务直接对委托人发生效力。与包销方式相比，销售代理具有以下特点：

1. 销售代理商同出口商之间是委托代理关系；

2. 销售代理商只能在委托人的授权范围内，代表委托人从事商业活动；

3. 销售代理商只居间介绍生意，招揽订单，一般不以自己的名义与第三者签订合同，也不承担履行合同的责任；

4. 销售代理商通常是运用委托人的资金从事业务活动，不垫资金、不担风险和不负盈亏，只收取佣金。

（二）销售代理的种类

按委托人授权的大小，销售代理可分为以下三种：

1. 独家代理（The Exclusive Agency or Sole Agency）。独家代理是在指定地区内，单独代表委托人行为的代理人。委托人在该指定地区内，不得委托其他代理人，委托人给予代理人在特定地区和一定期限内享有代销指定商品的专营权。需要注意的是独家代理具有的专营权与包销商所具有的专营权并不完全一样的。通常，除非协议另有约定，一般也可允许委托人直接向指定的代理地区的买主进行交易。为了不损害独家代理的利益，有些协议规定，凡委托人直接与指定代理地区的买主达成交易的，仍然向独家代理计付佣金。

2. 普通代理（Agency）。普通代理又称一般代理，是指在同一代理地区及期限内，委托人同时委派几个代理人为其推销商品服务。普通代理根据推销商品的实际金额或根据协议规定的办法和百分率向委托人计收佣金，委托人也可以直接与该地区的实际买主成交，而无需给普通代理佣金。在中国出口业务中，运用这种代理商比较多。按照国际市场的一般习惯做法，销售代理人自身不得购买委托人的商品谋利，但如在委托人同意下，销售代理人也可自行购买其所代理的商品，在此种情况下，销售代理人虽然同时也是买主，但他仍可按代理协议取得一定的佣金。

普通代理与独家代理的主要区别有两点：一是独家代理享有专营权，普通代理不享有这种权利；二是前者收取佣金的范围既包括招揽生意、介绍客户成交的金额，也包括委托人直接成交的金额；后者收取佣金的范围，只限于推销出去的商品。

3. 总代理（General Agency）。总代理是指代理人在指定地区内，不仅有权独家代销指定的商品，还有代表委托人进行全面业务活动，甚至包括非商业性质的活动的权利。总代理人实际上是委托人在指定地区的全权代表，其法律责任由委托人承担。

（三）销售代理协议

代理协议是明确协议双方委托人与代理人之间权利与义务的法律文件。其主要内容包括下列几项：

1. 代理地区。代理地区是指代理人有权开展代理业务的地区。

2. 授予代理的权利。这一条款的内容取决于不同性质的代理。如果是普通代理协议，委托人应该在协议中规定：保留委托人在代理地区内在代理人不参与的情况下，直接同买主进行谈判和成交的权利。独家代理协议，通常要规定提供专营权的条款。

3. 协议有效期及中止条款。代理协议既可以是定期的，也可以是不定期的，这是国际市场的一般做法。定期的时间一般为1~5年。如不规定协议期限，双方当事人则在协议中规定：其中一方不履行协议，另一方有权中止协议。

4. 代理人佣金条款。代理人佣金条款应规定的内容有：代理人索取佣金的时间、佣金率（通常为1%~5%不等）和计算佣金的基础。

5. 支付佣金的方法。支付佣金的方法可按约定时间根据累计的销售数量或金额汇总支付，也可在委托人收汇后逐笔结算或从货价中直接扣除。

6. 非竞争条款。所谓非竞争条款是指代理人在协议有效期内无权提供、购买与委托人的商品相竞争的商品，也无权为该商品组织广告。代理人也无权代表协议地区内的其他相竞争的公司。

7. 关于最低成交额条款。最低成交额条款是指代理人要承担签订不低于规定数额的（最低成交额）买卖合同。如果代理人未能达到或超过最低成交额时，委托人对代理人的报酬可做相应的调整。

8. 关于向委托人提供市场情报、广告宣传和保护商标等条款。

三、寄售

寄售（Consignment）是一种委托代售的贸易方式。在中国进出口业务中，寄售方式运用并不普遍，但在某些商品的交易中，为促进成交，扩大出口，也可适当地运用寄售方式。

（一）寄售的性质和特点

寄售是一种有别于代理销售的贸易方式。它是指委托人（货主）先将货物运往寄售地，委托国外一个代销人（受委托人），按照寄售协议规定的条件，由代销人代替货主进行销售，货物出售后，代销人再向货主结算货款的一种贸易做法。寄售的业务流程如图11-1所示。

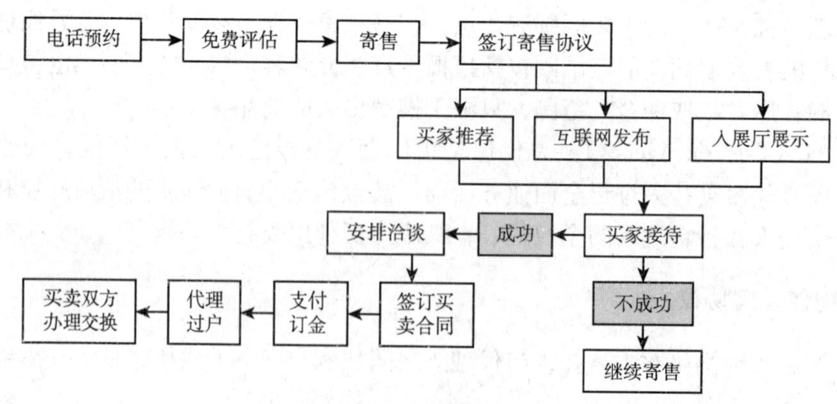

图11-1 寄售业务流程

寄售方式与正常的卖断方式比较，具有如下特点：

1. 寄售人与代销人之间是委托代售关系，而非买卖关系。代销人根据寄售人的指示处置货物，货物的所有权在寄售地出售之前仍属寄售人；

2. 寄售人先将货物运至目的地市场（寄售地），然后经代销人在寄售地向当地买主销售。因此，它是典型的凭实物进行买卖的现货交易；

3. 寄售货物在售出之前，包括运输途中和到达寄售地后的一切费用和风险，均由寄售人承担。代销商不承担任何风险和费用，只收取佣金作为报酬。

（二）寄售协议

寄售协议用来规定有关寄售的条件和具体做法，其主要内容如下：

1. 双方的基本关系。寄售人和代销人之间的关系，是一种委托代理关系。货物在出售前所有权仍属寄售人。代销人应按协议规定，以代理人身份出售商品，收取贷款，处理争议等，其中的风险和费用由寄售人承担。

2. 寄售商品的价格。寄售商品的价格有三种规定方式：其一，规定最低售价；其二，由代销人按市场行情自行定价；其三，由代销人向寄售人报价，征得寄售人同意后确定价格，这种做法较为普遍使用。

3. 佣金条款。规定佣金的比率，有时还可增加佣金比率增减额的计算方法。通常佣金由代销人在货款中自行扣除。

4. 代销人的义务。包括保管货物，代办进口报关、存仓、保险等手续并及时向寄售人通报商情。代销人应按协议规定的方式和时间将货款交付寄售人。有的寄售协议中还规定代销人应向寄售人出示其银行保函或备用银行证，保证承担寄售协议规定的义务。

5. 寄售人的义务。寄售人按协议规定时间出运货物，并偿付代销人所垫付的代办费用。

（三）采用寄售方式应注意的问题

寄售方式在开辟市场、推广新产品以及处理积压库存商品等方面都具有积极作用，同时，代销商不负风险和费用，不需垫付资金，多销多得，因而有利于提高其经营积极性。开展寄售业务，涉及经济、商务、法律等一系列问题，情况比较复杂，如运用不得法或管理不当，就可能造成经济损失，所以应审慎从事。

1. 审慎选择合适的代销人。由于寄售是先出运、后成交和售货后收回货款，因此代销人合适与否，对寄售人有切身的利害关系。为了确保寄售达到预期效果，应当选择资信好、有经营推销能力的客户作为代销人。

2. 在调查研究的基础上选好寄售地。应根据国外销售市场各方面的情况，如市场动态、供求情况、销售渠道、消费习惯、当地政府对外贸的管理制度、外汇管理、税收办法和市场管理等因素选择寄售地。

3. 选择适销对路的商品作为寄售的商品。寄售商品选择适当与否，关系到寄售的成败，因此，一般应选择在当地市场有销路而又难以凭样成交的商品，或者是一些名优产品与新小商品。对品质、规格、包装不适应当地市场需要的商品或滞销商品，不适于寄售。

4. 适当地掌握寄售商品的数量。应当根据销售情况和市场容量的大小，掌握寄售商品的数量。一般来说，寄售数量不宜过多，以免由于销售不出去而被迫削价出售，或转移到其他市场而增加费用和风险的负担。

5. 注意收汇安全。为了确保收汇安全，不宜于选择外汇管制严格国家或地区为寄售地。

6. 制定好寄售协议。寄售协议关系到双方当事人的权利和义务，因此，在寄售协议中，对价格、货款和佣金给付以及费用的负担等事项，均应做出明确合理的规定，以利于协议的执行。

四、拍卖

拍卖（Auction）是专门经营拍卖业务的拍卖行接受货主的委托，在规定时间和地点，按照一定的章程和规则，将货物公开展示，由买主出价竞购，把货物卖给出价最高的买主。

拍卖是一种通过众多买主的竞价，实现现货交易的方式。进出口贸易中采用拍卖方式进行交易的商品，是一些品质难以标准化或难以久存，或传统上有拍卖习惯的商品，如裘皮、木材、茶叶、水果、花卉、羊毛以及艺术品等。

（一）拍卖的竞价方式

1. 增价式拍卖。这是最常见的一种拍卖方式。拍卖时，由拍卖人宣布预定的最低价，然后竞买者相继出价竞购。拍卖行可规定每次加价的金额限度。至某一价格时，经拍卖人三次提示而无人加价时，则为最高价，由拍卖人击槌表示成交。按拍卖章程规定，在拍卖人落槌前，叫价人可以撤销出价；如果货主与拍卖人事先商定了最低限价，而竞买人的叫价低于该价，拍卖人可终止拍卖。

2. 减价式拍卖。又称荷兰式拍卖，源于世界上最大的荷兰花卉拍卖市场，由拍卖人先开出最高价格，然后渐次降低价格，直到有人表示接受，即达成交易。这种拍卖方式买主之间无反复竞价的过程，且买主一旦表示接受，不能再行撤销。由于减价拍卖成交迅速，特别适合于数量大，批次多的鲜活商品。

3. 密封递价拍卖。又称招标式拍卖。由买主在规定的时间内将密封的报价单递交拍卖人，由拍卖人选择买主。这种拍卖方式有两个特点：一是除价格条件外，还可能有其他交易条件需要考虑：二是可以采取公开开标方式，也可以采取不公开开标方式。拍卖大型设施或数量较大的库存物资或政府罚没物资时，可以采用这种方式。

（二）拍卖的一般程序

1. 准备阶段。货主与拍卖行达成拍卖协议，规定货物品种和数量、交货方式与时间、限定价格以及佣金等事项。货主把货物运至拍卖人指定的仓库，拍卖人对货物进行分类、分批编号。拍卖人印发拍品目录，并刊登拍卖通告。买主在正式拍卖前可至存放拍卖商品的仓库查看货物，必要时可抽取样品进行分析测试。

2. 正式拍卖阶段。在规定的时间和地点，按拍品目录规定的顺序逐批拍卖。以增价方式拍卖，买方出价相当于要约，拍卖人落槌相当于承诺。在落槌之前，买方有权撤销出价，卖方也有权撤回拍卖商品。以减价方式拍卖，拍卖人报价相当于要约，而买方一旦表示接受，即为承诺，交易成立，双方均受约束。

3. 付款和交货阶段。成交后，买方签署成交确认书，并支付部分货款作定金，待买方付清全部货款后，拍卖行开出提货单，买方凭单提货。拍卖行从货款中提取一定比例的佣金，作为提供拍卖服务的报酬，并扣除按合同应由货主承担的费用后，将贷款交付货主。

（三）拍卖的注意事项

1. 关于商品的品质。由于参加拍卖的商品往往难以用具体的规格加以描述，且买主在拍卖前有权查验货物，拍卖行通常在拍卖章程中规定“卖方对品质概不负责”，所以，拍卖后买方对商品没有复验权，也不存在索赔的问题。对于某些货物可能存在隐蔽的缺陷，凭一般的查验手段难以发现，有的拍卖章程中也规定了买方的索赔期限。

2. 关于公开和公平的原则。拍卖和招标投标一样，是一种按公平竞争的原则，进行公开交易的贸易方式。为保证公开和公平的原则不被违反，拍卖行制定了拍卖章程。买卖双方都必须严格遵守、买方不得互相串通，以压低报价；卖方也不得由代理人出价竞买，以哄抬价格这些均构成违规违法行为。

五、招标与投标

招标与投标（Invitation to Tender and Submission to Tender）是一种贸易方式的两个方面，它常用于国家政府机构、企业或公用事业单位在采购器材、设备和物资的交易中，也大量用于国际承包工程。

招标是指招标人按事先规定的条件公开征求应征人，选择最优者成交；投标是投标人根据招标人的要求，提出自己相应的价格和条件，通过竞争，争取为招标者选中，以达成交易。

（一）招标方式

1. 国际竞争性招标（International Competitive Bidding），它是指招标人邀请几个乃至几十个投标人参加投标，通过多数投标人竞争，选择其中对招标人最有利的投标人成交，它属于竞卖的方式。国际性竞争投标主要有两种做法：

（1）公开投标（Open Bidding）。公开投标是一种无限竞争性招标（Unlimited Competitive）。采用这种做法时，招标人要在国内外主要报刊上刊登招标广告，凡对该项招标内容有兴趣的人均有机会购买招标资料进行投标。政府采购物资，大部分采用竞争性的公开招标办法。

（2）选择性招标（Selected Bidding）。选择性招标又称邀请招标，它是有限竞争性招标（Limited Competitive Bidding）。采用这种做法时，招标人不在报刊上刊登广告，而是根据自己具体的业务关系和情报资料邀请客商，在对客商资格预审后，再由他们进行投标。

2. 谈判招标（Negotiated Bidding）。谈判招标又叫议标，它是非公开的，是一种非竞争性的招标。这种招标由招标人物色几家客商直接进行合同谈判，谈判成功即达成交易。

3. 两段招标（Two-Stage Bidding）。两段招标是指无限竞争招标和有限竞争招标的综合方式，采用此类方式时，先用公开招标，再用选择招标分两段进行。

（二）招标、投标业务的基本程序

招标、投标业务的基本程序包括招标前的准备工作、投标、开标、评标、决标及中标签约等基本环节。

1. 招标前的准备工作。招标前的准备工作主要包括以下三项：

（1）发布招标通告。凡采用“选择性招标”或“谈判招标”方式时，一般要发布招标通知。如采用“公开招标”或“两段招标”时，则应在国内报刊或有权威的杂志上刊登招标广告。招标通知与招标广告的内容基本相同，一般包括招标项目的内容、要求和投标须知等。

（2）预审投标人资格。资格预审是公开招标前的一项重要工作，它是预先确定投标人的资格条件，确保其在各方面有投标能力的关键工作，包括招标人对投标人的基本情况、财务状况、供应和生产能力、经营作风及信誉进行全面预先审查。

（3）编制招标文件。在物资采购的招标中，招标文件又称“标书”。

2. 投标的基本程序。投标的基本程序包括以下四步：

（1）研究招标书。投标人在接到招标通告以后，应搜集和了解招标人及其所在地的有关情况，研究招标书中提出的贸易项目或商品，是否投标适合本公司经营。同时，还应就商品的报价，做好充分的准备。因为投标实际上是一项有效期较长的发盘，在决定中标人前不得撤销投标，所以在决定价格时要考虑到物价上涨，币值变动及各种费用变化的因素。

（2）编制投标书。投标人研究了招标书并决定参加投标后，应按照招标书的规定和要求，认真编制和填报投标书。编制投标书是投标过程中一项十分严肃的工作，随意填写标书会给自身的信用带来影响，并造成经济损失。

（3）提供银行保函或缴纳投标保证金。为了防止投标人投标后撤标或中标后不签订合同，招标人往往要求投标人投标时提供银行出具的保函或提供一定比例或金额的投标保证金（或称投标押金）。如果投标人中途撤标或中标后拒不签订合同，投标人支付的保证金由招标人没收。没有中标的投标人的保证金在开标、中标后应全额退还。

（4）递送投标书。投标文件编制完毕，经审核校对无误，应用密封件挂号寄给招标人，邮寄时间要充分保证能在投标截止前寄达。

3. 开标。开标是指招标人在指定的时间和地点，将寄来的投标书中所列的标价和提出的交易条件进行比较，然后择优选定中标者。开标有公开开标和不公开开标两种方式。公开开标是招标人按照规定的时间和地点，当众拆开密封投标文件，宣读内容。开标时允许投标人记录，但不得查阅标书。开标后，投标人不得更改任何投标内容。不公开开标是由招标人在没有投标人参加的情况下自行选择中标人。

4. 评标。评标是指开标后，招标人对各个投标书中提出的条件进行评审、比较，选择最有利者为中标人的过程。在评标过程中，招标人如果认为所有投标者都不符合要求，可以宣布招标失败，拒绝全部投标，并且可以重新发布招标通告。

5. 中标签约。中标签约是从若干投标人中选定交易对象，即中标人，并与之签订合同。中标人须向招标人交纳履约保证金或出具履约保函。未中标者所交纳的投标保证金应全部退还，银行出具的保函责任也即告终止。

（三）使用招标、投标方式应注意的问题

1. 认真阅审招标文件，避免遗漏。按照国际投标的一般做法，投标文件是中标签订合同的一部分。如果对招标书的内容不完全清楚很难中标，即使中标也容易给将来履约带来麻烦，或可能造成经济损失。

2. 在招标通告中规定须通过代理人进行投标时，必须事先在招标人所在国家选定代理人，并与其签订代理协议，订明投标的具体条件，代理报酬和不中标时应支付的手续费。

3. 投标前，要了解招标国家对招标的规定和习惯做法。同时，还要落实货源。通过投标方式成交的货物，往往数量比较大，交货时间比较集中，如不能按时履约，将会造成不良影响，并须承担招标人因此而造成的经济损失。

六、商品期货交易

现代期货交易（Futures Trading）起源于19世纪后期的美国，目前期货交易在世界范围内得到了普遍的发展。改革开放以来，中国的外贸企业开始涉足国际期货市场以配合现货交易，同时，中国也创建了自己的期货市场，利用它的风险转移机制和价格发现机制来促进国内外贸易的发展。

期货交易是一种在特定类型的固定市场——期货市场或称商品交易所，按照严格的程序和规则，通过公开喊价的方式，买进或卖出某种商品期货合同的交易。期货市场（Future Market）是一种有组织的市场，只限正式会员（包括经纪人）进入场内交易，进行交易的商品主要是某些初级产品。期货合同（Futures Contract）是由交易所拟定的标准化的受法律约束并规定在将来某一特定时间和地点交割一定数量和质量的实物商品或金融商品的合约。

（一）商品期货交易的特点

期货交易与现货交易有明显的区别，主要表现在以下四个方面：

1. 期货交易买卖的是标准期货合同，必须在商品交易所内进行，一般不涉及货物的实际交割，只需在期货合同到期前平仓。所谓平仓或称对冲是指在期货合同到期前，交易者做一笔方向相反、交割月份和数量相同的期货交易，从而解除其实物交割的义务。

2. 以标准期货合同作为交易的标的。标准合同是由各商品交易所制定的。商品的品质、规格、数量以及其他交易条件都是统一拟定的，买卖双方只需洽定价格、交货期和合同数目。

3. 特殊的清算制度。商品交易所内买卖的期货合同由清算所进行统一交割、对冲和结算。清算所既是所有期货合同的买方，也是所有期货合同的卖方。交易双方分别与清算所建立法律关系。

4. 严格的保证金制度。清算所要求每个会员必须开立一个保证金账户，在开始建立期货交易时，按交易金额的一定百分比交纳初始保证金。以后每天交易结束后，清算所都按当日结算价格核算盈亏，如果亏损超过规定的百分比，清算所即要求追加保证金。该会员须在次日交易开盘前交纳追加保证金，否则清算所有权停止该会员的交易。

（二）商品期货交易的内容和做法

根据性质的不同，商品期货交易可分为投机交易和套期保值两类。

1. 投机交易（Speculation）。投机交易是根据对行市的判断买空卖空，从中追逐两次交易的差价。从长期看，在多数情况下现货市场和期货市场的价格变动趋势是一致的，据此，一些从事实物交易的农场主、生产厂商、进出口贸易商就可利用买卖期货合同转移价格风险，进行套期保值。其基本做法是，投机者利用“纸合同”作为筹码，通过买进卖出的手段，从价格的涨落中取得差额利润。投机者根据自己对期货市场价格走势的预测，在预计价格上涨时，买进期货合同，即所谓买空或多头（Long Position）；在估计价格下跌时，抛出期货合同，即所谓卖空或空头（Short Position）。等到价格与预期变化方向一致时，便抓住时机对冲，获取两次交易的差额。投机者在这样的贱买贵卖中通常要承担很大的风险。

2. 套期保值（Hedging）。套期保值有卖期保值（Selling Hedge）和买期保值（Buying Hedge）两种。卖期保值是指经营者买进一批实物，为避免转卖时价格下跌，就在期货市场卖出同数量的同一时期交货的期货合同。如届时价格下跌，就可以用期货合同的盈利弥补实物交易中的损失。反之，如经营者卖出一批以后交货的实物，他就可以通过期货市场买进同数量同一时期交货的期货合同做买期保值。

七、对销贸易

对销贸易（Counter Trade）是指在互惠互利的前提下，由两个或两个以上的贸易方达成协议，规定一方的进口产品可以部分或全部以相对的出口商品来支付。对销贸易实质上是进口和出口相结合的方式，一方商品或劳务的出口必须以进口为条件。另外，在对销贸易方式下，一方从国外进口货物，不是用现汇支付，而是用相对的出口商品来支付，这样做有利于保持国际收支平衡。

对销贸易的商品可以是有形的财产货物，也可以是劳务、专有技术和工业产权等无形产品。对销贸易主要有易货贸易（Barter Trade）、互购（Counter Purchase）、补偿贸易（Compensation Trade）、转手贸易（Switch Trade）和抵消（Offset）等五种方式。其中，易货贸易和补偿贸易是中国进出口业务中主要采用的方式。

（一）易货贸易

易货贸易是国际贸易最古老的形式，也是最简单的交易方式。顾名思义，易货贸易是指买卖双方不通过货币媒介而相互交换商品的一种方式。

1. 易货贸易的分类。易货有狭义的易货和广义的易货之分。狭义的易货也称直接易货，是纯粹的以货换货方式，不用货币支付，交换商品的价值相等或相近，没有第三者参加，并且是一次性交易，履约期较短。这种易货贸易方式具有很大的局限性，在现代国际贸易中很少采用。

广义的易货是指交易双方同时购买对方等值商品的方式，主要有以下两种不同的做法：(1) 记账易货贸易。记账易货贸易是根据两国政府间的贸易协定进行的综合性易货或一揽子易货。一方用出口货物交换对方的进口货物，双方将货值记账，互相抵冲，货款逐笔平衡，无需使用现汇支付。在这种方式中，交易的时间间隔不宜过长。(2) 对开信用证方式。这是指进口和出口同时成交，金额大致相等，双方都通过开立以对方为受益人的信用证的形式来支付货款，而且规定，要在收到对方开出的信用证后，本方开出的信用证才能生效。此外，还可以采用另一种方式，先开出的信用证先生效，但是银行并不马上付款，而是将这笔款项作为受益方开回信用证的押金，这种方式称为保留押金信用证方式，这样在交易过程中双方都没有提出货款，所以还是以货易货的交易。

2. 易货贸易的优缺点。(1) 易货贸易的优点：有利于缺少外汇的国家和外贸公司开展对外贸易，调剂余缺；利用易货贸易以进带出或以出带进，推销了本国商品，购进了自己所需商品。(2) 易货贸易的缺点：寻找交易伙伴时受到了各自国家经济互补性的制约，因为参加易货的商品必须是对方所需的；已交付货物的一方要承担收不到对方货物的风险，因此，往往要求货物必须同时进行交换。

（二）补偿贸易

补偿贸易是信贷与贸易相结合的产物，它是买方以信贷的形式从卖方购进机器设备、技术工艺、专利、技术秘密、中间产品等，进行生产后，在约定的期限内以所生产的产品或其他产品、劳务支付货款的贸易。这种补偿贸易方式的主要优点是能够利用外国的资金和设备，引进一些适宜的先进技术，一定程度上可以通过对方的销售渠道使本国产品进入国际市场。补偿贸易常见的补偿形式有：

1. 直接产品补偿。直接产品补偿又称产品返销，是指由出口方承诺，分期购买一定数量或金额的对方用进口机器设备直接生产的产品，进口的一方用直接产品分期偿还合同价款。

2. 间接产品补偿。间接产品补偿是指进口方用双方商定的其他产品，而不是进口设备生产的产品来偿还进口货款和利息。

3. 劳务补偿。劳务补偿是指购进设备或技术的一方以提供劳务所赚取的收入来补偿购进设备或技术的价款和利息，如来料加工、来件装配等。

4. 综合补偿。综合补偿是对上述三种方式的综合使用。补偿贸易对于买方来说，可以利用国外资金，在不动用外汇的情况下，引进国外的先进技术设备；有利于提高技术水平和劳动生产率，增加产品品种；通过产品返销扩大产品出口。对于卖方来说，通过向对方提供贷款，为自己的产品扩大销路，扩大设备技术出口；通过直接补偿或间接补偿获得进口商品的稳妥供应。但是，补偿贸易不容易引进最先进的技术；卖方提供的机器设备的价格一般包含较高的利润，买方付出的代价较高，在作价和利率上容易吃亏；出口设备一方对补偿产品的规格、品质及交货期等方面要求严格，约束性大，并总是借口市场销售情况不好进行压价。

八、加工贸易

加工贸易（Processing Trade）是指一国企业利用自己的设备和生产能力，对来自国外的原材料、零部件或元器件进行加工、制造或装配，然后再将产品销往国外的贸易方式。加工贸易分为进料加工和对外加工装配业务两种方式。

（一）进料加工

进料加工（Processing with Imported Materials），又称为“以进养出”，是指从国外购进原材料，经加工为成品再销往国外的做法。进料加工的方式可分为：

1. 先签订进口原料的合同，加工出成品后再寻找市场和买主；

2. 先签订出口合同，再根据国外买方的订货要求从国外购进原料，加工生产，然后交货；

3. 对口合同方式，即与对方签订进口原料合同的同时签订出口成品合同，原料的提供者也就是成品的购买者。两个合同相互独立，分别核算。

进料加工近年来在中国有了较为迅速的发展。它对充分利用国内生产力和生产技术，从国外进口中国缺乏的原、辅材料，加工出口产品，利用中国丰富的人力资源，挖掘生产设备的潜力，搞活出口贸易，加强中国产品在国外市场的竞争力，增加外汇收入都有着重大的意义。

（二）对外加工装配业务

对外加工装配业务是来料加工和来件装配业务统称。在这种方式中，原材料、零部件或元器件由外商提供，加工装配方的工厂负责根据对方的要求，加工装配出成品交给外商，并按约定收取工缴费。对外加工装配业务是一种委托加工的方式。外商将原材料等运交加工装配方，并未发生所有权的转移，加工装配方只是作为受托人按照外商的要求，将原料加工成为成品。在加工过程中，加工装配方付出了劳动，获取的加工费是劳动的报酬。

对外加工装配业务与进料加工方式有相同之处，它们都是利用加工装配方的技术和劳动力，对国外提供的原材料、零件加工装配成成品，再销到国外市场，即都属于“两头在外的加工贸易方式”即原料来自国外，成品又销往国外。但它们又有实质上的区别。在进料加工业务中，进料和成品出口是两笔独立的业务，贸易双方当事人是买卖关系，原料和生产出来的成品均属于加工者所有，加工者可自行安排加工出口，自负盈亏。对外加工装配业务则不同，在这种贸易方式下，原料供应方在贸易过程中均拥有原料及成品的所有权，原料的供应者便是成品的包销者，而加工方只有使用权，受托进行加工，收取的是工缴费。

九、租赁贸易

租赁贸易（International Lease Trade）是把产品在一定期间的使用权作为交易对象的贸易方式。租赁与其他贸易方式相比有以下特点：（1）出租人通常对产品享有所有权，承租人只享有占有权和使用权，所以出租人通常负担维修、保养等工作；（2）承租人租入设备使用，可以满足一时性、季节性的需要，承租人的租金可以纳入营业费用，这样可以减少企业的纳税额；（3）承租人一般保有留购权利，而作价方法，一般为现价减去已付的租金。

在国际市场上租赁贸易采用得最广泛的方式是融资性租赁和经营性租赁。

（一）融资性租赁

融资性租赁以融通资金为主要目的，是设备租赁的基本方式。融资性租赁的特点是，出租设备由承租人选择，然后由出租人出资购买，交由承租人使用，租金为购买该设备的成本加融资的利息及其他费用之和。租用合同一旦签订，双方都无权撤销，租赁期间出租人仍拥有该设备的所有权并向承租人收取一定的租金。

（二）经营性租赁

在经营性租赁中，承租人只是为了在一定期间内使用某种设备，并不想长期拥有所有权。通常情况下，经营性租赁具有以下特点：（1）出租的设备由出租人根据市场需要进行选购，购进之后再寻找承租人；（2）租赁期一般较短，有的甚至几天；（3）设备的维修和提供专门性服务等事宜由出租人负责；（4）租金包括租赁期设备的折旧费及其他费用；（5）租赁期满或合同终止后，承租人必须将所租设备退回出租人。

第二节　电子商务在国际贸易中的应用

随着信息技术的迅猛发展，国际贸易信息的传递、处理、交换也日益快捷化、规范化，以传真、信函和单证等纸面为媒介的传统的贸易方式正在被以电子数据、电子信息等为媒介的无纸化贸易方式逐渐地取代。在国际贸易领域，电子商务越来越受到各国和国际组织的重视，并被加速推广使用。

一、电子商务概述

电子商务（Electronic Commerce）的定义目前尚未有统一的、权威的表述。一般认为，电子商务是指人们应用现代信息技术，特别是网络互联技术和现代通信技术，使得商务活动所涉及的各方当事人借助电子方式，而无需依靠纸面文件或单据的传输，从而实现商务活动电子化和虚拟化。

在国际商务的具体实践中，通常人们对电子商务是从两个层面理解：一是电子商务的物质基础是计算机、电信网络和互联网技术；二是电子商务的内容是应用这些物质技术，自动、快捷、准确、安全地进行各项商务活动。例如，可以在网上进行洽谈、签约、采购，还可以传递各种交易单证，从事货物运输、保险、报验、报关、货款结算等业务。

电子商务的具体范围包括按以下方式或涉及以下方式所进行的交易或商务活动：（1）通过国际互联网（Internet）进行的交易；（2）通过增值网络（Value Added Networks，VANs）进行的电子交易，如EDI；（3）通过电子公告牌（Bulletin Board Systems，BBSs）进行的采购交易；（4）企业在线式服务（Online Services）；（5）通过联结企业计算机网络发生的交易等。

二、国际电子商务

电子商务可以按所涉及商务活动的内容划分为一般电子商务和国际电子商务。前者泛指商务活动的电子化过程，主要是国内商务活动；后者是指一般电子商务在国际商务活动中的具体应用，即可以理解为利用电子手段从事国际贸易活动，或者说是电子商务的国际化。例如，应用EDI传送国际货物买卖中一定格式的标准商业文件，通过国际互联网进行货物交易磋商和订立电子国际货物销售合同，通过电子支付系统进行结算等。

与一般电子商务相比，国际电子商务具有以下三个特点：

1. 开展国际电子商务须得到世界各国的通力合作。开展国际电子商务，必须是各个国家，至少是有相当多的国家科学技术水平达到一定程度，具备信息传送的基础设施，有统一的EDI标准，以及国家间的网络互联。

2. 开展国际电子商务需要法律上的协调。国际电子商务的开展和运行要跨越不同的国家。各国必须遵守区域的和国际上的统一规则，而不是只根据本国的情况制定电子商务的法律制度和规则。

3. 开展国际电子商务涉及广泛的部门范围。从事国际电子商务交易的主体是企业，但交易的完成却涉及一系列的事务和部门，如政府行政管理部门、银行、商检、海关、运输、通信等。可见，国际电子商务的运行所涉及的部门和范围非常广泛，它不仅需要国家的资金、技术支持，还需要有关部门的协调管理和法律、政策指导，以及与其他有关国家和国际组织的交往和相互合作。

三、电子商务与国际贸易

（一）外贸企业电子商务的发展层次

外贸企业是国际电子商务运作的主体。我们可以根据外贸企业电子商务的运作程度将其划分为三个层次，反映企业实施电子商务的不同发展阶段。

1. 初级层次。初级层次是指外贸企业开始在传统贸易活动中部分地引入计算机网络信息处理与交换技术。例如，企业建立内部电脑网络进行信息共享和一般商务资料的存储和处理（如建立企业的内联网）；通过互联网传输电子邮件；在国际互联网上建立企业网页，宣传企业形象等。企业实施初级层次的电子商务投资成本低，易于操作。这一层次的电子商务不涉及复杂的技术问题和法律问题。

2. 中级层次。中级层次是指外贸企业利用电脑网络的信息传递部分地代替某些合同成立的有效条件，或者构成履行商务合同的部分义务。例如，企业实施网上在线式交易系统、网上有偿信息的提供、贸易伙伴之间约定文件或单据的传输等。一般来说，企业在中级层次要积极构建自己的外联网。企业实施中级层次的电子商务需要社会各界相互配合，特别是政府机构和商业团体应该为电子商务创造良好的发展环境。这一层次的电子商务要涉及一些复杂的技术问题（如安全）和法律问题（如法律有效性）等。

3. 高级层次。高级层次是指利用电脑网络的信息处理和信息传输方式来完成外贸企业商务活动的全部程序。在企业内部和企业之间，从交易的达成、原材料供应、产品的生产，到贸易伙伴间单据的传输、货款的结算以及产品的售后服务等，均实现了一体化的电脑网络信息传输和信息处理。一笔交易所涉及的信息是由相关人员一次性录入，并得到电脑网络的自动处理后，按照交易的流程自动生成适应内部或与外部交流的相关单据或文件。目前，许多外贸企业都在尝试实施 ERP（Enterprise Resource Planning，企业资源规划），就是在企业内部，以及外部厂商间实现全方位的计算机管理。

知识拓展

中国电子口岸

中国电子口岸（www. chinaport. gov. cn）是海关总署会同 14 个部委共同建设的跨部门、跨地区、跨行业的大通关统一信息平台，中国电子口岸依托国家电信公网，将进出口管理流信息、资金流信息、货物流信息存放在一个集中式的数据库中，随时提供国家各行政管理部门进行跨部门、跨行业、跨地区的数据交换和联网核查，并向企业提供报关申报、网上支付、外汇核销、出口退税等“一站式”电子政务服务。

截至 2010 年底，中国电子口岸的数据中心已累计开发推广应用项目 65 个，其中，采用“电子底账 + 联网核查”模式实现大通关相关部门执法数据互联互通的应用项目 26 个，构建“一站式”的服务平台实现企业便捷通关的应用项目28个，整合物流商务信息促进区域经济发展的应用项目11个。主要应用项目有：进口报关单联网核查系统、出口退税联网核查系统、进口增值税联网检查系统、出口收结汇联网核查系统、CEPA原产地证明核查系统、网上税费支付系统、集成通系统、深圳陆路口岸快速通关系统、特殊区域（场所）海关监管作业平台等。全国47个省会城市、计划单列市，300个地级市设立中国电子口岸专网接入节点，已经实现了与国税总局、外汇管理局、质检总局等6个部委，中国银行等16家商业银行以及香港工贸署、澳门经济局、贸促会等6个单位的信息共享和互联互通，入网企业超过55万家，日均登录电子口岸办理业务的企业达15万家，日处理电子单证数量140万笔，门户网站日点击率超过560万次，有35个地方电子口岸平台在线运行。

中国电子口岸是贸易现代化的重要标志，是提高行政执法透明度，实现政府部门行政执法公平、公正、公开的重要途径。企业只要与电信公网“一点接入”就可以透过公共数据中心在网上直接向海关、国检、外贸、外汇、工商、税务、银行等政府管理机关申办各种进出口手续，从而真正实现了政府对企业的“一站式”服务。而“电子+联网核查”的新型管理模式从根本上解决了业务单证弄虚作假问题，严厉打击走私、骗汇、骗税违法犯罪活动，创造公平竞争市场环境。此外，企业通过中国电子口岸在网上办理业务，可以提高贸易效率，降低贸易成本。

（二）电子商务在国际贸易中的应用

电子商务在国际贸易过程中的运作，一般情况下与传统的交易过程一样也都经过以下过程：交易前的准备、交易磋商与订立合同和交易合同的履行。

1. 交易前的准备。交易前的准备工作主要有：（1）根据企业自身的需要和资金能力建立自己的电子商务应用系统或网站；（2）培训企业员工掌握开展国际电子商务方面的技能和规则；（3）通过多种渠道和访问有关网站搜集开展电子商务的信息、贸易机会以及进行市场信息调查。中国企业可以加入中国国际电子商务网；（4）网上广告宣传，发布如产品规格、价格和数量等供求信息；（5）在网上进行价格等主要成交条件的比较分析，选择交易伙伴，确定交易方案。

2. 交易磋商与订立合同。买卖双方为了达成交易，通常就交易的商品、数量、质量、价格、交货时间和地点、支付方式、保险、违约与索赔、争议的解决等主要交易事项在互联网上进行多方洽谈，寻找各方最满意的成交条件，进而形成电子合同。在这个阶段，以往纸面合同和签字方式被电子订单所代替，带有安全措施的电子邮件完全取代传真和邮件的传递方式，有关申领进口许可证、租船订舱、报关、报验等业务环节可以实现全部的电子化。

目前电子商务合同主要有两种方式：一是利用EDI进行签约；二是利用数字签字方式签订合同。电子商务合同书是具有法律效力的文件，贸易双方最好通过认证机构来确认和监督管理订约和履约的全过程。

3. 交易合同的履行。交易合同的履行是以外贸单证作为媒介，利用电子手段通过单证的传递、处理和交换来实现的。参加交易的各有关方，如运输公司、保险公司、商检机构、银行、海关、税务部门等都需利用EDI与有关部门直接进行各种电子单证的自动交换处理。如果发生违约现象，受损方可向违约方提出索赔。电子商务环境下的网络协议和电子商务应用系统功能，确保交易双方所有交易文件的正确性，可作为仲裁的依据。

（三）电子商务在国际贸易中应用的经济效应

随着世界经济一体化、全球化进程的加快，电子商务在国际贸易领域中发挥出巨大的经济效应，主要表现在：（1）实现无纸贸易，提高经济效率和竞争能力；（2）降低交易成本；（3）改进企业之间的通信，缩短交易时间，尽快将商品推向市场；（4）改进客户服务；（5）加快贸易循环，加快信息、资金流动。

本章小结

贸易方式是指国际贸易中买卖双方所采用的各种交易的具体做法。目前，国际贸易中常用的贸易方式主要有包销、代理、寄售、拍卖、招标与投标、期货贸易、对销贸易、加工贸易和租赁贸易等。其中，包销和代理都是出口商利用国外客户推销商品的做法，双方通过协商签订包销或代理协议，就某种商品在一定时期和一定地区内稳定销售，确定双方的权利和义务。在这两种方式下，出口商与国外客户的关系不同，包销方式下，二者是买卖关系，而代理方式下，二者是委托代理关系。寄售和拍卖都是卖方先出运货物，在国外售出后再收取货款的现货交易方式，但二者在做法上完全不同。寄售是指委托人（货主）先将货物运往寄售地，委托国外一个代销人（受委托人），按照寄售协议规定的条件，由代销人代替货主进行销售，货物出售后，代销人再向货主结算货款的一种贸易做法。而拍卖是专门经营拍卖业务的拍卖行接受货主的委托，在规定时间和地点，按照一定的章程和规则，将货物公开展示，由买主出价竞购，把货物卖给出价最高的买主。对销贸易与加工贸易是有代表性的新型贸易方式。对销贸易是在“二战”后快速发展起来的，既买又卖，买卖互为条件的国际贸易方式，其主要目的是以进带出，开辟出口市场，平衡国际收支。加工贸易是指一国的企业利用自己的设备和生产能力，对来自国外的原材料、零部件或元器件进行加工、制造或装配，然后再将商品销往国外的贸易方式。加工贸易分为进料加工和对外加工装配两种方式。

国际电子商务是电子商务在国际贸易中的应用。国际电子商务是指利用电子商务运作的各种手段，部分或全部地完成国际贸易的交易过程，它反映了现代通信技术、计算机技术和网络技术所带来的国际贸易过程的电子化。国际电子商务的应用带来了明显的经济效应，即实现无纸贸易，降低交易成本，提高经济效率和竞争能力，加快信息、资金流动等。

复习思考题

一、单项选择题

1. 以下关于包销贸易方式不正确的说法是（　　）。

   A. 包销商享有专营权　　B. 包销商自负盈亏

   C. 包销商与出口方之间是买卖关系　　D. 包销协议就是货物买卖合同

2. 信贷与贸易相结合的贸易方式是（　　）。

A. 易货贸易　　B. 补偿贸易　　C. 租赁贸易　　D. 代理

3. 以下不适于拍卖的商品是（　　）。

A. 茶叶　　B. 花卉　　C. 艺术品　　D. 家用电器

二、判断题

1. 在代理、寄售和拍卖贸易方式下，卖方不承担风险，只收取佣金。(　　)

2. 在进料加工和对外加工装配业务中，加工方只有原料和成品的使用权，没有所有权。(　　)

3. 经营性租赁的承租人在租赁期满后或合同终止后，必须将所租设备退回出租人。(　　)

三、案例分析题

1. 德国 A 公司与中国 B 公司签订了一份独家代理协议，指定 B 公司为 A 公司在中国的独家代理。不久，A 公司推出指定产品的改进产品，并指定中国的 C 公司做该改进产品的独家代理。请分析 A 公司有无这种权利?

2. 中国 A 公司以寄售方式向越南出口一批积压商品。货到目的地后，虽经代售人努力促销，货物还是无法售出，最后只得又装运回国。请分析 A 公司有何不当之处?

第十二章　国际货物贸易模拟操作

现代国际贸易活动对从业人员的知识结构、基本素质和实践能力，提出了更高的要求，国际货物贸易模拟操作是在仿真的国际贸易环境下，主要通过精心设计的实战案例组织教学，并辅以更多的业务训练，使学生熟知进出口贸易的各个环节，全面了解国际货物买卖的主要环节，系统、规范地掌握从事进出口贸易的主要操作技能，为更好地从事外经贸工作打好坚实的基础。

操作一　与外商建立业务关系

【操作内容】

与外商建立业务关系是国际货物买卖的基础。建立业务关系的信函是从事国际贸易业务人员必须掌握的操作技能。与外商建立业务关系的操作内容是学生以出口公司业务员的身份给国外客户发一封建立业务关系的信函，要求内容完整、格式正确。所撰写的建交函应包括：公司介绍、产品介绍，向对方说明另寄商品目录和商品图片，表达与之建立业务关系的热切愿望。

【操作指南】

一、商务信函的撰写

（一）商务信函布局

现代商务信函的结构主要分两部分：即主体结构（Principal Parts）和附加结构（Additional Parts）。其中，主体结构包括信头、日期、信内地址、称谓、正文、结尾谦称和签署等七项内容；附加结构包括编号、注意事项、事由、辨认标记、附件、抄送单位和附言等七项内容。一般地，商务信函的内容应按如下次序撰写：

1. 信头（The Letterhead）；
2. 日期（The Date Line）；
3. 编号（Serial Number）；
4. 信内地址（The Inside Address）；
5. 注意事项（The Attention）；
6. 称谓（The Salutation）；
7. 事由（The Subject Caption）；
8. 正文（The Body of the Letter）；
9. 结尾谦称（The Complimentary Close）；

10. 签署（The Signature）；
11. 辨认标记（Identification Marks）；
12. 附件（The Enclosure）；
13. 抄送单位（Carbon Copy）；
14. 附言（The Postscript）。

（二）商务信函格式

1. 缩行式（Indented Style）。缩行式的基本特点：信头和封内地址每逢换行时，下一行比上一行往右缩进 2 ~3 个字母；段落开始行都从页面左边空白边缘往右缩进 3 ~8 个字母；段落之间要空 1 ~2 行。

2. 平头式（Block Style）。平头式又分为两种：完全平头式和改良平头式。完全平头式的特点：每一行字，包括日期、封内地址、标题和敬意结尾，都从左边的空白边缘打起；改良平头式的特点是，除日期，敬意结尾和签署部分以外，其余部分每行开头都与左边空白边缘看齐。

3. 混合式（Semi-block Style with Indented Paragraphs）。混合式兼有平头式和缩行式的特点，即除信函的正文采用缩行式，其他部分均采用平头式（包括封内地址及其他需要分行的部分）。

（三）商务信函格式实例

1. 平头式信函实例。

Merriam, Webster & Company
Springfield, New York
U. S. A

平头式

March 5, 2012

Our ref:
Your ref:

The Universal Trading Corp.
150 Wind Street
London E. C. 3
U. K.

Attention: Mr. Daniel Cooper

Gentlemen:

BLOCK FORM LETEER

____
____
____

Yours faithfully,

(Signature)

NM/HJ
Encl. ---------------------------
C. C. ---------------------------
P. S. ---------------------------

2. 改良平头式信函实例。

Merriam, Webster & Company
Springfield, New York
U. S. A

改良平头式

March 5, 2012

Our ref:
Your ref:

The Universal Trading Corp.
150 Wind Street
London E. C. 3
U. K.

Attention: Mr. Daniel Cooper

Gentlemen:

MODIFIED BLOCK FORM LETEER

____
____
____

Yours faithfully,
(Signature)

AP/js
Encl. --
C. C. --
P. S. --

(四) 商务信函的写作要求

商务信函的写作要求体现在以下七个方面，即“7C”：

1. 礼貌（Courtesy）；
2. 体谅（Consideration）；
3. 完整（Completeness）；
4. 清楚（Clarity）；
5. 简洁（Conciseness）；
6. 正确（Correctness）；
7. 具体（Concreteness）。

二、建交函的撰写

(一) 建交函的内容构成及写作时的常用句式

1. 说明信息来源（即如何获取对方的资料）。作为贸易商，可以有各种途径来了解客户资料，如通过驻外使馆商务参赞处、商会、商务办事处、银行或第三家公司的介绍；或在企业名录、各种传媒广告、互联网上寻得；或在某交易会、展览会上结识；甚至是在进行市场调查时获悉。

说明信息来源的常用句式：

（1） We have learned from the Commercial Counselor's Office of our embassy in your country that you are interested in Chinese handicraft.

（2） We have obtained your name and address from alibaba. com.

（3） Our market survey shows that you are the largest importer of cases and bags in Egypt.

（4） We would like to thank you for your visit our booth and your interest in our products at the Cebit Fair held in Hanover last month. As required, we are now glad to send you our catalogue of cooling fans for your evaluation.

2. 言明发函的目的。一般来说，出口商主动联系进口商，总是以扩大交易地区及对象、建立长期业务关系、拓宽产品销路为目的。

言明去函的目的常用句式：

（1） In order to expand our products into South America, we are writing to you to seek cooperate possibilities.

（2） We are writing to you to establish long-term trade relations with you.

（3） We wish to express our desire to enter into business relations with you.

3. 公司介绍。公司介绍包括对公司性质、业务范围、经营宗旨等基本情况的介绍，以及对公司某些相对优势的介绍。例如，经验丰富，供货渠道稳定，有广泛的销售网等。

公司介绍的常用句式：

（1） We are a leading company with many years' experience in machinery export business.

（2） We enjoy a good reputation internationally in the circle of textile.

（3） A credible sales network has been set up and we have our regular clients from over 100 countries and regions worldwide.

4. 产品介绍。在这部分，可能会出现两种不同的产品介绍：在较明确对方需求时，应选取某类特定产品，进行具体的推荐性介绍；否则，只就公司经营产品的整体情况，如质量标准、价格水平、目前销路等，作较为笼统的介绍。当然，附上目录、报价单或另寄样品供对方参考也是公司经常采取的做法。

产品介绍的常用句式：

（1） Art. No. 76 is our newly launched one with superb quality, fashionable design, and competitive price.

（2） We have a good variety of colors and sizes to meet different needs.

（3） From the brochure and price list enclosed, you will find we always try our best to protect buyer's interests by offering value-for-money prices.

（4） To give you a general idea of our products, we are enclosing our catalogue for your reference.

5. 激励性结尾。与其他商业促销信函一样，建交函在结尾部分，通常都会写上一两句希望对方给予回应或劝服对方立即采取行动的语句。

激励性结尾的常用句式：

(1) We are looking forward to your specific inquiries.

(2) Your comments on our products or any information on your market demand will be really appreciated.

(二) 建交函实例

Example 1:

FM: xlki1919@ 126. com

TO: white@ kimd. com

Date: September 12, 2012

Subject: Having a Start

Dear Sirs,

Weare glad to know from Global Sources that you are interested in fashion wallets and wallet sets, which are just in our lines. So we would like to take the opportunity to introduce our company to you and see if there is any possibility to do business with you.

With more than 20 years' experience in manufacturing and exporting various kinds of promotional products to USA and European markets, We possess very professional know-how especially in controlling the quality of logo printing. Since 1990, we have been operating with quite a few big OEMs such as Valentino, Forola, Bale, etc. We not only provide the most competitive prices with best quality, but also have the ability to help the customers to solve all of their problems happened during the design stage to the finish products.

Since there are more than 100 items for your choice, we would like to attach three pictures of our newest products: WL-012 (wallet), WW-008 (wallet and watch), and WM-014 (Wallet and Makeup-case) for your reference. For more information, we sincerely invite you to visit our website: www. hrbminhua. cn to see if any item interests you. You are also welcome to E-mail us the image or specifications for the products you are buying now. The relevant quotation and sample will be sent upon request.

Thank you very much for kind attention to the above and look forward to hearing your comments or inquiry soon.

Yours faithfully,

Harbin Minhua Imp. & Exp. Co., Ltd.

Example 2:

April 17th, 2012

FUJIDA TRADING CO., LTD

TOKYO FUJIDA BUILDING, 11 -2

FUJIDA 1 - CHOME, CHIYODAKU

TOKYO 102, JAPAN

Dear Madam,

Thank you for your interest shown in our products during the 2011' International Fair Geneva. It was a pity that we didn't have the chance to talk with you in detail at that time.

We are writing to you to introduce ourselves as one of the leading ceramics Imp & Exp. companies in China and express our sincere wish to enter into business relations with you. Having handled this line of business for over 20 years, we now enjoy a high reputation among our clients the world over. Our commodities, ranging from tea and dinner sets to kitchenware, are carefully designed to cater to customers with different tastes.

Our 15pc. tea sets, in which you have shown special interests, have already met with warm welcome in other Japanese cities because it can not only be put to daily use but also be kept as collection. And we are confident that through our mutual efforts, they will find a steady demand in Tokyo.

Please consult the catalog sent by airmail, and we await your early inquiry with much interest.

Yours faithfully,

Harbin Meihua Imp. & Exp. Co. , Ltd

操作二　出口报价核算

【操作内容】

出口报价核算是出口业务的关键，它直接关系到交易磋商的成败及贸易双方所获利益。业务人员只有掌握出口价格核算，才能保证所报价格的准确性和合理性。出口报价核算操作的内容是根据客户的询购要求及公司所给报价信息，核算公司拟出口商品的报价。

【操作指南】

一、出口商品价格的构成

出口商品价格由成本、费用和利润三大要素构成。了解出口价格的构成要素，掌握成本、费用、利润的含义和计算方法，对于准确地核算出口价格是十分重要的。

（一）成本

出口商品的成本（Cost）包括生产成本、加工成本和采购成本三种类型。生产成本是指制造商生产某一产品所需的投入；加工成本是指企业对成品或半成品进行加工所需成本；采购成本是指贸易商向供应商采购商品的价格，亦称进货成本。对于从事出口业务的商人来说，需要了解的主要是采购成本。在出口价格中，成本占的比重最大，因而成为价格构成中的主要部分。

（二）费用

在出口商品价格中，费用（Expenses）所占的比重虽然不大，但因其内容繁多，且计算方法又不尽相同，因而成为价格核算中较为复杂的一个方面。出口业务中通常发生的费用有包装费、仓储费、国内运输费、认证费、港区港杂费、商检费、捐税、垫款利息、业务费用、银行费用、出口运费、保险费和佣金等。

（三）预期利润

预期利润（Expected Profit）是出口价格的三要素之一，其大小往往由企业根据商品、行业特点、市场需求以及企业的价格策略等因素来确定。与保险费、银行费用和佣金的计算不同，利润作为商人自己的收入，其核算的方法由商人自行决定，可以某一固定的数额作为单位商品的利润，也可以用一定的百分比作为经营的利润率来核算利润额。在利用利润率来核算利润额时，应当注意计算的基数，可以用某一成本（生产成本、购货成本或出口成本）作为计算利润的基数，也可以用销售价格作为计算利润的基数。利润的核算方法主要有两种：

方法一：在成本基础上计算利润额。计算公式为：

价格 = 成本 ×（1 + 预期利润率）

方法二：在成交价格基础上计算利润额。计算公式为：

价格 = 成本 + 价格 × 预期利润率

由第二个公式推导后有：

价格 = 成本/（1 - 预期利润率）

二、六种常用贸易术语下的报价核算

对外报价核算应按照以下三步骤进行：（1）确定价格构成；（2）确定成本、费用和预期利润的计算依据；（3）将各部分综合汇总。出口报价通常使用适合海洋运输方式的 FOB、CFR、CIF 和适合一切运输方式的 FCA、CPT、CIP 六种价格。

（一）FOB 贸易术语出口报价核算

FOB 净价 =（实际出口成本 + 国内费用）/（1 - 预期利润率）

FOB 含佣价（FOBC） =（实际出口成本 + 国内费用）/（1 - 预期利润率 - 佣金率）

（二）CFR 贸易术语出口报价核算

CFR 净价 =（实际出口成本 + 国内费用 + 海运运费）/（1 - 预期利润率）

CFR 含佣价（CFRC） =（实际出口成本 + 国内费用 + 海运运费）/（1 - 预期利润率佣金率）

（三）CIF 贸易术语出口报价核算

CIF 净价 =（实际出口成本 + 国内费用 + 海运运费）/（1 - 投保加成×保险费率 - 预期利润率）

CIF 含佣价（CIFC） =（实际出口成本 + 国内费用 + 海运运费）/（1 - 投保加成×保险费率 - 预期利润率 - 佣金率）

（四）FCA 贸易术语出口报价核算

FCA 净价 =（实际出口成本 + 国内费用）/（1 - 预期利润率）

FCA 含佣价（FCAC） =（实际出口成本 + 国内费用）/（1 - 预期利润率 - 佣金率）

注意：上述 FCA 价格中的国内费用与 FOB 的国内费用构成项目不同。

（五）CPT 贸易术语出口报价的核算

CPT 净价 =（实际出口成本 + 国内费用 + 运费）/（1 − 预期利润率）

CPT 含佣价（CPTC）=（实际出口成本 + 国内费用 + 运费）/（1 − 预期利润率 − 佣金率）

注意：上述 CPT 价格中运费与 CFR 的运费内含不同。

（六）CIP 贸易术语出口报价核算

CIP 净价 =（出口实际成本 + 国内费用 + 运费）/（1 − 投保加成×保险费率 − 预期利润率）

CIP 含佣价（CIFC）=（出口实际成本 + 国内费用 + 运费）/（1 − 投保加成×保险费率 − 预期利润率 − 佣金率）

注意：上述 CIP 价格中运费与 CIF 的运费内涵不同。

三、实际出口成本的核算

实际出口成本核算的常用公式如下：

实际出口成本 = 购货成本（含税）− 出口退税收入

出口退税收入 = 购货成本（含税）×出口退税率/（1 + 增值税率）

由上面两式可以推出：

实际出口成本 = 购货成本（含税）×（1 + 增值税率 − 退税率）/（1 + 增值税率）

四、集装箱有效载货量的核算

在进出口业务中，集装箱类型的选用及货物的装箱方法对于贸易商减少运费开支有重要的意义。国际标准化组织为了统一集装箱的规格，推荐了 3 个系列共 13 种规格的集装箱。其中，最常使用的是 20 英尺（8 英尺 ×8 英尺 ×20 英尺）标准箱和 40 英尺集装箱（8 英尺 ×8 英尺 ×40 英尺）两种箱型。一般来说，20 英尺集装箱的可利用容积一般为 $25m^3$，可利用载货重量一般为 17. 5M/T；40 英尺集装箱的可利用容积一般为 $55m^3$，可利用载货重量一般为 24. 5M/T。据此可给出这两种集装箱载货量的计算公式如下：

20 英尺集装箱的有效载货量（轻货）=25（m^3）/（包装长 × 包装宽 × 包装高）

20 英尺集装箱的有效载货量（重货）=17. 5（M/T）/货物重量（M/T）

40 英尺集装箱的有效载货量（轻货）=55（m^3）/（包装长 × 包装宽 × 包装高）

40 英尺集装箱的有效载货量（重货）=24. 5（M/T）/货物重量（M/T）

五、出口报价核算实例

货名：火车牌足球。包装方式：50 只/纸箱。纸箱尺码：65 厘米 ×60 厘米 ×59 厘米。毛/净重：28/26 千克。厂家供货单价（含税）：45 元/ PCS（Pieces）。增值税率：17%。出口退税率：8%。国内费用：包装费：20 元/纸箱；每个 20 英尺集装箱共需要存储费 25 元、国内运杂费 250 元、商检费 100 元、报关费 50 元、港口费 200 元、业务费 1 000 元、其他费用 400 元。海运运费：从装运港至目的港每个 20 英尺集装箱包箱费率为 USD 3 600。运输保险：投保加成率10%、保险费率为0.9%。公司的预期利润率为成交价格的15%。公司的最低出口货量：1个20英尺集装箱的货量。汇率：USD1 = RMB8.25。根据上述条件计算每只足球的 $FOBC_5$ 和 $CIFC_5$ 的出口报价（USD）。

解题：

1. $FOBC_5$ =（实际出口成本＋国内费用）/（1－预期利润率－佣金率）

（1）实际出口成本

=购货成本×（1＋增值税率－退税率）/（1＋增值税率）

=45×（1＋17%－8%）/（1＋17%）/8.25

=41.9230/8.25

=USD5.0816

（2）集装箱的载货量

积载系数=0.028/（0.65×0.60×0.59）=0.1217＜1（轻货）

20'FCL 载货量=25/（0.65×0.60×0.59）=108（CTNS）=5 400（PCS）

（3）国内费用=包装费＋集装箱运输综合费用=[20/50＋（25＋250＋100＋50＋200＋1 000＋400）/5 400]/8.25=USD 0.0940

（4）$FOBC_5$ =（5.0816＋0.0940）/（1－5%－15%）=USD 6.47

2. $CIFC_5$ =（实际出口成本＋国内费用＋海运运费）/（1－投保加成×保险费率－预期利润率－佣金率）

（1）海运运费=3 600/5 400=USD0.6667

（2）$CIFC_5$ =（5.0816＋0.0940＋0.6667）/[1－（1＋10%）×0.9%－5%－15%]

=USD 7.40

六、进出口关税的核算

进出口货物应纳关税=进出口货物完税价格×进出口货物关税税率

（一）进口货物完税价格

1. 以CIF价格成交的进口货物的完税价格为成交价格本身。

2. 以FOB价格成交的进口货物的完税价格：

（FOB＋F）/（1－投保加成×保险费率）

3. 以CFR价格成交的进口货物的完税价格：

CFR/（1－投保加成×保险费率）

（二）出口货物完税价格

1. 以FOB价格成交的出口货物的完税价格：

FOB/（1＋出口税税率）

2. 以 CFR 价格成交的出口货物的完税价格：

$$(CFR - F) / (1 + \text{出口税税率})$$

3. 以 CIF 价格成交的出口货物的完税价格：

$$(CIF - I - F) / (1 + \text{出口税税率})$$

七、进口环节海关代征税的核算

进口环节海关代征税主要指海关办理货物进出口手续时，代为征收的消费税、增值税等。

（一）消费税的核算

消费税是以消费品或消费行为的流转额作为课税对象而征收的一种流转税。目前消费税主要针对进口烟、酒、化妆品、护肤护发品、贵重首饰等特殊商品征收。消费税核算的步骤是先确定消费税的计税价格，然后用计税价格乘以消费税率得出消费税额。消费税具体计算公式如下：

$$\text{消费税的计税价格} = (\text{关税完税价格} + \text{关税}) / (1 - \text{消费税率})$$
$$\text{消费税} = \text{计税价格} \times \text{消费税率}$$

（二）增值税的核算

增值税是以商品的生产、流通和劳务服务各个环节所创造的新价值为课税对象的一种流转税。目前，中国增值税的税率主要有三种：（1）纳税人出口货物，增值税率为零；（2）纳税人销售可进口粮食、煤气、图书、农药、化肥等特定货物，增值税税率为 13%；（3）上述两种情况以外的普通商品，增值税基本税率为 17%。增值税核算的步骤也是先确定计税价格，然后用计税价格乘以增值税率得出增值税额。增值税具体计算公式如下：

$$\text{增值税的计税价格} = \text{关税完税价格} + \text{关税} + \text{消费税}$$
$$\text{增值税} = \text{计税价格} \times \text{增值税税率}$$

【操作训练】

1. 信发公司欲出口一个 20' 货柜的钢丝绳切割器（货号 BY350）至科伦坡。已知 BY350 的包装方式为 4 台装 1 箱，纸箱毛重 34.5 公斤，净重 32 公斤，尺码为 42cm × 42cm × 20cm。每台购货成本为 80 元，包含 17% 的增值税。出口退税率为 6%。这批货国内运杂费共计 600 元；仓储费为每天 10 元，预计存储 30 天；出口商检费 200 元；报关费 150 元；港区港杂费 800 元；其他业务费用 2000 元。信发公司的预期利润率定为成交价格的 7%，请报出 FOB SHANGHAI 的价格。（汇率为 8.27：1）

2. 信发公司欲出口一批不锈钢厨具至开普敦（CAPE TOWN），3 个货号各装一个 20′ 货柜。

表 12－1　　各货号产品规格及成本信息表

货号	包装方式	尺码长（cm）	尺码宽（cm）	尺码高（cm）	购货成本（元）
3SA1012	2套/箱	56	32.5	49	180
3SA1013	2套/箱	61.5	30.5	74	144
3SA1014	8套/箱	63	35.5	25	55

已知增值税率为17%，退税率为9%。这批货物的国内运杂费共2 000元，包装费每箱2元，出口商检费100元；报关费150元；港区港杂费600元；其他业务费用共1 800元。公司预期利润率为成交价格的6%。请报出3个货号FOB Shanghai的价格。(汇率为8.27：1)

3. 某药材有限公司有意出口一批杭白菊。来函询盘者为国外一家旅游集团。经了解：杭白菊国内收购价为95元/千克，包装是10千克/袋，2袋装一纸箱，尺码是80厘米×60厘米×40厘米，运杂费1 000元，出口的银行费用是成交价的0.65%，商检费用时购货价的0.2%，报关费100元，港口费1 500元，业务费1 000元，其他费用400元。装运港至目的港一个20’集装箱的运费为1 200美元，海运出口的保险费按CIF成交价格加一成投保水渍险，费率为0.9%。另外，增值税率为17%，出口退税率为8%，公司的预期利润是成交价格的10%，外方客户要求在报价中含3%的佣金。请报出每袋杭白菊的CIFC3价格。(汇率：8.25：1)

4. 信发贸易公司根据国内用户的请求拟进口15台缝纫设备，国外客户的FOB报价为每台580美元。设备为纸箱包装，每箱装1台，每箱毛重65公斤，尺码为120厘米×90厘米×80厘米，海洋运费的计费标准为“W/M”，每个运费吨的基本运费为72美元；保险按CIF金额的110%投保，费率0.75%；银行贷款利率为8%，预计垫款时间为2个月，银行费用为成交金额的0.45%；进口关税税率为20%；增值税率为17%；整批货的进口费用为领证费800元人民币，报关费60元，业务费用1 000元，国内运杂费840元。信发公司期望的利润率为15%（按进口成交价格计）。请核算信发公司在国内销售该仪器的人民币单价(计算时请保留小数4位，最后报价取整)(汇率为8.26：1)。

操作三　对外发盘

【操作内容】

对外发盘操作的内容是根据对方公司的询购函撰写一封发盘函，详细回答国外客户在询盘中提出的问题，告知对方公司交易的基本条款，包括商品的品质、数量、包装、价格、装运、支付和保险等条件，并敦促对方在发盘有效期内作出接受。

【操作指南】

一、发盘函的撰写

发盘函既是一方提出的订约建议，又是日后订立合同的基础。出口商可以直接向客户发盘，也可以在收到客户的询盘后发盘。前者要考虑发盘的准确性和吸引力；后者要注重针对性。但无论如何，发盘的内容必须明确无误，语气应诚恳、委婉，并且有说服力，以赢得客户的信任，最终取得订单。

（一）发盘函的内容及常用句式

1. 对客户的询购表示感谢。

（1） We thank you for your inquiry of May 10 for 500 tons of groundnuts.

（2） We are glad to learn from your letter of 9th July of your interest in our products.

2. 准确阐明各项交易条件。

（1） We offer you 100 metric tons of walnuts at USD1 000 per metric ton CIF Liverpool.

（2） The minimum quantity is one 20′ FCL and with the purchase of two or more containers, the price is reduced by 2%.

（3） To be packed in plastic bags of 1 set to a carton.

（4） Delivery is to be made within 45 days after receipt of order.

（5） Our usual terms of payment are by confirmed irrevocable L/C available by draft at sight.

（6） The insurance shall be effected by the seller covering the invoice value plus 10% against Institute Cargo Clause （A）.

3. 表明发盘的有效期及其他约束条件。

（1） This offer is valid for seven days.

（2） For acceptance within two weeks.

（3） This quotation is effective while stocks last.

（4） This offer is subject to our final confirmation.

4. 保证供货满意并鼓励对方订货。

（1） As we have been receiving a rush of orders now, we would advise you to place your order as soon as possible.

（2） This favorable offer will not be repeated for some time, and accordingly we look forward to early order from you.

（二）发盘函实例

Example 1:

July 4, 2012

Messrs. Abdullah Samih & Co.

P. O. Box No, 3472

Kuwait

Dear Sirs,

Thank you for your letter of June 27. We are glad to learn of the inquiry for our raincoats. Our "D. D." range is particularly suitable for warm climates, and during the past years we have supplied this range to dealers in several tropical countries. From many of them we have already had repeat orders, in some cases more than one. This range is popular not only because it is light in weight, but also because the material used has been specially treated to prevent excessive condensation on the inside surface.

For the quantities you mentioned we are pleased to quote as follows:

"D. D." Raincoats

100 Pcs men's medium CIF Kuwait@ USD150

100 Pcs men's small CIF Kuwait@ USD145

100 Pcs Women's medium CIF Kuwait@ USD145

100 Pcs Women's small CIF Kuwait@ USD140

Payment: By sight L/C for full contract value through a bank acceptable to the Seller.

Shipment: Within2 weeks of receiving the L/C.

Insurance: To be covered for 110% of total invoice value against All Risks as per CIC dated Jan. 1, 1981.

The above quotation is valid within 10 days.

We feel you may be interested in some of our other products and enclose some descriptive booklets and a supply of sales literature for use with your customers. We look forward to receiving your order.

Yours sincerely,

Harbin Minhua Imp. & Exp. Co. , Ltd.

× × × (Manager)

Example 2:

March 16, 2012

JAMES BROWN & SONS

#304 – 310 JALAN STREET

TORONTO, CANADA

Dear Mr. Lockwood,

We are pleased to receive your inquiry of 13 March and to hear that you are interested in our HX series chinaware.

We are pleased to make you an offer as follows based on 20'FCL.

Commodity	Article Number	CIFC5 Toronto Per set	Cartons per 20' FCL.
35 – Piece Dinnerwareand Tea Set	HX1115	USD25. 11	542CTN
15 – Piece Tea Set	HX1128	USD16. 33	437CTN

Packing: As to HX1115, one set per carton. As to HX1128, one set to a case, two cases to a carton.

Shipment: As to HX1115 & HX1128, the earliest delivery to be effected at the end of May. As to the remained article numbers, to be shipped within 4 weeks after receipt of the relevant L/C.

Payment: By L/C at sight for full contract value through a bank acceptable to the Seller.

Insurance: For 110% invoice values covering W. P. A, Breakage & Clash Risk, and War Risk.

You will readily understand that this offer remains good only for 7 days.

In addition, we have airmailed to you some samples. Our own laboratory reports, enclosed with this letter, show that our HX series perform up to the FDA, and in some respects, outperform it.

We are looking forward to your initial order.

Yours sincerely,

Huaxin Trading Co., Ltd.

Zhao Jianguo (Mr.)

Daily Articles Division

操作四　还价核算与再发盘

【操作内容】

还价核算就是出口报价被还价后，价格中的某项要素可能产生的变化。由于出口报价是由实际购货成本加上各种费用和预期利润组成，因此出口还价核算通常采用倒算方法，即以销售收入减去相应内容来分析还价后价格中某项因素，如购货成本、费用、利润等可能发生的改变。还价核算与再发盘的操作内容是根据国外客户发来的还盘函重新核算公司的利润额及利润率，同时根据公司对重新发盘的要求，再次向国外客户发盘，重新报出交易条件。

【操作指南】

一、还价核算的计算公式

这里以 CIFC 成交条件为例，给出还价核算的计算公式：

利润总额 = 销售收入 - 实际出口总成本 - 国内总费用 - 海运运费 - 保险费 - 总佣金

利润率 = 利润总额/销售收入 ×100%

实际出口成本 = 购货成本(含税) ×(1 + 增值税率 - 出口退税率)/(1 + 增值税率)

购货成本(含税) = 实际出口成本 ×(1 + 增值税率)/(1 + 增值税率 - 出口退税率)

二、还价核算举例

某公司拟出口全棉男式衬衫 1 000 打。其中，购货成本（含税）650 元/打、增值税税率 17%、出口退税率 9%、国内总费用 25 元/打、海洋运输费用 10 美元/打、投保加成率为 10%、保险费率为 1%、预期利润率为 10%、汇率为 8.25∶1。据此计算出每打衬衫的 CIF 报价为 96.47 美元。对方还价是每打 90.00 美元。

问题 1：根据对方还价重新计算该公司的利润总额及总利润率；

问题 2：按对方还价，同时保持 10% 的预期利润率不变，该公司应掌握的国内购货成本为多少？

问题 1 解答：

（1）销售收入 = 90 × 8.25 × 1 000 = 742 500（元）

（2）实际出口总成本 = 650 × 1.08/1.17 × 1 000 = 600 × 1 000 = 600 000（元）

（3）国内总费用 = 25 × 1 000 = 25 000（元）

（4）总海运运费 = 10 × 8.25 × 1 000 = 82 500（元）

（5）总保险费 = 742 500 × 110% × 1% = 8 167.50（元）

（6）利润总额 = 742 500 − 600 000 − 25 000 − 82 500 − 8 167.50 = 26 832.50（元）

（7）总利润率 = 26 832.50/742 500 = 3.61%

问题 2 解答：

（1）由于：CIF =（实际出口成本 + 国内费用 + 海运运费）/［1 −（1 + 加成率）× 保险费率 − 预期利润率］，所以：实际出口成本（按对方还价进行逆算）= 90 × 0.889 × 8.25 − 10 × 8.25 − 25 = 552.5825（元）。

（2）又由于：实际出口成本 = 购货成本 ×（1 + 增值税率 − 退税率）/（1 + 增值税率），所以：购货成本 = 552.5825 × 1.17/1.08 = 598.03（元）。

三、还盘函的写作

出口商发盘后，进口商往往会进行还盘。出口商收到对方的还盘后，通常要做出答复。答复可以是接受或拒绝对方的还盘，也可以针对对方还盘进行再发盘。

（一）还盘函的撰写

1. 确认对方来函，表明对来函的总体态度。

（1）We are glad to receive your letter of March 24, but sorry to learn that your customers find our quotation too high.

（2）Thank you for your fax of March 8. We regret to say that we cannot accept your counter offer.

2. 强调原价的合理性，阐述适当的理由。

（1）As business has been done extensively in your market at this price, we regret to say we cannot make further concession.

（2）We believe our prices are quite realistic. It is impossible that any other suppliers can under quote us if their products are as good as ours in quality.

（3）The price we quoted is accurately calculated. We have cut the profit to the minimum in order to expand the market.

3. 提出我方条件，并催促对方行动。

（1）However, in order to develop our market in your place, we have decided to accept your counter offer as an exceptional case.

（2）In order to assist you to compete with other dealers in the market, we have decided to reduce 2% of the price quoted to you in the previous letter, if your order reaches 5 000 sets at one time.

（3）Owing to the great demand for the product, this offer is valid only for 5 days.

（4）As an excellent substitute for this article, we would suggest you our fine range shoes, which are sold at a lower price but also enjoy a good popularity in the world market.

（二）还盘函实例

Example:

Dear Sir,

Having carefully considered your request for price reduction mentioned in your letter of 15 July 2012, we regret to inform you that it is difficult for us to do so because the prices we offered only include the smallest profits. Please note that the high definition and exceptional resistance against the airborne dust are important advantage of our products. Therefore they are more competitive and popular than those of all the other competitors. However, to match your demand, we decide to offer you a special discount of 5% on an order exceeding sets. And if you make your payment by T/T in advance, we will also give you a further 3% discount.

Concerning the samples you required, it is our policy to send them to you against your paying the sample charges for USD 122 each set including the air parcel postage in advance.

As to the directions, if you place us an order over USD65 000, we will make directions in Vietnam especially for you.

If there is any further information you need, please feel free to let us know. Our offer is valid only for five days. Please make your decision as soon as possible.

Yours faithfully,

Beijing Jingtong Camera Co. , Ltd.

【操作训练】

1. 法国某公司欲通过中方公司进口 1 个 20′货柜的文件夹。法方主动递盘为 CFRC4 MARSEILLE USD36. 50 PER DOZEN。已知文件夹 5 打装 1 纸箱，尺码为 71cm × 30cm × 38cm。工厂供货价为每打 280 元，含 17% 增值税。出口退税率为 9%，国内费用按购货成本的 3% 计，从上海到马赛的海运运费为 20′FCL 2 250 美元。请计算这笔业务能否达到中方 3% 的最低利润率？（汇率为 8. 27 : 1）。

2. 中国东翼进出口公司和意大利 NAPLES 的一家中间商商谈关于出口 1 个 20′集装箱瓷娃娃的事宜。瓷娃娃 3 打装 1 纸箱，尺码为 60cm × 30cm × 40cm，毛重 29 公斤，净重 25 公斤。购货成本为每打 660 元，含增值税 17%，出口退税为 9%，费用按购货成本的 4% 计，海运运费为 20′FCL 2 250 美元。对方递盘每打 80. 60 美元，请问中方若想保持 4% 的最低利润率，购货成本至少下降多少？

3. 中国某公司欲出口 600 辆童车至加拿大的多伦多。童车 4 辆装 1 纸箱，尺码为 75. 5cm × 44cm × 30cm。中方按 7% 的利润率报出 USD31. 30 FOB SHANGHAI，加方还盘 USD32. 00 CFRC 2 TORONTO，订购 1 000 辆。此时国内供货价格从 250 元降至 230 元（含 17% 增值税，退税率为 9%），拼箱费率降为 120 美元，20′集装箱包箱费率降为 2 800 美元。若中方接受对方还盘，公司能获得多少利润？（汇率为 8. 27 : 1）

操作五　签订出口合同

【操作内容】

在进出口贸易中，一项发盘被有效接受后，交易即告达成，买卖双方的合同关系成立。

签订出口合同的操作内容是根据双方往来确定的交易条件制作销售确认书，具体要求是主要条款完备、内容明确具体。

【操作指南】

一、进出口合同的基本条款

进出口合同的基本条款及其主要内容包括：

1. 品质条款：品名、规格和品质机动幅度等；
2. 数量条款：计量单位、商品数量、数量机动幅度等；
3. 包装条款：包装材料、包装种类、包装方式、包装费用的负担和包装标志等；
4. 价格条款：单价和总值；
5. 装运条款：装运期限、装运地、目的地、分运和转运等；
6. 支付条款：付款时间、付款金额和付款方式等；
7. 保险条款：投保人、投保金额、投保险别、保险人和保险条款等；
8. 商检条款：检验或复验时间和地点、检验机构、商品检验证书等；
9. 索赔条款：索赔期限和索赔依据；
10. 仲裁条款：仲裁地点、仲裁机构、仲裁程序、仲裁裁决的效力；
11. 不可抗力条款：事件的认定、通知时间、不可抗力范围及应提交的证明文件。

二、合同条款举例

COMMODITY & SPECIFICATION：

C401 Maling Brand Mandarin Oranges in Light Syrup 312gram/tin

Sodium Citrate Specification：In conformity with B. P. 1980

Purity not less than 99%

Chinese Groundnut 1998 Crop. FAQ

Moisture（max.）13%

Admixture（max.）5%

Oil Content（max.）44%

Quality and technical data to be in conformity with the attached technical agreement，which forms an integral part of this contract.

The quality of the goods is as per samples despatched（submitted）by the buyer（seller）on …（date）

Quality to be considered as being about equal to the sample.

PACKING：

In iron drums of 185 – 190kg. Net each.

In cartons each containing 4 boxes about 91 bs，each piece waxed and wrapped with paper.

In new single gunny bags of about 100kg. Each.

In cartons of 50 dozens each and size assorted.

Goods are in neutral packing and buyer's labels must reach the seller 45 days before the month of shipment.

To be packed in new strong wooden case (s) /carton (s) suitable for long distance ocean/air transportation and well protected against dampness, moisture, shock, rust and rough handling. The sellers shall be liable for any damage to the goods on account of improper packing and for any damage attributable to inadequate or improper protective measures taken by the seller. In such cases any and all losses and /or expenses incurred in consequence thereof shall be borne by the sellers.

Shipping Mark: On the surface of each package, the package number, measurements, gross weight, net weight, warnings such as: "DO NOT STACK UP SIDE DOWN", "HANDLE WITH CARE", "KEEP AWAY FORM MORSTURE" and following shipping marks shall be stenciled legibly in fadeless paint.

SHIPMENT:

1. Shipment during July 2012 from Shanghai to Hamburg with partial shipment and transshipment allowed.

2. Shipment to be effected on or before (not later than, latest on) July 30, 2012 from Shanghai to London with partial shipment and transshipment permitted.

3. Shipment from Shanghai to San Francisco during Oct. /Nov. /Dec. 2012 in three (equal; Monthly) lots.

4. Shipment within 30 days after receipt of L/C which must reach the seller not later than the end of June 2012 failing which the seller reserves the right to cancel this contract without further notice, or to lodge claims for direct losses sustained from.

INSURANCE:

1. To be covered by the buyer.

2. To be covered by the seller for 110% of total invoice value against all risks (FPA or WPA) and war risk as and subject to the relevant Ocean Marine Cargo Clause of the People' Insurance Company of China (PICC) Dated 1/1/1981.

3. To be covered by the seller for 110% of total invoice value against ICC (A) as per Institute Cargo Clause.

4. For transactions concluded on CIF basis, it is understood that the insurance amount will be 110% of the invoice value against the risks specified in the S/C. IF additional insurance amount or coverage is required, the extra premium is to be borne by the buyer.

PAYMENT:

1. The buyer shall pay in advance (after signing of this contract) 100% of the sales proceeds by T/T (M/T; a banker's demand draft) to reach the seller on before Nov. 20, 2012.

2. The buyer must pay total proceeds of the goods by telegraphic transfer immediately after the receipt of the original bills of lading.

3. Upon first presentation the buyer shall pay against documentary draft drawn by the seller at sight. The shipping documents are to deliver against payment only.

4. The buyers shall duly accept the documentary draft drawn by the sellers 30 days sight (after

sight; after date of draft; after date of B/L) upon first presentation and make payment on its maturity. The shipping documents are to be delivered against payment (acceptance) only.

5. The Buyer shall open an irrevocable, transferable letter of credit in favor of the Seller before the end of July 2012. The said letter of credit shall be available by draft (s) at sight for full invoice value and remain valid for negotiation in China until the 15th day after the aforesaid time of shipment. In case the Seller is unable to ship the goods within the specified, both the shipment and validity dates of letter of credit shall automatically be extended for 20days.

6. The buyer shall establish the covering letter of credit before the date stipulated in clause 8 of the Sales Confirmation, iling which the Seller reserves the right to rescind without further notice, ole or any pay of this Sales Confirmation, and/or to lodge a claim for the losses sustained, if any.

【操作训练】

请根据下面的成交函及有关的交易条件，缮制一份出口成交确认书。

1. 成交函。

JI QING TRADING CO. LTD
A12, Yangang Road Nanguan District
Changchun, China

Tel: (0431) 5283233　　Fax: (0431) 5279245

April 3, 2012

James Brown & Sons
#304 -310 Jalan Street,
Toronto, Canada
Tel No. (+01) 7709910
Fax No. (+01) 7701100
E-MAIL: lock@ www. jbs. com. cnd

Dear Mr. Lockwood,

Many thanks for your letter of March 31, 2012 and your order no. 01 -cs012hx. We are sending you our signed Sales Confirmation No. 01basb0601 in duplicate. Please counter sign and return for our file.

As the shipment date is approaching, please immediately instruct your bank to issue the relevant L/C in our favor otherwise the shipment date may be delayed.

We will inform of the progress of your order. If you would like to get in touch with us urgently, you may telephone or fax us.

Please be sure that we shall effect the shipment in time to satisfy your local market demand.

Yours sincerely,

JIQING TRADING CO., LTD.
ZHAO LI (MR.)

2. 成交条件。

品名：书包

货号：ST608

数量：10 000 个（1 000）箱

包装：纸箱装，每箱10个

唛头：JB&S

01BASB0601

TORONTO

C/NO. 1－1 000

价格：每个15美元CIF多伦多包含5%佣金。

装运：2012年6月以前，可以转船，不可以分批装运，由上海发往加拿大多伦多。

支付：不可撤销即期信用证付款，开证行为卖方认可银行，额度为合同金额。

保险：一切险，按中国人民保险公司保险条款办理，额度为发票金额的110%。

操作六　成交核算与成交函撰写

【操作内容】

成交核算与成交函撰写操作的内容是根据与国外客户达成的交易条件，进行详细的出口成交核算，并向国外客户发成交签约函，感谢对方的订单，说明随函寄销售确认书，并催促对方迅速回签合同，及时开出信用证。

【操作指南】

一、出口成交核算的内容与方法

(一) 出口成交核算的内容

1. 总销售收入；
2. 总实际出口成本；
3. 总国内费用；
4. 出口海运运费；
5. 出口保险费；
6. 总佣金；
7. 总利润额；
8. 利润率；
9. 换汇成本。

(二) 出口成交核算的方法

出口成交核算与还价核算的方法相同，使用的计算公式可参照还价核算的计算公式。

二、成交函的写作

进出口交易中，一方的发盘或还盘被另一方接受，合同即宣告成立。为了便于履行和监督，双方通常会签订一份合同（或确认书）。当出口方向进口方寄送出口合同或销售确认书的时候，往往会附上短信，这便是成交函。成交函是一封纯粹意义上的通知函，其主要目的是告诉对方销售合同已寄出，希望其予以会签。

撰写成交函可参考下列常用句式：

（1） We are sending you our Sales Confirmation No. 4012 in duplicate. Please countersign and return one copy for our file.

（2） We are glad that we have reached the agreement through our mutual effort.

（3） We believe that the first transaction will turn out to be profitable to both of us.

（4） You can rest assured that we shall effect shipment strictly as contracted.

（5） It is understood that a letter of credit in our favor covering the above mentioned goods would be established promptly.

（6） Please instruct your bank to issue the letter of credit as early as possible in order that we may process with the goods immediately.

（7） We wish to point out that the stipulations in the relevant credit should strictly conform to the terms we have agreed upon so as to avoid subsequent amendments.

Example：

Dear Sir

Thank you for your order No. 435，which you faxed to us May 29，2012. We are glad to tell you that all the items will be delivered.

Attached is our Sales Confirmation No. 988 in duplicate made out to your order mentioned. Please countersign it and return one copy for our file，and open the relevant L/C in June 2012.

We believe the first transaction will turn out profitable to both of us. We prpreciate your cooperation and look forword to receiving your further orders.

Yours faithfully

Beijing Jingtong Camera Co.，Ltd.

xxx（Manager）

【操作训练】

1. 上海大地毛纺厂与新加坡莱恩斯贸易有限公司达成一笔出口 1 000 套化纤制羽绒服的交易，以 CIF 价成交，每套 55 美元。外商订购一个 20 英尺集装箱的货物。经了解，羽绒服的国内购货成本为每套 420 元（人民币，下同）。一个 20 英尺的集装箱的海运运费为 1 100 美元。该批羽绒服的出口仓储费为 650 元，国内报关费为 350 元，包装费为 1 000 元，港口装船费为 900 元，大地公司业务费为 2 500 元，国内运杂费为 2 000 元，商检费按购货成本的 0. 1% 计；海运出口的保险费按 CIF 成交价加一成投保一切险，费率为 1%。羽绒服出口有 9% 的退税（以购货成本计算），增值税率为 17%。大地公司承诺给外方公司总成交金额 5% 的佣金。求大地公司达成该笔交易获得的总利润及利润率。（汇率为 8. 25：1）

2. 上海某公司拟出口月球牌健身车。货号为 SHAJ－23 和 SHAJ－26。1 架装 1 纸箱，纸箱的尺码为 74cm×19cm×53cm，毛/净重为 25/23kgs。供货单价（含税）为 SHAJ－23 每架 150 元，SGAH－26 每架 190 元。已知健身车的增值税率为 17%，出口退税率为 8%，出口包装费每箱 5 元。各货号货物（按一个 20' 集装箱计）共需仓储费 600 元；国内运杂费 1 500 元；商检费 650 元；报关费 80 元；港口费 900 元；业务费 2 500 元；其他 1 000 元。

上海至哥本哈根（COPENHAGEN）20’整箱2 065美元。发票金额加10%投保一切险和战争险，费率分别为0.6%和0.3%。公司要求的预期利润率为成交价格的15%。人民币对美元汇率为8.25：1。

（1）请根据上述条件按20’FCL进行出口报价核算，分别算出FOB和CIF价，列出详尽的计算过程（过程保留4位小数，最后报价取2位小数）。

（2）SOLEIL TRADING公司的还价为SHAJ-23 USD28/SET；SHAJ-26 USD32/SET CIF COPENHAGEN，数量为各装一个20’集装箱。试计算按照此还盘公司是否还有利润，总利润额为多少元人民币？利润率又为多少？

（3）若接受对方价格，而公司的利润率又不少于6%，那么，在其他条件不变的情况下，公司应掌握的国内收购价为多少？（人民币对美元的汇率为8.25：1）

3. 上海美亚进出口公司从法国进口机织提花地毯200条（计1个40英尺集装箱）。法方报价为每条140美元CIF上海。已知地毯的进口关税税率为20%，增值税率为17%。一个40英尺集装箱的费用包括：国内包干费5 000元人民币，经营管理费2 500元人民币。如果公司的预期利润率是进口成交价的8%，美元对人民币的汇率为8.25：1，那么美亚公司在国内销售地毯的价格应为每条多少元人民币？另外，美亚公司进口时，在海关代缴的增值税款总额以及销售地毯后向国税局实际缴纳的增值税总额分别为多少？

4. 上海迪生贸易公司拟从比利时进口小型熨烫机，客户的报价是每台170美元FOB安特卫普。熨烫机每台装一纸箱，包装的尺码为110cm×80cm×96cm，毛重为42公斤。运费计算标准为W/M，装运港至上海的海运运费率是每个运费吨78美元。公司的经营管理费为进口成交价格的4%，进口关税税率为20%，增值税率为17%。公司的预期利润率为进口价格的10%，人民币对美元的汇率为8.25：1，保险费率是0.6%（按CIF价格的110%投保）。试根据上述资料核算以下内容：（1）进口成本（人民币元/台）；（2）完税价格（人民币元/台）；（3）进口运费（人民币元/台）；（4）进口保费（人民币元/台）；（5）进口关税（人民币元/台）；（6）代缴增值税（人民币元/台）；（7）实缴增值税（取整）（人民币元/台）；（8）国内销售价格（取整）（人民币元/台）。

5. 通达水产有限公司收到日本河野株式会社求购10公吨冻虾的询盘。经了解冻虾每公吨的收购价格4 500元（人民币，下同）；需付中介费用共1 000元（整批货）；国内运杂费共计1 200元；出口包装费用每公吨1 000元；仓租为每公吨每天5元，预计60天；银行贷款年利率为9%（按360天计）；预计垫款时间3个月；银行手续费率为0.5%（按成交价格计算）；出口商检费500元；报关费150元；港区港杂费800元；其他各项费用约1 800元。海运运费：从装运港至日本神户的基本运费率为每运费吨164美元。冻虾用纸箱包装，每箱净重25千克、毛重28千克、尺码为60cm×40cm×20cm，运费计算标准按“W/M”。客户要求按成交价格的110%投保冷藏货物运输水渍险和战争险（费率分别为0.85%和0.5%）；河野会社要求的佣金率（按成交价格计算）是3%，若通达公司的预期利润率是15%（按成交价格计算）。计算：（1）通达公司报出每公吨冻虾CIFC3神户的价格应为多少美元？（2）若河野会社出价每公吨CIFC3神户1 350美元，出口商每公吨能获利多少元人民币？（3）如交易双方以每公吨1 350美元成交，出口商15%的利润率保持不变，则通达公司应掌握的国内收购价格应为多少元人民币？（汇率按USD1=RMB8.32计算）

操作七　审证与改证

【操作内容】

收到信用证以后，出口商应立即根据双方已签订的合同及有关国际惯例，特别是《UCP600》的规定对信用证内容逐项认真审核。本项操作的具体要求是根据信用证的审核要点、原则对通知行转来的信用证进行细致的审核，就存在的问题给开证申请人（进口商）发信用证的修改函，列出信用证的不符点，要求对方迅速改证，以便及时发货。信用证的审核与修改均是参照贸易合同进行的，因此，能正确地阅读合同和信用证的条款是最为重要的。

【操作指南】

一、信用证的审核要点

（一）关于 L/C 的性质

1. 未生效或有限制生效的条款；
2. 为可撤销；
3. 未按合同要求加保兑；
4. 漏列所适用的国际惯例（UCP）；
5. 电开 L/C 密押不符，信开 L/C 没有保证付款责任文句。

（二）关于 L/C 中的有关期限和地点

1. 没有到期日或到期日错误；
2. 到期地点错误；
3. 装运期与交单期矛盾；
4. 交单期限规定过短。

（三）关于 L/C 的当事人

1. 开证申请人行名、地址与合同不符；
2. 受益人行名、地址与合同不符。

（四）关于 L/C 金额

1. 金额不够；
2. 金额大小写不一致；
3. 计价货币与合同规定不符。

（五）关于汇票的条款

付款期限与合同规定不符。

（六）关于货物运输的条款

1. 装运港与合同规定不符；
2. 目的港与合同规定不符；
3. 装运期规定与合同规定不符；
4. 分运规定与合同规定不符；
5. 转运规定与合同规定不符。

（七）关于货物的条款

1. 品名、规格与合同规定不符；
2. 数量与合同规定不符；
3. 包装与合同规定不符；
4. 单价与合同规定不符；
5. 援引的合同号码错误；
6. 漏列与成交数量对应的溢短装条款。

（八）关于 L/C 要求提交的各种单据

1. 发票种类不当（如额外要求领事签证）；
2. 提单收货人抬头错误、抬头与背书要求矛盾；
3. 提单运费条款规定与成交条件不符；
4. 运输工具限制过严；
5. 产地证明出具机构有问题；
6. 要求提交的检验证书与合同规定不符；
7. 保险险别、金额与合同规定不符；
8. 费用条款规定不合理。

（九）关于影响安全收汇的软条款

1. 信用证暂不生效条款；
2. 规定必须由申请人或其他指定的人签署有关单据的条款；
3. 信用证前后条款相互矛盾。

二、修改信用证应注意的问题

1. 信用证中如有多处需要修改的应一次提出；
2. 信用证规定严于合同内容的均要求修改，宽于合同的可以不要求修改；
3. 对于修改意见要么全部接受，要么全部拒绝，不能只接受一部分而拒绝另一部分；
4. 受益人应对开证申请人所作修改发出接受或拒绝的通知；
5. 不可撤销信用证的修改必须经各有关当事人全部同意后方能有效。

三、信用证修改函的写作

1. 感谢对方开来的信用证。

Thank you for your L/C No. 123 issued by ×××bank dated March 7th, 2012.

We are very pleased to receive your L/C No. 123 issued by ×××bank dated march 7th, 2012.

2. 列明信用证的不符点或说明如何修改。

However, we are sorry to find it contains the following discrepancies:

The ... should be... not ... .

The ... should be ... instead of ... .

Please delete the clause ... .

Please extend the shipment date and the validity of the L/C to...and... respectively.

3. 感谢对方合作并希望 L/C 修改书在××日之前开到以利及时装运。

Thank you for your kind of cooperation. Please see to it that the L/C amendment reaches us before ×××date, failing which we shall not be able to effect punctual shipment.

四、信用证修改函实例

April 14, 2012

Dear Mr. Trooborg,

Thank you for your L/C No. AM/VA0515ILC issued by the F. Van LANSCHOT Bankers N. V., Amsterdam, and the Netherlands, which arrived here yesterday.

On going through the L/C, however, we have found the following Discrepancies with our Sales Contract No. HY98CS004.

1. The address of the applicant is in Rotterdam, not in Amsterdam.
2. The draft is paid at sight instead of at 45 days after sight.
3. As contracted, the L/C should be valid until 21st day after shipment date, i. e. June 22, 2012, but your L/C expires on June 15, 2012.
4. Amend the "2/3 of original clean on-board marine Bills of Lading" to "full set of original clean on-board marine Bills of Lading".
5. Delete the clause "Beneficiary's certificate stating that one set of non-negotiable shipping documents together with the 1/3 original B/L have been sent to the applicant by DHL within 48 hours after the shipment." and add the wording "Beneficiary's certificate stating that one set of non-negotiable shipping documents has been sent to the applicant by DHL within 48 hours after the shipment."
6. Documents are to be presented ultimately not within 15 days but 21 days, after the date of issuance of the relative transport documents.

Please let us have your L/C Amendment soon so that we may effect shipment within the contracted delivery time.

Yours faithfully,

Universal Trading Co. , Ltd.

Li Junwei (Mr.) Toy Department

【操作训练】

根据下面的国际贸易合同对外商开来的信用证进行审核并撰写修改函，说明修改建议。

SALES CONFIRMATION

S/C No: SHHX98027

Date: APRIL 3, 2012

The seller: HUAXIN TRADING Co. , LTD.

The Buyer: JAMES BROWN & SONS

Address: 14TH FLOOR KINGSTAR MANSION
676 JING RD. , SHANGHAI

Address: #304 - 310 JALAN STREET
TORONTO, CANADA

Item No.	Commodity & Specifications	Unit	Quantity	Unit Price (US $)	Amount (US $)
	CHINESE CERAMIC DINNERWARE				$CIFC_5$ TORONTO
1	HX1115 35 PCS DINNERWARE & TEA SET	SET	542	23. 50	12 737. 00
2	HX2012 20 PCS DINNERWARE	SET	800	20. 40	16 320. 00
3	HX4405 20 PCS DINNERWARE	SET	443	23. 20	10 277. 60
4	HX4510 20 PCS DINNERWARE	SET	254	30. 10	7 645. 40
					46 980. 00

TOTAL CONTRACTVALUE (IN WORDS): SAY US DOLLARS FORTY SIX THOUSAND NINE HUNDRED AND EIGHTY ONLY.

PACKING: HX2012 IN CARTONS OF 2 SETS EACH AND HXIN1115, HXIN4405 AND HX4510 TO BE PACKED IN CARTONS OF 1 SET EACH ONLY.

PORT OF LOADING & DESTINATION: FROM: SHANGHAI TO: TORONTO

TIME OF SHIPMENT: TO BE EFFECTED BEFORE THE END OF APRIL 2012 WITH PARTIAL SHIPMENT NOT ALLOWED AND TRANSSHIPMENT ALLOWED.

TERMS OF PAYMENT: THE BUYER SHALL OPEN THROUGH A BANK ACCEPTABLE TO THE SELLER AN IRREVOCABLE L/C AT SIGHT TO REACH THE SELLER BEFORE APRIL 10, 2012 VALID FOR NEGOTIATION IN CHINA UNTIL THE 15TH DAY AFTER THE DATE OF SHIPMENT.

INSURANCE: THE SELLER SHALL COVER INSURANCE AGAINST WPA AND CLASH & BREAKAGE & WAR RISKS FOR 110% OF THE TOTAL INVOICE VALUE AS PER THE RELEVANT OCEAN MARINE CARGO OF PICC DATED1/1/1981.

Confirmed By:

THE SELLER
HAXIN TRADING CO. , LTD.
MANAGER: 张国梁

THE BUYER
JAMES BROWN & SONS
MANAGER: PAUL LOCKWOOD

THE ROYAL BANK OF CANADA
BRITISH COLUMBIA INTERNATIONAL CENTER
1055 WEST GEORGIA STREET, VANCOUVER, B. C. V6E 3P3
CANADA

☐ CONFIRMATION OF TELEX/CABLE PRE-ADVISED　　DATE: APRIL 8, 2012
TELEX No. 720668CA　　PLACE: VANCOUVER

IRREVOCABLE DOCUMENTARY CREDIT	CREDIT NUMBER: 98/0501 - FTC	ADVISING BANK'S REF. NO.
ADVISING BANK: SHANHAI A J FINANCE CORPORATION 59 HONGKONG ROAD SHANGHAI 20002, CHINA	APPLICANT: JAMES BROWN & SONS #304 - 310 JALAN STREET TORONTO, CANADA	
BENEFICIARY: HUAXIN TRADING Co., LTD. 14TH FLOOR KINGSTAR MANSION 676 JING RD., SHANGHAI	AMOUNT: USD 46 980.00 (US DOLLARS FORTY SIX THOUSAND NINE HUNDRED AND EIGHTEEN ONLY)	

EXPIRY DATE; MAY 15, 2012 FOR NEGOTIATION IN APPLICANT'S COUNTRY.

GENTILEMAN:
WE HEREBY OPEN OUR IRREVOCABLE LETTER OF CREDIT IN YOUR FAVOR WHICH IS AVAILABLE BY YOUR DRAFTS AT SIGHT FOR FULL INVOICE VALUE ON US ACCOPANIED BY THE FOLLOWING DOCUMENTS:
+ SIGNED COMMERCIAL INVOICE IN 4 COPIES.
+ PACKING LIST IN 4 COPIES SHOWING THE INDIVIDAL WEIGHT AND MEASUREMENT OF EACH ITEM.
+ ORIGINAL CERTIFICATE OF ORIGIN IN 4 COPIES ISSUED BY THE CHAMBER OF COMMERCE.
+ FULL SET CLEAN ON BOARD OCEAN BILLS OF LADING SHOWING FREIGHT PREPAID CONSIGNED TO ORDER OF THE ROYAL BANK OF CANADA INDICATING THE ACTUAL DATE OF THE GOODS ON BOARD AND NOTIFY THE APPLICANT WITH FULL ADDRESS AND PHONE NO. 77009910.
+ INSURANCE POLICY OR CERTIFICATE FOR 130% OF INVOICE VALUE COVERING: INSTITUTE CARGO CLAUSES (A) AS PER I. C. C. DATED 1/1/1982.
+ BENEFICIARY'S CERTIFICATE CERTIFYING THAT EACH COPY SHIPPING DOCUMENTS HAS BEEN FAXED TO THE APPLICANT WITHIN 48 HOURS AFTER SHIPMENT.
COVERING SHIPMENT OF:
4 ITEMS OF CHINESE CERAMIC DINNERWARE INCLUDING: HX1115 544 SETS, HX2012 800 SETS, HX4405 443 SETS AND HX4510 245 SETS.
DETAILS IN ACCORDINCE WITH SALES CONFIRMATION SHHX98027 DATED APRIL 3, 2012.
【 】FOB 【 】CFR 【×】CIF 【 】FAS TORONTO CANADA

SHIPMENT FROM SHANGHAI	TO VANCOUVER	LATEST APRIL 30, 2012	PARTIAL SHIPMENT PROHIBITED	TRANSSHIPMENT PROHIBITED

DRAFTS TO BE PRESENTD FOR NEGOTIATION WITHIN 15 DAYS AFTER SHIPMENT, BUT WITHIN THE VALIDITY OF CREDIT.
ALL DOCUMENTS TO BE FORWARDED IN ONE COVER, BY AIRMAIL, UNLESS OTHERWISE STATED UNDER SPECIAL INSTRUCTIONS.

SPECIAL INSTRUCTIONS:
ALL BANKKING CHARGEES OUT SIDE CANADA ARE FOR ACCOUNT OF BENEFICIARY
+ ALL GOODS MUST BE SHIPPED IN ONE20'CY TO CY CONTAINER AND B/L SHOWING THE SAME.
+ THE VALUE OF FREIGHT PREP AID HAS TO BE SHOWING ON BILLS OF LADING.
+ DOCUMENTS WHICH FAIL TO COMPLY WITH THE TERMS AND CONDITIONS IN THE LETTER OF CREDIT SUBJECT TO A SPECIAL DISCREPENCY HANDLING FEE OF US $ W 35.00 TO BE DEDUCTED FROM ANY PROCEEDS.

DRAFT MUST BE MARKED AS BEING DRAWN UNDER THIS CREDIT AND BEAR ITS NUMBER;
THE AMOUNTS ARE TO BE ENDORSED ON THE REVERSE HEREOF BY NEG. BANK.
WE HEREBY AGREE WITH THE DRAWERS, ENDORERS AND BONA FIDE HOLDER THAT ALL DRAFTS DRAWN UNDER IN COMPLANCE WITH THE TERMS OF THIS CREDIT SHALL BE DULY HONORED UPON PRESENTATION.

THIS CREDIT IS SUBJECT TO THE UNIFORM CUSTOMS AND PRACTICE FOR DOCUMENTATY CREDITS BY THE INTERNATIONAL CHAMBER OF COMMERCE PUBLICATION. NO. 600.

Yours Very Truly

David lone
AUTHORIZED SIGNATURE

Luanne husan
AUTHORIZED SIGNATURE

操作八　托运订舱

【操作内容】

出口商确认信用证修改通知书（L/C Amendment）后，便可开始安排出口货物的装运事宜。托运订舱操作的内容是出口商自己或委托货运代理商到船公司办理订舱手续。办理订舱手续时出口商应提交以下三种文件：（1）出口货物订舱委托书；（2）商业发票；（3）装箱单。

【操作指南】

一、出口货物托运订舱的一般程序

出口商办理托运订舱的一般程序如图 12－1 所示。

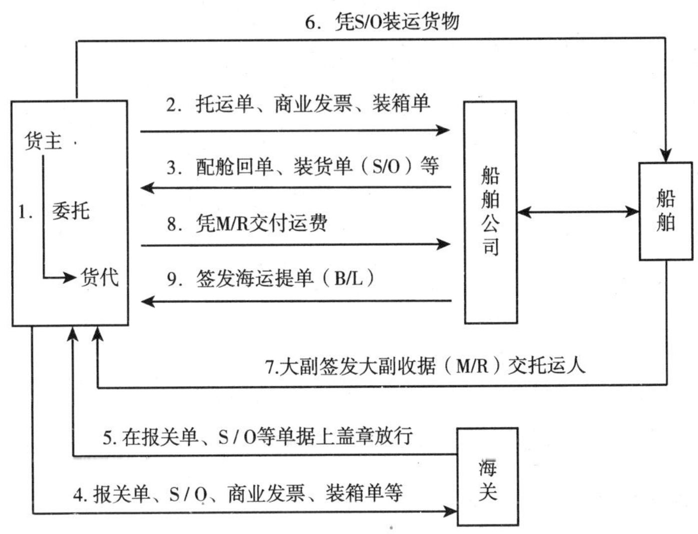

图 12－1　托运订舱的一般程序

二、托运订舱文件的缮制

（一）出口货物订舱委托书的缮制

出口货物订舱委托书（Shipping Book），简称订舱单，是承运人或其代理人在接受发货人或货物托运人的订舱时，根据发货人的口头或书面申请货物托运的情况据以安排集装箱货物运输而制订的单证。订舱单由船公司或货代签发，主要用于到码头提空集装箱用。

这里就出口货物订舱委托书（见附录单证示样6）的填制说明如下：

1. 发货人：如信用证有规定，严格按照信用证填写；如信用证无特殊规定，通常填写出口人，即信用证的受益人；

2. 收货人：即海运单据的抬头人，应严格按信用证中提单条款的具体规定填写。其中，记名抬头直接填写收货人名称，指示抬头完全按照来证提单条款填写；

3. 通知人：即被通知方，如信用证有规定，严格按照信用证填写，且应注明详细地址；如信用证无规定，此栏目留空不填；

4～11. 严格按照信用证规定填写；

12. 信用证效期：填信用证的到期日；

13. 装船期限：填写信用证规定的最迟装运日期；

14. 运费：填写“预付”（Prepaid）或“到付”（Collect）；

15. 成交条件：根据信用证或合同中所表述的贸易术语填写；

16～19. 根据业务实际填写，无资料可空白；

20. 特别要求：指出口商对订舱、进库、运输、装船和提单条款等的特殊规定；

21. 标记唛码：如信用证中的运输标志上的件号为1/Up，则按实际托运的总件数填写件号；

22. 品名货号规格：应严格按照信用证、合同及商业发票中的品名货号规格填写；

23. 包装件数：不同的货号逐项注明包装件数和包装种类；

24. 毛重：以kg为单位填写每个货号的总毛重；

25. 净重：填写每个货号的总净重，以kg为单位；

26. 数量：指计价的数量单位，如Set/PCs./Dozen/等；

27. 单价：填写每个货号的成交单价；

28. 总价：填写每个货号的总金额；

29. 总件数：填写所有货号即该批货物的总包装件数；

30. 总毛重：填写托运货物的总毛重；

31. 总净重：填写所托运货物的总净重；

32. 总尺码：填写托运货物的总尺码，以立方米为单位，保留至小数点后第三位；

33. 总金额：填写该批出口货物的总金额（外币）。

（二）商业发票的缮制

商业发票是出口商向进口商开列发货价目清单，是贸易双方记账的依据，也是进出口报关交税的总说明。商业发票是一笔业务的全面反映，内容包括商品的名称、规格、价格、数量、金额、包装等，同时也是进口商办理进口报关不可缺少的文件，因此商业发票是全套出口单据的核心，在单据制作过程中，其余单据均需参照商业发票缮制。

这里就商业发票（见附录单证示样 7）的填制说明如下：

1. 卖方（Seller）：即发票的填制人，应按信用证规定详细填写；

2. 买方（Buyer）：即发票的抬头人应按信用证规定详细填写开证申请人；

3. 发票号码（Inv. No.）：通常由卖方编制；

4. 出票日期（Inv. Date）：发票日期不能晚于议付日或汇票日；

5. 信用证号码（L/C No.）：按信用证填写；

6. 信用证日期（Date）：指信用证的开证日；

7. 开证人（Issued By）：指信用证的开证行；

8. 合同号（Contract No.）：按实际的合同号填写；

9. 合同日期（Date）：按实际的合同日期填写；

10. 装运港（From）：根据信用证及提单内容填写；

11. 目的港（To）：根据信用证及提单内容填写；

12. 船名（Shipped By）：托运订舱时此栏目不用填写，由船方返回装货单（S/O）可知船名；

13. 价格术语（Price Term）：严格按照信用证具体规定，尤其应注意佣金是否表示出来；

14. 唛头（Marks）：严格按照信用证具体规定；

15. 货物描述（Descriptions of Goods）：填写与合同或信用证规定相符的货物信息，注意不得随意增加、减少内容或将前后文字颠倒；

16. 数量（Quantity）：指实际装运的具体数量，而非包装件数；若有不同品种，不同价格的，更应分项列明；有些按重量计的货物，计价和制单时应排除不符合标准的成分，算出和注明标准重量；

17. 单价（Unit Price）：包括货币、价值和计价单位。如信用证有具体规定，单价应与信用证一致；

18. 总价（Total Amount）：包括价格术语和总价；

19. 大写金额（In Words）：应与总价严格相符；

20. 证明问句（Certification）：如信用证上规定“As per contract no. ...”或要求在发票上注明“As per L/C no. ...”，则照填写；如果未规定，则不用填写。原产地证明也可注明在此；

21. 包装（Packing）：包括包装种类和总件数；

22. 毛重（Gross Weight）：填写总毛重；

23. 制作人（Issued By）：指制作发票的人，一般为出口人；

24. 签名（Signature）：一般为公司经理或具体业务负责人的签字。

（三）装箱单的缮制

装箱单是发票的补充单据，它列明了合同（或信用证）中买卖双方约定的有关包装事宜的细节，便于国外买方在货物到达目的港时供海关检查和核对货物，通常可以将其有关内容加列在商业发票上，但是在信用证有明确要求时，就必须严格按信用证约定制作。

这里就装箱单（见附录单证示样 8）的填制说明如下：

1. 卖方（Seller）：即发票的填制人，信用证的受益人，应按信用证规定详细填写；

2. 买方（Buyer）：即发票的抬头人，信用证的开证申请人。应按信用证规定详细填写，如信用证有误或不全，只能将错就错，后加括号加以更正；

3. 发票号码（INV. No.）：通常由卖方编制；

4. 发票日期：发票日期不能晚于议付日或汇票日；

5. 启运地（From）：按信用证规定填写；

6. 目的地（To）：按信用证规定填写；

7. 大写件数：注明大写的总包装件数；

8. 唛头（Shipping Marks）：与发票一致；

9. 包装件号码：在单位包装货量或品种不固定的情况下，应注明每个包装件的包装情况，包装件应注编号；

10. 包装方式与数量：注明每种货物的包装件数，同时要注明合计件数；

11. 货名（Item）：与发票一致，如有总称，先注明总称，再逐项列明详细货名；

12. 货量（Qty）：即注明每个包装的货量和每个规格、品种、花色等不同类别货物各自的总货量（Sub-total）。如每箱 6 打，共 10 箱合计 60 打，可注“@ 6doz/60doz”，信用证或合同未要求，不注亦可；

13. 毛重（G. W.）：可采用类似货量的表示方法，信用证或合同未要求，不注亦可；

14. 净重（N. W.）：可采用类似货量的表示方法，信用证或合同未要求，不注亦可；

15. 尺码（Meas.）：可采用类似货量的表示方法，信用证或合同未要求，不注亦可；

16. 总量（Total）：包括全部货物、包装件、毛净重和尺码等项目各自的总量；

17. 出单人（Issued By）：应与发票出单人相同；

18. 签字（Signature）：与发票签字相同。

操作九　出口货物报关

【操作内容】

出口商在完成订舱、报检、申领产地证和出口收汇核销单等工作后，便可填写出口货物报关单，向海关申报。出口货物报关操作的内容是出口商填制中华人民共和国出口货物报关单，并向海关提交全套的报关文件，接受海关对单证或出境货物的查验，直到签注放行。

【操作指南】

一、出口报关的程序

报关是指货物、行李和邮递物品、运输工具等在进出关境或国境时，由所有人或其代理人向海关申报，交验规定的单据、证件，请求海关办理进出口的有关手续。报关的基本程序是：申报—查验—征税—放行。出口报关的一般程序和内容如图 12 - 2 所示。

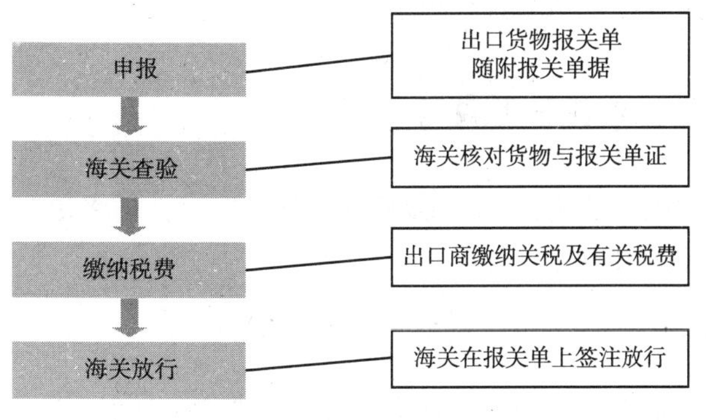

图 12－2　出口报关程序

二、出口商报关应提交的单证

出口商报关时向海关提交的报关单证主要有：

1. 出口货物报关单；
2. 出口许可证（或其他批准文件）；
3. 减税、免税或免验的证明文件；
4. 商品检验证书；
5. 原产地证明书；
6. 出口收汇核销单；
7. 商业发票；
8. 装箱单；
9. 装货单；
10. 出口合同。

三、报关单的作用

1. 报关单是向海关报告进出口情况，申请海关审查、放行货物的必要法律文书；

2. 报关单是海关对进出口货物进行监督、征税、统计以及开展调查的重要依据；

3. 报关单是加工贸易进出口货物核销以及出口退税和外汇管理的重要凭证；

4. 报关单是海关处理进出口货物走私、违规案件及税务、外汇管理部门查处骗税和套汇犯罪活动的重要书证。

四、报关单填制的一般要求

1. 报关单的填报必须真实，做到两个相符，即单证相符，单货相符；

2. 不同合同项下的货物，不能填在同一报关单上，同一批货物中有不同贸易方式的货物，必须用不同的报关单；

3. 一张报关单上一般最多不能超过五项海关商品编号的货物；

4. 向海关申报的报关单，事后由于各种原因，出现原来填报的内容与实际不一致的，需立即向海关办理更正手续，填写报关单更正单。

五、出口货物报关单的缮制规范

根据中华人民共和国海关进出口货物报关单填制规范，现将出口货物报关单（见附录单证示样13）的填制说明如下：

（一）预录入编号

本栏目填报预录入报关单的编号，预录入编号规则由接受申报的海关决定。

（二）海关编号

本栏目填报海关接受申报时给予报关单的编号，一份报关单对应一个海关编号。

报关单海关编号为18位，其中第1～4位为接受申报海关的编号（海关规定的《关区代码表》中相应海关代码），第5～8位为海关接受申报的公历年份，第9位为进出口标志（“1”为进口，“0”为出口；集中申报清单“i”为进口，“e”为出口），后9位为顺序编号。在海关h883/edi通关系统向h2000通关系统过渡期间，后9位的编号规则同h883/edi通关系统的要求，即1～2位为接受申报海关的编号（海关规定的《关区代码表》中相应海关代码的后2位），第3位为海关接受申报公历年份4位数字的最后1位，后6位为顺序编号。

（三）出口口岸

本栏目应根据货物实际进出境的口岸海关，填报海关规定的《关区代码表》中相应口岸海关的名称及代码。

（四）备案号

本栏目填报进出口货物收发货人在海关办理加工贸易合同备案或征、减、免税备案审批等手续时，海关核发的《中华人民共和国海关加工贸易手册》、电子账册及其分册（以下统称《加工贸易手册》）、《进出口货物征免税证明》（以下简称《征免税证明》）或其他备案审批文件的编号。一份报关单只允许填报一个备案号。

（五）合同协议号

本栏目填报进出口货物合同（包括协议或订单）编号。

（六）出口日期

出口日期指运载出口货物的运输工具办结出境手续的日期，本栏目供海关签发打印报关单证明联用，在申报时免予填报。无实际进出境的报关单填报海关接受申报的日期。

本栏目为8位数字，顺序为年（4位）、月（2位）、日（2位）。

（七）申报日期

申报日期指海关接受进出口货物收发货人、受委托的报关企业申报数据的日期。以电子数据报关单方式申报的，申报日期为海关计算机系统接受申报数据时记录的日期。以纸质报关单方式申报的，申报日期为海关接受纸质报关单并对报关单进行登记处理的日期。

申报日期为8位数字，顺序为年（4位）、月（2位）、日（2位）。本栏目在申报时免予填报。

（八）经营单位

本栏目填报在海关注册登记的对外签订并执行进出口贸易合同的中国境内法人、其他组织或个人的名称及海关注册编码。

（九）收货单位/发货单位

1. 收货单位填报已知的进口货物在境内的最终消费、使用单位的名称，包括：（1）自行从境外进口货物的单位；（2）委托进出口企业进口货物的单位。

2. 发货单位填报出口货物在境内的生产或销售单位的名称，包括：（1）自行出口货物的单位；（2）委托进出口企业出口货物的单位。

3. 有海关注册编码或加工企业编码的收、发货单位，本栏目应填报其中文名称及编码；没有编码的应填报其中文名称。使用《加工贸易手册》管理的货物，报关单的收、发货单位应与《加工贸易手册》的“经营企业”或“加工企业”一致；减免税货物报关单的收、发货单位应与《征免税证明》的“申请单位”一致。

（十）申报单位

自理报关的，本栏目填报进出口企业的名称及海关注册编码；委托代理报关的，本栏目填报经海关批准的报关企业名称及海关注册编码。

本栏目还包括报关单左下方用于填报申报单位有关情况的相关栏目，包括报关员、报关单位地址、邮政编码和电话号码等栏目。

（十一）运输方式

运输方式包括实际运输方式和海关规定的特殊运输方式，前者指货物实际进出境的运输方式，按进出境所使用的运输工具分类；后者指货物无实际进出境的运输方式，按货物在境内的流向分类。

本栏目应根据货物实际进出境的运输方式或货物在境内流向的类别，按照海关规定的《运输方式代码表》选择填报相应的运输方式。

（十二）运输工具名称

本栏目填报载运货物进出境的运输工具名称或编号。填报内容应与运输部门向海关申报的舱单（载货清单）所列相应内容一致。

（十三）航次号

本栏目填报载运货物进出境的运输工具的航次编号。

（十四）提运单号

本栏目填报进出口货物提单或运单的编号。一份报关单只允许填报一个提单或运单号，一票货物对应多个提单或运单时，应分单填报。

（十五）贸易方式（监管方式）

本栏目应根据实际对外贸易情况按海关规定的《监管方式代码表》选择填报相应的监管方式简称及代码。一份报关单只允许填报一种监管方式。

（十六）征免性质

本栏目应根据实际情况按海关规定的《征免性质代码表》选择填报相应的征免性质简称及代码，持有海关核发的《征免税证明》的，应按照《征免税证明》中批注的征免性质填报。一份报关单只允许填报一种征免性质。

（十七）征税比例/结汇方式

进口报关单本栏目免予填报。出口报关单填报结汇方式，按海关规定的《结汇方式代码表》选择填报相应的结汇方式名称或代码。

（十八）许可证号

本栏目填报以下许可证的编号：出口许可证、两用物项和技术出口许可证、两用物项和技术出口许可证（定向）、纺织品临时出口许可证、出口许可证（加工贸易）、出口许可证（边境小额贸易）。一份报关单只允许填报一个许可证号。

（十九）装货港/指运港

装货港填报进口货物在运抵中国关境前的最后一个境外装运港；指运港填报出口货物运往境外的最终目的港；最终目的港不可预知的，按尽可能预知的目的港填报。

本栏目应根据实际情况按海关规定的《港口航线代码表》选择填报相应的港口中文名称及代码。装货港/指运港在《港口航线代码表》中无港口中文名称及代码的，可选择填报相应的国家中文名称或代码。

无实际进出境的，本栏目填报“中国境内”（代码 142）。

（二十）境内目的地/境内货源地

境内目的地填报已知的进口货物在国内的消费、使用地或最终运抵地，其中最终运抵地为最终使用单位所在的地区。最终使用单位难以确定的，填报货物进口时预知的最终收货单位所在地。

境内货源地填报出口货物在国内的产地或原始发货地。出口货物产地难以确定的，填报最早发运该出口货物的单位所在地。

本栏目按海关规定的《国内地区代码表》选择填报相应的国内地区名称及代码。

（二十一）批准文号

进口报关单中本栏目免予填报。

出口报关单中本栏目填报出口收汇核销单编号。

（二十二）成交方式

本栏目应根据进出口货物实际成交价格条款，按海关规定的《成交方式代码表》选择填报相应的成交方式代码。

无实际进出境的报关单，进口填报 CIF，出口填报 FOB。

（二十三）运费

本栏目填报进口货物运抵中国境内输入地点起卸前的运输费用，出口货物运至中国境内输出地点装载后的运输费用。进口货物成交价格包含前述运输费用或者出口货物成交价格不包含前述运输费用的，本栏目免于填报。

运费可按运费单价、总价或运费率三种方式之一填报，注明运费标记（运费标记“1”表示运费率，“2”表示每吨货物的运费单价，“3”表示运费总价），并按海关规定的《货币代码表》选择填报相应的币种代码。

运保费合并计算的，填报在本栏目。

（二十四）保费

本栏目填报进口货物运抵中国境内输入地点起卸前的保险费用，出口货物运至中国境内输出地点装载后的保险费用。进口货物成交价格包含前述保险费用或者出口货物成交价格不包含前述保险费用的，本栏目免于填报。

保费可按保险费总价或保险费率两种方式之一填报，注明保险费标记（保险费标记“1”表示保险费率，“3”表示保险费总价），并按海关规定的《货币代码表》选择填报相应的币种代码。

运保费合并计算的，本栏目免予填报。

（二十五）杂费

本栏目填报成交价格以外的、按照《中华人民共和国进出口关税条例》相关规定应计入完税价格或应从完税价格中扣除的费用。可按杂费总价或杂费率两种方式之一填报，注明杂费标记（杂费标记“1”表示杂费率，“3”表示杂费总价），并按海关规定的《货币代码表》选择填报相应的币种代码。

应计入完税价格的杂费填报为正值或正率，应从完税价格中扣除的杂费填报为负值或负率。

（二十六）件数

本栏目填报有外包装的进出口货物的实际件数。

（二十七）包装种类

本栏目应根据进出口货物的实际外包装种类，按海关规定的《包装种类代码表》选择填报相应的包装种类代码。

（二十八）毛重

本栏目填报进出口货物及其包装材料的重量之和，计量单位为千克，不足1千克的填报为“1”。

（二十九）净重

本栏目填报进出口货物的毛重减去外包装材料后的重量，即货物本身的实际重量，计量单位为千克，不足1千克的填报为“1”。

（三十）集装箱号

本栏目填报装载进出口货物（包括拼箱货物）集装箱的箱体信息。一个集装箱填一条记录，分别填报集装箱号（在集装箱箱体上标示的全球唯一编号）、集装箱的规格和集装箱的自重。非集装箱货物填报为“0”。

（三十一）随附单证

本栏目根据海关规定的《监管证件代码表》选择填报除本规范第十八条规定的许可证件以外的其他进出口许可证件或监管证件代码及编号。

本栏目分为随附单证代码和随附单证编号两栏，其中代码栏应按海关规定的《监管证件代码表》选择填报相应证件代码；编号栏应填报证件编号。

（三十二）用途/生产厂家

进口货物本栏目填报用途，应根据进口货物的实际用途按海关规定的《用途代码表》选择填报相应的用途代码。

出口货物本栏目填报其境内生产企业。

（三十三）标记唛码及备注

1. 标记唛码中除图形以外的文字、数字。

2. 与本报关单有关联关系的，同时在业务管理规范方面又要求填报的备案号，填报在电子数据报关单中“关联备案”栏。

（三十四）项号

本栏目分两行填报及打印。第一行填报报关单中的商品顺序编号；第二行专用于加工贸易、减免税等已备案、审批的货物，填报和打印该项货物在《加工贸易手册》或《征免税证明》等备案、审批单证中的顺序编号。

（三十五）商品编号

本栏目应填报由《中华人民共和国进出口税则》确定的进出口货物的税则号列和《中华人民共和国海关统计商品目录》确定的商品编码，以及符合海关监管要求的附加编号组成的10位商品编号。

（三十六）商品名称、规格型号

本栏目分两行填报及打印。第一行填报进出口货物规范的中文商品名称，第二行填报规格型号。

（三十七）数量及单位

本栏目分三行填报及打印。

1. 第一行应按进出口货物的法定第一计量单位填报数量及单位，法定计量单位以《中华人民共和国海关统计商品目录》中的计量单位为准；

2. 凡列明有法定第二计量单位的，应在第二行按照法定第二计量单位填报数量及单位。无法定第二计量单位的，本栏目第二行为空；

3. 成交计量单位及数量应填报并打印在第三行。

（三十八）原产国（地区）/最终目的国（地区）

原产国（地区）应依据《中华人民共和国进出口货物原产地条例》、《中华人民共和国海关关于执行〈非优惠原产地规则中实质性改变标准〉的规定》以及海关总署关于各项优惠贸易协定原产地管理规章规定的原产地确定标准填报。

最终目的国（地区）填报已知的出口货物的最终实际消费、使用或进一步加工制造国家（地区）。不经过第三国（地区）转运的直接运输货物，以运抵国（地区）为最终目的国（地区）；经过第三国（地区）转运的货物，以最后运往国（地区）为最终目的国（地区）。同一批出口货物的最终目的国（地区）不同的，应分别填报最终目的国（地区）。出口货物不能确定最终目的国（地区）时，以尽可能预知的最后运往国（地区）为最终目的国（地区）。

本栏目应按海关规定的《国别（地区）代码表》选择填报相应的国家（地区）名称及代码。

（三十九）单价

本栏目填报同一项号下出口货物实际成交的商品单位价格。无实际成交价格的，本栏目填报单位货值。

（四十）总价

本栏目填报同一项号下出口货物实际成交的商品总价格。无实际成交价格的，本栏目填报货值。

（四十一）币制

本栏目应按海关规定的《货币代码表》选择相应的货币名称及代码填报，如《货币代码表》中无实际成交币种，需将实际成交货币按申报日外汇折算率折算成《货币代码表》列明的货币填报。

（四十二）征免

本栏目应按照海关核发的《征免税证明》或有关政策规定，对报关单所列每项商品选择海关规定的《征减免税方式代码表》中相应的征减免税方式填报。

（四十三）税费征收情况

本栏目供海关批注出口货物税费征收及减免情况。

（四十四）录入员

本栏目用于记录预录入操作人员的姓名。

（四十五）录入单位

本栏目用于记录预录入单位名称。

（四十六）填制日期

本栏目填报申报单位填制报关单的日期。本栏目为8位数字，顺序为年（4位）、月（2位）、日（2位）。

（四十七）海关审单批注及放行日期（签章）

本栏目供海关作业时签注。

操作十　出口货物投保

【操作内容】

货物在运输过程中往往会发生风险并导致损失，为了保证货物在发生损失后能得到补偿，需要投保货物运输险。以CIF贸易术语成交的合同，出口商在订妥舱位和报关后，应填写出口货物投保单到保险公司办理投保手续，并根据保险公司的承保回执填制保险单（正式保险合同）。

【操作指南】

一、投保时间

在CIF术语下，买卖双方的风险划分是以装运港船舷为界限的，货物越过船舷起的一切风险由买方承担。因此，卖方一般要在装运前向保险公司投保。作为保险凭证的保险单据的出单日期也应不迟于装运的日期。《UCP600》第28条e款的规定：The date of the insurance document must be no later than the date of shipment, unless it appears from the insurance document that the cover is effective from a date not later than the date of shipment. （保险单据日期不得晚于发运日期，除非保险单据表明保险责任不迟于发运日生效。）

二、海运出口货物投保单的缮制

这里就海运出口货物投保单的填制说明如下：

1. 保险人：指所投保的保险公司；
2. 被保险人：即投保人，CIF（或 CIP）合同下的投保此栏一般填写合同的卖方；
3. 保单号次：由保险公司提供；
4. 保单日期：由保险公司填写；
5. 标记：指唛头，根据信用证或合同或订舱单准确填写；
6. 包装及数量：填写总包装件数；
7. 保险货物项目：填写货物总称；
8. 保险金额：按信用证规定以发票金额加成一定比例，注意不是保险费的数额；
9. 总保险金额：即大写的保险金额，应与小写金额保持一致；
10. 运输工具：应填写配舱回单中船方指定的船名和航次号；
11. 装运港：根据信用证或合同规定；
12. 目的港：根据信用证或合同规定；
13. 承保险别：应填写信用证上关于保险险别所规定的内容；
14. 保险代理：由保险公司填写；
15. 偿付地点：根据信用证规定，一般在进口国；
16. 保单背书：根据信用证规定的方式，若无具体规定，则空白背书；
17. 应缴保费：由保险公司填写。

三、海运保险单的缮制

现就中国中国太平洋财产保险股份有限公司（CHINA PACIFIC PROPERTY INSURANCE CO.，LTD）签发的海运保险单（见附录单证示样 14）的缮制说明如下：

1. 被保险人：指投保人。通常是出口方，填写出口公司名称即可；
2. 标记：应与发票和提单一致。如唛头较复杂，可注“As per invoice No. XX”；
3. 包装与数量：注明总包装件数即可。如是裸装货物，注明本身数量；
4. 保险货物项目：应与商业发票中的货物信息完全相符；
5. 保险金额：按信用证规定由发票金额加成一定百分比后的金额，金额取整数，尾数进位；
6. 总保险金额：填写大写金额，注意应与小写保险金额严格一致；
7. 保费：一般填写具体金额，而注明“As arranged”或“Paid”或“Prepaid”；
8. 费率：与保费一样通常填写“As arranged”；
9. 运载工具：海运方式填写船名和航次；
10. 开航日期：通常填写提单日，如备用提单填装船日；如在装船前填写，此栏可待签提单后再填，也可填写 As per B/L；

11. 启运港和目的港：按提单或其他运输单据填写；

12. 承保险别：严格按信用证规定的填写，除注明险别名称外，还应注明险别适用的文本及日期；

13. 理赔代理：根据保险公司投保单回执中的名称、地址详细填写；

14. 偿付地点及货币：按信用证规定填写；如信用证无规定，通常为目的港，货币为信用证所使用的货币；

15. 出单地点和日期：地点为保险公司所在地；出单日不能晚于提单日、发运日或接受监管日；

16. 签名：一般由保险公司或其代理签字；

17. 背书：只要以受益人为被保险人，受益人均需背书，具体方式按照信用证规定，如信用证未规定，则空白背书。

操作十一　装运及发装运通知

【操作内容】

海关验讫放行（即海关在装货单等单据上盖验讫放行章）后，出口商即可到船公司办理装运手续，直至取得海运提单。货物装运后，应根据信用证的要求及时向进口商发出装运通知。

【操作指南】

一、发装运通知的目的及时间要求

1. 发装运通知的目的。不同贸易术语成交的国际货物买卖合同出口商向进口商发装运通知的目的有所不同。特别应注意 FOB（或 FCA）合同、CFR（CPT）和 CIF（或 CIP）合同出口商发装运通知给进口商在的目的上的细微差别。

2. 发装运通知的时间要求。远洋运输的货物一般限定在货物装船后的 48 小时内；近洋运输的货物一般限定在货物装船后的 24 小时内。如果 L/C 中对发出时间有具体规定，则应严格按 L/C 规定的时间发出。

二、装运通知的内容

装运通知一般包括以下八项内容：合同号码、货物名称、货物金额、货物数量、包装件数、承运船名、运输航次和提单号码。如果中 L/C 对装船通知的内容有具体规定，则应严格按 L/C 的规定发，以确保单、证一致。

装运通知样例：

Shipping Advice

Dear Sirs,

Re: 1 ×40'FCL of Sports Goods series

We are very pleased to inform you that the goods have been shipped on Sept. 8, 2011 in Shanghai through COSCO. Please make insurance of the goods on your side. The shipping details are as follows:

S/C No. × ×

L/C No. × ×

Commercial Invoice No. 06J156

Total Value: USD56, 4280. 00

B/L No. SHWH100475

Container No. HDMU2127974

Seal No. C06627

Name of the Carrying Vessel: LISBO V. 011W

Destination: Vancouver

On board date: Sept. 8, 2011

ETD (Shanghai): Sept. 9, 2011

ETA (Vancouver): Sept. 30, 2011

三、海运提单的缮制

现就中远集团公司（China Ocean Shipping Company，COSCO）签发的海运提单（见附录单证示样 17）的缮制说明如下：

1. 托运人（Shipper）：即发货人，一般为信用证的受益人，也可是第三方；

2. 收货人（Consignee）：即提单抬头人，填制时按信用证具体规定：（1）记名抬头：直接填写收货人名称；（2）不记名抬头：按来证规定，留空不填，或填“To Bearer”；（3）指示抬头：完全按照来证提单条款填写，如 Order of Shipper；

3. 被通知方（Notify Party）：（1）如信用证有规定，严格按照信用证填，且注明详细地址。（2）如信用证无规定，留空不填，填买方亦可；

4. 收货地点（Place of Receipt）：向船方实际交货的地点；

5. 船名（Ocean Vessel）：按照配舱回单填制；

6. 航次（Voyage No.）：按照配舱回单填制；

7. 装货港（Port of Loading）：即启运港，应严格按照信用证填写；如信用证只笼统规定，应根据实际情况填写具体港口名称；

8. 卸货港（Port of Discharge）：填写海运承运人中止承运责任的港口，直达运输情况下为目的港；转船运输情况下一般填转运港；

9. 交货地（Place of Delivery）：填写最终目的地；

10. 提单号码（B/L No.）：根据配舱回单上反馈的信息填制；

11. 唛头及号码（Marks & Nos.）：每一个字母、数字、图形、排列位置等均与信用证规定完全一致，但箱数要明确，不能只写 1 – Up；

12. 包装件数（Kinds of Pkgs.）：注明包装数量和单位。如集装箱装运，可只注明集装箱数量；若有多种包装，要逐项列明；

13. 货物名称（Description of Goods）：应严格按照信用证或发票货名填写。如发票货名过多或过细，提单可打总称，但不能和发票货名相矛盾；

14. 毛重（Gross Weight）：填写总毛重，以公斤为单位；

15. 尺码（Measurement）：填写总尺码，以平方米为单位；

16. 大写件数（Total Pkgs.）：由数字、单位和“ONLY”（整）组成；

17. 签单地址和日期（Place & Date of Issuing）：通常是承运人接受货物或装船的地址，但有时也可不一致；

18. 正本提单份数（Nos. of Original B/Ls）：根据信用证规定。如无规定则打 TWO 或 THREE；

19. 装船日期（On Board Date）：一般与签单日期一致；

20. 承运人签字（By）：指收到货物的船公司，一般填写公司名称和具体签名；

21. 出单人签字：可以是承运人或其具名代理或代表；或船长或其具名代理或代表。这栏填写一般与 20 同。

操作十二　缮制出口议付单据

【操作内容】

缮制出口议付单据的操作内容是根据国外银行开来信用证的具体规定及单据制作要求，缮制全套出口议付单据。议付单据一般包括：商业发票、装箱单、海运提单、保险单、汇票、商检证、产地证和装船通知等。

【操作指南】

一、议付单据的作用

1. 单据是出口方履行国际货物买卖合同的证明；
2. 单据是交易货物的代表；
3. 单据是贸易结算的凭证；
4. 单据可以作为融资的手段。

二、议付单据的种类

（一）按单据的性质分类

1. 资金单据（Financial Documents）；
2. 商业单据（Commercial Documents）；
3. 公务证书（Public Certificates）；

（二）按单据的作用分类

1. 基本单据（Basic Documents）：包括商业发票、运输单据和保险单据；

2. 附属单据（Additional Documents）：包括海关发票、领事发票、装箱单、重量单、受益人证明等。

三、主要议付单据的出单日期

商业发票的签发最早；装箱单、重量单出单日期相同或略迟于发票日期；保险单出单日期相同或早于运输单据签发日期；产地证、商检证相同或略早于货物装运日期；汇票出单日期最晚，但不能晚于L/C的有效期；其他单据的出单日期与货物的装运日期基本相同。

四、议付单据的制作要求

1. 单证一致、单单一致。在采用信用证支付方式时，出口商制单时必须明确：（1）信用证中，各有关当事人处理的是单据，而不是与单据有关的货物、服务或其他行为（依据是UCP600 Article 5）；（2）受益人提交的单据必须表面上与信用证条款相符，单据之间表面互不一致，即视为表面与信用证不符（依据是UCP600 Article 14）。

2. 单据内容正确、完整，符合有关法规及商业惯例。如：汇票的签发应符合票据法的有关规定；保险单的出单日期必须早于提单日期；商业发票及装箱单的日期早于保险单。

3. 美观、整洁。

4. 及时制单。

五、信用证对议付单据的常见要求

（一）信用证对商业发票条款的要求

1. Signed commercial invoice in 6 copies.

2. Beneficiary's manually commercial invoice in five folds indicating L/C No. and contract No..

3. Commercial invoice in 8 copies showing price CIF Bangkok, FOB value, freight charges and insurance premium separately.

（二）信用证对装箱单/重量单条款的要求

1. Packing /weight list in quadruplicate detailed showing the gross and net weight as well as exact contents of each individual package.

2. Packing list in three folds showing the gross, net weight and measurement of package.

（三）信用证对提单条款的要求

1. Full set of 3/3 originals plus 3 non-negotiable copies clean on board ocean B/L consigned to

order and blank endorsed Marked "Freight Prepaid" showing agency at destination Notifying the Applicant.

2. Full set clean on board ocean bills of lading showing freight prepaid consigned to order of the royal bank of Canada indicating the actual date of the goods on board and notify the applicant with full address and phone.

（四）信用证对保险单条款的要求

1. Insurance policy or certificate for 120% of invoice value covering：institute cargo clauses（A）as per ICC dated 1/1/1982.

2. Insurance policy in duplicate for CIF value of the shipment plus 10 percent covering All risks，War Risks and S. R. C. C. as per Clauses of the People's Insurance Company of China.

（五）信用证对汇票条款的要求

1. Drafts to be drawn at 30 days after sight on us for 100% of invoice value.

2. You are authorized to draw on Royal Bank of Canada，Vancouver at sight for a sum not exceeding CAD12 000.

3. This credit is available with any bank by negotiation of beneficiary's Drafts at 60 days date drawn on Issuing bank.

（六）信用证对产地证条款的要求

1. Original certificate of origin in 4 copies issued by China Council for Promotion of international Trade.

2. GSP Certificate of Origin Form A showing importing country.

（七）信用证对商检证条款的要求

Inspection Certificate of Quality and Weight issued by China Commodity Inspection Bureau.

（八）信用证中受益人申明/声明条款示例

1. Beneficiary's Certificate certifying that full set of non-negotiable copies of documents to be sent to Applicant immediately after shipment.

2. Beneficiary's Declaration stating that one complete set of non-negotiable shipping documents sent directly to the opener by express airmail within 2 days after shipment.

六、普惠制产地证的缮制

1968 年第二届联合国贸易与发展会议通过了建立普遍优惠制的决议，发达国家承诺对从发展中国家或地区进口工业制成品、半制成品以及部分农产品给予普遍的、非歧视的和非互惠的优惠关税待遇。这种按普遍优惠制征收的比最惠国待遇还优惠得多的关税就是普惠税。为了确保普惠制待遇只给予发展中国家和地区生产和制造的产品，各给惠国制定了详细和严格的原产地规则。普惠制产地证是根据发达国家给予发展中国家的普遍优惠制这种关税优惠制度签发的一种优惠性原产地证。现采用的是格式 A，证书颜色为绿色，简称为 FORM A 或 GSP FORM A。

现将普惠制产地证（见附录单证示样 15）的缮制说明如下：

1. 出口人（Goods Consigned from）：填写信用证的受益人或合同卖方，应注明公司的详细名称和地址。

2. 收货人（Goods Consigned to）：应填写最终收货人的详细名称，地址、国名等。信用证方式下收货人就为信用证的开证申请人、提单通知人或信用证规定的特定收货人。

3. 运输方式和路线（Means of Transport and Route）：应填启运港、到货港和运输方式。如需转口，亦应注明。

4. 供官方使用栏（For Official Use）：由出证单位或其他官方机构在必要时批注与本证有关事宜。

5. 项目编号（Item Number）：根据不同类别的商品依次列出顺序号。

6. 唛头和包装编号（Marks and Numbers of Packages）：应与发票或提单一致。

7. 货名、包装件数和种类（Number and Kind of Packages；Description of Goods）：货名应与商业发票一致；包装件数应在小写数字后用括号加注大写英文数字；货物种类应按合同或信用证规定填写。

8. 产地标准（Origin Criterion）：此项内容必须按产地证背面规定填写。

（1）如果产品系出口国自产，填写“P”；

（2）如果货运美国，填“Y”后加本国原料成本和加工成本在该货出厂价中所占的百分比，如 Y35%；

（3）货运奥地利、芬兰、日本、挪威、瑞典、瑞士和欧共体的填“W”，后加税则号；

（4）货运保加利亚、捷克、斯洛伐克、匈牙利、波兰和俄罗斯，在出口国增值的产品，填“Y”，后加进口原料和部件的价值在该产品出口离岸价中所占的百分比。如 Y45%。对于在一个受惠国生产而在另一个或一个以上受惠国制作或加工的产品，填 PK。

9. 毛重或其他数量（Gross Weight or Other）：有包装的货物可只填毛重，或填毛重加件数，如裸装货物可只填货物件数；如散装货物可只填净重并加注“N. W.”

10. 发票号和发票日期（Invoice No. and Date）：发票日期应按月、日、年顺序填写，月份用英文缩写。

11. 签证机构证明（Certification）：此栏下应注明签证地址、日期、证明机构签字和盖章。签证地址应为签证机构所在城市。日期应早于提单日，同于或晚于发票和出口商声明日期。

12. 出口商声明（Declaration by the Exporter）：此栏下为声明的地址、日期及有权签字人的签字和盖章。地址通常为出口商所在地；日期应晚于或等同于发票日。

七、汇票的缮制

现将信用证结算方式下的汇票（见附录单证示样 20）的缮制说明如下：

1. 汇票号码（No.）：商业汇票的号码一般填写商业发票的编号；

2. 出票地点和日期（Place and Date of Issue）：汇票的出票日期一般在提单日之后，在议付日之前或议付日当天；

3. 汇票期限（Tenor）：严格按信用证规定填写。例如，即期填写：at sight；出票后 30 天填写：30 days after date；见票后 30 天填写：30 days after sight；提单日后 30 天填写：30 days after the date of B/L；

4. 汇票金额（Amount）：汇票金额包括小写和大写金额，金额由货币和数额两部分组成。大小写金额必须一致；

5. 收款人（Pay to）：收款人由出票人自己指定，信用证业务下收款人一般填写议付行；

6. 出票条款（Drawn under）：一般在 Drawn under 后填写开证行名称、L/C No. 和信用证的开立日期；

7. 对价条款（Value Received）：一般在 Value Received 后填写出口商所交货物的名称和数量；

8. 付款人（To）：亦称受票人。根据信用证规定填写，一般为开证行或其指定银行。应有具体名称和详细地址；

9. 出票人（Drawer）：即信用证的受益人，填出口商的行名并加具签字。

附录　贸易单证示样

1. 销售确认书

Sales Confirmation

S/C No. :

Date:

Signed at:

The Seller:

Address: Telex/Fax:

The Buyer:

Address: Telex/Fax:

Item No.	Commodity & Specifications	Unit	Quantity	Unit Price (USD)	Amount (USD)
Total Contract Value (in Words):					

Packing:

Port of Loading & Destination:

Time of Shipment:

Terms of Payment:

Insurance:

General Terms and Conditions:

Shipping Marks:

The Seller (Signature)

The Buyer (Signature)

2. 出口商品成交核算单

出口商品成交核算单

公司名址
客户名址

商品名称	货号规格	成交数量	计量单位	购货价格	出口价格
合计					
包装件数	包装细数	毛重	净重	长、宽、高	尺码/cm^3
合计					
贸易术语	装运港	目的港	国别	交货日期	付款方式
汇率	包箱费率	保险费率	佣金率	出口退税率	定额费用率
	美元	人民币		美元	人民币
总销售收入			佣金额		
总购货成本			总利润额		
总退税金额			总利润率		
总实际成本			换汇成本 货号1		
出口运费			换汇成本 货号2		
出口保险费			换汇成本 货号3		

3. 信用证通知书

中国银行

BANK OF CHINA

信用证通知书

Notification of Documentary Credit

Address（地址）:

Tel（电话）:

Telex（电传）:

Swift（来证方式）:

Fax（传真）:

Date（日期）:

<table>
<tr><td rowspan="2">To（致）:</td><td rowspan="2">When Corresponding Lease Quote our Ref No.
（代理行业务编号）</td><td>Ref No.
（通知编号）</td></tr>
<tr><td></td></tr>
<tr><td>Issuing Bank（开证行）</td><td colspan="2">Transmitted to us through（转递行）</td></tr>
<tr><td>L/C No.（信用证号）
Dated（开证日期）</td><td colspan="2">Amount（金额）</td></tr>
<tr><td colspan="3">Dear sirs,（敬启者）　　＊＊ SUBJECT TO UCP600（适用 UCP600）＊＊
We have pleasure in advising you that we have received from the above bank a（n）letter of credit, contents
（ ）Telex issuing（电传开立）　　（ ）Ineffective（未生效）
（ ）Pre-advising of（预先通知）　　（ ）Mail Confirmation of（证实书/函）
（ ）Original（正本）　　（ ）Duplicate（副本）
of which are as per-attached sheet（s）. This advice and the attached sheet（s）must accompany the relative documents when presented for negotiation.
兹通知贵公司，我行收到上述银行信用证一份，现随附通知。贵公司交单时，请将通知书及信用证一并提示。
（ ）Please note that this advice does not constitute our confirmation at the above L. /C nor does it convey any engagement or obligation on our part.
本通知书不构成我行对此信用证之保兑及其他任何责任。
（ ）Please note that we have added our confirmation to above L/C, negotiation is restricted to ourselves only.
上述信用证已有我行加以保兑，并限向我行交单。
Remarks（备注）:</td></tr>
</table>

This L/C consists of ____ sheet（s）, including the covering letter and attachment（s）

本信用证连同面函及附件共____页。

If you find any terms and conditions in the L/C which you are unable to comply with and or any error（s）, it is suggested that you contact applicant directly for necessary amendment（s）so as to avoid those problems that might happen in your presentation of documents.

如本信用证中有无法办到的条款或错误，请与开证申请人联系进行必要的修改，以排除交单时可能发生的问题。

Yours faithfully,

For BANK OF CHINA（通知行盖章）

4. 信用证

WEST LB (EUROPA) A. G. TO CUSTOMER

\- SWIFT -

ADV. BANK: BANK OF CHINA, HEILONGJIANG BRANCH

IT700	ISSUE OF A DOCUMENTARY CREDIT		
27	SEQUENCE OF TOTAL	1/2	
40A	FORM OF DOCUMENTARY CREDIT	IRREVOCABLE	
20	DOCUMENTARY CREDIT NUMBER	FLS - XHLC01	
31C	DATE OF ISSUE	26 - MARCH - 2012	
31D	DATE AND PLACE OF EXPIRY	15 - JUNE - 2012	AT OUR COUNTER
50	APPLICANT: F. L. SMIDTH & CO. A/S 77, VIGERSLEV ALLE, DK - 2600 VALBY COPENHAGEN DENMARK FAX: (01) 20 11 90		
59	BENEFICIARY: XUE HAI TRADING CORP. 2ND FLOOR, MAIN BUILDING 1# XUE HAI STREET HARBIN, CHINA, 150028		
32B	CURRENCY CODE, AMOUNT	USD841 000. 00	
41 D	AVAILABLE WITH ... BY ... ANY BANK IN CHINA	BY NEGOTIATION	
42C	DRAFTS AT QUOTING NO. AND DATE OF THIS LC AND NAME OF ISSUING BANK (WHICH MUST ALSO BE INDICATED ON ALL SHIPPING DOCUMENTS REQUIRED)	30 DAY'S SIGHT	
42 D	DRAWEE ISSUING BANK FOR FULL INVOICE VALUE		
43P	PARTIAL SHIPMENTS	PERMITTED	
43T	TRANSSHIPMENT	PERMITTED	ONLY IN HONG KONG
44A	LOADING ON BOARD/DISPATCH/TAKING IN CHARGE AT/FROM		DALIAN
44B	FOR TRANSPORTATION TO COPENHAGEN		
44C	LATEST DATE OF SHIPMENT	31 - MAY - 2012	
45A	DESCRIPTION OF GOODS AND/OR SERVICES BAILE BRAND ACCORDION 1 000 SETS BL 5 - 131@ USD 404. 00/SET 1 000 SETS BL 5 - 128@ USD 437. 00/SET	AS PER SALES CONFIRMATION NO. DATED 26 - MARCH - 2012	 FLS808 $CIFC_5$ COPENHAGEN
46A	DOCUMENTS REQUIRED		

1 SIGNED COMMERCIAL INVOICE IN 3 COPIES MENTIONING VESSEL'S NAME TOGETHER WITH BENEFICIARIES' DECLARATION CONFIRMING THAT ONE SET OF NON-NEGOTIABLE DOCS. HAS BEEN SENT TO THE APPLICANT.

2 SIGNED PACKING LIST IN 3-FOLD SHOWING COLOR ASSORTMENT OF EACH ART NO. , GROSS WEIGHT, NET WEIGHT AND MEASUREMENT OF EACH PACKAGE.

3 FULL SET (2/2) MARINE INSURANCE POLICY OR CERTIFICATE, ENDORSED IN BLANK, FOR 120 PERCENT OF FULL CIF VALUE, COVERING ALL RISKS AND WAR RISK AS PER CIC OF PICC DATED 1/1/1981

SHOWING CLAIMS, IF ANY, ARE TO BE PAID AT DESTINATION IN THE SAME CURRENCY OF THE DRAFTS.

4 1/3 ORIGINAL CLEAN SHIPPED ON BOARD MARINE BILL OF LADING SHOULD BE AIRMAILED TO THE APPLICANT WITHIN 24 HOURS AFTER SHIPMENT EFFECTED. 2/3 ORIGINAL CLEAN SHIPPED ON BOARD MARINE BILL OF LADING ISSUED TO ORDER AND ENDORSED IN BLANK, MARKED FREIGHT PREPAID AND NOTIFY THE APPLICANT.

5 BENEFICIARY' S CERTIFICATE ACCOMPANIED WITH THE RELATIVE FAX COPY CERTIFYING THAT ALL SHIPPING DETAILS [INCLUDING NAME OF VESSEL, VOYAGE NO., L/C NO., B/L NO., QUANTITY SHIPPED, NO. OF PACKAGES, TOTAL AMOUNT, ETD/ETA, AND NAME OF 2ND VESSEL (IF POSSIBLE)] HAVE BEEN FACSIMILED TO APPLICANT WITHIN 1 DAY AFTER SHIPMENT EFFECTED.

6 GSP FORM A IN DUPLICATE ISSUED AND SIGNED BY HEILONGJIANG ENTRY - EXIT INSPECTION AND QUARANTINE BUREAU.

WEST LB (EUROPA) A. G. TO CUSTOMER

- SWIFT -

ADV. BANK: CHINA BANK, HEILONGJIANG BRANCH

IT700 ISSUE OF A DOCUMENTARY CREDIT

27 SEQUENCE OF TOTAL 2/2

40A FORM OF DOCUMENTARY CREDIT IRREVOCABLE

20 DOCUMENTARY CREDIT NUMBER FLS - XHLC01

31C DATE OF ISSUE 26 - MARCH - 2012

31D DATE AND PLACE OF EXPIRY 15 - JUNE - 2012

47A ADDITIONAL CONDITIONS

1 TRANSPORT DOCUMENT MUST SHOW THE ACTUAL PORT OF LOADING AND ALSO THE NAME AND TELEPHONE NUMBER OF THE DELIVERY AGENT AT DESTINATION AS WELL AS THE ACTUAL AMOUNT OF FREIGHT BEING PAID.

2 PROCESSING OF DOCUMENTS WHICH DO NOT COMPLY WITH THE TERMS AND CONDITIONS OF THE LETTER OF CREDIT IS SUBJECT TO A SPECIAL DISCREPANCY HANDLING FEE OF U. S. DOLLARS 50.00 OR EQUIVALENT PER SET OF DOCUMENTS PLUS RELATED CABLE CHARGES WHICH WILL BE DEDUCTED FROM ANY PROCEEDS.

3 TWO ADDITIONAL COPIES/PHOTOCOPIES EACH OF THE RELATIVE INVOICE (S) AND TRANSPORT DOCUMENT (S) ARE REQUESTED TO BE PRESENTED TOGETHER WITH THE DOCUMENTS FOR THE ISSUING BANK'S REFERENCE ONLY.

4 BENEFICIARY'S STATEMENT CONFIRMING THEIR ACCEPTANCE OR NON-ACCEPTANCE OF THE AMENDMENT (S) MADE UNDER THIS CREDIT QUOTING THE RELEVANT AMENDMENT NUMBER. SUCH STATEMENT IS NOT REQUIRED OF THIS CREDIT HAS NOT BEEN AMENDED.

5 SHIPPING MARK: FLS/808/COPENHAGEN/1 - 2000

71B CHARGES:

ALL BANKING CHARGES OUTSIDE OPENING BANK AND REIMBURSING/PAYMENT CHARGES ARE FOR A/C OF BENEFICIARY

48 PERIOD FOR PRESENTATION:

WITHIN 5 DAYS AFTER THE DATE OF ISSUANCE OF THE TRANSPORT DOCUMENT (S) BUT WITHIN THE VALIDITY OF THE CREDIT.

49 CONFIRMATION INSTRUCTIONS: WITHOUT

78 INSTRUCTIONS TO THE PAYING/ACCEPTING/NEGOTIATING BANK

1 EACH DRAWING BE ENDORSED ON THE REVERSE BY PRESENTING/NEG. BANK.

2 ALL DOCUMENTS MUST BE SENT TO US IN ONE COVER BY COURIER SERVICE.

3 UPON RECEIPT OF FULL SET OF DOCUMENTS IN ORDER, WE SHALL REIMBURSE YOU IN ACCORDANCE WITH YOUR INSTRUCTIONS.

72 SENDER TO RECEIVER INFORMATION

SUBJECT TO U. C. P. (2007 REVISION) I. C. C PUBLICATION NO. 600

THIS IS THE OPERATIVE INSTRUMENT, NO MAIL CONFIRMATION WILL FOLLOW

5. 信用证分析单

信用证分析单

银行编号		合约		受益人	
证号					

开证银行				进口商			
开证日期		索汇方式		起运口岸		目的地	
金额				可否转运			唛头：
汇票付款人				可否分批			
汇票期限	见票______天期			转运期限			
注意事项				效期地点			
				提单日__天内议付		____天内寄单	

单证名称	提单	副提单	商业发票	海关发票	装箱单	重量单	尺码单	保险单	产地证	EEC产地证	贸促会产地证	出口许可证	装船证书	投保通知	寄投保通知收据	寄单证明	寄单邮据	寄样证明	寄样邮据				
银行																							
客户																							

提单	抬头		保险			
	通知					
运费预付				保额另加______%	赔款地点	

如分析单内容与合约有不符或疑问，请查核信用证正本。

6. 出口货物订舱委托书

出口货物订舱委托书

日期

<table>
<tr><td rowspan="3">发货人</td><td colspan="4">信用证号码</td><td colspan="4">开证银行</td></tr>
<tr><td colspan="4">合同号码</td><td colspan="4">成交金额</td></tr>
<tr><td colspan="4">装运口岸</td><td colspan="4">目的港</td></tr>
<tr><td rowspan="3">收货人</td><td colspan="4">转船运输</td><td colspan="4">分批装运</td></tr>
<tr><td colspan="4">信用证效期</td><td colspan="4">装船期限</td></tr>
<tr><td colspan="4">运费</td><td colspan="4">成交条件</td></tr>
<tr><td rowspan="3">通知人</td><td colspan="4">公司联系人</td><td colspan="4">电话/传真</td></tr>
<tr><td colspan="4">公司开户行</td><td colspan="4">银行账号</td></tr>
<tr><td colspan="8">特别要求</td></tr>
<tr><td>唛头</td><td>货号规格</td><td>包装件数</td><td>毛重</td><td>净重</td><td>数量</td><td>单价</td><td colspan="2">总价</td></tr>
<tr><td></td><td></td><td></td><td></td><td></td><td></td><td></td><td colspan="2"></td></tr>
</table>

总件数	总毛重	总净重	总尺码	总金额

7. 商业发票

Commercial Invoice

<table>
<tr><td rowspan="3">Seller</td><td colspan="2">Invoice No.</td><td colspan="2">Invoice Date</td></tr>
<tr><td colspan="2">L/C No.</td><td colspan="2">Date</td></tr>
<tr><td colspan="4">Issuedby</td></tr>
<tr><td rowspan="3">Buyer</td><td colspan="2">Contract No.</td><td colspan="2">Date</td></tr>
<tr><td colspan="2">From</td><td colspan="2">To</td></tr>
<tr><td colspan="2">Shipped by</td><td colspan="2">Price Term</td></tr>
<tr><td>Marks</td><td>Description of Goods</td><td>Quantity</td><td>Unit Price</td><td>Amount</td></tr>
<tr><td colspan="5">Issued By

Signature</td></tr>
</table>

8. 装箱单

Packing List

<table>
<tr><td colspan="2" rowspan="3">Seller</td><td colspan="4">Invoice No.</td><td>Invoice Date</td></tr>
<tr><td colspan="4">From</td><td>To</td></tr>
<tr><td colspan="5">Total Packages（In Words）</td></tr>
<tr><td colspan="2">Buyer</td><td colspan="5">Marks & Nos.</td></tr>
<tr><td>C/Nos.</td><td>Nos. & Kindsof Pkgs.</td><td>Item</td><td>Quantity</td><td>G. W.</td><td>N. W.</td><td>Measurement</td></tr>
<tr><td colspan="7">Issued By

Signature</td></tr>
</table>

9. 海运出口货物代运委托书

Shipping Note

<table>
<tr><td colspan="2">Entrusting Serial No.
（委托编号）</td><td>B/L No.
（提单号）</td><td colspan="2">Contract No.
（合同号）</td><td>Entrusting Date
（委托日期）</td></tr>
<tr><td colspan="2"></td><td></td><td colspan="2"></td><td></td></tr>
<tr><td colspan="3">Shipper（发货人名称地址）</td><td colspan="3" rowspan="3">Marks and Numbers（唛头）</td></tr>
<tr><td colspan="3">Consignee（收货人名称地址）</td></tr>
<tr><td colspan="3">Notify Party（通知方名称地址）</td></tr>
<tr><td colspan="2">Port of Loading
（装货港）</td><td>Port of Destination
（目的港）</td><td colspan="2">Vessel Name
（船名）</td><td></td></tr>
<tr><td colspan="2"></td><td></td><td colspan="2"></td><td></td></tr>
<tr><td>Number
（编号）</td><td>No. and Kind of Packing
（件数与包装）</td><td>Description of Good
（货物说明）</td><td>Weight in KG
（重量）</td><td colspan="2">Measurement in CBM
（体积）</td></tr>
<tr><td></td><td></td><td></td><td></td><td colspan="2"></td></tr>
<tr><td>Loading Date
（装船日期）</td><td colspan="2">If Transshipment Allowed
（可否转船）</td><td colspan="3">If Partial Shipment Allowed
（可否分批）</td></tr>
<tr><td></td><td colspan="2"></td><td colspan="3"></td></tr>
<tr><td>L/C Expiry Date
（结汇期限）</td><td colspan="2">Copies of B/L
（提单份数）</td><td colspan="2">Original
（正本）</td><td>Copy
（副本）</td></tr>
<tr><td colspan="6">Freight Payable at（运费及支付地点）：</td></tr>
<tr><td colspan="6">Remark（备注）：</td></tr>
<tr><td colspan="3">Entrusting Party（委托人签字）：</td><td colspan="3">Agent（代理人签字）：</td></tr>
<tr><td colspan="3">Address：</td><td colspan="3">Address：</td></tr>
<tr><td colspan="3">Telephone：</td><td colspan="3">Telephone：</td></tr>
</table>

10. 装货单

Shipping Order

Shipper（托运人）______________________________

No.（编号）______________ S/S（船名）______________

For（目的港）______________________________

Received on board the under mentioned goods apparent in good order and condition and sign the accompanying receipt for the same.（兹将下列完好状况之货物装船后希签署收货单）

Mark and Nos.（标记及号码）	Quantity（件数）	Description of Goods（货名）	Weight Kilos（重量 公斤）	
			Net（净）	Gross（毛）

Total Number of Packages in Words：（共计件数　大写：）

Date（日期）：　　　　Time（时间）：

Stowed：
（装入何舱）

Received：
（实收）

Tallied by：
（理货员签字）

Approved by：
（经办员签字）

11. 装运通知

Shipping Advice

From:

To:

Dear Sirs:

We hereby declare that the following goods have been shipped today.

L/C No. :

Invoice No. :

B/L No. :

B/L Date:

Commodity:

Quantity/Package:

Value:

Port of Loading:

Bort of Destination:

Vessel Name:

Shipping Mark:

12. 出境货物报检单

中华人民共和国出入境检验检疫
出境货物报检单

报检单位（加盖公章）： *编 号

报检单位登记号： 联系人： 电话： 报检日期：

<table>
<tr><td rowspan="2">发货人</td><td colspan="7">（中文）</td></tr>
<tr><td colspan="7">（外文）</td></tr>
<tr><td rowspan="2">收货人</td><td colspan="7">（中文）</td></tr>
<tr><td colspan="7">（外文）</td></tr>
<tr><td>货物名称（中/外文）</td><td>H. S. 编码</td><td>产地</td><td>数/重量</td><td>货物总值</td><td colspan="3">包装种类及数量</td></tr>
<tr><td></td><td></td><td></td><td></td><td></td><td colspan="3"></td></tr>
<tr><td>运输工具名称号码</td><td colspan="2"></td><td>贸易方式</td><td></td><td>货物存放地点</td><td colspan="2"></td></tr>
<tr><td>合同号</td><td colspan="2"></td><td>信用证号</td><td></td><td>用途</td><td colspan="2"></td></tr>
<tr><td>发货日期</td><td>输往国家（地区）</td><td></td><td>许可证/审批号</td><td colspan="4"></td></tr>
<tr><td>启运地</td><td>到达口岸</td><td></td><td>生产单位注册号</td><td colspan="4"></td></tr>
<tr><td>集装箱规格、数量及号码</td><td colspan="7"></td></tr>
<tr><td colspan="2">合同、信用证订立的检验检疫条款或特殊要求</td><td colspan="3">标 记 及 号 码</td><td colspan="3">随附单据（画“✓”或补填）</td></tr>
<tr><td colspan="2"></td><td colspan="3"></td><td colspan="2">□合同
□信用证
□发票
□换证凭单
□装箱单
□厂检单</td><td>□包装性能结果单
□许可/审批文件
□
□</td></tr>
<tr><td colspan="5">需要证单名称（画“✓”或补填）</td><td colspan="3">*检验检疫费</td></tr>
<tr><td colspan="2">□品质证书 ____正____副
□重量证书 ____正____副
□数量证书 ____正____副
□兽医卫生证书 ____正____副
□健康证书 ____正____副
□卫生证书 ____正____副
□动物卫生证书 ____正____副</td><td colspan="3">□植物检疫证书 ____正____副
□熏蒸/消毒证书 ____正____副
□出境货物换证凭单 ____正____副
□
□
□
□</td><td colspan="3">总金额（人民币元）：
计费人：
收费人： </td></tr>
<tr><td colspan="5">报检人郑重声明：
1. 本人被授权报检。
2. 上列填写内容正确属实，货物无伪造或冒用他人的厂名、标志、认证标志，并承担货物质量责任。
签名：__________</td><td colspan="3">领 取 证 单
日期：
签名： </td></tr>
</table>

注：有“*”号栏由出入境检验检疫机关填写 国家出入境检验检疫局制

13. 出口货物报关单

中华人民共和国海关出口货物报关单

预录人编号：　　　　　　　　　　　　　　　　　　　　海关编号：

进口口岸	备案号	进口日期	申报日期
经营单位	运输方式	运输工具名称	提运单号
收货单位	贸易方式	征免性质	征税比例

许可证号	起运国（地区）	装货港	境内目的地

批准文号	成交方式	运费	保费	杂费
合同协议号	件数	包装种类	毛重（公斤）	净重（公斤）

集装箱号	随附单据	用途

标记唛码及备注

项号	商品编号	商品名称、规格型号	数量及单位	原产国（地区）	单价	总价	币制	征免

税费征收情况

录入员　录入单位	兹声明以上申报无讹并承担法律责任	海关审单批注及放行日期（签章） 审单　审价
报关员	申报单位（签章）	征税　统计
单位地址		查验　放行
邮编　电话	填制日期	

14. 保险单

中国太平洋财产保险股份有限公司
CHINA PACIFIC PROPERTY INSURANCE CO.，LTD
保 险 单
INSURANCE POLICY

保险单号次
POLICY NO.

中国太平洋财产保险股份有限公司（以下简称本公司）
THIS POLICY OF INSURANCE WITNESSES THAT CHINA PACIFIC PROPERTY INSURANCE CO.，LTD（HEREINAFTER CALLED "THE COMPANY"）
根据
AT THE REQUEST OF--
（以下简称被保险人）的要求，由被保险人向本公司交付约定（HEREINAFTER CALLED "THE INSURED"）AND IN CONSIDERATION OF THE AGREED PREMIUM PAID TO THE COMPANY 的保险费，按照保险单承保险别和背面所载条款与下列 BY THE INSURED，UNDERTAKES TO INSURE THE UNDER MENTIONED GOODS IN TRANSPORTATION SUBJECT TO THE 特款承保下述货物运输保险，特立本保险单。
CONDITION OF THIS POLICY AS PER THE CLAUSES PRINTED OVERLEAF AND OTHER SPECIAL CLAUSES ATTACHED HEREOF.

标 记 MARKS & NOS.	包装及数量 QUANTITY	保险货物项目 DESCRIPTION OF GOODS	保险金额 AMOUNT INSURED

总保险金额：
TOTAL AMOUNT INSURED：____________________

保　　费 PREMIUM __________　费率 RATE __________　装载运输工具 PER CONVEYANCE S. S __________

开航日期 SLG ON OR ABT __________　自 FROM __________　至 TO __________

承保险别：
CONDITIONS

所保货物，如遇出险，本公司凭本保险单及其他有关证件给付赔款。
CLAIMS IF ANY PAYABLE ON SURRENDER OF THIS POLICY TOGETHER WITH OTHER RELEVANT DOCUMENTS
所保货物，如发生本保险单项下负者赔偿的损失或事故，应立即通知本公司下述代理人查勘。
IN THE EVENT OF ACCIDENT WHEREBY LOSS OR DAMAGE MAY RESULT IN A CLAIM UNDER THIS POLICY IMMEDIATE NOTICE APPLYING FOR SURVEY MUST BE GIVEN TO THE COMPANY'S AGENT AS MENTIONED HEREUNDER.

赔款偿付地点
CLAIM PAYABLE AT/IN __________
日期　　哈尔滨
DATE ______　HARBIN
地址：中国哈尔滨田地街 128 号 TEL：84613360
Address：128 TIAN DI ROAD，HARBIN，CHINA

中国太平洋财产保险股份有限公司黑龙江分公司
CHINA PACIFIC PROPERTY INSURANCE CO.，LTD
HEILONGJIAN BRANCH

____
General Manager

15. 普惠制产地证

ORIGINAL

<table>
<tr><td colspan="3">1. Goods consigned from (Exporter's business name, address, country)</td><td colspan="3" rowspan="3">Reference No.

GENERALIZED SYSTEM OF PREFERENCESCERTIFICATE OF ORIGIN
(Combined declaration and certificate)

FORM A

Issued in THE PEOPLE'S REPUBLIC OF CHINA
(country)

See Notes overleaf

4. For official use</td></tr>
<tr><td colspan="3">2. Goods consigned to (Consignee's name, address, country)</td></tr>
<tr><td colspan="3">3. Means of transport and route (as far as known)</td></tr>
<tr><td>5. Item number</td><td>6. Marks and numbers of packages</td><td>7. Number and Kind of packages; description of goods</td><td>8. Origin criterion (see Notes overleaf)</td><td>9. Gross weight or other</td><td>10. Number and date of invoices</td></tr>
<tr><td></td><td></td><td></td><td></td><td></td><td></td></tr>
<tr><td colspan="3">11. Certification
It is hereby certified, on the basis of control carried out, that the declaration by the exporter is correct.

Place and date, signature and stamp of certifying authority</td><td colspan="3">12. Declaration by the exporter

The undersigned hereby declares that the above details and statements are correct; that all the goods were produced in ________
(country)
and that they comply with the origin requirements specified for those goods in the Generalized System of Preferences for goods exported to
________ (importing country)

(signature)

Place and date, signature and stamp of certifying authority</td></tr>
</table>

16. 出口许可证

中华人民共和国出口许可证

1. 领证单位名称：　　编码：□□□□□□□□□	3. 出口许可证编号：
2. 发货单位名称：　　编码：□□□□□□□□□	4. 许可证有效期： 至　　年　　月　日止
5. 收款方式：	9. 输往国家（地区）
6. 贸易方式：	10. 收货人：
7. 出运口岸：	11. 运输方式：
8. 商品名称：　　编码：□□□□□□□□□	12. 合同号：

13. 规格 等级	单位	14. 数量	15. 单价（　　）	16. 总值（　　）	17. 总值折美元
18. 总计					

19. 对港澳地区出口非信用证收款的，须经结汇银行加该结汇专用章，本证方有效。 （银行盖章） 年　月　日	20. 备注 发证机关盖章

17. 海运提单

Bill of Lading

<table>
<tr><td colspan="2">Shipper</td><td>B/L NO.：</td></tr>
<tr><td colspan="2">Consignee</td><td rowspan="5">Original

COSCO

中国远洋运输（集团）总公司
CHINA OCEAN SHIPPING（GROUP）CO.</td></tr>
<tr><td colspan="2">Notify Party</td></tr>
<tr><td>Place of Receipt</td><td>Ocean Vessel</td></tr>
<tr><td>Voyage No.</td><td>Port of Loading</td></tr>
<tr><td>Port Of Discharge</td><td>Place of Delivery</td></tr>
</table>

Marks	Nos. & Kinds of Pkgs.	Description of Goods	G. W.（Kg）	Meas.（M^3）

<table>
<tr><td colspan="6">Total Number of Containers or Packages（In Words）：</td></tr>
<tr><td>Freight & Charges</td><td>Revenue Tons</td><td>Rate</td><td>Per</td><td>Prepaid</td><td>Collect</td></tr>
<tr><td>Prepaid At</td><td>Payable At</td><td colspan="2"></td><td colspan="2">Place and Date of Issue</td></tr>
<tr><td>Total Prepaid</td><td>Number of Original B/L（S）</td><td colspan="2"></td><td colspan="2"></td></tr>
</table>

<table>
<tr><td colspan="2">Loading On Board The Vessel</td><td rowspan="2"></td></tr>
<tr><td>Date</td><td>By</td></tr>
</table>

18. 出口收汇核销单

出口收汇核销单
存根
（黑）编号

出口单位：
单位代码：
出口币种总价：
收汇方式：
预计收款日期：
报关日期：
备注：
此单报关有效期截止到

出口收汇核销单
正联
（黑）编号

出口单位：				
单位代码：				
银行签审	类 别	币种金额	日 期	盖 章
海关签注栏：				
外汇局签注栏 年 月 日（签章）				

出口收汇核销单
出口退税专用
（黑）编号

出口单位：		
单位代码：		
货物名称	数量	币种总价
报关单编号：		
外汇局签注栏 年 月 日（签章）		

19. 检验证书

中华人民共和国黑龙江出入境检验检疫局

HEILONGJIANG ENTRY-EXIT INSPECTION AND QUARANTINE BUREAU OF THE PEOPLE'S REPUBLIC OF CHINA

正本
ORIGINAL
No.

地址：哈尔滨市中山路13号
Address：13. Zhongshan Road
Harbin，China

电话 Tel：82631285

检 验 证 书
Inspection Certificate
Quality

日期 Date：

发 货 人：
Consignor

受 货 人：
Consignee

品　　名：
Commodity

标记及号码：
Marks & No.

报验数量/重量：
Quantity/Weight
Declare

检 验 结 果：
Results of Inpection：

主任检验员
Chief Inspector：

20. 汇票

Bill of Exchange

No. ______________________

For ______________________ ______________________

(Amount in Figure) (Place and Date of Issue)

At ______________________ Sight of This **First** Bill of Exchange (**Second** being Unpaid)

Pay to ______________________ or Order

The Sum of ______________________

(Amount in Words)

Value Received for ______________________ of ______________________

(Quantity) (Name of Commodity)

Drawn Under ______________________

L/C No. ______________________ Dated ______________________

To: For and on behalf of

(Signature)

______________________ ______________________

Bill of Exchange

No. ______________________

For ______________________ ______________________

(Amount in Figure) (Place and Date of Issue)

At ______________________ Sight of This **Second** Bill of Exchange (First being Unpaid)

Pay to ______________________ or Order

The Sum of ______________________

(Amount in Words)

Value Received for ______________________ of ______________________

(Quantity) (Name of Commodity)

Drawn Under ______________________

L/C No. ______________________ Dated ______________________

To: For and on behalf of

(Signature)

______________________ ______________________

21. 出口结汇水单

××银行出口结汇水单
Payment Advice

出口单位：

日期：
我行编号：
出口发票编号：
合约号：
出口核销单号：

出口币种和金额：
减去　国外银行费用：
信用证通知费：
信用证修改费：
议付费：
兑换手续费：
邮费：
电报费：
其他费用：

净外汇金额：
结汇牌价@：
人民币金额：

摘要：上述款项已于____年____月____日划入贵公司在______银行______分行______的账户。

备注：其他费用包括

经办：　　　　复核：　　　　核销章：

22. 出口合同

Sales Contract

合同编号（Contract No）：________________

签订日期（Date）：________________

签订地点（Signed at）：________________

卖方（Sellers）：________________

地址（Address）：________________

电话（Tel）：________________传真（Fax）：________________

电子信箱（E-mail）：________________

买方（Buyers）：________________

地址（Address）：________________

电话（Tel）：________________传真（Fax）：________________

电子信箱（E-mail）：________________

买卖双方经协商同意按下列条款成交：（The undersigned sellers and buyers have confirmed this contract in accordance with the terms and conditions stipulated below）：

1.

货号 Art no.	名称及规格 Descriptions	单位 Unit	数量 Quantity	单价 Unit price	金额 Amount

总值（大写，{Total Value（in Words）}：

允许溢短________%。（________% more or less in quantity and value allowed.）

2. 成交价格术语（Terms）：□FOB □CFR □CIF □DDU

本合同使用的 FOB、CFR、CIF 和 DDU 等术语来自于国际商会《Incoterms[R]2010》。（Terms used in this contract，including FOB、CFR、CIF、DDU，shall be interpreted in accordance with INCOTERMS 2010 of the International Chamber of Commerce.）

3. 包装条款（Packing）：包装材料____，包装方式____，包装规格____，包装成本由____方承担。（Packing materials ____，Packing style ____，Packing description ____，the packing expense is paid by ____.）

4. 装运标志（Shipping Marks）：________________

5. 装运期（Time of Shipment）：________________

6. 装运港及目的地（Loading Port & destination）：由________到________（________ To ________）

7. 装运条件（Terms of Shipment）：转运：□允许 □不允许（Transshipment：□allowed □not allowed）

分批装运：□允许 □不允许（Partial Shipments：□allowed □not allowed）

8. 保险条款（Insurance）：由________方按发票金额 110%，投保________险，另加保________险至________为止。（to be covered by the ________ for 110% of the invoice value covering ________ additional ________ form ________ to ________.）

9. 付款条件（Term of Payment）：

（1）买方不迟于________年________月________日前将 100% 的货款用即期汇票/电汇送抵卖方。（The buyers shall pay 100% of the sales proceeds through sight（demand）draft/by t/t remittance to the sellers not later than ________）

（2）买方须于________年________月________日前通过________银行开出以卖方为受益人的不可撤销

__________天期信用证，并注明在上述装运日期后__________天内在中国议付有效，信用证须注明合同编号。（The buyers shall issue an irrevocable l/c at __________ sight through __________ in favour of the sellers prior to __________ indicating l/c shall be valid in china through negotiation within __________ day after the shipment effected, the l/c must mention the contract number.）

（3）付款交单（Documents against Payment：d/p）：买方应对卖方开具的以买方为付款人的见票后__________天付款跟单汇票，付款时交单。（The buyers shall duly make the payment against documentary draft made out to the buyers at __________ sight by the sellers.）

（4）承兑交单（Documents against Acceptance：d/a）：买方应对卖方开具的以买方为付款人的见票后__________天承兑跟单汇票，承兑时交单。（The buyers shall duly accept the documentary draft made out to the buyers at __________ days by the sellers.）

10. 单据（Documents Require）：卖方应将下列单据提交银行议付/托收。（The sellers shall present the following documents required for negotiation/collection to the banks.）

（1）整套正本清洁提单。（Full set of clean on board ocean bills of lading.）

（2）商业发票一式__________份。（Signed commercial invoice in __________ copies.）

（3）装箱单或重量单一式__________份。（Packing list/weight memo in __________ copies.）

（4）由__________签发的质量与数量证明书一式__________份。（Certificate of quantity and quality in __________ copies issued by __________.）

（5）保险单一式__________份。（Insurance policy in __________ copies.）

（6）由__________签发的产地证一式__________份。（Certificate of origin in __________ copies issued by __________.）

11. 装运通知（Shipping Advice）：一俟装运完毕，卖方应即电告买方合同号、品名，已装载数量、发票总金额，毛重，运输工具名称及启运日期等。（the sellers shall immediately, upon the completion of the loading of the goods, advise the buyers of the contract No., names of commodity, loaded quantity, invoice values, gross weight, names of vessel and shipment date by Tel/Fax.）

12. 检验与索赔（Inspection and Claims）：

（1）卖方在发货前由__________检验机构对货物的品质、规格和数量进行检验，并出具检验证明书。（The buyers shall have the qualities, specifications, quantities of the goods carefully inspected by the __________ inspection authority, which shall issue Inspection Certificate before shipment.）

（2）货物到达目的口岸后，买方可委托当地的商品检验机构对货物进行复检。如果发现货物有损坏、残缺或规格、数量与合同规定不符，买方须于货到目的口岸的__________天内凭__________检验机构出具的检验证明书向卖方索赔。（The buyers have right to have the goods inspected by the local commodity inspection authority after the arrival of the goods at the port of destination. if the goods are found damaged/short/their specifications and quantities not in compliance with that specified in the contract, the buyers shall lodge claims against the sellers based on the inspection certificate issued by the Commodity Inspection Authority within __________ days after the goods arrival at the destination.）

（3）如买方提出索赔，凡属品质异议须于货到目的口岸之日起__________天内提出；凡属数量异议须于货到目的口岸之日起__________天内提出。对所装货物所提任何异议应由保险公司、运输公司或邮递机构负责的，卖方不负任何责任。（The claims, if any regarding to the quality of the goods, shall be lodged within __________ days after arrival of the goods at the destination, if any regarding to the quantities of the goods, shall be lodged within __________ days after arrival of the goods at the destination. the sellers shall not take any responsibility if any claims concerning the shipping goods is up to the responsibility of insurance company/transportation company/post office.）

13. 人力不可抗拒（Force Majeure）：如果人力不可抗拒的原因造成本合同全部或部分不能履约，卖方概不负责，但卖方应将上述发生的情况及时通知买方。（The sellers shall not hold any responsibility for partial or total non-performance of this contract due to Force Majeure. But the sellers shall advise the buyers on time of such occurrence.）

14. 争议之解决方式（Disputes Settlement）：任何因本合同而发生或与本合同有关的争议，应提交中国国际经济贸易仲裁委员会，按该会的仲裁规则进行仲裁。仲裁地点在中国。仲裁裁决是终局的，对双方均有约束力。（All disputes arising out of the contractor concerning the contract, shall be submitted to the china international economic and trade arbitration commission for arbitration in accordance with its rules of arbitration in china. the arbitration shall take place in china. The arbitral award is final and binding upon both parties.）

15. 法律适用（Law Application）：本合同之签订地、或发生争议时货物所在地在中华人民共和国境内或被诉人为中国法人的，适用中华人民共和国法律，除此规定外，适用《联合国国际货物销售合同公约》。（It will be governed by the law of the Peoples Republic of China under the circumstances that the contract is signed or the goods while the disputes arising are in the Peoples Republic of China or the defend ant is Chinese legal person, otherwise it is governed by United Nations Convention on Contract for the International Sale of Goods.）

16. 文字（Versions）：本合同中、英两种文字具有同等法律效力，在文字解释上，若有异议，以中文解释为准。（This contract is made out in both Chinese and English of which version is equally effective. Conflicts between these two languages arising there from, if any, shall be subject to Chinese version.）

17. 附加条款（Additional Clause）（本合同上述条款与本附加条款抵触时，以本附加条款为准）（Conflicts between contract clause here-above an d this additional clause, if any, it is subject to this additional clause）：

18. 本合同共__________份，自双方代表签字（盖章）之日起生效。（This contract is in __________ copies, effective since being signed/sealed by both parties.）

卖方代表人（Representative of the Sellers）：　　买方代表人（Representative of the Buyers）：

签字（Authorized Signature）：　　签字（Authorized Signature）：

参考文献

1. 克鲁格曼，奥伯斯法尔德．国际经济学：理论与政策（第八版）（上册 国际贸易部分）［M］．北京：中国人民大学出版社，2011

2. 佟家栋．国际经济学（第三版）［M］．北京：高等教育出版社，2011

3. 张金萍．国际经济学（修订版）［M］．北京：科学出版社，2011

4. 佟家栋，周申．国际贸易学——理论与政策（第二版）［M］．北京：高等教育出版社，2007

5. 朱钟棣，郭羽诞，兰宜生．国际贸易学［M］．上海：上海财经大学出版社，2005

6. 张永安．区域经济一体化理论与实践［M］．上海：上海人民出版社，2010

7. 罗宪祯，项义军，刘志国．WTO 概论［M］．哈尔滨：黑龙江人民出版社，2002

8. 朱钟棣．WTO 知识教程［M］．北京：经济科学出版社，2005

9. 薛荣久．世界贸易组织概论（第二版）［M］．北京：高等教育出版社，2010

10. 海闻，P. 林德特，王新奎．国际贸易［M］．上海：上海人民出版社，2012

11. 孙丽云，王立群等．国际贸易（第四版）［M］．上海：上海财经大学出版社，2007

12. 陈岩．国际贸易理论与实务（第二版）［M］．北京：清华大学出版社，2011

13. 陈宪，韦金鸾，应诚敏．国际贸易理论与实务（第三版）［M］．北京：高等教育出版社，2009

14. 项义军．国际货物贸易操作实务［M］．北京：科学出版社，2012

15. 黎孝先，王健．国际贸易实务（第五版）［M］．北京：对外经济贸易大学出版社，2011

16. 刘文广，项义军，张晓明．国际贸易实务［M］．北京：高等教育出版社，2002

17. 徐景霖．国际贸易实务（第九版）［M］．大连：东北财经大学出版社，2011

18. 吴百福，徐小薇．进出口贸易实务教程（第六版）［M］．上海：上海人民出版社，2011

19. 李权．国际贸易实务（第二版）［M］．北京：北京大学出版社，2011

20. 石玉川．国际贸易方式［M］．北京：对外经济贸易大学出版社，2002

21. 尚建成，师静昆．电子商务基础（第二版）［M］．北京：高等教育出版社，2010

22. 王斌义．外销员业务操作指引［M］．北京：对外经济贸易大学出版社，2004

23. 祝卫．出口贸易模拟操作教程（第三版）［M］．上海：上海人民出版社，2008

24. 袁永友，柏望生．进出口单证实务案例评析［M］．北京：中国海关出版社，2006

25. 王丽丽．国际贸易单证理论与实训［M］．北京：北京大学出版社，2007

26. 杨同明，于强．国际贸易术语解释通则 incoterms2010 深度解读与案例分析［M］．北京：中国海关出版社，2011

27. 陈岩．最新国际贸易术语适用与案例解析［M］．北京：法律出版社，2012

28. 陈国武．解读《跟单信用证统一惯例（2007年修订本）》第600号出版物［M］．天津：天津大学出版社，2007
29. 世界贸易组织（World Trade Organization）：http：//www. wto. org/
30. 中华人民共和国商务部网：http：//www. mofcom. gov. cn/
31. 中华人民共和国商务部国别报告网：http：//countryreport. mofcom. gov. cn/
32. 中华人民共和国海关总署：http：//www. customs. gov. cn/
33. 海关信息网：http：//www. haiguan. info/
34. 中国贸易救济信息网：http：//www. cacs. gov. cn/
35. 中国电子口岸 http：//www. chinaport. gov. cn/